DESCRIPTION
DE
L'ÉGYPTE,
RECUEIL
DES OBSERVATIONS ET DES RECHERCHES
QUI ONT ÉTÉ FAITES EN ÉGYPTE
PENDANT L'EXPÉDITION DE L'ARMÉE FRANÇAISE.

SECONDE ÉDITION

DÉDIÉE AU ROI

PUBLIÉE PAR C. L. F. PANCKOUCKE.

TOME ONZIEME

ÉTAT MODERNE

IMPRIMERIE
DE C. L. F. PANCKOUCKE.

M. D. CCC. XXII.

DESCRIPTION
DE
L'ÉGYPTE.

DESCRIPTION

DE

L'ÉGYPTE

OU

RECUEIL
DES OBSERVATIONS ET DES RECHERCHES
QUI ONT ÉTÉ FAITES EN ÉGYPTE
PENDANT L'EXPÉDITION DE L'ARMÉE FRANÇAISE.

SECONDE ÉDITION
DÉDIÉE AU ROI
PUBLIÉE PAR C. L. F. PANCKOUCKE.

———

TOME ONZIÈME.

ÉTAT MODERNE.

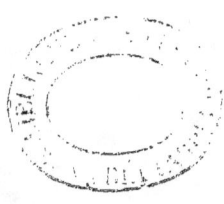

PARIS
IMPRIMERIE DE C. L. F. PANCKOUCKE
M. D. CCC. XXII.

ÉTAT MODERNE.

OBSERVATIONS

ASTRONOMIQUES

FAITES EN ÉGYPTE

PENDANT LES ANNÉES VI, VII ET VIII (1798, 1799, 1800),

Par M. NOUET,

ASTRONOME DE LA COMMISSION DES SCIENCES ET ARTS D'ÉGYPTE.

EXPOSÉ

Des résultats des observations astronomiques faites en Égypte depuis le 13 messidor an VI (1ᵉʳ juillet 1798) jusqu'au 10 fructidor an VIII (28 août 1800).

Les instrumens dont j'ai fait un usage continuel dans mes observations, sont un cercle multiplicateur de 25 centimètres de diamètre, division décimale; une montre marine, n°. 34, de Louis Berthoud; et une lunette achromatique de Dollond, de 63 millimètres d'ouverture, montée sur un pied en cuivre à mouvement doux.

OBSERVATIONS

Les hauteurs absolues qui m'ont donné le temps vrai, ont été prises au cercle multiplicateur par cinq angles conjugués, qui ont donné dix résultats pour en conclure avec précision le mouvement de la montre marine.

Observations qui peuvent concourir à fixer la position géographique d'Alexandrie [1].

En partant de Toulon, le 30 floréal an VI (19 mai 1798), le mouvement de la montre marine était de 10″ d'accélération sur le temps moyen : le 27 prairial (15 juin), des observations faites sur la terrasse de l'observatoire de Malte ont donné pour mouvement de la montre, dans le trajet de Toulon à Malte, 11″,5 d'accélération diurne. Le 14 messidor (2 juillet), au mouillage près de la tour de Marabou, devant le port vieux d'Alexandrie, la montre a donné pour longitude du mouillage, 1ʰ 49′ 40″; nous nous trouvions alors à 14600 mètres de la méridienne du Phare; cette distance donne 38″ en temps pour différence des méridiens entre le mouillage et le Phare : donc le Phare d'Alexandrie est à 1ʰ 50′ 18″ à l'est de l'Observatoire de Paris.

Le 13 pluviose an VIII (2 février 1800), la Commission des sciences et arts était partie du Kaire [2] pour venir s'embarquer à Alexandrie, d'après le traité d'el-A'rych [3]; j'ai profité de cette circonstance pour détermi-

---

[1] *Iskanderyeh,* اسكندريه.

[2] *Masr él-Qâhirah,* مصر القاهره.

[3] العريش.

ner Rosette [1], et vérifier la position d'Alexandrie d'après la position du Kaire, où j'avais fait beaucoup d'observations astronomiques, comme nous le verrons ensuite. Le 21 pluviose (10 février), j'ai eu pour différence occidentale des méridiens entre Rosette et le Kaire, $3'18'',6$. Mais le Kaire est à $1^h 55' 54''$ de longitude orientale : la différence $1^h 52' 35'',4$ sera la longitude de Rosette rapportée au minaret nord ; et sa latitude, $31° 24' 34''$.

Le 27 ventose (18 mars), à Alexandrie, les hauteurs absolues du soleil observées au château de l'île des Figuiers [2], m'ont donné pour retard de la montre sur le temps moyen, $2^h 4' 31'',8$; le même jour elle devait retarder sur le méridien de Rosette, de $2^h 6' 47'',8$: on aura pour différence occidentale des méridiens entre Rosette et Alexandrie, $2' 16''$. Mais la longitude de Rosette vient d'être trouvée de $1^h 52' 55'',4$: la différence $1^h 50' 19'',4$ sera la longitude du château de l'île des Figuiers. Mais le château est à $2'',9$ en temps à l'ouest de la méridienne du Phare : la longitude du Phare sera donc $1^h 50' 22'',3$ orientale.

Le 9 thermidor an VIII (28 juillet 1800), à Alexandrie, très-près de la méridienne du Phare, et par la latitude de $31° 12' 16''$, j'ai observé l'émersion d'Antarès par la lune, à $8^h 11' 53'',5$. Un petit nuage m'a dérobé l'immersion ; mais j'ai trouvé l'observation correspondante et complète faite à Marseille, dont la différence de longitude orientale avec Paris est de $12' 7'',5$. L'im-

---

[1] *Rachyd*, رشيد.

[2] *Gezyret el-tyn*, جزيرة التين.

mersion a eu lieu à Marseille à 4ʰ 25′ 39″,5, et l'émersion à 5ʰ 35′ 13″, temps vrai. J'ai calculé cette observation, qui m'a donné pour différence des méridiens entre Paris et Marseille, 12′ 7″ pour l'erreur des tables en longitude, — 0″,7, et + 20″ en latitude.

D'après la longitude de la lune et sa latitude corrigées par cette observation, j'ai eu pour Alexandrie, au moment de l'émersion, la parallaxe de longitude de 20′ 28″,3, et pour la distance à la conjonction vraie, 34′ 54″,9 en degrés, et 58′ 29″,6 en temps. Mais l'heure de l'émersion est 8ʰ 11′ 53″,3 : donc la conjonction vraie est arrivée à Alexandrie à 7ʰ 13′ 23″,7. Mais, par les tables corrigées d'après l'observation de Marseille, la conjonction vraie a eu lieu à Paris à 5ʰ 23′ 1″,7 : la différence 1ʰ 50′ 22″ sera la longitude orientale du Phare d'Alexandrie. La montre marine donne, d'après le méridien du Kaire, la longitude d'Alexandrie 1ʰ 50′ 22″,5 ; les observations de M. Quenot l'ont fixée, à son retour en France, de 1ʰ 50′ 22″,5 : on peut donc s'en tenir à 1ʰ 50′ 22″ pour la longitude du Phare d'Alexandrie.

J'ai employé, pour la latitude d'Alexandrie, un quart de cercle de 35 centimètres de rayon, monté sur une colonne de cuivre. La lunette mobile a un équipage à miroir incliné, pour renvoyer les objets perpendiculairement à l'axe de la lunette, lorsque les astres approchent du zénith. J'ai déterminé neuf hauteurs méridiennes du soleil, qui ont donné neuf résultats, dont les extrêmes diffèrent de 33″; j'en ai conclu la latitude de la terrasse du consul batave, où j'ai fait ces observations, de 31° 12′ 14″. D'après le plan d'Alexandrie, dont les principaux points ont été déterminés par une suite de grands triangles orientés par des azimuths dont je vais rapporter les résultats, la distance de cet observatoire à la perpendiculaire du Phare se trouve de 1583 mètres, qui, réduits en degrés du méridien, donnent 51″ à ajouter à 31° 12′ 14″ pour avoir la latitude du Phare de 31° 13′ 5″.

J'ai observé, avec le cercle multiplicateur, les différences d'azimuth entre le Phare et les bords précédens et suivans du soleil, pris alternativement par des angles conjugués au nombre de deux pour chaque résultat ; j'en ai obtenu huit, qui, réduits à l'horizon et combinés avec les azimuths du soleil calculés pour les mêmes instans, m'ont donné pour azimuth du Phare 12° 59′ 33″ nord-ouest.

Observations de la boussole de déclinaison.

La boussole de déclinaison dont je me suis servi, a 21 centimètres de diamètre, portant à son centre une aiguille en forme de parallélogramme, de 18 centimètres ½ de longueur, armée dans son milieu d'une chape d'agate mobile sur deux tourillons pour la vérification de l'aiguille par le retournement. Cette boussole est concentrique à un cercle sur lequel elle peut tourner comme une alidade, et se fixer à un point déterminé par une lunette mobile sur un axe dans le méridien de la boussole. Cette lunette se vérifie par le retournement.

J'ai observé l'angle entre la direction de l'aiguille et le

Pharillon, dont nous avions déterminé la direction de 42° 51′ nord-est. J'ai continué les observations sur quatre fois la circonférence du cercle extérieur, et j'ai marqué à chaque observation l'angle de l'aiguille avec le méridien de la boussole ; j'ai conclu de 26 observations la déclinaison de l'aiguille, de 13° 6′ nord-ouest.

Observations de la boussole d'inclinaison.

J'ai fait ces observations avec une boussole d'inclinaison composée d'un cercle vertical mobile sur un cercle azimuthal, et portant à son centre une aiguille ronde, terminée en pointe aux deux extrémités ; elle a de longueur 16 centimètres et demi, et se meut, dans le plan du cercle vertical, sur un axe dont les deux pivots roulent sur deux couteaux d'agate. Pour imprimer à l'aiguille un grand mouvement, on écarte de 90° environ le cercle vertical qui la porte, à droite et à gauche de la direction du méridien magnétique, et on la ramène aussitôt sous ce méridien indiqué par des observations antécédentes sur le cercle azimuthal. Après chaque résultat, je laissais l'aiguille parvenir à son repos. D'après douze résultats, la face du limbe à l'orient et à l'occident, j'ai obtenu, par un milieu, 47° 30′ d'inclinaison de l'aiguille aimantée du côté du nord.

Observations astronomiques pour déterminer la position du Kaire.

Je n'ai pu, en remontant d'Alexandrie au Kaire, en fructidor an vi (septembre 1798), me servir de la

ASTRONOMIQUES.

montre marine pour déterminer la longitude du Kaire : un accident qui lui est arrivé à Rosette, a changé son mouvement et m'a privé de son secours. J'ai recouru aux observations astronomiques dont je vais rendre compte.

Éclipses des satellites de Jupiter.

Le 3 complémentaire (19 septembre), l'immersion du 3ᵉ satellite de Jupiter a donné pour différence des méridiens............ 1ʰ 57′ 50″
Le 3 complémentaire (19 *idem*), immersion du 1ᵉʳ satellite de Jupiter, qui donne... 1. 56. 0.
Le 5 complémentaire (21 *idem*), immersion du 1ᵉʳ satellite de Jupiter, qui donne.... 1. 56. 4.
Le 7 vendʳᵉ an vii (28 sept. 1798), immersion du 1ᵉʳ satellite de Jupiter, qui donne... 1. 55. 58.
Le 7 vendʳᵉ an vii (28 sept. 1798), immersion du 2ᵉ satellite, qui donne.............. 1. 56. 27.
Le 14 (5 octobre)........... immersion du 2ᵉ satellite, qui donne........... 1. 56. 4.
Le 16 (7 *idem*)............ immersion du 1ᵉʳ satellite, qui donne............. 1. 55. 53.
Le 21 (12 *idem*)............ immersion du 1ᵉʳ satellite, qui donne............ 1. 55. 40.
Le 30 (21 *idem*)............ immersion du 1ᵉʳ satellite, qui donne............ 1. 56. 3.
Le 2 brumaire (23 *idem*)....... immersion du 2ᵉ satellite, qui donne............ 1. 56. 50.
Le 4 (25 *idem*)............ immersion du 3ᵉ satellite, qui donne........... 1. 57. 55.
Le 7 (28 *idem*)............ immersion du 1ᵉʳ satellite, qui donne............ 1. 55. 44.
Le 9 (30 *idem*)............ immersion du 1ᵉʳ satellite, qui donne........ 1. 55. 56.
Le 9 (30 *idem*)............ immersion du 2ᵉ satellite, qui donne......... 1. 56. 39.
Le 1ᵉʳ frimaire (21 novembre).. émersion du 1ᵉʳ satellite, qui donne............ 1. 55. 50.
Le 23 nivose (12 janvier 1799)... immersion et émersion du 1ᵉʳ satellite, qui donnent. 1. 55. 57.

Dans la Connaissance des temps de l'an xi (1803), on trouve des observations d'éclipses des satellites de Jupiter, faites à Viviers, avec la différence des tables; j'ai corrigé mes observations correspondantes de six éclipses du 1ᵉʳ satellite, d'une du second, et de deux du 3ᵉ, ainsi qu'il suit :

OBSERVATIONS *des éclipses des satellites de Jupiter, corrigées.*

DIFFÉRENCE DES MÉRIDIENS.	OBSERVÉE.	CORRECTION.	CORRIGÉE.
	h / "	/ "	h / "
Le 3 complémentaire (19 septembre 1798), 3ᵉ satellite..	1. 57. 50.	— 1. 47.	1. 56. 3.
Idem............................... 1ᵉʳ satellite..	1. 56. 0.	— 0. 12.	1. 55. 48.
Le 5 complémentaire (21 *idem*)............. 1ᵉʳ satellite..	1. 56. 4.	— 0. 12.	1. 55. 53.
Le 7 vendémiaire an VII (28 *idem*)....... 1ᵉʳ satellite..	1. 55. 58.	— 0. 12.	1. 55. 46.
Le 21 (12 octobre).......................... 1ᵉʳ satellite..	1. 55. 40.	— 0. 1.	1. 55. 39.
Le 30 (21 *idem*)............................ 1ᵉʳ satellite..	1. 56. 3.	— 0. 18.	1. 55. 45.
Le 2 brumaire (23 *idem*)................. 2ᵉ satellite..	1. 56. 55.	— 0. 39.	1. 56. 16.
Le 1ᵉʳ frimaire (21 novembre)............. 1ᵉʳ satellite..	1. 55. 50.	+ 0. 15.	1. 56. 5.
Le 23 nivôse (12 janvier 1799)........... 3ᵉ satellite..	1. 55. 57.	— 0. 3.	1. 55. 54.
Différence des méridiens par un milieu........			1. 55. 54.

Le 2 floréal an VII (21 avril 1799), j'ai observé au Kaire l'occultation de δ du Scorpion par la lune, l'immersion à $12^h\ 20'\ 41''$, temps vrai, et l'émersion à $13^h\ 59'\ 28''$. J'ai trouvé, pour déterminer la conjonction vraie à Paris, des observations correspondantes faites au méridien de Greenwich, de la lune, de δ du Scorpion, α^2 de la Balance et d'Antarès; j'en ai conclu l'ascension droite de la lune, de $238°\ 50'\ 1'',7$, et sa déclinaison de $22°\ 15'\ 0'',3$ australe. D'après l'ascension droite de la lune, conclue de l'ascension droite de α^2 de la Balance et d'Antarès, qui ne diffère que de $2''$, j'ai corrigé de $+6''$ l'ascension droite apparente de δ du Scorpion, qui donnait $6''$ de moins pour l'ascension droite de la lune; j'ai eu pour ascension droite apparente de δ du Scorpion, $237°\ 7'\ 24'',6$, et sa déclinaison $22°\ 2'\ 12'',8$ australe : j'en ai conclu sa longitude de $239°\ 46'\ 13''$, et sa latitude $1°\ 57'\ 26''$ australe; la longitude de la lune $241°\ 16'\ 45'',6$, et sa latitude $1°\ 24'\ 49'',4$ australe; l'erreur des tables $-14'',7$ en longitude, et $-31''$ en latitude. Les tables corrigées donnent la conjonction vraie pour Paris à $11^h\ 38'\ 49''$, temps vrai. Avec la distance à la conjonction apparente observée au Kaire $15'\ 43''$, et la parallaxe de longitude $12'\ 48''$, on a la distance à la conjonction vraie, $2'\ 55''$ en degrés, et $4'\ 45''$ en temps : si l'on retranche cette quantité du temps vrai de la seconde observation, $13^h\ 59'\ 28''$, on aura $13°\ 34'\ 43''$ pour l'heure de la conjonction vraie au Kaire. Nous avons trouvé, d'après les tables corrigées par les observations de Greenwich, la conjonction vraie à Paris à $11^h\ 38'\ 49''$: la différence $1^h\ 55'\ 54''$

sera la différence orientale des méridiens entre Paris et le Kaire.

Le 2 frimaire an VIII (23 novembre 1799), j'ai observé au Kaire l'occultation de Vénus par la lune, l'immersion du second bord de Vénus à $18^h\ 25'\ 45'',4$, et l'émersion à $19^h\ 31'\ 56'',7$. J'ai trouvé l'observation correspondante dans la Connaissance des temps de l'an XII (1804), faite à Gotha, où l'on a déduit le temps vrai de la conjonction pour Paris à $18^h\ 7'\ 52'',5$. J'ai trouvé par les tables le demi-diamètre de Vénus de $19''$, qui, réduites en temps à raison du mouvement sur l'orbite apparente relative, donnent $41'',7$. La distance à la conjonction apparente, pour le moment de la seconde observation, est de $16'\ 37'',2$; et la différence des parallaxes, de $35'\ 34''$: j'en ai conclu la distance à la conjonction vraie du second bord de Vénus, de $18'\ 56'',8$; en y ajoutant $19''$, demi-diamètre de Vénus, on aura $19'\ 15'',8$ pour la distance vraie à la conjonction du centre de Vénus : ces $19'\ 15'',8$ réduites en temps à raison du mouvement vrai relatif, donnent $32'\ 31''$. Si l'on retranche $41'',7$ de l'heure de la sortie du second bord de Vénus, $19^h\ 31'\ 56'',7$, on aura $19^h\ 31'\ 15''$ pour l'émersion du centre de Vénus. La somme de $32'\ 31''$, distance en temps à la conjonction, et $19^h\ 31'\ 15''$, temps vrai de la sortie du centre de Vénus, donnera la conjonction vraie observée au Kaire à $20^h\ 3'\ 46''$. Mais à Paris on trouve, pour le temps vrai de la conjonction, $18^h\ 7'\ 52'',5$: la différence $1^h\ 55'\ 53'',5$ sera la différence des méridiens entre Paris et le Kaire.

Nous aurons donc, pour fixer la position du Kaire, les trois résultats suivans :

Par les éclipses des satellites de Jupiter, longitude orientale du Kaire .... 1ʰ 55′ 54″.0.
Par l'occultation de ♂ du Scorpion par la lune. 1. 55. 54, 0.
Par l'occultation de Vénus par la lune .... 1. 55. 53, 5.
Par un milieu .... 1. 55. 53, 8.

Nota. J'ai été secondé, dans toutes les observations qui suivent, par M. Corabœuf, ingénieur géographe, dont le zèle et les connaissances acquises à l'école polytechnique l'ont bientôt mis en état de se rendre utile dans la partie astronomique et trigonométrique, nécessaire à un ingénieur pour construire et orienter des suites de triangles, sur lesquelles s'appuient les travaux topographiques.

Détermination de plusieurs points de la basse Égypte.

En arrivant au Kaire, j'y ai trouvé M. Beauchamp, qui y était depuis huit jours : il m'a remis sa montre marine n°. 29, dont il pensait ne devoir plus faire usage.

Les observations du 15 brumaire au 5 frimaire an VII (5-25 novembre 1798), jour de mon départ du Kaire, ont donné pour retard en 24 heures du n°. 34 sur le temps moyen, 6″,83; et pour le n°. 29, 5″63. Le n°. 34 était en retard, sur le méridien du Kaire, de 0ʰ 7′ 2″,4 ; et le n° 29, de 0ʰ 6′ 49″,4 : on aura donc en arrivant à Damiette[1], où nous avons eu le 9 (29 novembre) un beau ciel, les résultats suivans :

Le 3 frimaire (23 novembre), retard au Kaire,
du n°. 34 .... 0ʰ 7′ 2″,4.
Retard pour six jours .... + 0. 41, 0.
Retard le 9 à Damiette .... 0. 7. 43, 4.

[1] *Damyât*, دمياط.

OBSERVATIONS

Les observations donnent	0ʰ	9′	49″,0
Différence des méridiens	0.	2.	5, 6 or.
Le n°. 29 donne	0.	2.	4, 4.
Et par un milieu	0.	2.	5, 0.
En degrés	0.	31.	15, 0.
Longitude du Kaire	28.	58.	30, 0.
Longitude de Damiette, maison des Grecs catholiques	29.	29.	45, 0.

Le 10 (30 novembre), le cercle multiplicateur a donné, d'après 12 distances apparentes méridiennes du soleil au zénith, la hauteur méridienne vraie de 56° 49′ 22″.

J'en ai conclu la latitude de	31°	25′	4″,0.
Le 11 (1ᵉʳ décembre), par 12 distances méridiennes	31.	24.	55, 0.
Le 14 (4 décembre), par 16 distances méridiennes	31.	25.	2, 0.
Par un milieu l'on aura	31.	25.	0, 0.

Le 15 (5 décembre), à l'embouchure du Nil, nous avons observé près de la batterie de Boghâfeh [1], où nous avons trouvé pour différence des méridiens avec Damiette, 14″ orientales, ou 3′ 30″ de degré; j'en ai conclu la longitude de la batterie, de 29° 33′ 15″.

Le 16 (6 décembre), d'après 12 distances du soleil au zénith, j'ai eu pour latitude de la batterie 31° 31′ 14″, une base mesurée, et des triangles qui lient la batterie au minaret de Lesbéh [2] sur la rive droite du Nil, à la tour du Boghâz [3] sur la rive gauche, et à celle du Boghâfeh, sur le prolongement de la rive droite à 7 à 800 mètres en mer; j'ai obtenu les résultats suivans:

[1] بغافه
[3] بوغاز
[2] El-Ézbeh, العزبه.

ASTRONOMIQUES.

Longitude de Lesbéh...................... 29° 32' 20",0.
Latitude............................... 31. 29. 8, 0.
Longitude de la tour du Boghâz........... 29. 32. 7, 0.
Latitude............................... 31. 30. 7, 0.
Longitude de la tour de Boghâfeh......... 29. 33. 21, 0.
Latitude............................... 31. 31. 41, 0.

Les observations faites à Damiette, du 15 au 23 (5-13 décembre), ont donné 44",3 en huit jours, ou 5",5 de retard par 24 heures, au n°. 34.

Le 18 (8 décembre), embarqués sur le lac Menzaleh[1], les observations du 19 (9 décembre), faites à la bouche de Dybéh[2], nous ont donné pour retard de la montre n°. 34 sur le temps moyen... 0ʰ 11' 54",0.
Le même jour, au méridien de Damiette..... 0. 10. 42, 0.
Différence des méridiens.... { en temps..... 0. 1. 12, 0.
{ en degrés..... 0° 18' 0",0.
Longitude de Damiette.................... 29. 29. 45, 0.
Longitude de la bouche de Dybéh......... 29. 47. 45, 0.
A midi, 14 distances méridiennes du soleil au zénith ont donné pour latitude.......... 31. 21. 24, 0.

Le 20 (10 décembre), les observations faites à l'île Tennys[3] ont donné pour retard du n°. 34, les résultats suivans :

Le 20 (10 décembre), retard du n°. 34 sur le temps moyen....................... 0ʰ 12' 48",0.
Le même jour, au méridien de Damiette..... 0. 10. 48, 0.
Différence des méridiens.... { en temps..... 0. 1. 30, 0.
{ en degrés..... 0° 22' 30",0.
Longitude de Damiette.................... 29. 29. 45, 0.
Longitude de l'île Tennys................. 29. 52. 15, 0.
A midi, douze distances méridiennes du soleil au zénith ont donné pour latitude................ 31. 12. 0, 0.

Le 21 (11 décembre), parvenus à la bouche d'Omm-

[1] منزله
[2] دیبه
[3] طنیس

Fâreg[1], les hauteurs absolues du soleil nous ont donné les résultats suivans :

Retard du n°. 34 sur le temps moyen........	0ʰ	13′	38″,8.
Le même jour, au méridien de Damiette.....	0.	10.	53, 3.
Différence des méridiens.... { en temps.....	0.	2.	41, 5.
{ en degrés.....	0°	41′	22″,0.
Réduction à la pointe d'Omm-Fâreg........	+	0.	32, 0.
Différence réduite des méridiens...........	0.	41.	54, 0.
Longitude de Damiette...................	29.	29.	45, 0.
Longitude de la bouche d'Omm-Fâreg.......	30.	11.	39, 0.
A midi, d'après 16 distances méridiennes du soleil au zénith, j'ai eu pour latitude.............	31.	8.	16, 0.

Les observations du 23 (13 décembre) à Damiette ont donné le retard du n°. 34 sur le temps moyen, de 0ʰ 11′ 4″,5 : arrivés à Sâlehyeh[2], le 26 (16 décembre) à quatre heures du matin, les hauteurs absolues du soleil, prises vers huit heures, nous ont donné les résultats suivans :

Le 26 (16 décembre), retard du n°. 34 sur le temps moyen.................................	0ʰ	12′	2″,0.
Le même jour, au méridien de Damiette....	0.	11.	20, 9.
Différence des méridiens.... { en temps.....	0.	0.	41, 0.
{ en degrés.....	0°	10′	15″,0.
Longitude de Damiette...................	29.	29.	45, 0.
Longitude de Sâlehyeh...................	29.	40.	0, 0.
16 distances méridiennes du soleil le 29 (19 décembre), et 16 le 30 (20 décembre), ont donné pour latitude par un milieu................	30.	47.	30, 0.

Le 29 frimaire (19 décembre), j'ai observé l'occultation de Jupiter par la lune : l'immersion et l'émersion des deux bords de Jupiter ont donné pour l'immersion du centre, 6ʰ 11′ 13″, et pour l'émersion, 7ʰ 50′ 46″,

---

[1] *Omm fâreg*, ام فارج.   [2] صالحيه.

ASTRONOMIQUES.

temps vrai. D'après les calculs du commencement de l'éclipse, on trouve le mouvement apparent sur l'orbite relative, de 31' 25", et la distance apparente à la conjonction, 14' 8"; la longitude de Jupiter, 47° 9' 43"; la longitude apparente de la lune, 46° 55' 38", et par les tables, 46° 56' 38"; l'erreur des tables, + 1' 0"; et la parallaxe de longitude, 26' 44". En ajoutant la conjonction apparente 14' 8" à la parallaxe de longitude 26' 44", on a 50' 42" pour la distance en degrés à la conjonction vraie, qui, réduite en temps à raison du mouvement relatif vrai de la lune, donne 1ʰ 18' 10", distance à la conjonction vraie, et pour l'heure de la conjonction, 7ʰ 29' 13", temps vrai à Sâlehyeh. Je n'ai pu obtenir d'observation correspondante faite en Europe, pour en conclure l'heure de la conjonction au méridien de Paris, et en déduire la différence des méridiens.

Le 1ᵉʳ nivose (21 décembre 1798), à huit heures du matin, les observations des hauteurs absolues du soleil ont donné pour retard du n°. 34 sur le temps moyen, 0ʰ 11' 57"; le 30 frimaire (20 décembre), j'ai trouvé le même retard : donc cette montre suivait le temps moyen. Le même jour, nous partons pour Belbeys[1], où nous arrivons le 2 (22 décembre); nous établissons notre tente en tête du camp, près de l'état-major; et le 3 (23 décembre), les observations des hauteurs du soleil donnent les résultats suivans :

Le 3 (23 décembre), retard du n°. 34 sur le
temps moyen.......................... 0ʰ 10' 11",0.

[1] بلبيس

OBSERVATIONS

Le même jour, on a, au méridien de Sâlehyeh. 0ʰ 11′ 57″,0.
Différence occidentale des méridiens { en temps. 0. 1. 46, 0.
{ en degrés. 0° 26′ 30,″0.
Longitude de Sâlehyeh.................. 29. 40. 0, 0.
Correction déduite au retour au Kaire....... — 0. 37, 0.
Longitude de Belbeys.................. 29. 12. 53, 0.
Le 3, le 5 et le 6 (23, 25 et 26 décembre), les distances méridiennes du soleil au zénith ont donné la latitude.............................. 30. 24. 49, 0.

Le 9 (29 décembre), dans la vallée de Seba'h-byâr [1] ou des Sept-Puits, où se trouvent les traces de l'ancien canal de Soueys, à peu près à 1600 mètres du santon Abou-el-Cheykh [2] et à près d'une lieue du point où le canal se perd dans le désert, j'ai trouvé, par des hauteurs absolues du soleil, le retard du n°. 34 sur le temps moyen, 0ʰ 11′ 19″,7 : mais, d'après les observations faites à Belbeys, du 3 au 10 (23-30 décembre), son retard a diminué par jour de 2″,5; et le 7 (27 décembre), il retardait de 0ʰ 10′ 6″ : on aura donc les résultats suivans :

Le 7 (27 décembre), à Belbeys, retard du
n°. 34 sur le temps moyen............. 0ʰ 10′ 6″,0.
Mouvement du 7 au 9 (27-29 décembre)... — 0. 5, 0.
Le 9 (29 décembre), retard du n°. 34 sur le
méridien de Belbeys................... 0. 10. 1, 0.
Le même jour, les observations à Seba'h-byâr
donnent................................ 0. 11. 19, 7.
Différence orientale des méridiens { en temps. 0. 1. 18, 7.
{ en degrés. 0° 19′ 40″,0.
Réduction au santon............... — 0. 32, 0.
Longitude de Belbeys.................. 29. 12. 53, 0.
Longitude du santon Abou-el-Cheykh...... 29. 32. 1, 0.
A midi, 10 distances méridiennes du soleil au
zénith ont donné pour latitude........... 30. 32. 2, 0.

سبعه بيار ¹   ابو الشيخ ²

ASTRONOMIQUES.

Réduction au santon............. — 0′ 52″,0.
Latitude du santon............. 30. 31. 10, 0.

De retour au Kaire, le 17 nivose (6 janvier 1799), j'ai observé jusqu'au 24 (13 janvier) le mouvement des montres marines : j'ai eu pour mouvement de la montre n°. 34, en 24 heures, — 4″,6, et pour celle du n°. 29, + 7″,7. Arrivé à Soueys[1], le 30 nivose (19 janvier), j'ai obtenu, par des observations continuées plusieurs jours, pour le mouvement du n°. 34, — 3″,86, et pour le n°. 29, + 7″,0; et par un milieu, — 4″,2 pour le n°. 34, et + 7″,55 pour le n°. 29.

Retard du n°. 34 au méridien du Kaire...... 2ʰ 30′ 50″,0.
Mouvement pour 7 jours................. — 0. 29, 0.
Le 1ᵉʳ nivose (21 décembre), retard sur le méridien du Kaire...................... 2. 30. 21, 0.
Le même jour, on trouve à Soueys......... 2. 33. 29, 0.
Différence des méridiens................. 0. 5. 8, 0.
Par le n°. 29, on trouve................. 0. 5. 8, 6.
Par un milieu l'on aura... { en temps....... 0. 5. 8, 3.
                            { en degrés....... 1° 17′ 5″,0 or.
Longitude du Kaire...................... 28. 58. 30, 0.
Longitude de Soueys.................... 30. 15. 35, 0.
Le 3 nivose (23 décembre), j'ai conclu de 12 distances méridiennes du soleil au zénith, la latitude............................ 29. 58. 41, 0.
Et le 6 (26 décembre), d'après 16 distances méridiennes............................ 29. 58. 33, 0.
Par un milieu............ 29. 58. 37, 0.

Pendant notre séjour à Soueys, nous nous sommes occupés, avec les ingénieurs des ponts et chaussées, à suivre les marées, pour fixer le point de départ du nivellement de l'ancien canal, et connaître la différence

[1] سويس

de niveau des deux mers. Nous avons trouvé l'établissement du port, le jour de la pleine lune, de 12^h 19′; la plus haute marée, de 19 décimètres $\frac{1}{2}$, le 9 pluviose (28 janvier), vent sud assez fort; la lune périgée le 5 (24 janvier).

De retour au Kaire, j'ai pris, le 18 pluviose (6 février), 18 distances méridiennes du soleil au zénith, et j'en ai conclu la latitude de la maison de l'Institut, où j'ai fait toutes mes observations............ .... 30° 2′ 25″,0.
Le 30 (18 février), par un pareil nombre d'observations........................... 30. 2. 18, 0.
Le 1er ventose (19 fév^{er}), par un même nombre. 30. 2. 21, 0.
Par un milieu............ 30. 2. 21, 0.

Observations astronomiques faites dans un voyage de la haute Égypte, pour fixer la position de plusieurs points qui doivent déterminer la direction du cours du Nil, depuis le Kaire jusqu'à Syène [1].

Les dernières observations faites au Kaire le 30 thermidor an VII (17 août 1799) ont donné, pour retard de la montre n°. 34 sur le temps moyen, 0^h 7′ 10″; et par une suite d'observations du 26 au 30 thermidor (13-17 août), j'ai obtenu pour mouvement journalier de cette montre, sur le temps moyen, — 18″,25. La montre n°. 29, au retour de Soueys, s'est arrêtée, sans pouvoir être remise en mouvement.

Avec ces deux données, j'ai construit un tableau du retard, jour par jour, de la montre n°. 34 sur le temps

---

[1] *Asouán*, أسوان.

moyen, depuis le 1er. fructidor (18 août); ce tableau a dû subir des variations en raison de la différence de température, en nous approchant du tropique : j'indiquerai les résultats d'après lesquels j'ai été obligé de changer son mouvement diurne.

OBSERVATIONS

TABLEAU du retard de la montre n°. 34 sur le

ÈRE RÉPUBLICAINE.	STYLE GRÉGORIEN.	RETARD sur LE MÉRIDIEN du Kaire.	MOUVEMENT en 24 heures.	ÈRE RÉPUBLICAINE.	STYLE GRÉGORIEN.
		′ ″	″		
1.	18.	— 7. 28,5.	18,2.	1.	17.
2.	19.	— 7. 46,7.	18,3.	2.	18.
3.	20.	— 8. 5,0.	18,2.	3.	19.
4.	21.	— 8. 23,2.	18,3.	4.	20.
5.	22.	— 8. 41,5.	18,2.	5.	21.
6.	23.	— 8. 59,7.	18,3.	6.	22.
7.	24.	— 9. 18,0.	18,2.	1.	23.
8.	25.	— 9. 36,2.	18,3.	2.	24.
9.	26.	— 9. 54,5.	18,2.	3.	25.
10.	27.	— 10. 12,7.	18,3.	4.	26.
11.	28.	— 10. 31,0.	18,2.	5.	27.
12.	29.	— 10. 49,2.	18,3.	6.	28.
13.	30.	— 11. 7,5.	18,2.	7.	29.
14.	31.	— 11. 25,7.	18,3.	8.	30.
15.	1.	— 11. 44,0.	18,2.	9.	1.
16.	2.	— 12. 2,2.	18,8.	10.	2.
17.	3.	— 12. 21,0.	19,0.	11.	3.
18.	4.	— 12. 40,0.	19,0.	12.	4.
19.	5.	— 12. 59,0.	20,0.	13.	5.
20.	6.	— 13. 19,0.	20,0.	14.	6.
21.	7.	— 13. 39,0.	21,0.	15.	7.
22.	8.	— 14. 0,0.	21,0.	16.	8.
23.	9.	— 14. 21,0.	21,0.	17.	9.
24.	10.	— 14. 42,0.	21,0.	18.	10.
25.	11.	— 15. 3,0.		19.	11.
		à Syène.		20.	12.
				21.	13.
30.	16.	— 23. 25,0.	21,0.		

(FRUCTIDOR an VII. — AOUT 1799. — SEPTEMBRE. — I. COMPL. — VENDÉMIAIRE an VIII. — SEPTEMBRE. — OCTOBRE.)

OBSERVATIONS ASTRONOMIQUES.

TABLEAU du retard de la montre n°. 34 sur le méridien du Kaire, et ensuite sur celui de Syène.

ÈRE RÉPUBLICAINE.	STYLE GRÉGORIEN.	RETARD sur LE MÉRIDIEN du Kaire.	MOUVEMENT en 24 heures.	ÈRE RÉPUBLICAINE.	STYLE GRÉGORIEN.	RETARD sur LE MÉRIDIEN de Syène.	MOUVEMENT en 24 heures.	ÈRE RÉPUBLICAINE.	STYLE GRÉGORIEN.	RETARD sur LE MÉRIDIEN de Syène.	MOUVEMENT en 24 heures.
		′ ″	″			′ ″	″			′ ″	″
1.	18.	— 7. 28,5.	18,2.	1.	17.	— 23. 46,0.	21,0.	22.	14.	— 32. 22,6.	18,4.
2.	19.	— 7. 46,7.	18,3.	2.	18.	— 24. 7,0.	21,0.	23.	15.	— 32. 41,0.	18,0.
3.	20.	— 8. 5,0.	18,2.	3.	19.	— 24. 28,0.	21,0.	24.	16.	— 32. 59,0.	18,0.
4.	21.	— 8. 23,3.	18,3.	4.	20.	— 24. 49,0.	21,0.	25.	17.	— 33. 17,0.	18,0.
5.	22.	— 8. 41,3.	18,3.	5.	21.	— 25. 10,0.	21,0.	26.	18.	— 33. 35,0.	18,0.
6.	23.	— 8. 59,7.	18,0.	6.	22.	— 25. 31,0.	21,0.	27.	19.	— 33. 53,0.	18,0.
7.	24.	— 9. 18,0.	18,3.	7.	23.	— 25. 52,0.	21,0.	28.	20.	— 34. 11,0.	18,0.
8.	25.	— 9. 36,2.	18,3.	8.	24.	— 26. 13,0.	18,5.	29.	21.	— 34. 29,0.	18,0.
9.	26.	— 9. 51,3.	18,1.	9.	25.	— 26. 31,0.	18,5.	30.	22.	— 34. 47,0.	18,0.
10.	27.	— 10. 12,7.	18,3.	10.	26.	— 26. 50,0.	18,5.	1.	23.	— 35. 5,0.	18,0.
11.	28.	— 10. 31,0.	18,2.	11.	27.	— 27. 8,5.	18,5.	2.	24.	— 35. 23,0.	18,0.
12.	29.	— 10. 49,2.	18,3.	12.	28.	— 27. 27,0.	18,5.	3.	25.	— 35. 41,0.	18,0.
13.	30.	— 11. 7,5.	18,2.	13.	29.	— 27. 45,5.	18,5.	4.	26.	— 35. 59,0.	18,0.
14.	31.	— 11. 25,7.	18,3.	14.	30.	— 28. 4,0.	18,5.	5.	27.	— 36. 17,0.	18,0.
15.	1.	— 11. 44,0.	18,2.	15.	1.	— 28. 22,5.	18,5.	6.	28.	— 36. 35,0.	18,0.
16.	2.	— 12. 2,2.	18,8.	16.	2.	— 28. 41,0.	18,5.	7.	29.	— 36. 53,0.	18,0.
17.	3.	— 12. 21,0.	19,0.	17.	3.	— 28. 59,5.	18,5.	8.	30.	— 37. 11,0.	18,0.
18.	4.	— 12. 40,0.	19,0.	18.	4.	— 29. 18,0.	18,5.	9.	31.	— 37. 29,0.	17,5.
19.	5.	— 12. 59,0.	20,0.	19.	5.	— 29. 36,5.	18,5.	10.	1.	— 37. 46,5.	17,5.
20.	6.	— 13. 19,0.	20,0.	20.	6.	— 29. 55,0.	18,5.	11.	2.	— 38. 4,0.	17,5.
21.	7.	— 13. 39,0.	21,0.	21.	7.	— 30. 15,5.	18,5.	12.	3.	— 38. 21,5.	17,5.
22.	8.	— 14. 0,0.	21,0.	22.	8.	— 30. 32,0.	18,5.	13.	4.	— 38. 39,0.	17,5.
23.	9.	— 14. 21,0.	21,0.	23.	9.	— 30. 50,5.	18,3.	14.	5.	— 38. 56,5.	17,5.
24.	10.	— 14. 42,0.	21,0.	24.	10.	— 31. 9,0.	18,4.	15.	6.	— 39. 14,0.	17,5.
25.	11.	— 15. 3,0.		25.	11.	— 31. 27,4.	18,4.				
		à Syène.		26.	12.	— 31. 45,8.	18,4.				
30.	16.	— 23. 25,0.	21,0.	27.	13.	— 32. 4,2.	18,4.				

ASTRONOMIQUES.

méridien du Kaire, et ensuite sur celui de Syène.

RETARD sur LE MÉRIDIEN de Syène.	MOUVEMENT en 24 heures.	ÈRE RÉPUBLICAINE.	STYLE GRÉGORIEN.	RETARD sur LE MÉRIDIEN de Syène.	MOUVEMENT en 24 heures.
′ ″	″			′ ″	″
— 23. 46,0.	21,0.	VENDÉMIAIRE.		— 32. 22,6.	18,4.
— 24. 7,0.	21,0.	22.	14.	— 32. 41,0.	18,0.
— 24. 28,0.	21,0.	23.	15.	— 32. 59,0.	18,0.
— 24. 49,0.	21,0.	24.	16.	— 33. 17,0.	18,0.
— 25. 10,0.	21,0.	25.	17.	— 33. 35,0.	18,0.
— 25. 31,0.	21,0.	26.	18.	— 33. 53,0.	18,0.
— 25. 52,0.	21,0.	27.	19.	— 34. 11,0.	18,0.
— 26. 13,0.	21,0.	28.	20.	— 34. 29,0.	18,0.
— 26. 31,0.	18,5.	29.	21.	— 34. 47,0.	18,0.
— 26. 50,0.	18,5.	30.	22.	— 35. 5,0.	18,0.
— 27. 8,5.	18,5.	BRUMAIRE.	OCTOBRE.	— 35. 23,0.	18,0.
— 27. 27,0.	18,5.	1.	23.	— 35. 41,0.	18,0.
— 27. 45,5.	18,5.	2.	24.	— 35. 59,0.	18,0.
— 28. 4,0.	18,5.	3.	25.	— 36. 17,0.	18,0.
— 28. 22,5.	18,5.	4.	26.	— 36. 35,0.	18,0.
— 28. 41,0.	18,5.	5.	27.	— 36. 53,0.	18,0.
— 28. 59,5.	18,5.	6.	28.	— 37. 11,0.	18,0.
— 29. 18,0.	18,5.	7.	29.	— 37. 29,0.	17,5.
— 29. 36,5.	18,5.	8.	30.	— 37. 46,5.	17,5.
— 29. 55,0.	18,5.	9.	31.	— 38. 4,0.	17,5.
— 30. 15,5.	18,5.	10.	NOVEMBRE. 1.	— 38. 21,5.	17,5.
— 30. 32,0.	18,5.	11.	2.	— 38. 39,0.	17,5.
— 30. 50,5.	18,4.	12.	3.	— 38. 56,5.	17,5.
— 31. 9,0.	18,4.	13.	4.	— 39. 14,0.	17,5.
— 31. 27,4.	18,4.	14.	5.		
— 31. 45,8.	18,4.	15.	6.		
— 32. 4,2.	18,4.				

OBSERVATIONS

Dans ce tableau, je suis parti du méridien du Kaire pour toutes les déterminations à faire jusqu'à Syène : ces points déterminés devaient servir de vérification à tous les nouveaux points que nous aurions à visiter en descendant le Nil. Au retour de Syène, je suis parti du méridien de cette ville, conclu d'après le méridien du Kaire, pour toutes les déterminations qui resteraient à faire. Ce plan de travail me mettait en état de m'assurer de la marche de ma montre, et de connaître ses variations avec plus de précision.

Quoique ce tableau n'ait été dressé que d'après une suite d'observations faites dans le cours du voyage, je l'ai placé en tête du journal des observations, puisqu'il doit offrir les données pour chaque résultat.

Le retard, jour par jour, de la montre sur le temps moyen, au méridien du Kaire, du 1er au 25 fructidor (18 août-11 septembre), ainsi que le retard sur le méridien de Syène, depuis le 30 fructidor (16 septembre), ont pour époque sept heures du matin, moment des observations pour déterminer le temps moyen à chaque station, et en conclure la longitude.

Le temps vrai de chaque observation est le résultat de cinq angles conjugués pris au cercle multiplicateur; le dixième de la somme donnait la distance apparente du soleil au zénith. Les latitudes sont aussi le résultat de plusieurs angles conjugués, qui donnaient les distances méridiennes des bords alternativement supérieur et inférieur du soleil.

Nous avons mis à la voile le 3 fructidor an VII (20 août 1799); et le 5 (22 août), à sept heures du

ASTRONOMIQUES.

matin, les observations faites à Beny-Soueyf[1], rive gauche du Nil, ont donné les résultats suivans :

Retard de la montre sur le temps moyen....	0ʰ	8′	18″,4.
Le même jour, au méridien du Kaire, on a...	0.	8.	41, 5.
Différence occidentale des méridiens { en temps.	0.	0.	23, 1.
{ en degrés.	0°.	5′.	45″,0.
Longitude du Kaire........?	28.	58.	30, 0.
Longitude de Beny-Soueyf............	28.	52.	45, 0
A midi, d'après 8 distances méridiennes du soleil au zénith, j'ai conclu la latitude.......	29.	8.	28, 0.

Le 7 fructidor (24 août), à Minyeh[2], rive gauche du Nil, les hauteurs absolues du soleil prises à sept heures du matin, ont donné les résultats suivans :

Retard de la montre sur le temps moyen.....	0ʰ	7′	26″,9.
Le même jour, on a, au méridien du Kaire..	0.	9.	24, 5.
Différence occidentale des méridiens { en temps.	0.	1.	57, 6.
{ en degrés.	0°.	29′.	25″,0.
Longitude du Kaire.....................	28.	58.	30, 0.
Longitude de Minyeh.................	28.	29.	5, 0.
A midi, 12 distances méridiennes du soleil au zénith ont donné pour latitude..........	28.	5.	28, 0.

Le 10 (27 août), à Syout[3], rive gauche du Nil, les hauteurs absolues du soleil ont donné les résultats suivans :

Retard de la montre sur le temps moyen.....	0ʰ	9′	59″,4.
Le même jour, au méridien du Kaire, on a...	0.	10.	12, 7.
Différence occidentale des méridiens { en temps.	0.	0.	13, 3.
{ en degrés.	0°.	3′.	19″,0.
Longitude du Kaire.....................	28.	58.	30, 0.

[1] بنى سويف
[2] منيه
[3] سيوط

OBSERVATIONS

Longitude du mouillage..................	28°	55′	11″,0.
Réduction au grand Minaret...............	—	1.	24, 0.
Longitude de Syout.....................	28.	53.	47, 0.
J'ai conclu de 14 distances méridiennes du soleil au zénith, la latitude du mouillage....	27.	11.	0, 0.
Réduction au grand Minaret...............	—	0.	46, 0.
Latitude de Syout......................	27.	10.	14, 0.

Les observations du 10 au 12 (27-29 août) ont donné pour mouvement de la montre en 24 heures, de — 17″,8.

Le 14 fructidor (31 août), à Girgeh [1], rive gauche du Nil, j'ai obtenu des observations faites à sept heures du matin, les résultats suivans :

Retard de la montre sur le temps moyen.....	0ʰ	13′	52″,9.
Le même jour, au méridien du Kaire, on a...	0.	11.	25, 2.
Différence orientale des méridiens { en temps.	0.	2.	27, 4.
{ en degrés.	0°	36′	51″,0.
Longitude du Kaire......................	28.	58.	30, 0.
Longitude de Girgeh.....................	29.	35.	21, 0.
A midi, 14 distances méridiennes du soleil au zénith ont donné pour latitude...........	26.	20.	3, 0.

Le 16 (2 septembre), à Qéné [2] rive droite du Nil, les hauteurs absolues du soleil ont donné :

Pour retard de la montre sur le temps moyen.	0ʰ	17′	48″,2.
Au même instant, on a au méridien du Kaire..	0.	12.	2, 2.
Différence orientale des méridiens { en temps.	0.	5.	46, 0.
{ en degrés.	1°	26′	30″,0.
Longitude du Kaire......................	28.	58.	30, 0.
Longitude de Qéné.....................	30.	25.	0, 0.
A midi, 14 distances méridiennes du soleil au zénith ont donné pour latitude...........	26.	9.	36, 0.

Les observations du 16 au 17 (2-3 septembre) ont

[1] جرجه [2] قنا

donné le mouvement, en 24 heures, de la montre sur le temps moyen, de — 19″.

Le 21 fructidor (7 septembre), à Esné[1], ville et temple, rive gauche du Nil, les hauteurs absolues du soleil ont donné les résultats suivans :

Retard de la montre sur le temps moyen....	0ʰ	18′	43″,3.
Au méridien du Kaire, ce retard est de.....	0.	13.	39, 0.
Différence orientale des méridiens { en temps.	0.	5.	4, 3.
{ en degrés.	1°	16′	4″,0.
Longitude du Kaire.....................	28.	58.	30, 0.
Longitude d'Esné.....................	30.	14.	34, 0.
J'ai conclu, d'après 16 distances méridiennes du soleil au zénith, la latitude..........	25.	17.	38, 0.

On verra, au retour de Syène à Esné le 5 complémentaire (21 septembre), que le mouvement de la montre a été, d'Esné à Syène, et de Syène à Esné, de — 21″.

Le 24 fructidor (10 septembre), à Syène, rive droite du Nil, j'ai trouvé, d'après les observations de hauteurs absolues du soleil, les résultats suivans :

Retard de la montre sur le temps moyen.....	0ʰ	21′	16″,3.
Au méridien du Kaire on trouve............	0.	14.	51, 0.
Différence orientale des méridiens. { en temps.	0.	6.	25, 3.
{ en degrés.	1°	36′	19″,0.
Longitude du Kaire.....................	28.	58.	30, 0.
Longitude de Syène.....................	30.	34.	49, 0.
Le même jour, à midi, j'ai conclu de 20 distances méridiennes du soleil au zénith, la latitude...........................	24.	5.	23, 0.

On voit, d'après une période de la variation de l'obliquité de l'écliptique, calculée par la formule de M. La-

[1] اسنا

place, que le tropique d'été passait par Syène l'an 3430 avant l'ère vulgaire; qu'il était parvenu à son *maximum* 7500 ans avant l'ère vulgaire, se trouvant alors à 11 minutes de degré au nord de Syène : ainsi la tradition du puits du solstice de Syène date de ces époques ; et la latitude de Syène a toujours dépendu de l'obliquité de l'écliptique, par une suite de cette tradition, jusqu'au temps où des observations plus exactes ont fait connaître ce mouvement.

Le 25 fructidor (11 septembre), à l'île de Philæ, au-dessus de la cataracte du Nil, les hauteurs absolues du soleil ont donné les résultats suivans :

Retard de la montre sur le temps moyen..	0^h	21'	27",2.
Le même jour, au méridien de Syène, on a.	0.	21.	29, 4.
Différence occidentale des méridiens { en temps..	0.	0.	2, 2.
{ en degrés..	$0°$	0'	33",0.
Longitude de Syène....................	30.	34.	49, 0.
Longitude de l'île de Philæ............	30.	34.	16, 0.
A midi, 16 distances méridiennes du soleil au zénith ont donné pour latitude.......	24.	1.	34, 0.
Le 30 fructidor (16 septembre), de retour à Syène, j'ai trouvé le retard de la montre sur le temps moyen...................	0^h	23'	32",8.
Le 24 (10 septembre) j'avais trouvé......	0.	21.	16, 3.
Mouvement pour six jours..............	0.	2.	16, 6.

J'ai supprimé ces six jours du tableau, la montre à l'île de Philæ se trouvant, sous la tente, à une température de 40 degrés, qui avait fait monter le retard de la montre à 22 et 25 secondes sur le temps moyen.

J'ai eu souvent occasion, en montant dans la haute Égypte, d'observer au thermomètre, depuis Thèbes

ASTRONOMIQUES.

jusqu'à l'île de Philæ, la chaleur excessive des sables, que j'ai constamment trouvée de 54 degrés, lorsque la température de l'air était, à l'ombre, de 30 et 32 degrés. J'en ai conclu que la grande chaleur en Syrie, indiquée sur les thermomètres, était celle des sables, et non de l'atmosphère, qui ne peut excéder celle d'Égypte.

Je me suis décidé à prendre le méridien de Syène pour point de départ en descendant le Nil, pour déterminer tous les points intermédiaires intéressans que nous aurions à visiter, et comparer les nouveaux résultats avec ceux déjà conclus en partant du méridien du Kaire.

Les observations du 30 fructidor (16 septembre), à Syène, à quatre heures du soir, donnent pour retard sur le temps moyen.. 0ʰ 23′ 32″,8.
Réduction à sept heures du matin........ — 0. 7, 8.
Le 30 fructidor (16 septembre), retard à Syène, à sept heures du matin......... 0. 23. 25, 8.

Le 1ᵉʳ complémentaire (17 septembre), sur les ruines du temple de Koum-Ombou, rive droite du Nil, les hauteurs absolues du soleil ont donné les résultats suivans :

Retard de la montre sur le temps moyen... 0ʰ 24′ 3″,0.
Le même jour, au méridien de Syène, on a. 0. 23. 46, 0.
Différence orientale des méridiens { en temps. 0. 0. 17, 0.
{ en degrés. 0° 4′ 20″,0.
Longitude de Syène................... 30. 34. 49, 0.
Longitude de Koum-Ombou............ 30. 39. 9, 0.
A midi, 12 distances méridiennes du soleil au zénith ont donné pour la latitude.... 24. 27. 17, 0.

Le 2 complémentaire (18 septembre), à Edfoû[1], ville et temple, rive gauche du Nil, les hauteurs absolues du soleil ont donné les résultats suivans :

Retard de la montre sur le temps moyen...	0ʰ	24′	2″,0.
Le même jour, on a pour Syène.........	0.	24.	7, 0.
Différence occidentale des méri- { en temps..	0.	0.	5, 0.
diens. .... { en degrés..	0°	1′	15″,0.
Longitude de Syène....................	30.	34.	49, 0.
Longitude du temple d'Edfoû............	30.	33.	34, 0.
J'ai conclu, de 18 distances méridiennes du soleil au zénith, la latitude............	24.	58.	43, 0.

Le 5 complémentaire (21 septembre), à Esné, ville et temple, les hauteurs absolues du soleil ont donné :

Retard de la montre sur le temps moyen........	0ʰ	23′	50″,0.
Le même jour, on a, au méridien de Syène.....	0.	25.	10, 0.
Différence occidentale des méridiens. { en temps..	0.	1.	20, 0.
{ en degrés.	0°	20′	0″,0.
Longitude de Syène........................	30.	34.	49, 0.
Longitude d'Esné.........................	30.	14.	49, 0.
Le 21 fructidor (7 septembre), j'ai trouvé......	30.	14.	34, 0.
Pour le mouvement de la montre, on a, le 21 fruct^or (7 sept^re)...	0ʰ	18′	43″,3.
Le 5 complémentaire (21 sept^re).	0.	23.	50, 0.
Différence....................	+	5.	6, 7.
Si l'on retranche le mouvement du 20 au 30 fruct^or (6-16 sept^re)..	—	2.	16, 6.
On aura pour 8 jours + 2. 50.1 = 21″ en 24 heures.			

Le 2 vendémiaire (24 septembre), à Louqsor[2] (ruines de Thèbes), sur la rive droite du Nil, les hauteurs absolues du soleil donnent les résultats suivans :

Retard de la montre sur le temps moyen........	0ʰ	25′	12″,3.
Le même jour, au méridien de Syène, on a......	0.	36.	13, 0.

[1] ادفوا   [2] El-Ouqsor, الاقصور.

ASTRONOMIQUES.

Différence occidentale des méridiens. {en temps..	0ʰ	1′	0″,7.
{en degrés.	0°	15′	11″,0.
Longitude de Syène........................	30.	34.	49, 0.
Longitude de Louqsor.....................	30.	19.	38, 0.
A midi, 14 distances méridiennes du soleil au zénith donnent pour la latitude................	25.	41.	57, 0.

Pour le mouvement de la montre, j'ai trouvé, par les observations du 2 et du 3 (24 et 25 septembre), — 21″,2.

Le 4 vendémiaire (26 septembre), au palais de Karnak[1] (ruines de Thèbes), rive droite du Nil, les hauteurs absolues du soleil ont donné :

Retard de la montre sur le temps moyen........	0ʰ	25′	58″,6.
Le même jour, au méridien de Syène............	0.	26.	55, 0.
Différence occidentale des méridiens. {en temps..	0.	0.	57, 0.
{en degrés.	0°	14′	15″,0.
Longitude de Syène........................	30.	34.	49, 0.
Longitude du palais de Karnak................	30.	20.	34, 0.
J'ai conclu à midi, de 14 distances méridiennes du soleil au zénith, la latitude................	25.	42.	57, 0.

Sur la rive gauche du Nil, nous avons trouvé plusieurs monumens à déterminer ; j'ai eu recours à une suite de triangles, pour lier les monumens de la rive gauche avec ceux de la rive droite. Je ne rapporterai ici que deux des principaux, le palais de Memnon et Medynet-Abou[2] ; on trouvera les autres dans les travaux des ingénieurs géographes.

Longitude de Louqsor.....................	30°	19′	38″,0.
Différence ouest avec le palais de Memnon...	—	1.	32, 0.
Longitude du palais de Memnon..............	30.	18.	6, 0.
Différence ouest avec Medynet-abou........	—	0.	34, 0.
Longitude de Medynet-abou..................	30.	17.	32, 0.

[1] كرناك. [2] Medynet-Tabou, مدينة طبو.

OBSERVATIONS

Latitude de Louqsor.......................... 25° 41′ 57″,0.
Différence nord avec le palais de Memnon.... + 1. 30, 0.
Latitude du palais du Memnon................. 25. 43. 27, 0.
Différence sud avec Medynet-abou........... — 0. 29, 0.
Latitude de Medynet-abou..................... 25. 42. 58, 0.

J'ai trouvé, d'après les observations du 2 et du 23 (24 septembre et 15 octobre), espace de temps que nous avons employé aux recherches sur les ruines de Thèbes, le mouvement de la montre sur le temps moyen, en 24 heures, de — 18″,5.

Le 28 vendémiaire (20 octobre), au temple de Denderah[1], rive gauche du Nil, à l'ouest de Qéné, les hauteurs absolues du soleil ont donné :

Retard de la montre sur le temps moyen......... 0ʰ 33′ 14″,5.
Le même jour, au méridien de Syène, on a...... 0. 34. 11, 0.
Différence occidentale des méridiens. { en temps.. 0. 0. 56, 5.
                                      { en degrés. 0° 14′ 7″,0.
Longitude de Syène........................... 30. 34. 49, 0.
Longitude du temple de Denderah.............. 30. 20. 42, 0.
De la latitude de Qené, nous avons conclu, d'après
  des triangles orientés, celle de Denderah..... 20. 8′ 36″,0.

Le 30 vendémiaire (22 octobre), à Hoû[2], rive
  gauche du Nil, qui quitte à ce point sa direc-
  tion est et ouest pour prendre celle de nord-
  ouest, on a pour retard de la montre sur le temps
  moyen..................................... 0ʰ 32′ 31″,5.
Le même jour, au méridien de Syène, on a...... 0. 34. 47, 0.
Différence occidentale des méridiens. { en temps.. 0. 2. 15, 5.
                                      { en degrés. 0° 33′ 52″,0.
Longitude de Syène........................... 30. 34. 49, 0.
Longitude de Hoû............................. 30. 0. 57, 0.
Latitude supposée............................ 26. 11. 20, 0.

Le 1ᵉʳ brumaire (23 octobre), à Girgeh, rive gauche

[1] دندرة   [2] هو

du Nil, les hauteurs absolues du soleil ont donné les résultats suivans :

Retard de la montre sur le temps moyen.........	0ʰ	31′	6″,9.
Le même jour, au méridien de Syène, on a......	0.	35.	4, 7.
Différence occidentale des méridiens. { en temps..	0.	3.	57, 8.
{ en degrés.	0°	59′	16″,0.
Longitude de Syène..........	30.	34.	49, 0.
Longitude de Girgeh......................	29.	35.	33, 0.
Le 14 fructidor (31 août), j'avais trouvé.......	29.	35.	21, 0.

Le 3 brumaire (25 octobre), au temple de Qâou el-Koubrä[1], rive droite du Nil, les hauteurs absolues du soleil ont donné :

Retard de la montre sur le temps moyen.........	0ʰ	30′	9″,3.
Le même jour, au méridien de Syène, on a......	0.	35.	40, 7.
Différence occidentale des méridiens. { en temps..	0.	5.	31, 7.
{ en degrés.	1°	22′	55″,0.
Longitude de Syène..................	30.	34.	49, 0.
Longitude de Qâou el-Koubrä................	29.	11.	54, 0.
A midi, 12 distances méridiennes du soleil au zénith ont donné pour latitude..................	26.	53.	33, 0.

Le 4 brumaire (26 octobre), à Syout, les hauteurs absolues du soleil ont donné :

Retard de la montre sur le temps moyen.........	0ʰ	29′	16″,6.
Le même jour, au méridien de Syène, on a......	0.	35.	58, 7.
Différence occidentale des méridiens. { en temps..	0.	6.	42, 1.
{ en degrés.	1°	40′	33″,0.
Longitude de Syène.......................	30.	34.	49, 0.
Longitude de Syout au mouillage.............	28.	54.	16, 0.
Le 10 fructidor (27 août), on avait obtenu pour longitude............................	28.	55.	11, 0.

[1] قاو الكبرى

Le 6 brumaire (28 août), sur les ruines d'Antinoé, bâtie par l'empereur Adrien, rive droite du Nil, les hauteurs absolues du soleil ont donné :

Retard de la montre sur le temps moyen........	0ʰ	28′	36″,7.
Le même jour, au méridien de Syène, on a......	0.	36.	35, 0.
Différence occidentale des méridiens. { en temps..	0.	7.	58, 3.
{ en degrés.	1°	59′	35″,0.
Longitude de Syène........................	30.	34.	49, 0.
Longitude d'Antinoé.......................	28.	35.	14, 0.
A midi, 12 distances méridiennes du soleil au zénith ont donné pour latitude..................	27.	48.	15, 0.

Le 9 brumaire (31 octobre), à Minyeh, les hauteurs absolues du soleil ont donné les résultats suivans :

Retard de la montre sur le temps moyen........	0ʰ	29′	8″,4.
Au méridien de Syène, on a pour le même instant.	0.	37.	29, 0.
Différence occidentale des méridiens. { en temps..	0.	8.	20, 6.
{ en degrés.	2°	5′	9″,0.
Longitude de Syène........................	30.	34.	49, 0.
Longitude de Minyeh.......................	28.	29.	40, 0.
Le 7 fructidor (24 août), on a trouvé..........	28.	29.	5, 0.

Enfin, le 15 brumaire (6 novembre), de retour au Kaire, j'ai trouvé, d'après les hauteurs absolues du soleil :

Retard de la montre sur le temps moyen........	0ʰ	32′	49″,8.
Au méridien de Syène, à la même époque......	0.	39.	14, 0.
Différence occidentale des méridiens. { en temps..	0.	6.	24, 2.
{ en degrés.	1°	36′	3″,0.
Longitude de Syène........................	30.	34.	49, 0.
Longitude du Kaire........................	28.	58.	46, 0.
Longitude du départ.......................	28.	58.	30, 0.
Différence.................	0.	0.	16, 0.

On voit, d'après ce résultat, le mouvement exact de la montre marine n°. 34 conservé, à une seconde près, en temps, pendant soixante et dix-sept jours de voyage : ainsi les résultats que j'en ai obtenus dans le voyage de la haute Égypte, sont très-approchés de la vérité.

Pour le mouvement de cette montre du 9 au 15 brumaire (31 octobre-6 novembre), on a les données suivantes :

Le 9.ᵉ (31 octobre), à Minyeh, la montre retarde sur le temps moyen, de....................	0ʰ	29.	8″,4.
Différence des méridiens de Minyeh au Kaire......	0.	1.	57, 0.
Retard de la montre au Kaire.................	0.	31.	5, 4.
Le 15 brumaire (6 novembre), j'ai trouvé.........	0.	32.	49, 8.
Différence ou mouvement pour six jours.........	0.	1.	44, 4.
Donc, mouvement en 24 heures................	0.	0.	17, 5.

Les triangles que j'ai construits autour du Kaire, pour fixer les différentes distances de plusieurs monticules sur lesquels le gouvernement désirait établir un plan de défense, m'ont fourni des bases pour déterminer dans l'intérieur de la ville un grand nombre de minarets reconnaissables par les dessins que nous en prenions, et qui ont servi par la suite de canevas pour le plan de cette grande ville. J'ai lié à ces triangles plusieurs points des environs, dans lesquels se trouve la grande pyramide nord de Memphis[1], proche Gyzeh[2]; j'en ai conclu sa distance à la méridienne et à la perpendiculaire de l'Institūt, ainsi que sa longitude et sa latitude :

Longitude de la grande pyramide.............	28°	52′	2″,0.
Latitude.................	29.	59.	5, 0.

[1] Menf, منف. [2] جيزة.

J'avais construit de même à Alexandrie une suite de triangles dont les différens côtés pouvaient fournir des bases pour la topographie du plan de cette ville. J'ai lié à cette suite de triangles la tour du Marabou et celle d'Abou-qyr[1]; et de leurs distances à la méridienne et à la perpendiculaire du Phare, j'ai conclu leurs positions géographiques; savoir :

Longitude de la tour du Marabou.............. 27° 29′ 41″,0.
                Latitude................... 31. 9. 9, 0.
Longitude de la tour d'Abou-qyr.............. 27. 47. 1, 0.
                Latitude................... 31. 19. 44, 0.

TABLE, *par ordre alphabétique, de plusieurs points de l'Égypte déterminés par des observations astronomiques.*

NOMS DES LIEUX.	LONGITUDE.			LATITUDE.		
	D.	M.	S.	D.	M.	S.
Abou-el-Cheykh (santon sur le canal de Soueys)...............	29.	32.	1.	30.	31.	10.
Alexandrie (au Phare)...........	27.	35.	30.	31.	13.	5.
Antinoé (ruines d').............	28.	35.	14.	27.	48.	15.
Belbeys (au camp)..............	29.	12.	53.	30.	24.	49.
Beny-Soueyf....................	28.	52.	45.	29.	8.	28.
Damiette.......................	29.	29.	45.	31.	25.	0.
Denderah (temple).............	30.	20.	42.	26.	8.	36.
Dybeh (bouche du lac Menzaleh).	29.	47.	45.	31.	21.	24.
Edfoû (ville et temple).........	30.	33.	44.	24.	58.	43.
Esné (ville et temple)..........	30.	14.	41.	25.	17.	38.
Girgeh.........................	29.	35.	27.	26.	20.	3.
Hou............................	30.	0.	57.	26.	11.	20.
Ile de Philæ (temple au-dessus des cataractes....................	30.	34.	16.	24.	1.	34.
Kaire (le), maison de l'Institut)..	28.	58.	30.	30.	2.	21.
Karnak (ruines de Thèbes)......	30.	19.	34.	25.	42.	57.

[1] أبو قير

NOMS DES LIEUX.	LONGITUDE.			LATITUDE.		
	D.	M.	S.	D.	M.	S.
Komm-Ombou (temple).........	30.	39.	9.	24.	27.	17.
El-E'zbeh...................	29.	32.	20.	31.	29.	8.
Louqsor (ruines de Thèbes).....	30.	19.	38.	25.	41.	57.
Medynet-abou (ruines de Thèbes).	30.	17.	32.	25.	42.	58.
Minyeh.....................	28.	29.	22.	28.	5.	28.
Omm-Fâreg (bouche du lac Menzaleh).....................	30.	11.	39.	31.	8.	16.
Palais de Memnon (ruines de Thèbes).....................	30.	18.	6.	25.	43.	27.
Pyramide nord de Memphis......	28.	52.	2.	29.	59.	5.
Qâou él-Koubrà (ville et temple).	29.	11.	54.	26.	53.	33.
Qéné.......................	30.	25.	0.	26.	9.	36.
Rosette (minaret nord).........	28.	8.	35.	31.	24.	34.
Soueys.....................	30.	15.	35.	29.	58.	37.
Sàleliyeh...................	29.	40.	0.	30.	47.	30.
Syène......................	30.	34.	49.	24.	5.	23.
Syout......................	28.	53.	20.	27.	10.	14.
Tennys (île du lac Menzaleh)....	29.	52.	15.	31.	12.	0.
Tour d'Abou-qyr.............	27.	47.	1.	31.	19.	44.
Tour des Janissaires (au Kaire).	28.	59.	43.	30.	2.	8.
Tour de Boghâfeh.............	29.	33.	21.	31.	21.	41.
Tour du Boghàz..............	29.	32.	7.	31.	30.	7.
Tour du Marabou.............	27.	29.	41.	31.	9.	9.

MÉMOIRE

SUR LA COMMUNICATION

DE

LA MER DES INDES

A LA MÉDITERRANÉE,

PAR LA MER ROUGE ET L'ISTHME DE SOUEYS;

Par M^r. J. M. LE PÈRE,

Ingénieur en chef, Inspecteur divisionnaire au Corps royal des Ponts et Chaussées, Membre de l'Institut d'Égypte.

INTRODUCTION.

Examen des différentes voies qu'a suivies le commerce des Indes; avantages généraux et particuliers de celle de l'Égypte, par l'ancien canal de communication de la Méditerranée à la mer Rouge.

L'HISTOIRE des nations nous apprend que l'Inde est un des pays le plus anciennement habités. La constitution particulière de son sol très-élevé, la richesse de ses productions, la douceur de son climat, suffiraient pour le faire conjecturer; mais les traditions les plus anciennes nous représentent les Indiens comme le peuple dont la civilisation et les lumières remontent aux siècles les plus éloignés. L'antiquité des arts et des manufactures de cette contrée est elle-même aussi bien reconnue que leur supériorité. Ce sont tous ces avantages réunis qui ont dû appeler de bonne heure chez les Indiens les nations moins favorisées de la nature, moins avancées dans leurs arts, et cependant aussi avides des jouissances du luxe et des produits de l'industrie. Il a donc existé de tout temps des relations commerciales entre l'Inde et les pays situés sur les bords de la Méditerranée et ceux qui occupent le nord de l'Europe.

Ces communications ont changé de direction, selon que les peuples qui se sont adonnés à la navigation et au commerce ont changé eux-mêmes et se sont succédés sur différens points du globe. En jetant un coup d'œil rapide sur l'histoire des variations qu'a subies le commerce des Indes, nous nous trouverons naturellement conduits à distinguer les principales routes qu'il a tenues dans les différens siècles, et nous apercevrons mieux, par la comparaison, les avantages de celle qui fait l'objet de ce mémoire.

Nous voyons d'abord les Phéniciens, qui, déjà maîtres de la Méditerranée, faisaient des courses au-delà du détroit de Gibraltar, s'emparer de plusieurs ports sur la mer Rouge; aller chercher de là, dans l'Arabie et les Indes, de riches cargaisons; les transporter par terre, des bords de la mer Rouge, à Rhinocolure[1] sur la Médi-

---

[1] Ρ'ινοκόλουρα, cl. *A'rych*.

terranée; ensuite, les amener à Tyr¹, et les répandre chez les autres nations.

Les rois de la Palestine, voisins de la Phénicie, notamment Salomon, qui fut le plus riche et le plus puissant d'entre eux, se réunirent aux Phéniciens pour partager le fruit de ces expéditions. Ils tenaient avec eux la même route pour commercer en Arabie et sur les côtes orientales de l'Afrique, et jusque dans les Indes.

Les Égyptiens, auxquels leurs lois et la fertilité de leur pays inspiraient une si grande aversion pour le commerce extérieur et la navigation lointaine, se réveillèrent un moment de leur apathie, sous le règne de Sésostris.

Quand même on adopterait les doutes qui ont été élevés, avec quelque fondement, sur l'expédition de ce roi dans les Indes, on ne peut refuser de convenir, au moins, que, sous ses deux successeurs Psamméticus et Nécos², le préjugé national n'ait été surmonté³, et qu'on n'ait eu le projet d'activer particulièrement les relations avec l'Arabie et les Indes; car on travailla alors à la construction d'un canal qui devait communiquer de la mer Rouge au Nil, ouvrage qui fait l'objet de nos recherches. On voit, d'après ces observations, que c'est toujours la même voie, c'est-à-dire celle de la mer Rouge et de l'isthme de Soueys, que suivait, dans ces temps reculés, le commerce de l'Inde.

---

¹ Sour.

² De 83 à 140 de Rome, 600 ans environ avant J.-C.

³ Selon Hérodote (lib. II, Euterpe), Nécos conçut le projet d'une expédition maritime autour des côtes de l'Afrique, et il fit exécuter ce voyage par des marins qu'il tira de la Phénicie.

Vers la même époque, les Persans y prenaient aussi une part très-active, quoiqu'ils eussent pour la mer et les marins étrangers une forte antipathie, enfantée, comme celle des Égyptiens, par des préjugés religieux : c'est elle qui les avait portés à fermer par des digues les embouchures du Tigre et de l'Euphrate. Mais, en s'interdisant eux-mêmes ainsi l'entrée des Indes par le golfe Persique, ils suivaient avec plus de constance et d'activité une autre route, plus longue, mais plus sûre pour y arriver : les marchandises étaient transportées, à dos de chameau, des bords de l'Indus à ceux de l'Oxus, qu'elles descendaient jusqu'à la mer Caspienne, d'où elles refluaient vers le nord ou le midi, au moyen des rivières navigables que reçoit cette mer. Ce fut pour assurer et agrandir ce commerce, que Darius, fils d'Hystaspe, cherchant à établir sa puissance dans les Indes, étendit ses conquêtes sur les bords de la mer Caspienne, de l'Oxus et de l'Indus. Il paraît qu'il eut, de plus, le dessein d'abréger le chemin que parcouraient les marchands pour aller dans l'Inde, en leur faisant suivre dorénavant celui de la mer. C'est sans doute dans cette vue qu'il fit faire cette fameuse reconnaissance des pays voisins de l'Indus, par le satrape Scylax, auquel il donna le commandement d'une flotte équipée sur la mer Rouge, et qu'il s'occupa du projet de canal déjà entrepris par les rois d'Égypte dans l'isthme de Soueys.

Deux siècles après [1], Alexandre, vainqueur des rois de Perse, les surpassa encore par l'étendue de ses projets; il voulut faire affluer le commerce des Indes au sein de

[1] Vers l'an 418 de Rome, 332 ans avant J.-C.

ses vastes états par deux canaux principaux : par le golfe
Persique, il voulait, d'abord, le répandre dans le continent de l'Asie, en lui faisant remonter le Tigre et l'Euphrate, comme le prouvent cette belle expédition de
Néarque sur l'Indus et le golfe Persique, à laquelle il
prit lui-même une grande part, et la démolition qu'il
fit faire des digues qui obstruaient les embouchures des
deux fleuves; d'un autre côté, en construisant Alexandrie, qui devait hériter du commerce et de la splendeur
de Tyr, que le conquérant venait de détruire, il voulait
que les richesses de l'Inde, après avoir traversé le golfe
Arabique et le territoire de l'Égypte, arrivassent dans
ce nouveau port de la Méditerranée, d'où elles auraient
été répandues chez tous les peuples qui habitent les
bords de cette mer. L'événement confirma la sagesse de
ses dispositions, et Alexandrie fut, depuis, le principal
entrepôt des marchandises de l'Inde.

Ptolémée 1er, fils de Lagus, en s'emparant d'une
partie des conquêtes d'Alexandre, s'appropria aussi ses
projets d'établissemens commerciaux. Son successeur,
Philadelphe, leur donna encore plus de suite et plus
d'éclat : on lui attribue la gloire d'avoir achevé l'entreprise du canal de Soueys, dont nous avons déjà parlé.
Quelque succès qu'elle ait eu, on sait que Philadelphe
préféra ensuite une autre voie pour le commerce ; celle
de Coptos[1], sur les bords du Nil, à Bérénice, sur la mer
Rouge : il fit même bâtir cette dernière ville, creuser
des puits dans le désert, et construire des mansions. On
employait douze jours à parcourir cette distance de 258

[1] *Qeft.*

milles romains. Le commerce continua de suivre cette direction avec une grande activité, et combla l'Égypte de richesses, tant qu'elle forma un royaume indépendant, c'est-à-dire pendant une période d'environ 250 ans [1].

Séleucus Nicanor, l'un des rivaux les plus puissans de Ptolémée dans les querelles que fit naître le partage de l'immense succession d'Alexandre, et auquel la Syrie était échue, s'efforça, de son côté, d'attirer le commerce de l'Inde dans ses états par l'une des voies que nous avons déjà indiquées, celle de l'Indus à l'Oxus et la mer Caspienne. Pour rendre cette route plus continue, il forma le projet d'unir, par un canal, la mer Caspienne avec le Pont-Euxin.

Sous ses successeurs, les voyages de l'Inde par le golfe Persique, le Tigre, l'Euphrate et la Mésopotamie, se prolongèrent à travers les déserts jusqu'à Palmyre [2], ville dont l'origine remonte à Salomon, et dont la splendeur se maintint au plus haut degré jusqu'à sa ruine par Aurélien [3].

Bientôt après ces succès des Ptolémées et des Séleucides [4], Rome, maîtresse de la plus grande partie du

---

[1] Après la ruine de Coptos par Dioclétien, on suivit, selon *Abou-l-fedá*, une route plus courte, celle de *Qoçeyr* à *Qous*, et le trajet du désert ne durait que quatre jours : par la suite, les caravanes se dirigèrent vers *Qené*, comme elles font encore aujourd'hui; mais la grande partie des marchandises est transportée maintenant par mer de *Geddah* à *Soueys*, et de là au Kaire (*Masr-el-Qâhirah*), à dos de chameau, ou bien elles viennent directement par le retour de la grande caravane de la Mekke (*Mekkeh*).

[2] *Tadmor*.

[3] Cette voie n'est qu'une extension de celle de l'intérieur de la Perse, dont nous avons déjà fait mention, de même que celle d'Alep (*Haleb*), qui figure de nos jours parmi les principales échelles du Levant.

[4] L'an 706 de Rome, 44 ans avant J.-C.

monde connu, s'empara de la Syrie, et ensuite de l'Égypte, comme des derniers et des plus riches trésors qui s'offraient encore à sa cupidité; c'eût été en troubler la jouissance que de déranger l'ordre qui s'était depuis long-temps établi dans un commerce lointain, dont les produits, recherchés avec empressement, apportèrent de si grandes richesses dans Rome, que le prix des terres et des marchandises fut bientôt doublé.

Le commerce de l'Inde fut donc protégé, et les deux routes qu'il parcourait simultanément furent maintenues et assurées. Alexandrie, plus soumise que Palmyre à ses nouveaux maîtres, fut plus heureuse, et continua, long-temps après la ruine de sa rivale [1], d'approvisionner l'ancienne capitale de l'empire du monde; et même, après que Constantin en eut transféré le siége à Bysance [2], Alexandrie conserva avec cette dernière ville ses relations exclusives, jusqu'au temps de Justinien [3].

A cette époque, les Persans, qui, depuis trois siècles, avaient rétabli leur ancienne puissance sur les ruines de l'empire des Parthes, renouvelèrent leurs entreprises de commerce, par le golfe Persique, avec l'Inde, et les étendirent de l'intérieur de leur pays dans le reste de l'Asie. L'activité de ce trafic s'augmenta tellement par la suite, que les Persans en vinrent au point de chasser les Grecs de presque tous les marchés de l'Inde, et que Constantinople dépendit entièrement d'eux, principalement pour l'extraction de la soie, produit précieux que sa nouveauté faisait désirer avec plus d'ardeur.

[1] En 274 de J.-C.
[2] En 330 de J.-C
[3] De 527 à 564 de J.-C.

44 MÉMOIRE SUR LE CANAL

La plupart des révolutions qui succédèrent n'ayant amené aucun changement notable dans les directions qu'a suivies le commerce de l'Inde, nous passons rapidement sur les longues querelles que cette rivalité d'industrie entretint constamment entre les empereurs grecs et les monarques persans, pour nous arrêter à une époque plus marquante. Les Arabes, poussés par le double mobile du fanatisme et de l'ambition, se jettent sur les débris de l'empire grec; en un instant ils sont maîtres de l'Égypte et de la Syrie. Le khalife O'mar[1] fonde Bassora[2]; cette ville, en s'emparant du commerce de l'intérieur de l'Asie, devint à son tour la rivale d'Alexandrie. Constantinople fut alors réduite à tirer les productions de l'Inde par l'Oxus, la mer Caspienne et le fleuve Cyrus, d'où l'on parvenait ensuite, en cinq jours de marche, au Phase, qui débouche dans la mer Noire.

Deux cents ans après les conquêtes des Mahométans, on voit successivement les Vénitiens, et les marchands de quelques autres villes d'Italie, s'introduire dans les ports de l'Égypte et de la Syrie; les Croisés s'emparer de ceux de Tyr et de Constantinople; les Génois s'établir à Kâffah sur la mer Noire; la confédération des villes anséatiques se former, et prolonger la chaîne de ce grand commerce jusque dans les pays les plus reculés au nord de l'Europe. Mais toutes ces nations ne firent que profiter, tour-à-tour, des principales issues que nous l'avons vu suivre jusqu'ici; elles ne pouvaient alors en créer de nouvelles.

[1] *O'mar ebn-el-Khattâb.*
[2] *El-Basrah*, ville fondée en 636 de J.-C.

DES DEUX MERS.   45

Enfin le siècle des découvertes les plus importantes pour l'humanité arriva[1]. La boussole fut inventée; la navigation, dirigée par ce guide nouveau, devint plus entreprenante, et le cap de Bonne-Espérance fut doublé. Cette nouvelle voie pour pénétrer dans l'Inde, quoique plus longue, fut bientôt parcourue avec rapidité par les Portugais, les Hollandais, les Français, les Anglais, et fut préférée à toutes les autres pour des causes particulières, que nous examinerons.

On voit, par l'exposé que nous venons de faire, qu'il n'y a réellement eu que quatre routes bien distinctes, suivies par les différentes nations connues, pour aboutir dans l'Inde.

La première consiste à naviguer sur une partie de l'Indus, à transporter ensuite les marchandises par terre au bord de l'Oxus, d'où l'on parvient dans la mer Caspienne : cette voie s'est étendue ensuite, pendant les beaux temps de Constantinople, jusqu'au Pont-Euxin; alors on remontait le fleuve Cyrus, qui se décharge dans la mer Caspienne, et l'on transportait par terre les marchandises sur les rives du Phase, qui conduisait dans la mer Noire[2].

La seconde est celle qui s'étend du golfe Persique,

---

[1] Époque mémorable de la renaissance des lettres en Italie, et des découvertes de la boussole, en 1300 de J.-C.; de l'imprimerie, vers 1450; de l'Amérique et du cap de Bonne-Espérance, en 1487.

[2] « Déjà la Russie, qui, comme les premières puissances de l'Europe, a reconnu l'influence du commerce sur la force et la prospérité des empires, s'efforce de faire pencher la balance en sa faveur. Trop élevée dans le nord pour doubler le cap de Bonne-Espérance, elle adopte une route plus directe, qui consiste à communiquer par le Volga dans la mer Caspienne, où les marchandises de la Perse, du Mogol et de l'Inde, sont apportées, comme on l'a dit précédemment. »

par le Tigre et l'Euphrate, dans l'intérieur de la Perse, et qui s'est ensuite prolongée par les déserts jusqu'à Palmyre, et, de nos jours, jusqu'à Alep[1].

La troisième route est celle qui passe par le golfe Arabique et l'Égypte, et offre plusieurs directions différentes sur ce territoire : l'une, en traversant l'isthme, comme faisaient les Phéniciens qui se rendaient d'Aïlath[2] à Rhinocolure; l'autre, en passant de la côte Arabique au Nil, comme de Bérénice à Coptos sous les Ptolémées, et, de nos jours, de Qoçeyr à Qéné; enfin une autre, et c'est la plus courte, en allant du fond du golfe Arabique au bord du Nil. La distance directe de Soueys au Kaire n'est pas de trente petites lieues : c'est cette étendue que les anciens eurent naturellement le projet de traverser par eau, en y creusant un canal; c'est celle que suivent de préférence actuellement les caravanes qui vont chercher les marchandises à la Mekke ou à Soueys, pour les déposer au Kaire.

Enfin la dernière des quatre principales voies que nous avons distinguées, est toute maritime; c'est celle du cap de Bonne-Espérance. Si elle est aujourd'hui la plus fréquentée, plusieurs causes semblent y contribuer. Il est à remarquer, d'abord, que les nations qui se livrent maintenant au commerce avec le plus d'activité, étaient repoussées par la méfiance et la haine qu'ont pour elles les peuples mahométans qui habitent le bord oriental de la Méditerranée; ce n'est qu'avec des difficultés infinies

---

[1] Palmyre était à 60 milles des bords de l'Euphrate, et à 200 milles de la côte de la Méditerranée la plus voisine.
[2] *Aylat.*

qu'on aurait pu en obtenir une protection particulière et l'exclusion des nations rivales : cette bienveillance ne pourrait d'ailleurs conduire qu'à des résultats très-bornés, à cause de l'ignorance et de l'apathie des nations musulmanes, qui ne fourniraient jamais assez abondamment aux demandes du peuple favorisé, à moins qu'elles ne laissassent occuper tous leurs ports, gouverner, pour ainsi dire, leur pays, ou au moins le diriger par une influence égale à la plus grande autorité. On sait assez qu'un pareil abandon est incompatible avec le caractère défiant de ces peuples et l'aversion que leur religion a vouée à la nôtre. Mais ces faveurs mêmes, une fois accordées, ne pourraient être encore que très-précaires : la jalousie et les intrigues des nations rivales viendraient, d'un instant à l'autre, les arracher ou les disputer à celle qui les posséderait ; et le commerce, qui n'existe que par la confiance, et dont les moindres alarmes dérangent le cours, n'en conserverait pas long-temps la paisible jouissance. Mais, en le supposant encore à l'abri de tous ces dangers, une autre nation habitant les bords de l'Océan ou de la Baltique, puissante en marins et en soldats, pourrait, après avoir doublé le cap de Bonne-Espérance, aller tarir la source de toutes ces richesses, en s'établissant dans l'Inde. C'est ce revers qu'éprouvèrent les Vénitiens, qui étaient les maîtres du commerce de ce pays par le port d'Alexandrie, lorsque les Portugais s'établirent sur les côtes de Malabar, dès l'époque de leur découverte. Il a dû paraître plus naturel aux peuples du Nord de se lancer dans une vaste carrière ouverte à tous également, et où chacun pouvait à son gré développer ses moyens, que de les soumettre aux caprices d'un souverain d'Asie; cette voie, plus continue, plus uniforme, était aussi plus convenable à la position de ces peuples sur l'Océan, position qui les portait naturellement à faire le commerce entièrement par mer.

Les peuples mahométans qui habitent des pays plus voisins à-la-fois de l'Inde et des bords de la Méditerranée, opprimés par des gouvernemens barbares et étrangers à toute idée de perfectionnement et de civilisation, ont langui dans l'indolence, qui en est l'effet ordinaire; ils n'ont donc pu soutenir par eux-mêmes qu'une faible concurrence, dans le commerce de l'Inde, avec l'industrieuse activité des nations du Nord, qui d'ailleurs, devenues maîtresses des deux côtés de la presqu'île indienne, en dirigeaient à leur gré les exportations par la nouvelle route qu'elles avaient adoptée. C'est encore ici une des principales raisons qui rendent la voie du cap de Bonne-Espérance plus fréquentée que les autres. Mais qu'on suppose un gouvernement d'Europe puissant et éclairé, dirigeant les opérations d'une colonie laborieuse, solidement établie sur les bords orientaux de la Méditerranée, où elle aurait de bons ports, des forces imposantes, la faculté de communiquer avec la métropole par la mer, et avec l'Inde par l'intérieur des terres : on sentira alors que, n'ayant point, comme les peuples rivaux établis à la même latitude en Europe, cet immense contour de l'Afrique à parcourir, cette colonie et sa métropole doivent obtenir bientôt la traite exclusive des marchandises de l'Inde; communiquant, pour ainsi dire, par une chaîne non-interrompue, avec leurs établissemens dans ce dernier pays, elles n'éprouveraient pas les inconvéniens de ce long trajet de mer, des maladies qu'il fait naître, des armemens immenses qu'il nécessite, et des stations intermédiaires qu'il oblige d'entretenir.

Albuquerque n'avait que trop apprécié tous ces avantages, lorsque, craignant la concurrence des Vénitiens, qui étaient alliés des soudans et faisaient sous leur protection le commerce exclusif de l'Égypte, il voulait que le roi d'Éthiopie détournât le cours du Nil dans la mer Rouge : projet aussi gigantesque que désastreux, qui eût rendu, par son exécution, l'Égypte inhabitable, mais qui prouve combien sa cruelle politique attachait d'importance à la possession de ce pays. Nos ennemis eux-mêmes ont assez montré par leur conduite et leur persévérance à attaquer l'Égypte, qu'ils en connaissaient aussi tout le prix : l'histoire de la guerre, depuis le moment où les Français sont entrés dans le Levant, est une suite naturelle de cette opinion commune à toute l'Europe.

Ces événemens nous conduisent encore à remarquer que c'est principalement en Égypte que cette colonie d'un peuple européen, dont nous avons parlé, serait le plus convenablement placée, en supposant l'isthme traversé par un canal. Cette communication n'offre point, en effet, comme celle de la mer Noire ou du golfe Persique, les lenteurs et les autres inconvéniens de tous ces longs trajets dans l'intérieur d'un vaste continent, tantôt par terre, tantôt sur des fleuves ou sur des mers, pour parvenir de l'Inde au nord de l'Europe : elle exempte des frais énormes qu'entraîne cette manière de faire les transports, à cause du nombre des bras et des animaux qu'il faut employer, des chargemens et des déchargemens fréquens des marchandises, et des longs séjours que les caravanes sont obligées de faire. Cependant, si l'on reconnaît que les deux voies du commerce de l'Inde par l'Égypte et par l'intérieur de la Perse se sont presque toujours maintenues, et simultanément dans les différens siècles, il est constant qu'Alexandrie a toujours surpassé les autres villes ses rivales, quoique le canal qui aurait dû être si favorable à l'Égypte, ne paraisse point avoir été long-temps pratiqué.

Ces dernières ont toutes subi des variations; elles ont brillé successivement les unes après la chute des autres : mais Alexandrie a constamment soutenu son éclat depuis les Ptolémées jusqu'à la conquête des Mahométans, pendant une période d'environ mille ans; on l'a vue depuis se ranimer encore et développer un grand commerce avec les Vénitiens. La découverte seule du cap de Bonne-Espérance l'a jetée, par les raisons que nous avons exposées, dans l'état de médiocrité où nous la voyons aujourd'hui. Cependant, malgré ce désavantage, le commerce de l'Inde par l'Égypte se soutient encore avec un reste de force, à côté même de celui qui se fait maintenant par la mer Atlantique. En effet, la ville du Kaire traitait avant la guerre pour environ 150 millions d'affaires; et l'on sait que la très-grande partie de ce commerce consistait en objets apportés de Soueys et de Geddah, et en argent ou marchandises d'Europe pour en faire l'échange,

DES DEUX MERS.

les denrées propres au pays ne formant que la moindre partie de l'exportation.

Cette supériorité naturelle à l'Égypte serait susceptible de s'accroître considérablement encore, si le gouvernement européen qui y établirait une colonie, exécutait enfin ce projet de canal, dont l'utilité a généralement été reconnue, et par les anciens maîtres de cette contrée, et par ceux qui s'en sont depuis emparés : toutes ces puissances, comme nous le verrons par la suite de ce mémoire, se sont successivement occupées, avec plus ou moins de succès, de l'exécution de cette belle entreprise.

Il est sans doute inutile de s'étendre sur les avantages d'un canal, en comparaison d'une communication par terre, et d'observer que la partie de l'isthme où celui-ci fut projeté, étant, en Égypte même, la moindre distance de la mer Rouge au Nil, le commerce des pèlerins de la Mekke, soit pour Damas [1] et l'intérieur de l'Asie, soit pour le Kaire, Alexandrie et les côtes d'Afrique, et enfin celui des caravanes de Qoçeyr à Qéné, ne suivraient plus désormais qu'une même route. Un résultat bien plus important encore, c'est que la voie de l'Égypte, qui est, comme on l'a déjà dit, la plus courte des quatre principales que nous avons observées dans les différens siècles, deviendrait, par ce moyen, aussi continue, aussi uniforme en quelque sorte, pour les navigateurs, que celle du cap de Bonne-Espérance, et en même temps plus exclusive pour ceux qui en seraient les maîtres. Toutes les raisons qui ont fait préférer cette dernière depuis trois cents ans, s'évanouiraient donc entièrement,

[1] *Damechq.*

en faveur des propriétaires de l'Égypte, auxquels on peut supposer d'ailleurs des flottes et des ports sur la mer Rouge et en Arabie, la force nécessaire pour fonder et maintenir des établissemens dans l'Inde, si le besoin s'en faisait sentir, et enfin toutes les ressources que possèdent communément les principales puissances de l'Europe.

Toutes ces considérations réunies en faveur de l'Égypte firent sans doute concevoir au gouvernement français le projet d'y former des établissemens [1]; nous ne nous permettrons pas d'exposer les causes successives qui ont donné à cette expédition toujours mémorable un caractère de conquête. A peine le général Bonaparte était-il maître de l'Égypte, qu'il porta ses regards et ses pas vers l'isthme de Sueys, où exista l'ancienne communication des deux mers; et il est probable que, par un séjour prolongé en Égypte, il aurait enfin exécuté la construction de ce canal fameux, dans laquelle ses prédécesseurs avaient échoué ou seulement obtenu de faibles succès : il a prouvé du moins, par son empressement à en faire lui-même la première reconnaissance, l'intérêt qu'excitait en lui ce monument de l'ancienne industrie; il en découvrit le premier les traces au milieu

---

[1] « Quelle puissance autre que la France possède les moyens de remplir toutes ces conditions? Son commerce du Levant les lui a créés exclusivement depuis ses nouvelles acquisitions. La splendeur de Marseille offrait, avant la révolution, la preuve matérielle des succès qu'on devait obtenir de la seule force des circonstances, quand le gouvernement, trop occupé peut-être des spéculations lointaines, prenait d'ailleurs si peu de mesures pour se les assurer. En effet, que de chances favorables n'offrent pas déjà à l'industrie française et au débit de ses manufactures, la population, l'enfance des arts et les besoins qui naissent du luxe des Orientaux! »

du désert, et, dès ce moment, il nous chargea du travail qui fait l'objet de ce mémoire.

Ce sont les restes de ce canal, encore existans, que nous avons retrouvés sur presque toute sa longueur ; c'est la possibilité de le rétablir, et de rendre continue la communication, par eau, de la mer Rouge à Alexandrie, et même plus directe vers Péluse[1], que nous entreprenons de faire connaître.

Nous ne terminerons pas ce discours[2] sans faire observer expressément que les vues politiques exposées dans ce mémoire ne doivent porter aucun ombrage à celui des gouvernemens qui croirait y trouver des motifs d'inquiétude ; car on ne doit y voir que l'expression des pensées qui dûrent naître pendant le cours de l'expédition d'Égypte.

Le général Bonaparte nous ayant demandé, lors de son départ du Kaire, ce qu'on pouvait espérer du rétablissement du canal de Soueys, nous l'assurâmes qu'il paraissait facile de rouvrir ce canal, et même avec plus d'avantages qu'il n'en présenta jamais. « Eh bien, nous dit-il, la chose est grande! publiez un mémoire, et forcez le Gouvernement turc à trouver, dans l'exécution de ce projet, et son intérêt et sa gloire[3]. »

---

[1] Πηλούσιον, *Tyneh*.

[2] En renvoyant, pour de plus grands développemens, aux ouvrages bien connus de MM. Ameilhon et Robertson, nous indiquons au lecteur les sources où nous avons puisé.

[3] Ce mémoire, rédigé à notre retour d'Égypte, fut présenté, le 24 août, 1803, au premier consul, qui en ordonna la publication. L'impression n'en a été différée que parce que, devant naturellement se rattacher à l'ouvrage de la commission d'Égypte, dont la première livraison n'a pu paraître qu'en 1808, nous avons dû accéder au désir que nous ont exprimé, à ce sujet, nos collègues.

DIVISION DE L'OUVRAGE.

Ce mémoire sera divisé comme la navigation elle-même qui en est l'objet, et qui, considérée sous le point de vue le plus étendu, offre une communication ouverte entre la Méditerranée et l'Océan indien, par l'Égypte et la mer Rouge : il comprendra trois sections.

La première section traitera du canal de la mer Rouge au Nil, du port de Soueys, et de la navigation de la mer Rouge.

La seconde traitera de la navigation des diverses branches du Nil qu'on devra parcourir pour communiquer du canal de Soueys dans celui d'Alexandrie, par les rivières ou canaux de Moueys, de Fara'ounyeh, et par la branche de Rosette.

La troisième donnera la description du canal d'Alexandrie, qui complétera la navigation intérieure de Soueys à Alexandrie : elle traitera du rétablissement de ce canal, et sera terminée par un Mémoire sur les villes et ports d'Alexandrie.

Ayant à traiter, dans la première de ces trois sections, l'objet principal de ce memoire, l'ancien canal des Rois, qui, du Nil à la mer Rouge, constituait la jonction des deux mers, nous lui donnerons tous les développemens dont il est susceptible. Cette section contiendra cinq chapitres.

Dans le chapitre 1er, nous ferons l'historique de nos reconnaissances et de nos opérations ; nous en donnerons les résultats, qui constatent la différence de niveau des deux mers.

Dans le chapitre II, les résultats que nous aurons exposés nous serviront à faire connaître complétement l'état ancien et moderne du canal, celui du sol qu'il traverse, et les causes les plus probables de la formation de l'isthme de Soueys.

Le chapitre III renfermera des vues générales sur le rétablissement du canal, suivant le système de son ancienne navigation, du Nil à la mer Rouge, et de cette mer à la Méditerranée, au moyen d'une communication plus directe qu'on ouvrirait dans l'isthme qui sépare ces deux mers.

Dans le chapitre IV, nous donnerons la description du port de Soueys, de sa rade, de ses aiguades, etc.; nous y ajouterons quelques vues sur le rétablissement de ce port.

Le chapitre V traitera de la navigation de la mer Rouge; il sera terminé par le parallèle du trajet de France aux Indes par le grand Océan, avec le même trajet par la Méditerranée, l'Égypte et la mer Rouge.

Enfin, après avoir successivement traité les sujets de ces trois sections, nous rappellerons, dans un résumé, les principales questions qui font l'objet de ce mémoire, celui du rétablissement de l'ancienne voie du commerce des Indes.

APPENDICE.

L'appendice qui fait suite à ce mémoire, dont nous avons dû resserrer les matières, contiendra, comme objets complémentaires,

1°. L'exposé des moyens généraux d'exécution du

canal des deux mers; l'aperçu de la dépense et du temps nécessaires à la confection des travaux;

2°. Un essai historique et critique sur la géographie de l'isthme de Soueys;

3°. L'extrait du Journal historique et géologique des opérations du nivellement général, de la mer Rouge à la Méditerranée, au Kaire et aux Pyramides;

4°. Les traductions des textes des auteurs anciens et modernes cités dans le cours de ce mémoire.

Dans un mémoire particulier sur le Nil, ce fleuve sera considéré quant à ses sources, à son cours, à ses diverses embouchures, à son régime et à la qualité de ses eaux. Nous déterminerons les causes, les époques, la durée et la mesure de ses crues; nous exposerons les effets variables de ses débordemens, et ceux qui sont résultés de l'exhaussement successif du lit et du bassin du Nil; nous donnerons l'histoire et la description du nilomètre ou meqyâs, qui sert à la mesure des crues du Nil : en exposant l'usage auquel cet édifice est consacré, nous ferons connaître la source des erreurs commises par tous les voyageurs dans l'expression de la mesure des inondations favorables ou nuisibles au produit annuel des récoltes; nous constaterons les changemens que nous avons opérés dans la restauration de ce monument.

Nous donnerons les hauteurs relatives du meqyâs et de la base de la grande pyramide, obtenues par un nivellement sur une ligne transversale de la vallée, d'où résulte un repère fixe et durable, d'après lequel on pourra toujours mesurer l'exhaussement ultérieur des crues et de la vallée du Nil.

Enfin, dans un dernier mémoire, nous exposerons quelques considérations sur la nature et l'étendue des lacs maritimes de l'Égypte, et sur l'utilité qu'on retirerait de leur desséchement, en rendant à la culture une très-grande étendue de terres que la mer et les sables des déserts n'ont cessé d'envahir[1].

PLANCHES ANNEXÉES AU MÉMOIRE.

Ces planches font partie de l'Atlas. — *État moderne.*

Carte hydrographique de la basse Égypte et de l'isthme de Soueys.
Plan du port de Soueys et du fond du golfe Arabique.
Plan et vue des sources dites *de Moïse*.
Tableau synoptique des différens points du nivellement de l'isthme.
Plan des villes et ports d'Alexandrie.

N. B. On eût désiré n'indiquer dans la partie descriptive de ce mémoire, qu'une seule espèce de nos mesures; mais on a cru devoir rapporter les résultats tels qu'on les a obtenus dans le cours des opérations, et n'en donner la double expression que lorsque le sujet a paru le comporter. Il a paru plus convenable de donner la correspondance des dates des divers calendriers, que nous avons dû rapporter.

[1] Ces derniers mémoires paraîtront dans les livraisons successives de l'ouvrage de la Commission d'Égypte. C'est d'après la classification du travail général, que j'ai dû les en séparer ici. Je me propose, avec M. Gratien Le Père, mon frère, et M. Saint-Genis, mes coopérateurs, de publier un jour la collection de ces mémoires, que nous avions rédigés en un seul corps d'ouvrage.

SECTION PREMIÈRE.

De l'ancien canal de la mer Rouge au Nil. — De son rétablissement. — De l'isthme et du port de Soueys. — De la mer Rouge, et de sa navigation aux Indes, comparée avec celle du grand Océan.

CHAPITRE Ier.

Précis historique des reconnaissances de l'ancien canal. — Opérations de topographie et de nivellement. — Rapport au premier consul. — Analyse des opérations. — Tables des ordonnées comparatives des principaux points de l'isthme.

§. I. *Première reconnaissance des vestiges du canal*[1].

LE général en chef Bonaparte, ayant résolu de se rendre à Soueys pour juger de l'état de ce port et ordonner les travaux propres à lui rendre tous les avantages dont il est encore susceptible, partit du Kaire le 4 nivose an VII (24 décembre 1798) : les généraux Berthier et Caffarelli, le contre-amiral Gantheaume, MM. Monge, Berthollet, Costaz, et divers autres membres de l'Institut, l'accompagnèrent.

L'escorte de cette caravane offrait à plusieurs négo-

---

[1] *Voy.* la carte hydrographique de la basse Égypte (pl. 10).

CANAL DES DEUX MERS. 59

cians que des intérêts de commerce appelaient à Soueys, une occasion favorable de s'y rendre, et ils suivirent la caravane. On coucha près du fort de Birket-el-Hâggy; on reprit à l'est le Derb-el-Soultâny, qui est aussi le chemin des pèlerins de la Mekke (*Derb-el-Hággy*); et l'on traversa, dans la même direction[1], une plaine vaste, dont la pente assez douce se rattache aux collines vers le sud-est.

Après deux heures de marche, on trouve au nord, à 1500 toises environ de la route, une chaîne de collines blanches, en forme de dunes, qu'on appelle *Dâmâh* : après les avoir longées pendant trois heures, on franchit une chaîne transversale de roche calcaire, peu élevée, recouverte de gravier et de cailloux roulés; elle est coupée, et forme un encaissement à la route : on la nomme *el-Bâb*. De la sommité de cette colline on découvre une grande plaine; elle est sillonnée par des ravines d'eau pluviale qui entretiennent, sur quelques points, une végétation d'arbustes dont l'aspect contraste agréablement avec celui du désert; cette plaine est couverte de sable, de gravier, et de cailloux qui, de l'espèce du jaspe, veinés et herborisés dans leur intérieur, sont connus dans le commerce sous le nom de *cailloux d'Égypte*.

On y trouve aussi beaucoup de pétrifications, parmi

---

[1] On laissa au nord le Derb-el-Gira (*Derb-el-Gyr*), chemin dirigé sur Péluse et la Syrie.
Il est encore, à l'est, des routes plus directes pour Soueys, *Derb-el-Terrâbyn*, et *Derb-el-Fern*, plus familières aux Arabes qui occupent ces déserts, indépendamment de celle de la vallée de l'Égarement (*el-Touáreq*), qui dut être plus fréquentée du temps que Memphis était la capitale de l'empire.

lesquelles le palmier ne peut être méconnu[1]. Des autruches, des gazelles, des alouettes huppées et quelques perdrix, peuplent ces déserts. Des vautours, des aigles et des pélicans, quittant la région plus élevée des montagnes, descendent aussi dans la plaine.

Le 5 (25 décembre), on coucha près de l'arbre Hamrâ. Le 6 (26 décembre), on trouva, après une heure de marche, Byr-el-Beytâr[2]. Ce puits, qu'on alla reconnaître à un quart d'heure au sud de la route, n'a pas d'eau ; il est ouvert sur de grandes dimensions, très-profond, et taillé dans le roc.

Un quart d'heure après, on trouve sur la route, qui prend en cet endroit le nom de *Derb-el-Homâr*, l'arbre *ex-voto*, ou *gemâ'et-el-charâmyt* : c'est un vieil acacia, tout couvert de lambeaux de vêtemens que les pieux pélerins y suspendent à leur retour de la Mekke, en accomplissement du vœu qu'ils ont fait à leur départ; c'est un des monumens de leur superstition[3].

Un peu au nord de cet arbre, on voit les ruines d'un puits et d'une citerne, que les sables auront bientôt effacées. A six heures de distance de ce point, la vallée

---

[1] On aurait tort cependant de considérer comme pétrification du règne végétal tout ce qui, au premier coup-d'œil, en offre la ressemblance; car nous avons reconnu que souvent ces prétendues pétrifications ne sont que des matières minérales.

[2] *Byr el-Beytâr*, le puits du maréchal. Ce puits fut commencé en 1110 de l'hégyre (1676 de J.-C.); mais il fut abandonné, parce qu'il n'y venait pas d'eau : aux environs est un marabout ou tombeau de santon.

[3] Les *hâggy* (les pélerins) ont aussi l'usage de former de petits tas de pierres en forme de pyramide, pour indiquer la sépulture des pélerins morts dans le voyage; mais un autre motif de cet usage paraît être de marquer la route, au moyen de cette suite de repères, où elle n'est plus suffisamment indiquée quand les vents en ont détruit les traces.

se rétrécit entre les montagnes ; la chaîne du sud s'élève,
et celle du nord suit en s'abaissant vers le nord-est : les
ravins sont plus profonds ; des blocs de silex et de galets
calcaires couvrent le sol et rendent le chemin plus difficile.

On était à la hauteur du fort d'Ageroud, distant de
500 toises au nord de la route : le général en chef s'y
porta. Ce fort consiste en deux enceintes carrées, flanquées de tours : celle de l'ouest renferme un puits profond avec roue à chapelet, et quelques logemens; celle
de l'est contient un karavanseray [1] et une mosquée, pour
abriter les voyageurs et les commerçans, et satisfaire à
la piété des *hâggy* [2].

On sort enfin de la vallée, et l'on débouche dans la
plaine de Soueys : on découvre la ville ainsi que la mer,
et l'on descend par une pente douce vers les *Byr-Soueys*,
ou puits de Soueys ; ces derniers puits ne sont qu'à une
lieue de la ville. On y arriva à la nuit.

On ne trouve pas d'eau pendant vingt-quatre heures
de marche, entre Birket-el-Hâggy et Ageroud, parce
que les établissemens intermédiaires qui ont dû y exister,
à en juger d'après leurs vestiges, ont été détruits par le
temps, par les guerres et le défaut d'entretien qui en
est la suite inévitable. Il est cependant possible de trouver de l'eau en fouillant de quelques pieds seulement
sous le sable ; mais cette eau est ordinairement saumâtre.

Les Arabes, qui ont, au cœur des déserts, des points
de repère dont ils se servent pour en déterminer en
quelque sorte la topographie, disposent des réserves

---

[1] *Kerouân-serây*.
[2] Ces établissemens ont été ensuite disposés pour les besoins d'une garnison.

d'eau à l'époque des pluies, afin d'en user suivant l'occurrence.

Cette reconnaissance du Derb-el-Hâggy persuada que le canal ne pouvait se trouver sur cette direction, quoique des voyageurs aient assuré en avoir vu les vestiges près d'Ageroud : mais ils auront considéré comme tels ceux du lit d'une ravine qui offre, en effet, de grandes dimensions, et qu'on avait probablement redressée et dirigée vers les aiguades de Soueys.

Le 8 (28 décembre), après avoir vu et ordonné tout ce que pouvaient exiger les besoins de la place, sous les divers rapports de la défense, du commerce et de la marine, le général en chef visita les sources de Moïse, situées sur la côte à trois lieues sud-est de Soueys, dans l'Arabie Pétrée : il nous y donna ses instructions pour en faire la topographie et le nivellement, et pour étudier les moyens de les rendre utiles; il retourna directement à Soueys, où il arriva dans la nuit, après avoir couru des dangers en traversant le Ma'dyeh [1], le guide ayant dû changer de direction, parce que la marée n'était pas encore basse [2].

Nous passâmes la nuit, avec le contre-amiral Gantheaume et quelques membres de l'Institut, à bord de la corvette qui nous porta vers l'entrée de la vallée de l'Égarement; mais le défaut de guide rendit cette première reconnaissance peu fructueuse.

Le 10 (30 décembre), on partit de Soueys : le gros

---

[1] *El-Ma'dyeh*, point guéable de basse mer.

[2] Horace Say, officier du génie très-distingué, avait fait une reconnaissance de cette route; une mort prématurée, mais glorieuse, l'a enlevé, en Syrie, à son corps et aux sciences.

de la caravane se dirigea sur Ageroud ; et le général en chef se porta au nord ; dans l'espoir de retrouver sur la plage, au fond du golfe, les vestiges de l'ancien canal. Il retrouva en effet la tête de ses digues, peu sensibles à leur naissance, à cause des sables qui l'ont comblé dans quelques parties : il en suivit les traces sur environ cinq lieues ; c'est là le terme de ses vestiges, parce qu'à cette distance il débouche dans le bassin des lacs amers. Satisfait de cette découverte, il se porta à l'ouest dans la direction présumée d'Ageroud, accompagné du général Berthier et suivi de deux guides à cheval seulement ; il fit un nouveau trajet de trois lieues, et rejoignit heureusement la caravane chargée de l'eau et des vivres : il fit allumer des feux et tirer le canon pour signaler sa présence et le lieu du bivouac aux officiers qui étaient restés en arrière dans l'obscurité de la nuit. Le général Bonaparte eût couru de plus grands dangers, si la nouvelle de son voyage à Soueys n'eût écarté les Arabes de ces parages.

Le 14 (3 janvier 1799), étant à Belbeys, il voulut aussi reconnaître l'autre extrémité du canal ; il se porta jusqu'à dix lieues dans l'Ouàdy-Toumylât, où il en retrouva de nouvelles traces sur plusieurs lieues d'étendue.

Le vif intérêt que le général Bonaparte montrait dans ces diverses reconnaissances, était un témoignage de son désir d'avoir des résultats plus précis ; il était pour moi, dans cette circonstance, plus impératif encore que l'ordre qu'il me donna de les lui soumettre le plus tôt possible.

Arrivé au Kaire, je fis mes dispositions pour retourner à Soucys, ayant résolu d'en faire le point de départ, afin de rentrer dans le pays cultivé après la fin des opérations, dont je pouvais alors prévoir les difficultés et la durée.

§. II. *Première opération de topographie et de nivellement.*

L'étendue des opérations relatives au projet de la jonction des deux mers, projet qui embrasse dans son ensemble toute la basse Égypte, les reconnaissances du terrain dont on avait à faire le nivellement sur plus de quatre-vingts lieues de longueur, ont nécessairement exigé le concours de plusieurs ingénieurs.

M. Gratien Le Père, mon frère, m'ayant constamment et plus particulièrement secondé dans les opérations et dans la rédaction des plans et des mémoires, M. Saint-Genis m'ayant aussi aidé long-temps de ses lumières et de son zèle, je parlerai au nom de ces coopérateurs; je citerai successivement tous ceux des autres ingénieurs qui ont été appelés à prendre une part plus ou moins active et réelle à ce travail.

Nous partîmes du Kaire, ces ingénieurs et moi, le 27 nivose an VII (16 janvier 1799), après avoir obtenu du général Berthier, chef de l'état-major général, et du général Caffarelli, commandant le génie, les moyens que paraissait exiger un assez long séjour dans le désert. Ces moyens répondaient au vif intérêt que ces officiers généraux avaient montré dans le premier voyage, et à leur empressement à connaître les résultats qui font l'objet de ce mémoire.

Nous nous rendîmes à Soueys sous l'escorte d'une colonne aux ordres du général Junot, qui allait y commander, et qui nous servit très-obligeamment de tous ses moyens.

Après nous être occupés, du 1ᵉʳ au 12 pluviose (du 20 au 31 janvier), des opérations relatives aux aiguades, aux sources de Moïse, et au régime des marées de la mer à Soueys, nous nous trouvâmes en mesure de commencer le nivellement du canal; mais, prévoyant déjà, par ce premier travail, l'insuffisance de nos moyens pour la plus grande célérité des opérations, nous retînmes pour coopérateur l'ingénieur Dubois, qui était arrivé à Soueys par la vallée de l'Égarement, et qui avait été désigné pour l'expédition de Qoçeyr. L'ingénieur Arnollet, qui venait de terminer le levé du plan de Soueys, en était reparti peu auparavant.

Le 12 (31 janvier), nous partîmes de Soueys avec une escorte de quarante hommes de la légion Maltaise, commandée par M. Lapanouse, indépendamment de douze sapeurs, que MM. les officiers du génie avaient mis à notre disposition comme plus habitués à ces sortes d'opérations.

Le 15 (3 février), après avoir opéré constamment dans le lit du canal, nous en perdîmes les traces, et nous débouchâmes dans une vallée que nous soupçonnâmes être le bassin des lacs amers. Le sol adjacent au lit du canal est naturellement consolidé par le gypse cristallisé et recouvert de cailloux siliceux ou calcaires : du côté de l'ouest, le sol, qui s'abaisse vers le canal, est sillonné par des torrens d'hiver, et les eaux qui y affluent entretiennent sur différens points une végétation abondante d'arbustes et de plantes grasses, dont se nourrissent les animaux du désert[1]; à l'est, le sol s'élève en sens contraire, et les dunes s'y multiplient jusqu'au pied des montagnes de la côte arabique. En cet endroit de la fin des vestiges du canal, nous comptions une distance de 21,656 mètres; et l'ordonnée ou cote du nivellement, répondant à la 26me station, donnait déjà 15 pieds 3 pouces pour la pente du canal vers les lacs, et pour sa profondeur au-dessous de la haute mer à Soueys. Nous reconnûmes, en considérant les cotes intermédiaires, que le lit du canal et le sol de la plaine de Soueys étaient très-peu élevés au-dessus de la mer[2], et combien il serait facile de la porter dans le bassin des lacs par une simple rigole de quelques pieds de profondeur.

Il est très-probable que l'affluence périodique des crues du Nil dans le bassin des lacs amers, par l'Ouâdy, a dû former et entretenir un courant suivant la direction du canal; et cette assertion plausible explique ses petites inflexions, dont on ne voit pas d'ailleurs de motifs suffisans, ni dans l'état géologique du sol, ni dans l'intention de diminuer le volume des déblais.

Nous avons fait, dans le lit du canal, des fouilles qui ont toutes présenté un mélange de sable, d'argile et de

---

[1] Ces arbustes sont des *genêts*, des *tamaris*, l'*acacia* et le *mimosa nilotica*, qui donne la gomme arabique.

[2] On ne parle que des marées de vive-eau; car celles que les tempêtes et les vents frais de l'est donnent accidentellement, s'écouleraient naturellement dans les lacs, si la durée de l'écoulement n'était pas soumise au jusant qui s'y oppose.

gypse; nous avons noté les parties où les digues sont le plus élevées, celles où le canal est plus ou moins profond, et les lacunes où une laisse blanchâtre, due à la présence du gypse, constate sa continuité en se rattachant aux débris plus ou moins sensibles des anciennes digues.

La largeur du canal, qui varie sensiblement, a dû être de 35 à 40 mètres à la ligne d'eau (18 à 20 toises). Sa profondeur varie davantage, le lit étant encaissé, dans quelques endroits, de quatre à cinq mètres, y compris la hauteur des digues et les dépôts des curemens annuels. Cette profondeur s'accroît jusqu'à sept à huit mètres en s'éloignant du golfe, jusqu'à l'extrémité, où il présente les plus grandes dimensions. Après avoir parcouru le terrain à la tête des lacs, nous poursuivîmes le nivellement, en nous portant toujours vers les points que nous jugions les plus bas, pour retrouver le canal, et nous continuâmes l'opération sur un nouveau développement de 24,130 mètres. Les cotes s'étant toujours accrues jusqu'à la station n°. 63, qui portait $179^{ds}4°7'$,[1] nous ne doutâmes plus que ce sol ne fût celui des lacs : en effet, si la mer y était introduite, il se trouverait déjà dans cet endroit $29^{ds}4°$ de hauteur d'eau; et cette profondeur nous sembla devoir s'accroître encore. En considérant les effets opérés à la surface du sol, nous reconnûmes qu'ils étaient dus à l'assèchement des lacs, dont les eaux s'évaporèrent lentement, après que le Nil eut cessé d'y affluer.

---

[1] Nos mires ou voyans étaient gradués en pieds de France : cette adoption des anciennes mesures était motivée sur la nécessité d'être mieux compris par nos sapeurs, qui ne connaissaient pas la nomenclature métrique.

Le 16 (4 février), nous jugeâmes qu'il nous serait impossible de continuer nos opérations sans nous exposer à manquer d'eau : il nous fallait retourner à Soueys, ou bien nous rendre dans l'Ouâdy-Toumylât, où nous espérions trouver des guides; cette dernière considération nous détermina pour la vallée des *Toumylât,* et nous nous dirigeâmes sur le santon d'Abou-Nechâbeh.

Après avoir déterminé le site et le niveau de la dernière station par des piquets de repère auxquels nous devions rattacher nos opérations ultérieures, nous nous dirigeâmes sur un pic très-saillant de la montagne, qui court au nord-ouest dans la partie correspondante au bassin des lacs.

Nous montâmes de plus de cent pieds avant d'atteindre le pied de la montagne, où nous prîmes la route frayée de Soueys vers l'Ouâdy. Nous observâmes, à demi-distance, une laisse de débris de coquillages absolument semblable à celles de la mer, et qui nous parut retracer, en ce point, le niveau des eaux, lorsque les lacs étaient pleins.

Nous allions atteindre le pied de la montagne, quand nous aperçûmes sur notre direction, à l'ouest, un convoi considérable escorté par un parti d'Arabes. Nous avions été prévenus, en partant de Soueys, par le général Valentin, que la tribu des *Ouetouât,* forte de 150 chevaux, occupait la partie du désert où nous devions opérer, et que, peu de jours avant, elle lui avait enlevé quelques hommes et un convoi entre Agcroud et Soueys. Le mirage contribuait à nous faire paraître encore plus considérable ce convoi; l'illusion diminuait cependant à mesure que nous en approchions[1].

Nous nous détachâmes avec quelques sapeurs, et nous nous trouvâmes en présence de plusieurs cavaliers arabes qui étaient aussi venus en reconnaissance. Leur manœuvre et leur contenance ne nous laissaient aucun doute sur leurs intentions; mais la vue de notre escorte, qui nous rejoignait avec nos bagages, les empêcha de rien oser. Pendant qu'on s'observait de part et d'autre, leur convoi filait dans les gorges. De notre côté, n'ayant aucun but d'expédition militaire, nous nous abstînmes de rien entreprendre. Ces cavaliers, nous voyant réunis, et marcher toujours vers eux, s'éloignèrent au galop : nous les perdîmes bientôt de vue.

Nous continuâmes notre route sur la direction présumée du santon d'Abou-Nechâbeh; et n'espérant pas

---

[1] Le mirage (terme donné à un phénomène d'optique observé en mer) résulte ici de l'action du soleil sur le terrain, qui acquiert la température capable de le produire: il devient d'autant plus sensible que le soleil est plus élevé sur l'horizon. Nous l'avons trouvé plus considérable encore sur les lacs desséchés et sur les plaines recouvertes de cailloux, qui réfléchissent davantage les rayons solaires.

L'illusion produite par ce phénomène est si grande, que les voyageurs qui ne le connaissent pas sont toujours disposés à changer de route pour contourner des étendues d'eau qui leur semblent exister entre eux et le point de l'horizon où ils se dirigent. Par une erreur contraire, il nous est arrivé, sur les bords marécageux du lac Menzaleh, de nous engager dans des lagunes, en attribuant au mirage la vue réelle de ces lagunes, et d'être obligés de les tourner pour changer de route.

L'effet du mirage est de voir les objets existans à l'horizon, non-seulement agrandis et mobiles, mais renversés, et tels qu'on les verrait dans une eau limpide qui existerait entre l'objet et le spectateur. Il opérait dans les lunettes de nos instrumens une ondulation des images, occasionée par le haut degré de raréfaction de l'air.

M. Monge ayant donné l'explication de ce phénomène, nous ne pouvons que renvoyer au texte de ce savant. (Décade égyptienne, t. 1.)

trouver d'eau avant le lendemain, nous accélérâmes notre marche, en traversant une plaine immense et unie. Les dunes naissent seulement aux approches de l'Ouâdy; et nous fûmes obligés, pendant une heure, d'en franchir péniblement la partie qui est avant le santon d'Abou-Necliâbeh, où nous arrivâmes le 17 (5 février), après dix heures de marche, à partir de la montagne[1]. Ce santon est placé au pied d'une dune blanche et fort élevée, qu'on aperçoit, à de grandes distances, de tous les lieux environnans; nous montâmes à son sommet pour observer ce nouveau site, et nous découvrîmes l'Ouâdy, dans lequel il existe quantité de puits d'eau potable et propre à l'arrosement des terres mises en culture.

L'eau nous manquait absolument, et nos chameaux n'avaient pas bu depuis six jours que nous étions partis de Soueys : nous fîmes donc de l'eau; et après un repos nécessaire, pendant lequel nous prîmes divers renseignemens près des *fellâh*, nous reconnûmes la nécessité de faire une recherche préalable des vestiges du canal dans l'Ouâdy, pour n'avoir à vaincre dans les opérations subséquentes que les difficultés qui en étaient inséparables. Nous traversâmes la vallée, et nous trouvâmes, sur la rive nord, de nouvelles traces, encore profondes, de l'ancien canal; nous les suivîmes pendant cinq heures jusqu'auprès d'A'bbâçeh[2], situé à l'entrée de la vallée :

---

[1] Ce santon, où se trouve le tombeau d'un cheykh arabe, en grande vénération dans la contrée, avait paru un objet stable et susceptible d'être déterminé dans la géographie; M. Nouet en avait précédemment déterminé le lieu par des observations astronomiques. On aperçoit cette dune de très-loin, quand elle est éclairée par le soleil.

[2] *A'bbâceh* ou *A'bbâcyeh.*

ce village occupe le centre d'une première digue transversale, qui avait sans doute pour objet de limiter l'expansion des crues dans la partie supérieure de cette vallée et la plus susceptible de culture.

Au-dessus d'A'bbàçeh, on retrouve divers canaux d'irrigation. Celui qu'on nomme *Bahr-el-Bagâr* et *Bahr-el-Boueyb*, devait faire partie de l'ancien canal dérivé de la branche Pélusiaque, près de Bubaste. Celui qu'on nomme *Bahr-Abou-Hâmed*, semble appartenir au canal supérieur, dit *Amnis Trajanus*, et depuis, *Canal du Prince des Fidèles*, dont la prise d'eau est près du vieux Kaire, Fostât, l'ancienne Babylone des Perses en Égypte. Ne pouvant pas en suivre toutes les inflexions, à cause des nombreux fossés et des criques dont la plaine est sillonnée, nous reprîmes à Belbeys la route du désert, et nous nous rendîmes au Kaire pour y prendre de nouveaux moyens de continuer les nivellemens. Nous y arrivâmes le 21 pluviose (9 février 1799): nous y trouvâmes le quartier général, qui partit le lendemain pour suivre l'armée, qui marchait sur la Syrie. Huit jours s'étaient écoulés, et nous réclamions une nouvelle escorte; mais les circonstances, devenant toujours plus difficiles, ne permirent pas de nous la fournir, et de nouveaux incidens différèrent encore la reprise de nos opérations jusqu'au mois de vendémiaire an VIII (septembre 1799).

§. III. *Deuxième opération de topographie et de nivellement.*

C'était alors du général en chef Kléber que je devais réclamer les moyens de reprendre cette opération; ses intentions répondirent à mon empressement, et je me disposai à repartir. Le général Damas, chef de l'état-major général, qui partageait les dispositions du général en chef, voulut bien ajouter encore à l'étendue de ces moyens. Les ingénieurs qui m'avaient secondé dans le premier voyage, étaient ou malades, ou en mission pour le service; et j'y suppléai par MM. Févre, Dubois, Favier et Duchanoy.

Le 7 vendémiaire an VIII (29 septembre 1799), nous partîmes pour Belbeys, où commandait le général Reynier, auprès duquel nous devions trouver le complément de notre escorte : ce général voulut bien combiner ses mouvemens militaires pour couvrir et protéger les nôtres; il nous donna rendez-vous dans l'Ouâdy, et nous partîmes du camp avec un bataillon de la 85ᵉ demi-brigade, commandé par M. Lhuillier, qui facilita nos recherches avec beaucoup d'intérêt. Nous continuâmes à relever le cours du canal depuis A'bbâçeh, et nous arrivâmes le 14 (6 octobre) au Râs-el-Ouâdy, où nous avait devancés le général Reynier. Je laissai à mes coopérateurs le soin d'achever le plan jusqu'à Saba'h-byâr[1], où nous convînmes de nous rejoindre le 15 (7 octobre) au soir; je me détachai avec le général pour reconnaître la partie orientale de la vallée.

[1] Les sept puits.

Nous poussâmes nos reconnaissances à dix lieues au-delà du santon Cheykh-Henâdy : nous retrouvâmes jusqu'au Mouqfâr[1] des traces, souvent interrompues, du canal; nous remarquâmes des ruines, dites *Koum-Abou-Keycheyd,* que nous croyons appartenir au site d'Héroopolis, ainsi que nous le motiverons plus bas.

Les digues sont totalement effacées quelques cents toises après le Mouqfâr; la vallée devient plus étroite à Saba'h-byâr; et l'on doute si le canal a existé dans cette partie, que les sables n'ont pas encore totalement envahie. C'est un peu au-delà de ce point que la crue de l'an IX (1800) présenta un courant extrêmement rapide.

Nos courses s'étendirent sur plusieurs points du désert; nous parcourûmes les lagunes que les Arabes appellent *Kerhât,* et qui prirent l'aspect d'un grand lac après la crue dont nous venons de parler; nous relevâmes les puits de Mourrah et d'el-Menâyf, dont la connaissance devenait précieuse à la cavalerie, qui faisait, dans ces déserts, une guerre active aux Arabes. Enfin, après avoir fait dix-huit à vingt lieues de courses, nous arrivâmes à Saba'h-byâr, où les ingénieurs terminaient leur topographie; mais, ne trouvant pas dans ce site un point propre à établir un repère fixe du nivellement, nous résolûmes de remonter jusqu'au Mouqfâr, où le canal offre encore un profil de grandes di-

[1] *Mouqfâr,* désert. Les Arabes et nos guides nous ayant toujours répondu *Mouqfâr,* toutes les fois que nous leur demandions comment on appelait ces lieux situés au bord du canal où se trouvent des ruines, nous avons d'abord considéré cette expression comme un nom propre, et nous l'avons conservée dans notre topographie.

mensions. Le général Reynier donna suite à ses opérations militaires, et nous laissa une escorte avec quelques dromadaires, pour nous servir d'éclaireurs [1].

Le Mouqfâr offre des ruines qui ont le caractère d'un établissement public [2], qu'on pourrait considérer comme ayant servi de douane, ou de poste pour la sûreté de la navigation. Cet établissement, qui est sur la rive nord du canal, a pu être considérable, à en juger par les décombres qui l'avoisinent. Nous y avons trouvé plusieurs blocs de granit, dont un, que nous avons placé à l'angle nord-est du bâtiment, nous a servi de repère dans le nivellement : la surface de ce bloc est, de 8 pieds 2 pouces, supérieure au fond du canal. Du 16 au 20 (8-12 octobre), nous prolongeâmes le nivellement en suivant la vallée par Saba'h-byâr; nous trouvâmes sur cette direction, à son extrémité, un monticule portant à sa sommité des ruines assez remarquables : elles consistent dans des débris épars de gros blocs de grès et de granit polis, portant des moulures de corniche, qui ont dû appartenir à une rotonde de 15 à 20 pieds de diamètre. Nous motiverons, dans nos considérations sur la géographie ancienne de l'Isthme, l'application que nous faisons de ces vestiges à un *Serapeum*.

En entrant dans le bassin des lacs amers, nous prîmes la direction présumée du repère que nous avions établi

---

[1] Ces éclaireurs nous devenaient nécessaires pour nous garantir des surprises des Arabes, attendu que, dans le cours des opérations, nous nous trouvions souvent assez éloignés les uns des autres, et que les dunes, hautes et boisées dans cette partie, bornaient partout l'horizon. L'opération doit beaucoup, à cet égard, à la bienveillance constante du commandant de l'intrépide corps des dromadaires, M. Cavalier.

[2] *Voy*. ces ruines dans l'Atlas.

le 16 pluviose an vii (4 février 1799), en suspendant nos opérations. Parvenus dans les terres fangeuses et salines du fond des lacs, nous résolûmes de remonter jusqu'au pied de la montagne, en marchant sur le pic dont la position avait été déjà déterminée dans la première opération : arrivés à ce point, que nous trouvions plus élevé de 173 pieds que le fond des lacs, nous pûmes plus facilement reprendre la direction du repère auquel nous devions rattacher nos opérations. Nous étant, en effet, divisés et rangés sur un front d'environ 1200 toises, nous nous portâmes vers la cunette des lacs, étant convenus de signaler la découverte du repère par trois coups de fusil : les ingénieurs du centre l'ayant signalée, et nous étant réunis pour reconnaître les piquets de repère, nous les trouvâmes dans leurs positions respectives, et même avec les traces encore sensibles de la chaîne de métrage qui y aboutissait. Nous y reprîmes le nivellement, en nous dirigeant vers le point de départ de la montagne (89ᵉ station), où nous terminâmes cette seconde partie du nivellement.

Il était bien important d'achever le jour même; car l'eau manquait déjà, et nous n'eûmes que le temps d'arriver aux Byr-Soueys, pour étancher la soif de tout notre monde, que la chaleur extrême, les difficultés qu'avait présentées le passage du fond marécageux des lacs, et une marche accélérée, avaient extrêmement fatigué[1]. Nous arrivâmes dans la nuit à Soueys. Nous

---

[1] Les fatigues de la veille n'avaient pas été moins pénibles : nous étions sur pied dès les deux heures du matin, pour éviter la surprise d'un parti d'Arabes et de Mamelouks qui avaient campé près de nous. Nous nous trouvions en effet sur un des points de communication de la haute

nous proposions de retourner au Kaire par la vallée de l'Égarement, dont nous n'avions encore reconnu que les extrémités; mais, ayant été forcés de laisser une partie de notre escorte et de nos moyens à Soueys, nous retournâmes directement au Kaire.

§. IV. *Troisième opération de topographie et de nivellement.*

Il nous restait encore à prolonger le nivellement jusqu'à la Méditerranée, pour connaître les hauteurs respectives des deux mers, et ensuite à le rattacher au Nil, près du Kaire, pour trouver la pente que nous présumions exister entre ce point de son cours et le fond du golfe, à Soueys. La connaissance de ces données était l'objet d'un dernier voyage; et quoique les circonstances devinssent toujours plus difficiles, nous résolûmes de profiter du peu de temps que nous donnait encore l'ennemi, dont les mouvemens annonçaient qu'il devait déboucher par Qatyeh, où nous pouvions arriver sans avoir communiqué avec la garnison que nous y avions.

Nous quittâmes le Kaire le 23 brumaire an VIII (14 novembre 1799). De retour à Belbeys, nous en partîmes avec une escorte qui fut portée à 130 hommes (de la 15ᵉ demi-brigade), y compris des sapeurs et cavaliers dromadaires; et quoique la veille on eût détaché du camp quelques cents hommes pour secourir Soueys, que l'on croyait attaqué, cette circonstance

---

Égypte avec la Syrie, pays entre lesquels l'ennemi entretenait des correspondances pendant que l'armée française était devant Saint-Jean-d'Acre (*A'kkah*).

augmentait la crainte que nous avions de ne pouvoir jamais terminer notre entreprise : mais, heureusement, nous n'éprouvâmes que des fatigues et des contre-temps.

Le retour récent de plusieurs ingénieurs au Kaire nous avait permis de porter à huit le nombre de ceux qui étaient nécessaires pour accélérer les opérations, et d'en former deux brigades, dont l'une devait descendre du Mouqfâr vers la Méditerranée, et l'autre devait remonter du même point par l'Ouâdy, Belbeys, l'Abou-Meneggeh et le Nil, jusqu'au meqyâs de Roudah[1] : nous nous séparâmes, en conséquence de cette disposition, le 27 (18 novembre), au Mouqfâr; nous nous portâmes, MM. Gratien Le Père, Saint-Genis, Chabrol et moi, vers la Méditerranée, et nous confiâmes à MM. Févre, Devilliers, Alibert et Duchanoy, le soin des opérations à faire de ce point jusqu'au Kaire.

Cependant nous étions déjà à cinq lieues dans le désert, au nord du Mouqfâr, et nous venions de camper le 29 (20 novembre) au soir, quand quelques soldats qui s'étaient éloignés, accoururent en criant *aux armes:* nous vîmes, en effet, un détachement de cavalerie qui se portait avec rapidité sur notre bivouac; mais, sur le *qui-vive,* nous reconnûmes bientôt des Français. L'officier, à la tête de 30 dragons, nous avait cherchés tout le jour, et nous portait, de la part du général Lagrange, auquel le général en chef Kléber l'avait adressé, l'ordre de nous replier de suite sur Belbeys : il avait plus facilement rencontré la veille, dans l'Ouâdy, les ingénieurs qui opéraient en remontant vers le Kaire.

[1] *Roudah*, nom que l'on écrit encore *Raoudhah.*

Après avoir établi des repères fixes du nivellement et un signal propre à la reconnaissance de ce point du désert, nous partîmes pour Belbeys, où nous arrivâmes le 30 brumaire (21 novembre), en seize heures de marche forcée. Cette marche rétrograde était en effet nécessaire; car notre situation eût été difficile, en partant de Qatyeh, où nous nous rendions en opérant, si l'ennemi, ayant débarqué des troupes à Soueys, se fût dirigé sur l'Ouâdy. Mais, les mouvemens mieux connus de l'ennemi s'étant bornés à une reconnaissance des forts d'el-A'rych et de Qatyeh, nous résolûmes de retourner dans le désert, pour y reprendre le cours de nos travaux.

Nous avions repris, le 8 frimaire (29 novembre), et prolongé notre opération; le 9 (30), nous cherchâmes en vain le puits d'Abou-el-Rouq [1], où nous devions faire de l'eau : le guide arabe qui devait nous y conduire, feignit de ne plus se reconnaître; nous avions des motifs de lui soupçonner l'intention de contrarier notre marche, et de protéger des convois de sa tribu pour la Syrie. Ce contre-temps nous força de suspendre encore nos opérations, et de nous rendre directement aux Byr-el-Doueydâr, puits qui se trouvent sur la route basse de Sâlehyeh à Qatyeh : nous y fîmes de l'eau; et, après avoir reconnu les environs de ce nouveau site et les difficultés d'opérer dans les dunes sur la direction présumée de Péluse, nous résolûmes de nous rejeter à l'ouest sur les bords du lac Menzaleh, dont les terres basses pré-

---

[1] *Abou-el-Rouq* était, dit Maqryzy, une petite ville ; elle se trouvait sur la route supérieure de Sâlehyeh à Qatyeh.

sentaient moins d'obstacles pour le nivellement. Nous opérâmes en effet moins péniblement jusqu'à la Méditerranée, sur une plaine vaste, recouverte d'une croûte saline et humide, mais assez solide, et nous pûmes alors donner de plus grandes portées à nos coups de niveau.

Ces dernières opérations fournissent un développement de 25,000 mètres depuis les Byr-el-Doueydâr jusqu'à la mer. Le 11 frimaire (2 décembre), nous rattachâmes ce nivellement aux plus hautes laisses de la mer, à l'embouchure Pélusiaque, au pied de la batterie dite de Tyneh; c'était le cinquième jour de la lune, il était onze heures dix minutes du matin, la marée[1] commençait à monter, et le vent soufflait du nord-ouest avec assez de force.

Après avoir visité la côte dans ces parages, nous nous rendîmes directement à Qatyeh. Nous suivîmes les bords de la mer pendant une heure de marche vers l'est, et nous reprîmes les sentiers frayés dans les dunes, à l'est $\frac{1}{4}$ sud-est.

Ces dunes sont fort élevées; les sables en sont extrêmement blancs, fins et mouvans. Cette route est très-difficile pour l'artillerie : on y trouve des bas-fonds marécageux et salins, avec quelques traces de végétation que des eaux plus ou moins saumâtres y entretiennent. Plusieurs de ces lagunes nous ont paru être au-dessous du niveau de la Méditerranée, qui en est peu distante.

---

[1] On sait que les plus fortes marées n'excèdent pas un à deux pieds dans tous les ports de la Méditerranée. Elles ne sont pas plus fortes à Alexandrie.

Arrivés à Qatyeh[1], après quatre heures et demie de marche de Tyneh, nous trouvâmes près du général Destaing, qui y commandait alors, de nouveaux moyens en vivres et en escortes, pour achever nos opérations de Byr-el-Doueydâr jusqu'au point du désert où, quatre jours auparavant, nous avions été forcés de les suspendre. Le 15 frimaire (6 décembre), nous les terminâmes, après avoir parcouru un nouveau développement de 42,420 mètres, de Byr-el-Doueydâr au point de repère cité ci-dessus. Nous nous rendîmes à Sâlehyeh, en longeant les lagunes marécageuses du Menzaleh, qui éprouvent les mouvemens de ce lac et l'influence des marées par les canaux du Qantarah[2], pont situé sur la route de Sâlehyeh à Qatyeh.

Arrivés à Sâlehyeh, nous nous proposions de nous rendre à Faqouçah[3], sur l'ancienne branche Pélusiaque, que Strabon dit avoir été la prise d'eau du canal des Rois : mais les eaux n'étaient pas suffisamment retirées, et nous dûmes ajourner encore cette reconnaissance. Nous ne ferons pas mention de divers autres incidens qui, n'étant d'aucun intérêt dans ces résultats, n'ont eu d'autre effet que de ralentir notre marche, de fatiguer nos escortes, et, plus malheureusement encore, d'affliger, dans nos rencontres, des familles dispersées d'Arabes, dont la fuite, qui pouvait n'être que l'effet de la peur ou de la prudence, excitait nos gens à des excursions qui compromettaient souvent notre propre sûreté.

---

[1] Qatyeh n'était qu'un poste retranché dans le désert.

[2] *Qantarat el-Khazneh*, le pont du Trésor.

[3] Nous ne connaissons la position de Faqouçah que d'après la reconnaissance qu'en a faite le général Reynier.

En remontant aù Kaire, et passant les *Gouçour-Soul-tânyeh* (les digues du Sultan), qui couvrent l'Ouâdy vers A'bhâçeh et Seneka, nous observâmes la différence sensible des niveaux et l'élévation des terres à l'ouest, par rapport à celles de la tête de l'Ouâdy, dont la pente s'accroît tellement, que, vers le santon d'Abou-Nechâbeh, il s'y trouvait, après la crue de l'an ix (1800), plus de 20 pieds d'eau.

Il reste à rendre compte des opérations confiées aux ingénieurs de la seconde brigade, pour la partie comprise entre le Mouqfâr et le meqyâs de Roudah, dont le résultat devait donner pour complément la pente du Nil depuis le Kaire jusqu'à la Méditerranée.

Dans le rapport que me remit M. Févre, sur l'opération du nivellement que je lui avais confiée, du Mouqfâr au Kaire, cet ingénieur dit : « Du 21 au 26 brumaire (du 12 au 17 novembre), nous avons parcouru le terrain sur lequel nous devions opérer; nous avons relevé les vestiges du canal entre A'bbâçeh et Saba'h-byâr. Le 27 (18), nous nous séparâmes de l'ingénieur en chef, qui nous laissa 40 hommes d'escorte et quelques dromadaires, en se portant vers Péluse.

« Nous avions à niveler depuis le Mouqfâr jusqu'au Kaire, sur vingt-deux lieues d'étendue : le temps nécessaire à cette opération dépendait de notre instrument (le niveau d'eau)[1], qui ne permettait pas de grandes portées;

---

[1] On avait apporté de France de très-bons niveaux à bulle d'air et à lunettes; mais ils furent pillés dans la maison du général Caffarelli, lors de la révolte du Kaire, ainsi que beaucoup d'objets précieux, dont la privation a été plus vivement sentie dans les derniers temps de notre séjour en Égypte.

nous avions seulement l'avantage de pouvoir constamment établir l'instrument au centre des stations, et de nous affranchir des considérations de la différence du niveau apparent au niveau vrai, et de la réfraction terrestre. Nous nous sommes servis cependant du niveau à bulle d'air, de la 472e à la 478e station. Différens obstacles ne nous ont pas permis de continuer le nivellement dans le lit du canal; nous avons plus souvent opéré sur les digues et au-delà.

« Le 29 (20 novembre), nous étions à trois lieues du point du départ, quand nous reçûmes, par un détachement de cavalerie, l'ordre de nous replier sur le camp de Belbeys : nous fîmes planter des piquets de repère, et nous partîmes pour Belbeys, où nous arrivâmes le lendemain. Le 4 frimaire (25 novembre), nous reprîmes nos opérations.

« Nous nous trouvions le 13 frimaire (4 décembre) au Nil, près de Beyçous, à la tête de l'Abou-Menegeh, et le 14 (5) à Boulâq ; nous dûmes remettre au 28 (19) pour rattacher nos résultats au meqyâs sur le chapiteau de la colonne.

« Ces résultats sont exposés, avec les développemens nécessaires, dans les plans, le journal et l'itinéraire de nos opérations, remis à l'ingénieur en chef. »

§. V. *Reconnaissance de l'étendue de l'inondation.*

La crue de 1800, dont la hauteur a été de 14 coudées 17 doigts (24^{ds} 6° 2'), était très-favorable, par sa grande élévation, pour juger de sa portée dans l'Ouâdy :

les renseignemens qui me parvenaient sur les progrès des eaux, me décidèrent à en constater les effets.

Le général en chef Menou, auquel j'avais soumis le résultat des opérations antérieures, était aussi très-jaloux d'obtenir quelque preuve matérielle à l'appui de ce résultat : il me donna, en conséquence, les moyens d'obtenir cette vérification ; et je retrouvai dans le général Lagrange, chef de l'état-major général, auquel il appartenait d'organiser cette expédition, le même empressement à seconder toute entreprise utile, quand il ne peut pas y concourir personnellement.

M. Gratien Le Père fit un premier voyage, et partit du Kaire le 4 vendémiaire an ix (26 septembre 1800), avec une escorte de 25 dromadaires. Ses instructions portaient de suivre l'Ouâdy, du côté du nord, où se trouve l'ancien canal, d'y faire des sondes et d'autres observations ; mais, la digue qui établit la communication de Belbeys à Sâlehyeh ayant été rompue, il se vit obligé de suivre le côté sud de la vallée.

Le 8 vendémiaire (30 septembre), les eaux n'étaient qu'aux puits du Râs-el-Ouâdy, et coulaient lentement. Toute la vallée, depuis A'bbâçeh jusqu'à ces puits, avait l'aspect d'une mer ; et les diverses tribus d'Arabes qui l'habitent et la cultivent, s'étaient retirées sur ses bords. Pour ajouter à ces observations, cet ingénieur prolongea sa course dans le désert jusqu'à Soueys, et revint au Kaire.

Quinze jours s'étaient écoulés, et de nouveaux renseignemens sur les progrès des eaux me décidèrent à les constater encore par moi-même. MM. Chabrol et Devilliers, qui m'avaient déjà secondé dans les opérations antérieures, m'accompagnèrent.

Nous partîmes du Kaire le 1ᵉʳ brumaire (23 octobre) avec une escorte de dromadaires. Arrivés à la hauteur du Mouqfâr, nous passâmes à l'autre bord du canal, où l'inondation était réduite à la largeur de son lit, pour constater par un nivellement la hauteur de l'eau par rapport au repère de granit dont il a été question. Ce point le plus resserré de la vallée, où il n'y avait que trois à quatre pieds d'eau, était guéable pour les troupes qui effectuaient leurs mouvemens entre le Kaire et Sâlehych; ce qui augmentait alors de plus d'un tiers le temps nécessaire à ce trajet.

Nous avions bien prévu que cette crue extraordinaire remplirait la partie cultivée de la vallée entre A'bbâçeh et le Râs-el-Ouâdy, ainsi que cela a lieu dans les plus fortes crues; mais la digue transversale du Râs-el-Ouâdy nous semblait suffisante pour arrêter l'inondation. Cependant, soit que cette digue ait été rompue par la force des eaux, soit que les Arabes l'aient ouverte pour reverser dans la partie basse la surabondance de la crue, qui, à défaut d'écoulement vers le Nil, pouvait retarder de plusieurs mois la culture accoutumée de l'Ouâdy, l'inondation devint générale, et se porta vers l'est avec rapidité jusqu'au santon (Cheykh-Henâdy), qui n'est distant que de onze à douze lieues du fond du golfe Arabique.

Nous continuâmes notre course, et nous remarquâmes la grande vitesse des eaux et la profondeur du lit qu'elles avaient creusé, entre Saba'h-byâr et Cheykh-Henâdy;

partie qui nous avait toujours paru présenter le plus
d'obstacles au rétablissement du canal, à cause du rapprochement des dunes. Nous résolûmes alors de revenir
après la retraite des eaux, pour juger de l'effet de leur
courant, dont la vitesse extrême, qui devait résulter
d'une pente considérable, nous fit soupçonner qu'elles
pouvaient se porter vers le Râs-el-Moyeh ou dans les
lacs amers. La connaissance que nous avions acquise
antérieurement de ces lieux, sous leurs rapports géologiques, donnait du poids à cette opinion : cependant,
au moins à cette époque, les eaux étaient seulement
répandues sur une étendue de quelques lieues carrées;
et, comme elles semblaient devoir s'élever encore, nous
restâmes persuadés qu'elles auront dû se répandre dans
le bassin des lacs. Satisfaits de ce que nous avions vu,
nous nous portâmes vers les lacs amers, sur de nouvelles
directions, pour en mieux connaître la forme et l'étendue.

Nous cherchâmes aussi, mais en vain, sur leurs bords,
les ruines d'un monument vues quelques mois avant par
MM. Rozière, ingénieur des mines, et Devilliers, l'un
de nos collègues, dans une course qu'ils firent de Soueys
dans l'isthme. Ils avaient rapporté des fragmens de
granit, dont la sculpture et les inscriptions en caractères cludiformes persans semblaient rappeler les travaux
de Darius pour la confection du canal. Nous désirions
retrouver ces ruines, dont l'étendue est considérable, et
en rattacher le site à notre topographie de l'isthme; mais
nos recherches furent infructueuses : nous n'avons donc
pu les placer sur notre carte d'après ces données si peu
précises. Enfin, après avoir parcouru les hauteurs extrê-

mement arides et sablonneuses, à l'est des vestiges du canal, entre les lacs et le golfe, nous arrivâmes à Soueys le 7 au soir (29 octobre)[1]. Nous employâmes les deux jours suivans à revoir encore la plage au nord du golfe ; et nous observâmes, sur la croupe d'un monticule (pl. II), des vestiges d'habitations : nous en ferons une application raisonnée à l'ancienne Arsinoé, dans notre Essai sur la géographie de l'isthme. Nous fîmes un troisième voyage aux sources de Moïse, et d'autres reconnaissances dans les environs du golfe, avec l'adjudant-général Tareyre, qui commandait alors à Soueys.

Nous pûmes enfin remonter au Kaire par la vallée de l'Égarement : mais nous n'avions point de guide ; et notre confiance reposait sur M. Devilliers, qui avait, en nivose an VIII (janvier 1800)[2], déjà relevé la route et les défilés de cette grande vallée, depuis le Nil jusqu'à la mer Rouge. Le secours de notre boussole ne suffisait pas pour retrouver divers puits où nous devions faire de

---

[1] Nous avions traversé de nombreux camps d'Arabes de la tribu des grands Terràbyns, à laquelle on venait d'accorder un asile, après sa fuite de Syrie. Le grand-vizir, qui ne pardonnait pas à ces Arabes les services qu'ils avaient rendus aux Français dans leur expédition, les avait forcés à cette émigration. Nous jetâmes souvent et involontairement la terreur dans plusieurs de ces camps : la fuite précipitée de ces Arabes, et des soupçons plus fondés sur leurs démarches, nous déterminèrent à enlever un grand nombre de chameaux qui nous parurent destinés pour l'ennemi. Ces petits événemens, qui offraient toujours le spectacle d'une action militaire, s'opposaient à l'étendue de nos recherches, par la nécessité de ne pas trop nous séparer ; car nous n'étions alors que trente hommes dans ces déserts.

La tribu des grands Terràbyns, riche en bestiaux, possède encore 10 à 12,000 chameaux : elle est forte de 500 cavaliers et d'un plus grand nombre d'hommes montés à dromadaire ; sa population nous a paru considérable, et elle occupait cinq à six lieues d'étendue sur le côté sud de l'Ouàdy.

[2] M. Girard, ingénieur en chef, notre collègue, qui était du voyage et qui en dirigeait la marche, communiqua son rapport à l'Institut d'Égypte.

l'eau, et nous dûmes aussi les chercher assez long-temps : cependant nous partîmes de Soueys, et nous fîmes halte aux sources dites *el-Touâreq* (les routes), près desquelles nous passâmes la nuit. Le jour nous avait encore permis de reconnaître, au sud de ces sources, des vestiges analogues à ceux qui constituent l'aiguade de celles de Moïse : actuellement encombrées par les sables, ces sources ne peuvent suffire à une forte caravane; et l'eau, déjà saumâtre, en est encore moins potable, à cause des roseaux et des végétaux qui s'y trouvent en décomposition. On y voit des mamelons qui rappellent autant de sources d'où étaient dérivés de petits aqueducs en maçonnerie, convergens sur un aqueduc principal qui aboutit à un monticule de décombres au bord de la mer, où était la citerne de l'aiguade; celle-ci devait être d'un accès facile pour les bâtimens, vu sa proximité du rivage, où la profondeur d'eau est assez considérable.

La source d'el-Touâreq est à environ 50 toises du pied de la montagne escarpée, et à 300 toises du bord de la mer : à peu de distance, on voit un monticule couvert de débris de poteries de terre demi-vitrifiées, et de scories qui indiquent une fabrique de vases et de jarres à l'usage de la marine.

Le lendemain, nous entrâmes dans la vallée de l'Égarement. Connaissant l'incertitude des géographes sur la position de *Clysma*, que d'Anville place vers cette source, nous nous portâmes au sud-ouest de la route, espérant y retrouver les vestiges de cette ancienne ville; mais nous ne vîmes sur cette plage rien qui pût en rappeler l'existence. Le rivage y est couvert de coquillages très-variés dans leur espèce, leur forme, leur volume, leurs couleurs et leur éclat.

A quatre lieues du bord de la mer, nous allâmes reconnaître dans la montagne, au sud et à 600 toises environ de la route, des fosses disposées pour recueillir et conserver les eaux pluviales, qui doivent y être très-abondantes en hiver, à en juger par l'aspect riant de la verdure qu'y entretiennent les nombreux ravins qui sortent de la montagne et se prolongent dans la plaine : ces fosses peuvent n'être que les sources indiquées dans les cartes sous le nom de *Beydâ*, dû sans doute à la blancheur du sol recouvert de sable, et qui a fait donner à cette partie de la vallée celui d'*Ouâdy-Ramlyeh*[1].

Nous nous arrêtâmes à l'entrée d'un défilé, où la plaine qui le précède offre beaucoup de végétation[2]. Nous entrâmes dans ce défilé; c'est un chemin bas, de 50 à 60 pas de largeur, couvert de sable, de gravier et de végétation, dont la pente vers la mer Rouge, sur environ 3000 toises de développement, nous a paru être de deux à trois pouces par toise : ce chemin est encaissé d'environ 300 pieds dans le plateau qui domine la vallée; ses deux bords ont une inclinaison de 40 à 50 degrés : des inflexions nombreuses offrent une correspondance si frappante des rentrans aux saillans de ce défilé, qu'il semble avoir été taillé par la main des hommes.

[1] C'est-à-dire la vallée sablonneuse.

[2] Nous trouvâmes une espèce de bois dont le directeur des poudres et salpêtres, M. Champy, nous avait prié de lui rapporter quelques charges pour faire des essais de charbon propre à la fabrication de la poudre ; nous coupâmes dix à douze quintaux de ce bois, que nous transportâmes au Kaire, et dont on se servit avec succès.

Après une heure de marche, nous débouchâmes dans la plaine supérieure, qui présente un désordre imposant d'escarpemens, de ravins et d'affaissemens : la formation de ce défilé nous paraît devoir être résultée d'un déchirement du plateau par un affaissement, tel qu'en produisent communément les tremblemens de terre; car on ne peut pas attribuer au ravinage des eaux pluviales et torrentielles l'ouverture de ce défilé. Nous remarquâmes des masses considérables, calcaires, entièrement composées de coquillages et de pétrifications marines mêlées de gypse très-pur; et nous ne concevons un amas semblable de coquillages, qu'en supposant qu'ils auront été successivement accumulés dans le fond d'un lac ou du lit d'un bras de mer, dont l'étendue se sera toujours réduite et concentrée jusqu'à leur entier dessèchement. Nous marchâmes fort tard; et, comme nous avions perdu les sentiers battus, nous n'eûmes long-temps d'autre guide que les étoiles, dans cette vallée de trois à quatre lieues de largeur sur trente de longueur, du Nil à la mer Rouge : cette vallée a donné lieu à des observations géologiques, dont les naturalistes qui l'ont visitée exposeront l'intérêt. Nous nous sommes dirigés sur le Graybown, pic dont la forme conique et saillante est très-remarquable, et dont le grès rouge qui le compose reçoit de la lumière un grand éclat : c'est vers cet endroit que se trouvent le point culminant de la vallée et un vaste plateau où les eaux de pluie semblent se partager pour couler par les ravins, en sens contraire, vers la mer Rouge et le bassin du Nil.

Le lendemain, nous cherchâmes long-temps les puits

des *Gandely* : nous les trouvâmes enfin ; mais ils étaient à sec. Ces puits consistent dans des fosses de huit à dix pieds de profondeur ; ils se trouvent dans un petit vallon très-boisé, et dont la végétation, par sa vigueur, atteste que les eaux pluviales y séjournent pendant une grande partie de l'année. On pense que ces puits ne tariraient pas, s'ils étaient plus profonds, moins exposés à l'ardeur du soleil, et si l'eau en était retenue par des parois en maçonnerie : ils ne deviennent, au reste, nécessaires aux voyageurs commerçans, qu'autant que des circonstances obligent les caravanes à éviter la route ordinaire des pélerins (*Derb-el-Hággy*), et à suivre celle de la vallée de l'Égarement, pour se rendre à Soueys ; ils sont plus ordinairement utiles aux Arabes, les petits Terrâbyns qui occupent la vallée, et à ceux qui, devant éviter les bords du Nil et le Kaire, se rendent de la haute Égypte en Syrie. C'était un point de passage des Mamlouks de Mourâd-bey, pour leur communication avec l'armée du vizir en Syrie.

En quittant les *Gandely*, nous traversâmes une plaine unie, sablonneuse, et d'un aspect sauvage : après trois lieues de marche, nous gagnâmes le site des petits Terrâbyns, où de nombreux ravins, couverts de plantes qui fournissent un fourrage abondant, présentent le contraste le plus piquant avec l'aridité du désert [1]. Toujours occupés de l'examen géologique et topographique de

---

[1] La prise de quelques chameaux chargés de grains, qu'on pouvait croire destinés pour l'armée du vizir, fut un nouveau motif de soupçonner l'infidélité de ces Arabes, quoiqu'ils eussent traité des premiers avec les Français, auxquels ils ont été souvent très-utiles pour les convois par caravane ; mais l'intérêt les avait sans doute déterminés à porter en

cette vallée, nous franchîmes un nouveau défilé, moins profond cependant que le premier, et nous arrivâmes à Baçâtyn, où notre présence causa des alarmes. Ces petits événemens avaient quelquefois un effet fâcheux pour ces Arabes, trop souvent compromis par la conduite de leurs cheykhs, qui, cédant toujours à leurs intérêts, servaient également tous les partis. Nous manquions d'eau, n'ayant pu en faire aux *Gandely;* mais nous retrouvions le Nil, et sa riante vallée, dont l'aspect, en sortant du désert, paraît toujours délicieux. Nous avions fait plus de cent lieues dans cette dernière tournée, dont l'objet était si heureusement rempli; nous rentrâmes au Kaire le 11 brumaire (2 novembre 1800).

Cependant nous n'avions encore sur la topographie entre le Kaire et Belbeys, que des reconnaissances imparfaites, mais qui avaient suffi pour le nivellement; voulant donc lui donner le même degré d'exactitude, nous chargeâmes M. Devilliers de ce complément du travail: cet ingénieur, auquel j'adjoignis M. Viard, élève, commença ses opérations le 15 nivose (5 janvier 1801), et les termina le 30 (20).

Une autre course que nous ajournions au printemps, eût été extrêmement intéressante, à cause de la retraite des eaux, qui ont dû laisser des repères précieux de leur élévation dans tout le cours de l'Ouâdy et dans le cœur du désert; mais les événemens postérieurs nous ont pri-

---

Syrie des grains dont la vente leur assurait de grands bénéfices; conduite dont ils pouvaient encore se prévaloir, en cas d'événement, vis-à-vis du grand-vizir.

vés de la satisfaction que de semblables résultats devaient nous donner.

Nous devons avouer que notre zèle eût été infructueux dans ces opérations et toutes celles auxquelles le service a donné lieu pendant tout le cours de l'expédition (trente-neuf mois), sans la bienveillance qu'ont montrée constamment MM. les officiers généraux, et sans la part qu'y ont prise les officiers des divers détachemens chargés de protéger nos marches. Sous ce rapport, les travaux littéraires de la Commission des sciences et arts, ainsi que ceux des ingénieurs, appartiennent aussi à l'armée d'Orient [1].

Ce fut au retour de mon dernier voyage dans l'Ouâdy, que j'adressai au général Bonaparte, qui était alors en France, le rapport dont nous donnons ici la transcription.

---

[1] Quant aux opérations relatives au canal des deux mers, nous devons au général Reynier, plus particulièrement, la satisfaction de les avoir heureusement terminées; nous lui offrons ce témoignage de notre reconnaissance pour l'intérêt qu'il y a pris, et pour les secours que nous avons trouvés dans la connaissance qu'il avait acquise de cette partie de l'Égypte, où il a plus constamment commandé. Le général Reynier, qui, avant d'embrasser la carrière militaire dans la ligne, avait acquis les connaissances de notre profession, semblait devoir apprécier encore davantage l'intérêt de nos opérations.

Nous ne prétendons pas distribuer ici des éloges qui n'ajouteraient rien à d'autres titres plus glorieux, mais seulement payer un juste tribut de reconnaissance; et c'est dans cette vue seulement que nous citerons encore MM. les officiers généraux du génie, Caffarelli, Sanson et Bertrand, pour tous les services que nous en avons reçus dans le cours entier de nos travaux et de nos opérations.

§. VI. *Rapport de l'ingénieur en chef, directeur général des ponts et chaussées, au premier consul de la république française.*

Au Kaire, le 15 frimaire an IX (6 décembre 1800).

Citoyen premier consul,

« Témoin du vif intérêt que vous avez montré dans la reconnaissance des vestiges de l'ancien canal de Soueys, chargé par des instructions spéciales d'ajouter à cette première reconnaissance des résultats géométriques, et de vérifier par des nivellemens la possibilité de rétablir la communication des deux mers, j'ai constamment fait naître et saisi les occasions d'accroître mes recherches, et de remplir cette tâche importante que vous m'avez confiée.

« Les événemens qui se sont si rapidement succédés, ont rendu le travail long et pénible; mais les ingénieurs Gratien Le Père, Saint-Genis, Chabrol et Févre, appelés à y concourir plus particulièrement, ainsi que MM. Favier, Dubois, Devilliers et Duchanoy, m'ont si bien secondé, que j'ai pu enfin le terminer.

« Je dois beaucoup encore au zèle éclairé des officiers généraux qui commandaient dans cette partie de l'Égypte; car les mouvemens de l'ennemi nous ont aussi contrariés, en nous faisant quelquefois rétrograder, et suspendre nos opérations.

« A l'époque où l'évacuation était près de s'effectuer,

j'espérais, citoyen premier consul, vous porter ce travail, que je croyais complet, quand la crue extraordinairement abondante de cette année vint encore y ajouter une preuve heureuse et matérielle de l'exactitude de nos résultats.

« J'ai vu, dans une reconnaissance récente, que le Nil s'est répandu dans l'Ouâdy (la vallée); qu'il a franchi la limite ordinaire de sa portée, qui est de huit à neuf lieues au nord-est de Belbeys; et qu'en ouvrant la digue qui fixe cette limite, il s'est répandu vers l'est jusqu'à l'extrémité de l'Ouâdy et près des ruines du *Serapeum* qu'on trouve au nord du bassin des lacs amers.

« Dans cette crue, qui était de deux coudées (3^{ds} 4°) plus forte que celle de l'an VIII (1799), le Nil a porté des eaux en très-grande abondance à douze lieues de Soueys, et à quatre lieues seulement de la pointe nord du lac Menzaleh, au Râs-el-Moyeh, qu'on est obligé de doubler pour se rendre de Sâlehyeh à Qatyeh, quand la route directe est fermée par l'inondation.

« La possibilité de verser à peu de frais les eaux de la mer Rouge dans les lacs amers, dont le sol, dans la partie centrale, est de plus de 50 pieds au-dessous de la haute mer, nous est également démontrée.

« La connaissance acquise des localités facilite aujourd'hui la lecture du texte des auteurs anciens sur l'étendue, la direction et l'usage de ce canal, et sur les changemens opérés par les souverains qui en ont successivement tenté ou effectué le rétablissement : les derniers appartiennent aux Arabes, qui, par l'ordre d'O'mar, jetèrent le canal du Prince des Fidèles, ou de Trajan,

DES DEUX MERS. 95

dans l'ancien canal des Rois vers A'bbâçeh, de manière à pouvoir naviguer du Kaire à Soueys, dont le trajet pouvait être de cinquante lieues. Le nivellement comporte cette étendue, et on l'a prolongé de quinze autres lieues jusqu'à la Méditerranée, près de l'ancienne Péluse, pour connaître le niveau respectif des deux mers; il a été rapporté à la colonne du meqyâs, qui donne la mesure des crues du Nil; et enfin on l'a rattaché, en nivelant, sur une ligne transversale de la vallée du Nil, à un repère invariable, pris à l'angle nord-est du rocher sur lequel repose la grande pyramide.

« Plus j'y ai réfléchi, citoyen premier consul, (et j'apprécie toutes les conséquences d'une opinion hasardée), plus je me suis convaincu que le rétablissement du canal ne présente aucune difficulté majeure : au moyen d'écluses, ouvrages d'invention moderne, on pourra profiter plus avantageusement des eaux du Nil pendant toute la durée des crues, quel que soit le niveau variable de ces eaux par rapport à celui de la mer Rouge, également variable par l'effet des marées; c'est dans cette considération que je vois les difficultés qui dûrent essentiellement contribuer à l'abandon de cette navigation chez les anciens.

« Je pense qu'une bonne administration doit garantir l'entretien du canal, qui exigera des soins sur quelques points de son cours, à cause de sa proximité des dunes, dont la formation est due à la mobilité des sables du désert. Il est encore des considérations secondaires, dont l'analyse fera l'objet du mémoire que je produirai à l'appui des plans et détails qui y sont relatifs; mais c'est à Paris seulement qu'il est possible de faire graver les cartes et d'obtenir le complément des données nécessaires à une rédaction définitive.

« Dans une spéculation politique et commerciale de cette importance, la dépense qu'exigera le rétablissement du canal, semble être le dernier des obstacles; car, dût-elle monter de 25 à 30 millions, quel intérêt ne doit-on pas se promettre de ces avances, si elles ont pour objet le retour des richesses et du commerce de l'Inde[1] par sa route primitive et naturelle?

« Les frais d'entretien pourraient être encore avantageusement couverts par la mise en valeur de beaucoup de terres incultes dans l'Ouâdy, par les péages et autres droits éventuels. Mais je crois, citoyen premier consul, que le rétablissement du canal des deux mers est nécessairement soumis à l'état présent de la navigation du golfe Arabique : cependant je ne doute pas que, d'une part, une politique ombrageuse, et, de l'autre, l'impéritie des marins du pays, n'aient beaucoup exagéré les dangers de cette navigation. C'est donc aux navigateurs instruits à résoudre cette question préalable, après l'avoir considérée par rapport au temps et à la durée des moussons, et aux difficultés de la navigation de ce golfe[2].

« Le port de Soueys est d'ailleurs susceptible d'être

---

[1] Ces travaux n'exigeraient même aucun sacrifice de la part du gouvernement; car il suffirait de concéder les terres susceptibles de culture dans la basse Égypte, et qui peuvent acquérir une valeur foncière de plus de deux cents millions.

[2] On verra plus bas que cette question est résolue d'une manière avantageuse dans notre parallèle de la navigation de France dans l'Inde par le cap de Bonne-Espérance et par la mer Rouge, faisant suite au périple de cette mer.

amélioré, quel que soit l'état d'abandon qu'il ait éprouvé, etc., etc. »

Signé Le Père.

§. VII. *Analyse des opérations de topographie et de nivellement.*

On a vu qu'avant de commencer le nivellement du canal, nous nous sommes occupés, pendant les douze jours que nous avons passés à Soueys, d'une opération préliminaire et essentielle à notre travail : il fallait, en effet, nous assurer du niveau de la mer Rouge, auquel nous devions toujours comparer celui des différentes parties du canal, pour bien juger ce qu'il avait été autrefois, et ce qu'il pourrait être encore un jour. Comme on n'avait point d'observations de marées d'équinoxe, c'était une circonstance favorable que de pouvoir observer les mouvemens de la mer pendant une syzygie de la lune, qui se trouvait alors dans son périgée; les vents qui régnaient du sud, concouraient encore à porter la marée dans le golfe : ainsi, quoiqu'on ne fût pas encore à l'équinoxe, on avait des motifs suffisans pour considérer la marée du 5 pluviose an VII (24 janvier 1799) comme répondant au *maximum* de l'élévation de la mer Rouge, et juger de l'effet que cette mer aurait pu produire si les anciens lui avaient ouvert une décharge à travers l'isthme qui la sépare de la Méditerranée.

Le même jour, au moment où l'on observait à Soueys l'établissement [1] de ce port, on repérait à la tête

---

[1] *Établissement*, heure du plein de la mer, les jours de nouvelle et de pleine lune, dans un port.

et dans le lit même du canal la laisse de haute mer; et c'est de ce repère que nous sommes partis pour faire le nivellement[1].

Quoique l'art du nivellement ne demande que des connaissances élémentaires de géométrie, il est toujours vrai qu'il exige encore dans ses applications une certaine habitude, et surtout une attention sévère et continue, qui prévienne la moindre distraction. Ceux qui ont fait des nivellemens de quelque importance, ont dû se convaincre qu'il est possible de commettre de ces erreurs qui ne laissent souvent après elles aucune trace qui les décèle; elles peuvent naître de l'instrument, de l'observation, de la manœuvre des mires, de la lecture des résultats sur ces mires, de leur inscription sur le registre, et enfin du calcul pour le rapport des cotes au plan de comparaison : est-il une source d'erreurs aussi considérable dans toutes les autres opérations qui exigent l'emploi des instrumens? Un doute est un motif suffisant pour reprendre l'opération jusqu'à son origine; aussi plusieurs fois n'avons-nous pas hésité de remonter à plus d'une lieue pour dissiper des doutes de cette nature : ayant fait deux fois le nivellement du Mouqfâr à Saba'h-byâr, dont la distance est de 4040 mètres, nous n'avons trouvé dans les deux résultats qu'une différence d'un pouce et demi; différence qui, répartie sur les onze coups de niveau entre ces deux points, donne seulement une ligne $\frac{2}{3}$ pour chacun d'eux.

[1] C'est au-dessus du même point que l'on a supposé le plan horizontal de comparaison, auquel on a rapporté toutes les cotes inscrites au plan; celle de ce point de départ est de 150 pieds supérieure à la pleine mer.

Cet aveu fait assez voir combien nous avons dû mettre de soins pour nous affranchir de toute espèce d'inquiétude, et pour acquérir dans nos résultats la confiance que nous voulions nous-mêmes inspirer. Cette opération était longue et pénible : néanmoins elle devait être accélérée par diverses considérations ; car les ennemis faisaient de fréquentes excursions, et l'isthme pouvait devenir le théâtre des premières actions : l'activité était encore nécessaire à cause de nos escortes, qui, placées au cœur des déserts, y éprouvaient tous les besoins, et ne recevaient que de mauvaise eau, que nous ne pouvions même leur distribuer qu'avec une sévère économie.

L'importance et les difficultés d'une semblable opération, qui n'a pu être vérifiée par une seconde, nous font donc un devoir de rassembler sous un seul point de vue toutes les circonstances qui peuvent en établir et attester la précision. Pour remplir toutes ces conditions d'exactitude et de célérité, nous nous sommes assujettis à une marche simple et constante. L'ingénieur attaché au niveau prenait, à chaque station, les résultats recueillis par deux autres ingénieurs qui dirigeaient le maniement des mires d'avant et d'arrière, et tous trois se les communiquaient respectivement à chaque coup de niveau.

L'ordre du registre était tel, qu'au moyen d'une addition ou d'une soustraction on savait, à chaque station, les hauteurs respectives du terrain pour chacun des points sur lesquels on avait opéré; elles s'y trouvaient comparées à la haute mer de vive-eau, repérée à l'embouchure du canal à Soueys. Enfin un quatrième ingénieur relevait au graphomètre tous les points de station, et formait la topographie de la partie de l'isthme qui devait se rattacher aux lieux déjà déterminés par les observations astronomiques du Kaire, de Belbeys, et des bouches du Menzaleh. Mais le succès de ce travail dépendait encore de la bonté de l'instrument que nous devions y employer.

L'avantage essentiel de celui dont nous nous sommes servis, c'est qu'il se vérifie par lui-même à chaque opération, de sorte qu'il n'apporte aucune erreur dont, pour ainsi dire, il n'avertisse en même temps : telle est l'utilité qui résulte du système des deux lunettes de cet instrument. En effet, à chaque station, après l'avoir posé entre les deux mires, la bulle étant de niveau et les deux lunettes croisées en sens contraire, on fixait avec l'une la mire d'avant, et avec l'autre celle d'arrière; ensuite on retournait le niveau; et il suffisait qu'une des deux lunettes rencontrât le même point de la mire que l'autre venait de déterminer, pour que l'instrument fût vérifié : s'il avait éprouvé quelque dérangement, on le rectifiait.

Toutes ces conditions étant remplies, on était sûr du coup de niveau donné, pourvu qu'il n'y eût pas de faute dans la manœuvre des mires, ou d'erreur dans la lecture des cotes indiquées; aussi les avons-nous constamment suivies et observées nous-mêmes : mais il fallait encore qu'elles eussent été vues bien nettement avec les lunettes; et cette condition essentielle, jointe à l'impossibilité de bien s'entendre à de grandes distances et de franchir les inégalités du terrain, devait fixer la portée de nos coups de niveau. Cette portée a communément été réduite entre 3 et 400 mètres : plus loin, la vue était troublée par les fortes ondulations que faisaient éprouver aux lignes de graduation de nos mires les vapeurs qui existent toujours dans les parties basses de l'atmosphère; et ce n'était que pendant les trois premières et les deux dernières heures de la journée, que nous pouvions aisément nous étendre jusqu'à 600 mètres de chaque côté. Enfin, d'après cet état de choses, nous n'avons jamais pu niveler plus de deux à trois lieues par jour[1]; et cette limite de la portée de nos stations est la première et la principale cause des obstacles physiques que nous avons rencontrés.

Une autre cause d'erreur qu'il importait aussi d'éviter, c'était la réfraction; phénomène si difficile à bien apprécier, lorsqu'on veut avoir égard aux variations produites par les changemens de température et la différence des distances où l'on observe : le moyen le plus simple et le plus sûr de remédier à ces inconvéniens était de placer toujours le niveau à des distances égales des deux mires. On verra, dans le registre du nivellement, que nous avons rigoureusement suivi cette loi dans notre premier voyage, quoique les inflexions du canal et les accidens du terrain, toujours assez sensibles à de grandes distances dans le désert le plus uni, nous forçassent, ou à les resserrer considérablement après les avoir mesurées, ou à poser et déplacer l'instrument à plusieurs reprises;

---

[1] Les nivellemens portant un développement de 60 lieues, entre le Kaire, Péluse et Soueys, n'ont exigé que 25 jours de travail effectif; mais les reconnaissances, les contre-temps et les marches rétrogrades ont porté ce temps, pour six voyages, à plus de 100 jours. Nous désirions faire la vérification de cette grande opération, que nous aurions pu effectuer en un mois, dans un temps où l'on eût été affranchi des difficultés inséparables de l'état de guerre.

ce qui apportait des lenteurs toujours pénibles dans des marches aussi difficiles.

Mais dans le second voyage, et surtout dans le troisième, où des incidens de toute espèce nous ont fait craindre de ne pouvoir jamais achever notre entreprise, nous avons été obligés d'abandonner assez souvent cette méthode infaillible, mais trop lente, et nous nous sommes plus ordinairement arrêtés aux positions déterminées par le relief du terrain que nous devions franchir, pour ne pas trop multiplier les stations et pour leur donner plus de portée [1]. Cependant nous n'avons cédé à ces considérations qu'avec circonspection, n'admettant jamais des différences de distances trop considérables : au-delà de 30 mètres, leur nombre est de plus en plus rare; et quelquefois seulement elles ont surpassé 100 mètres.

Ainsi, quelle que soit la différence de chaleur de ces climats par rapport au nôtre, nous avons dû la regarder comme inappréciable dans celle de la réfraction, en y appliquant, comme nous l'avons fait, les corrections des tables dressées d'après les expériences et observations faites en Europe. D'ailleurs, cette différence de température est bien moins considérable dans la saison où nos opérations ont été faites, l'hiver et l'automne des années VII et VIII (1798 et 1799).

Au retour de la dernière, nous avons voulu faire au Kaire des expériences sur la réfraction, afin de la corri-

---

[1] Le nombre des stations où les coups de niveau d'avant et d'arrière ont porté sur des distances inégales, est de 39, sur les 342 auxquelles a donné lieu le nivellement de Soueys à la Méditerranée, sur un développement de 180,852 mètres (92,790 toises), équivalens à 40 lieues ¼ de 2283 toises.

ger d'après des observations particulières à cette latitude ; mais la température s'est trouvée trop peu élevée, et les résultats que nous avons obtenus, trop peu sensibles pour les préférer à ceux des tables que nous avons adoptées.

Il faut encore considérer que les quantités que nous pouvons avoir négligées en prenant ce parti, ne s'accumulent pas, mais, au contraire, qu'elles se compensent d'elles-mêmes, puisque ces inégalités de distances doivent avoir lieu tantôt en avant et tantôt en arrière. Et en effet, après avoir calculé avec soin les différences du niveau vrai au niveau apparent pour ces mêmes cas, et avoir combiné ces corrections avec celles dont nous venons de parler, la dernière cote, celle de la mer Rouge, que nous avions déjà déterminée sans y avoir égard, n'a varié que de $0^d\ 1^\circ\ 9'$. Ainsi, en admettant que cette variation dût être de six pouces, c'est-à-dire qu'il y ait eu une erreur plus que triple dans la correction, faute d'avoir exprimé dans le calcul toute l'intensité de la réfraction, ce *maximum* d'erreur est peu considérable pour une opération si étendue ; et c'est sans doute un résultat satisfaisant, que de pouvoir garantir, à moins d'un demi-pied près, la différence du niveau des deux mers.

Enfin, la confiance que nous avons dans ce résultat, est motivée sur les précautions que nous avons prises dans le cours des opérations, sur le choix des ingénieurs qui ont successivement opéré, et sur la justesse de l'instrument dont nous nous sommes servis. Nous allons donner, dans le tableau suivant, l'extrait du journal du nivellement pour les principaux points de l'isthme, et passer à l'examen de ces résultats.

TABLE *des ordonnées comparatives du nivellement des principaux points de l'isthme, de Soueys et du Kaire à la Méditerranée*[1].

1ʳᵉ PARTIE.... DE LA MER ROUGE A LA MÉDITERRANÉE.

INDICATIONS DES PRINCIPAUX POINTS.	NUMÉROS des STATIONS.	ORDONNÉES EN MESURES		DISTANCES EN MÈTRES.	
		ANCIENNES.	NOUVELLES.	DE SOUEYS.	INTERMÉDIAIRES.
		ds. o. lig.			
Marée de vive-eau... à Soueys.........	0.	150. 0. 0.	48,726.	....	....
Basse mer de vive-eau... à *id*.........	0.	155. 6. 0.	50,512.	....	....
Maison de la marine... à *id*..........	0.	144. 3. 9.	46,878.	....	2,370.
Naissance de l'ancien canal...........	1.	147. 9. 8.	48,013.	2,370.	
Chemin des caravanes................	6.	150. 8. 11.	48,967.	7,090.	4,820.
Point de canal.......................	21.	159. 11. 6.	51,960.	20,406.	13,316.
Fin des vestiges du canal.............	26.	165. 3. 0.	53,680.	23,926.	3,520.
Point de repère dans les lacs amers....	63.	179. 4. 7.	58,270.	48,056.	24,130.
Pied de la montagne à pic............	89.	31. 8. 5.	10,298.	53,062.	5,006.
Point du bassin des lacs amers........	119.	204. 3. 2.	66,353.	62,022.	8,960.

TABLE *des ordonnées comparatives du nivellement des principaux points de l'isthme, de Soueys et du Kaire à la Méditerranée*[1].

1re PARTIE... DE LA MER ROUGE A LA MÉDITERRANÉE.

INDICATIONS DES PRINCIPAUX POINTS.	NUMÉROS des STATIONS.	ORDONNÉES EN MESURES		DISTANCES EN MÈTRES.	
		ANCIENNES.	NOUVELLES.	DE SOUEYS.	INTERMÉDIAIRES.
		ds. o. lig.			
Marée de vive-eau... à Soueys........	0.	150. 0. 0.	48,726.	....	
Basse mer de vive-eau... à id.........	0.	155. 6. 0.	50,512.	....	2,270.
Maison de la marine... à id.........	0.	144. 3. 9.	46,878.	....	
Naissance de l'ancien canal............	1.	147. 9. 8.	48,013.	2,270	
Chemin des caravanes...............	6.	150. 8. 11.	48,967.	7,090.	4,820.
Point de canal....................	21.	159. 11. 6.	51,960.	20,406.	13,316.
Fin des vestiges du canal.............	26.	165. 3. 0.	53,680.	23,926.	3,520.
Point de repère dans les lacs amers.....	63.	179. 4. 7.	58,270.	48,056.	24,130.
Pied de la montagne à pic...........	89.	31. 8. 5.	10,298.	53,062.	5,006.
Point du bassin des lacs amers........	119.	204. 3. 2.	66,353.	62,022.	8,960.
Sol au *Serapeum*..................	157.	151. 11. 4.	49,357.	79,392.	17,370.
Sol aux puits de Saba'b-byâr.........	195.	169. 11. 8.	55,213.	95,347.	15,955.
Granit du Mouqfâr.................	208.	157. 6. 2.	51,166.	99,387.	4,040.
Eau du lac à Râs-el-Moyeh...........	269.	179. 5. 5.	58,293.	134,032.	34,645.
Pierre angulaire de Byr-el-Doueydàr...	312.	169. 11. 0.	55,195.	160,792.	26,760.
Sol au pied des ruines de Péluse......	337.	176. 6. 0.	57,334.	178,372.	17,580.
Haute mer de vive-eau... à Tyneh.....	342.	179. 5. 0.	58,282.	180,852.	2,480.
Basse mer de vive-eau... à id.........	342.	180. 6. 0.	58,634.	....	....
TOTAL des distances de Soueys à Tyneh, par la ligne du nivellement........				....	180,852.
				ds. o. lig.	
MÉDITERRANÉE.... Basse mer de vive-eau à Tyneh.....................				180. 6. 0	58,634.
MER ROUGE....... Haute mer de vive-eau à Soueys...................				150. 0. 0	48,726.
				ds. o. lig.	
Mer Rouge...... supérieure à la Méditerranée.... de............				30. 6. 0	9,908.

[1] *Voyez* le journal du nivellement, à la suite de ce mémoire (Appendice, §. III).

Sol au *Serapeum*..................	157.	151. 11. 4.	49.357.	79,392.	17,370.
Sol aux puits de Saba'b-byàr.........	195.	169. 11. 8.	55.213.	95,347.	15,955.
Granit du Mouqfàr.................	208.	157. 6. 2.	51.166.	99,387.	4,040.
Eau du lac à Râs-el-Moyeh.........	269.	179. 5. 5.	58.293.	134,032.	34,645.
Pierre angulaire de Byr-el-Doucydàr...	312.	169. 11. 0.	55.195.	160,792.	26,760.
Sol au pied des ruines de Péluse.......	337.	176. 6. 0.	57.334.	178,372.	17,580.
Haute mer de vive-eau... à Tyneh.....	342.	179. 5. 0.	58.282.	180,852.	2,480.
Basse mer de vive-eau... à *id*.........	342.	180. 0. 0.	58.634.	....	....
TOTAL des distances de Soueys à Tyneh, par la ligne du nivellement........					180,852.
				dt. o. lig.	
MÉDITERRANÉE.... Basse mer de vive-eau à Tyneh....................				180. 6. 0	58,634.
MER ROUGE....... Haute mer de vive-eau à Soueys....................				150. 0 0	48,726.
				dt. o. lig.	
Mer Rouge...... supérieure à la Méditerranée... de............				30. 6. 0	9,908.

[1] *Voyez* le journal du nivellement, à la suite de ce mémoire (Appendice, §. III).

INDICATIONS DES PRINCIPAUX POINTS.	NUMÉROS des STATIONS.	ORDONNÉES EN MESURES	
		ANCIENNES.	NOUVELLES.
		ds. o. lig.	
Granit du Mouqfar..		157. 6. 2.	51.166.
Lit du canal au pied du Mouqfâr...................................		165. 10. 2.	53.870.
Donâr-Abou-Sahryg, près de Kafr-Sâlehyeh........................	391.	169. 1. 5.	54.936.
Canal près des ruines d'Abou-Keycheyd, au sud.....................	415.	172. 2. 5.	55.938.
Digue transversale de l'Ouâdy......................................	485.	170. 0. 5.	55.234.
Lit du canal au pied de ladite digue.................................	486.	180. 1. 11.	58.523.
Râs-el-Ouâdy, ou tête de la vallée..................................	500.	179. 0. 3.	58.153.
Byr-Râs-el-Ouâdy...	503.	183. 2. 8.	59.518.
Salsalamout (hameau de)..	510.	181. 1. 11.	58.848.
Maṭardât (hameau de)..	523.	171. 8. 7.	55.780.
El-hâgg Nea'treh (hameau de).......................................	530.	169. 11. 4.	55.205.
Tell-el-Kebyr (vallée des Toumylât).................................	537.	179. 8. 7.	58.378.
Râounny (village)..	561.	169. 6. 7.	55.076.
Senteh (village)..	579.	156. 9. 7.	50.931.
Chemin de Belbeys à Qoraym..	595.	161. 3. 2.	52.385.
Qantarat-el-Khorâyb, près de Belbeys................................	610.	167. 3. 4.	54.338.
Eau du canal de l'Abou-Meneggeh, près de Zouâmel.................	651.	166. 1. 7.	53.966.
El-Menâyr (village)..	731.	155. 7. 3.	50.546.
Kereçân (ruines de)...	776.	144. 10. 8.	47.065.
Kafr-Choubak...	788.	145. 10. 1.	47.375.
Mourgh, vis-à-vis de Chybyn..	792.	154. 6. 4.	50.107.
Koum-el-Raoneh, eau de l'Abou-Meneggeh.........................	804.	154. 2. 7.	50.095.
Eau du Nil, à l'entrée du canal de l'Abou-Meneggeh, à Beçous........	836.	156. 11. 3.	50.979.
Boulâq, ville près du Kaire..	889.	144. 4. 5.	46.846.
Sol de la grande route de Boulâq à l'Ezbekyeh......................	894.	141. 8. 6.	46.033.

II.ᵉ PARTIE.... DU MOUQFÂR AU MEQYAS DE L'ÎLE ROUDAH.

INDICATIONS DES PRINCIPAUX POINTS.	NUMÉROS des STATIONS.	ORDONNÉES EN MESURES	
		ANCIENNES.	NOUVELLES.
		ds. p. lig.	m
Granit du Mouqfâr..			
Lit du canal au pied du Mouqfâr........................		157. 6. 2.	51.166.
Donâr-Abou-Sahryg, près de Kafr-Sâlehyh.........		165. 10. 2.	53.8-0.
Canal près des ruines d'Abou-Keycheyd, au sud..	391.	169. 1. 5.	54.936.
Digue transversale de l'Ouâdy.............................	415.	172. 2. 5.	55.938.
Lit du canal au pied de ladite digue.....................	485.	170. 0. 5.	55.234.
Râs-el-Ouâdy, ou tête de la vallée........................	486.	180. 1. 11.	58.523.
Byr-Râs-el-Ouâdy..	500.	179. 0. 3.	58.153.
Salsalamount (hameau de)..................................	503.	181. 2. 8.	59.518.
Matardât (hameau de)...	510.	181. 1. 11.	58.848.
El-hâgg Nea'treh (hameau de).............................	513.	171. 8. 7.	55.780.
Tell-el-Kebyr (vallée des *Toumylât*)...................	530.	169. 11. 6.	55.705.
Râourny (village)...	537.	179. 8. 7.	58.348.
Sentah (village)...	564.	169. 6. 7.	55.076.
Chemin de Belbeys à Qoraym.............................	579.	156. 9. 7.	50.944.
Qantarat-el-Khrayb, près de Belbeys..................	595.	161. 7. 2.	52.385.
Eau du canal de l'Abou-Meneggeh, près de Zoualmel.	610.	167. 3. 4.	54.338.
El-Menâye (village)...	651.	166. 1. 7.	53.966.
Kereçân (ruines de)...	731.	155. 7. 3.	50.556.
Kafr-Choubak..	776.	144. 10. 8.	47.065.
Mourgh, vis-à-vis de Chybyn..............................	788.	145. 10. 7.	47.325.
Koum-el-Haoueh, eau de l'Abou-Meneggeh.......	792.	154. 6. 4.	50.197.
Eau du Nil, à l'entrée du canal de l'Abou-Meneggeh, à Beçous.	804.	154. 2. 7.	50.095.
Boulâq, ville près du Kaire.................................	836.	156. 11. 3.	50.979.
Sol de la grande route de Boulâq à l'Ezbekyeh...	889.	144. 4. 5.	46.896.
	894.	141. 8. 6.	46.033.
Rive droite du Nil, vis-à-vis la pointe nord de Roudah.	901.	146. 0. 4.	47.435.
Sol de l'île de Roudah..	907.	142. 3. 3.	46.215.
Chapiteau de la colonne du meqyâs...................	914.	141. 3. 11.	45.908.
		ds. p. lig.	
XVIIIᵉ coudée de la colonne du meqyâs de Roudah..		139. 11. 1.	45.453.
XVIᵉ idem... sous le chapiteau............................		143. 3. 1.	46.535.
16 vendémiaire an VII (7 octobre 1798), crue de 17 coudées 10 doigts.		140. 10. 9.	45.768.
1ᵉʳ vendémiaire an VIII (23 septembre 1799), crue de 16 coudées 2 doigts.			
12 vendémiaire an IX (4 octobre 1800), crue de 18 coudées 3 doigts.		143. 1. 6.	46.540.
Messidor des années VII et VIII (juin et juillet 1799 et 1800), étiage à 3 coudées 10 doigts.		139. 8. 7.	45.386.
Première coudée à zéro de la colonne du meqyâs.		164. 2. 9.	53.348.
		169. 11. 1.	55.274.

RÉSULTAT.

		ds. p. lig	m
Du Kaire à la Méditerranée..... { Basse mer de la Méditerranée............		180. 6. 0.	58.633.
Inondation de l'an VII (1798)............		140. 10. 9.	45.768.
Pente du Nil dans l'inondation..... de..		39. 7. 3.	12.865.
Du Kaire à la Méditerranée..... { Basse mer de la Méditerranée............		180. 6. 0.	58.633.
Bas Nil ou étiage......................		164. 2. 9.	53.348.
Pente du Nil dans les basses eaux..... de..		16. 3. 3.	5.285.
Du Kaire à Soueys.......... { Basse mer de vive-eau à Soueys........		155. 6. 9.	50.512.
Crue du Nil en l'an VII (1798)...........		140. 10. 9.	45.768.
Pente du Nil dans l'inondation..... de..		14. 7. 3.	4.744.
De Soueys au Kaire........... { Basses eaux ou étiage du Nil..........		164. 2. 9.	53.348.
Haute mer de vive-eau à Soueys.......		150. 0. 0.	48.725.
Mer Rouge, supérieure aux basses eaux du Nil..... de..		14. 2. 9.	4.622.

Rive droite du Nil, vis-à-vis la pointe nord de Roudah............	901.	146. 0. 4.	47.435.
Sol de l'île de Roudah..	907.	142. 3. 3.	46.215.
Chapiteau de la colonne du meqyâs..............................	914.	141. 3. 11.	45.908.

	dz. o. lig.	m
XVIIIe coudée de la colonne du meqyâs de Roudah.....................	139. 11. 1.	45.453.
XVIe idem...... idem..... sous le chapiteau.....................	143. 3. 1.	46.535.
16 vendémiaire an VII (7 octobre 1798), crue de 17 coudées 10 doigts.	140. 10. 9.	45.768.
1er vendémiaire an VIII (23 septembre 1799), crue de 16 coudées 2 doigts......	143. 1. 5.	46.450.
12 vendémiaire an IX (4 octobre 1800), crue de 18 coudées 3 doigts......	139. 8. 7.	45.386.
Messidor des années VII et VIII (juin et juillet 1799 et 1800), étiage à 3 coudées 10 doigts.	164. 2. 9.	53.348.
Première coudée à zéro de la colonne du meqyâs........................	169. 11. 1.	52.274.

RÉSULTAT.

		dz. o. lig.	m
Du Kaire à la Méditerranée......	Basse mer de la Méditerranée........	180. 6. 0.	58.633.
	Inondation de l'an VII (1798)........	140. 10. 9.	45.768.
Pente du Nil dans l'inondation...... de....................		39. 7. 3.	12.865.
Du Kaire à la Méditerranée......	Basse mer de la Méditerranée........	180. 6. 0.	58.633.
	Bas Nil ou étiage................	164. 2. 9.	53.348.
Pente du Nil dans les basses eaux... de................		16. 3. 3.	5.285.
Du Kaire à Soueys............	Basse mer de vive-eau à Soueys.......	155. 6. 9.	50.512.
	Crue du Nil en l'an VII (1798)......	140. 10. 9.	45.768.
Pente du Nil dans l'inondation...... de................		14. 7. 3.	4.744.
De Soueys au Kaire............	Basses eaux ou étiage du Nil........	164. 2. 9.	53.348.
	Haute mer de vive-eau à Soueys.......	150. 0. 0.	48.726.
Mer Rouge, supérieure aux basses eaux du Nil..... de.........		14. 2. 9.	4.622.

III.ᵉ PARTIE. . . . . . . DU MEQYAS DE ROUDAH AU ROCHER TAILLÉ FORMANT LA PREMIÈRE ASSISE (ANGLE NORD-EST) DE LA GRANDE PYRAMIDE.

INDICATIONS DES PRINCIPAUX POINTS.	NUMÉROS des STATIONS.	ORDONNÉES EN MESURES ANCIENNES.	ORDONNÉES EN MESURES NOUVELLES.
		ds. o. lig.	
Chapiteau de la colonne du meqyâs.........................	914.	141. 3. 11.	45.908.
Dessus de la poutre du puits du meqyâs.....................	id.	138. 8. 1.	45.052.
Palier supérieur de l'escalier de Moïse.....................	id.	141. 8. 3.	46.025.
Palier à mi-hauteur dudit escalier.........................	id.	149. 10. 9.	48.692.
Palier sous la 28.ᵉ et dernière marche inférieure dudit escalier......	id.	163. 9. 9.	52.213.
Eau du Nil au meqyâs et à Gyzeh, le 2 nivose an VIII (23 décembre 1799).	id.	154. 11. 1.	50.325.
Rives supérieures du Nil à Gyzeh.........................	915.	142. 8. 8.	46.362.
Ponceau au village de Kouneyeh..........................	920.	140. 7. 2.	45.672.
Eau d'un canal au village de Talbyeh......................	925.	150. 9. 5.	48.681.
Eau d'un canal à la lisière du désert.......................	931.	147. 4. 3.	47.866.
Sol du désert près le Sphinx.............................	954.	95. 1. 4.	30.896.
Dessous du menton du Sphinx............................	id.	89. 10. 7.	29.198.
Sol au pied de l'angle nord-est de la grande Pyramide.........	968.	10. 4. 10.	3.379.
Rocher taillé en première assise, angle nord-est... de.........	id.	6. 10. 10.	2.243.
		ds. o. lig.	
Pyramide nord.... { Dessus du chapiteau de la colonne du meqyâs..		141. 3. 11.	45.908.
{ Dessus du rocher taillé en première assise.......		6. 10. 10.	2.243.
Rocher taillé, supérieur au chapiteau de la colonne du meqyâs, de....		134. 5. 1.	43.665.

§. VIII. *Examen des résultats du nivellement, rapportés aux crues du Nil, sur le meqyâs de Roudah.*

Pour mieux apprécier les rapports des résultats principaux du nivellement, extraits du registre des opérations, nous avons fait un tableau (pl. 14) qui présente la correspondance et l'ordre respectif de ces résultats ; ils y sont considérés par rapport à la graduation de la colonne du meqyâs, qui est exprimée en mètres, en pieds de France et en coudées. Nous y avons rapporté, 1°. les crues du Nil, dont les mouvemens journaliers ont été observés et consignés pendant trois années consécutives ; 2°. les marées du golfe Arabique à Soueys ; 3°. celles de la Méditerranée sur la côte de la baie de Faramâ, au nord des vestiges de Péluse ; 4°. le niveau respectif des différens points du sol de l'isthme, tant sur la direction de l'ancien canal, que sur celle qui en dérive, du Mouqfâr à la bouche de Tyneh.

Or, ayant adopté dans ce tableau, pour plan général de comparaison, le niveau de la crue de 1798, que nous avons admise comme terme de l'abondance, dans le système actuel des irrigations, on voit,

1°. Que la pente du Nil, depuis le Kaire jusqu'à la Méditerranée, est, aux termes des bonnes crues, comme fut celle de l'an VII (1799), de $39^{ds}\ 7^{\circ}\ 5^{l}$, qui, répartis sur un développement de 135,000 toises (ou 59 lieues et demie de 2275 toises), qu'offre le Nil depuis le meqyâs jusqu'au boghâz de Rosette, donnent une pente moyenne de neuf pouces par lieue ;

2°. Que la pente générale, réduite à 16 pieds 3 pouces dans les basses eaux, ne donne plus que quatre pouces par lieue;

3°. Que le Nil, dans les hautes eaux, est supérieur à la haute mer, à Soueys, de 9^{ds} 1° 3', et à la basse mer, de 14^{ds} 7° 3' seulement;

4°. Que la différence de niveau entre les hautes marées à Soueys et les basses mers à Tyneh, est de 30^{ds} 6°;

5°. Que l'élévation des eaux à Bubaste, en admettant même celle qui dut être plus considérable lorsque la branche Pélusiaque fermait la partie orientale du Delta et recevait un plus grand volume d'eau, ne produit que trois à quatre pieds de pente vers Soueys, et encore n'est-ce que pendant le moment de la basse mer dans ce port : ce résultat démontre suffisamment le vice du canal des Rois, et la nécessité, reconnue postérieurement par les Arabes, de remonter la prise d'eau; ce qu'ils ont fait en la portant à Fostât, situé vis-à-vis de l'île Roudah;

6°. Que les eaux repérées, le 4 brumaire an ix (26 octobre 1800), dans le canal vis-à-vis du Mouqfâr, offrent un terme moyen de la pente totale du Nil; résultat satisfaisant, puisqu'il est dans le rapport des distances de ce site au Kaire et à la mer;

7°. Que les eaux, d'après leur pente naturelle à la même époque, dûrent s'élever de huit à neuf pieds sur le sol des puits de Saba'h-byâr, et se répandre à l'est, dans la vallée, jusque vers Cheykh-Henâdy : tous ces terrains étaient en effet sous les eaux en brumaire an ix (octobre et novembre 1800); elles couvraient, au pourtour du Gebel-Krayeh [1], une étendue de 2 à 3000 arpens;

8°. Que le bassin des lacs amers serait susceptible de recevoir, dans quelques parties, plus de 50 pieds de hauteur d'eau, soit que cette eau vienne du Nil, soit qu'on la dérive du golfe Arabique;

9°. Que le canal, vers le golfe, aurait, dans l'état actuel des choses, à son débouché dans les lacs, 12 à 15 pieds de hauteur d'eau de mer; quantité déjà suffisante pour la navigation, si l'on voulait la rétablir.

10°. On voit enfin par ce tableau, que, sous la même latitude, entre Soueys et le Kaire, le Nil, en atteignant le milieu de sa crue, donne un niveau moyen des plus hautes aux plus basses eaux de la mer Rouge.

On doit conclure de l'accroissement des cotes du nivellement dans tout le cours de l'Ouâdy, que, si la mer n'avait pas été retenue à Soueys, elle eût opéré une submersion désastreuse; et cette considération motive aussi la nécessité de l'euripe dont parle Strabon, lequel avait pour objet d'empêcher la marée de pénétrer dans l'intérieur. Elle a pu motiver encore l'établissement d'une digue que l'on dit avoir été faite par les Arabes, à l'issue du canal dans la mer, à Soueys, et dont quel-

---

[1] Le *Gebel-Krayeh* est un plateau isolé, qui paraît fort considérable de loin par l'effet du mirage : la plaine basse et saline qui est au nord, s'appelle *Deneb el-Temsâh* (Queue du Crocodile).

Ce plateau est une roche calcaire de 40 à 50 pieds de hauteur, et de 350 toises de longueur, sur 60 à 80 de largeur : ses bords sont escarpés; quelques points seulement offrent des rampes rapides qui permettent d'y monter. De son sommet on découvre le vaste horizon du désert : il semble être un reste du sol primitif dont les eaux ont successivement réduit l'étendue; il était entouré d'eau après la crue de l'an IX (1800).

ques vestiges semblent confirmer ce que la tradition nous en transmet.

Il est donc certain, d'après l'examen de ces résultats, que les eaux de la mer Rouge sont susceptibles de couvrir les terres du Delta, et que les craintes de cette submersion n'étaient que trop fondées chez les anciens, dans ces temps reculés où le Delta et le lit même du Nil étaient incontestablement moins élevés.

Pour ne pas donner ici des développemens surabondans qui pourraient atténuer l'intérêt des faits, nous laissons aux savans à expliquer particulièrement les causes de la différence qui existe entre le niveau de la mer Rouge et celui de la Méditerranée ; différence dont il paraît qu'on ne doit plus douter d'après nos opérations, qui confirment, à cet égard, l'assertion des anciens.

CHAPITRE II.

De l'état ancien du canal. — De son état moderne. — De sa navigation dans les temps anciens. — De son rétablissement par les musulmans. — Des causes de son dépérissement et de son abandon. — Examen géologique de l'isthme.

§. I. *De l'état ancien du canal.*

L'ancien canal de la mer Rouge au Nil, dans son tracé primitif et sous sa dénomination de *fossa Regum* (canal des Rois), était une dérivation de la branche Pélusiaque, près de Bubaste, sous les Pharaons, les rois de Perse et les Ptolémées, qui l'avaient fait faire. Nous ferons mention des modifications qu'y ont apportées les Romains sous Adrien, et les Arabes sous O'mar, pour obvier aux inconvéniens qu'avait présentés cette première direction. Si nous considérons ses vestiges et le sol qu'il traversait, nous voyons qu'il devait comporter quatre parties principales et distinctes.

La première consistait dans la dérivation de la branche Pélusiaque, depuis la prise d'eau près de Bubaste jusqu'à l'entrée de l'Ouâdy : elle se dirigeait à l'est, et traversait les terres cultivées, sur environ cinq lieues de développement.

La seconde occupait tout le cours de l'Ouâdy, sur une direction prolongée à l'est, vers le *Serapeum*, et sur une longueur de quinze lieues.

La troisième comprenait la traversée des lacs amers, dont la direction fait une inflexion au sud-est, sur huit à neuf lieues d'étendue.

La quatrième enfin achevait la communication jusqu'au golfe Arabique, par une nouvelle inflexion au sud, sur cinq lieues de longueur.

Il résultait de ces différentes parties un développement total de 25 lieues de canal et de 53 lieues de navigation, y compris le trajet des lacs. Cette distance, qui, d'après Hérodote, était de quatre journées de navigation, réduirait la journée à huit lieues; ce qui paraît peu considérable, et doit faire supposer que cette navigation, où l'on employait des trirèmes, se faisait rarement à la voile, et presque toujours à la rame, ou le plus souvent à la cordelle.

Sa largeur... Les historiens diffèrent beaucoup sur la largeur du canal : Hérodote dit qu'il était assez large pour recevoir deux trirèmes de front; Strabon dit qu'il avait cent coudées (environ 150 pieds); Pline ne lui donne que 100 pieds. Mais il est facile de concilier ces divers auteurs, en considérant que le canal, qui traversait des terrains hauts et bas de différente nature, ne pouvait avoir reçu et conservé un profil constant. Nous motiverons également l'admission de ces variations dans notre projet, parce qu'elles sont inévitables dans les différens biefs, soit pour les terres végétales, soit pour les sables mouvans ou pour les terres salines et gypseuses du désert et comme il en existe dans les vestiges du canal et des digues. Ainsi, ceux qui ont dit que ce canal avait cent coudées de largeur plus ou moins, ont pu dire vrai; mais il restait à indiquer sur quels points de son cours existait la largeur qu'ils lui donnaient. On voit seulement que, dans son *minimum* de largeur, il en avait assez en effet pour recevoir deux trirèmes de front.

Sa profondeur... Pline seul a déterminé, mais exagéré, la profondeur du canal; car il dit qu'elle était de 30 pieds : Strabon dit seulement qu'elle était suffisante pour des navires d'un grand port. On donnait alors le nom de μυριοφόρος à ceux qui pouvaient avoir 20 à 24 pieds de largeur; ce qui suppose un tirant d'eau de 10 à 12 pieds. Or, dans cette hypothèse, il ne pouvait se trouver moins de 15 pieds d'eau dans le canal; et cette quantité devait être plus considérable dans

DES DEUX MERS.

l'Ouâdy, où l'on n'eut que des digues à élever, le fond de cette vallée étant naturellement plus bas que ne devait être celui du canal, qui, comme on l'a dit, n'exigeait que 12 à 15 pieds d'eau : mais, cette profondeur n'étant pas nécessaire pour les bâtimens du Nil, il est à croire que le canal avait été creusé pour recevoir des navires pouvant naviguer sur la mer, au moins avant les Arabes, qui paraissent ne l'avoir recreusé que pour les besoins d'une petite navigation.

Sa pente... Aucun de ces historiens n'a dit quelle avait été la pente du canal ; mais nous avons déjà conclu de nos opérations, qu'elle a dû être insuffisante et devenir le principal obstacle à l'établissement régulier de la navigation. En effet, en admettant même que les crues du Nil s'élevassent plus haut, dans ces temps-là, à Bubaste, la branche Pélusiaque recevant alors un volume d'eau plus considérable, on voit qu'en supposant cette pente de cinq à six pieds pour les crues les plus favorables, la navigation devait être de bien courte durée, à cause du décroissement rapide du Nil ; ce qui ne répondait pas au but qu'on s'était proposé, indépendamment des difficultés occasionées par les courans et les manœuvres de l'euripe [1].

Les digues devaient encore différer dans leurs dimensions, puisqu'elles résultaient des déblais, dont le volume variait comme le terrain naturel : elles étaient aussi plus distantes dans les sables mouvans, comme on le voit encore au nord d'Abou-Keycheyd, où leurs ves-

[1] *Euripe*, ou barrière, que Strabon dit avoir été placée au débouché du canal à Arsinoé, ou *Cleopatris*. Voyez la note [1] de la page 136.

tiges sont espacés de 30 à 40 toises; et cet écartement des digues était motivé sur ce que les sables, vu leur mobilité, prennent naturellement un plus grand degré d'inclinaison dans leur talus.

§. II. *De l'état moderne du canal.*

Les vestiges qu'on retrouve de l'ancien canal, rappellent assez la division que nous venons de faire des quatre parties dont il se composait. Nous allons décrire leur état présent, en suivant le même ordre, du Nil à la mer Rouge.

Première partie. Tout le terrain entre l'ancienne prise d'eau, dans la Pélusiaque à Bubaste, et A'bbâçeh, à l'entrée de l'Ouâdy, est en pleine culture; c'est un sol d'alluvions, que le Nil couvre annuellement dans sa crue, et dont le niveau correspond sensiblement à celui du Delta, auquel il touche immédiatement. Il n'est pas de terre plus facile à fouiller, et d'une consistance plus propre à la formation des digues; ce qui présente des avantages pour le rétablissement de cette première partie du canal.

Deuxième partie. Plus on considère la vallée des *Toumylât*[1], qui n'offrirait pas encore de solution de continuité sans la digue construite au-dessous du Râs-el-Ouâdy, plus on est convaincu que le Nil a dû y couler autrefois. Ce n'a pu être, à la vérité, qu'à une époque très-reculée, puisque les anciens, en remon-

[1] *Toumylât*, nom de la principale tribu d'Arabes qui occupe cette vallée.

tant jusqu'à Homère, citent la Pélusiaque comme étant la plus orientale de toutes les branches du Nil; mais, quoique cette vallée débouche aussi vers Péluse, elle ne peut être prise pour le lit de la Pélusiaque, dont l'existence au nord de Sâlchyeh est suffisamment constatée. Sa longueur totale, depuis A'bbâçeh jusque vis-à-vis le santon Cheykh-Henâdy, où elle débouche dans les lacs amers, est de 50,000 toises, ou 13 lieues environ.

Depuis son origine à A'bbâçeh jusqu'au Râs-el-Ouâdy, cette vallée, dont la largeur varie de 1000 à 1500 toises, contient plus de 15,000 arpens susceptibles de culture. Après la crue considérable de l'an ix (1800), il y avait 15, 20 et 25 pieds d'eau. On a vu, par la retraite des eaux, que les environs d'A'bbâçeh se découvrent d'abord; qu'ensuite le terrain voisin du Râs-el-Ouâdy se dessèche, et qu'enfin les limites des eaux se resserrent successivement vers le pied de la dune d'Abou-Nechâbeh. Cette déclivité du sol vers le sud-est de la vallée semble être résultée d'un courant que les vents habituels du nord-ouest ont porté vers cette rive opposée.

Depuis trente ans, les Arabes n'avaient pas vu de crue aussi considérable; et ils estimaient ne pouvoir commencer la culture avant l'été, au moins dans les parties les plus basses. La profondeur de cette vallée paraît avoir été plus considérable encore, à en juger par les fosses ou puisards, dont la coupe verticale offre des dépôts de limon à 15 pieds en contre-bas du sol environnant; et il peut en exister encore à une plus grande profondeur.

Cette vallée a dû être aussi beaucoup plus large; mais les dunes qui la bordent au sud, empiètent constamment, et finiront par la combler totalement. Cette considération a pu déterminer les anciens à établir le canal sur le bord opposé, où le sol adjacent du désert est plus bas et moins sujet aux envahissemens des sables; au lieu que celui du sud, qui est supérieur de 20 à 30 pieds au fond de la vallée, se termine par des dunes de 40 à 50 pieds de hauteur, qui forment, sur tout son cours, une chaîne continue et assez régulière.

Le canal existe en effet au nord, sans interruption, sur 26,000 toises de développement; il est encore assez profond dans quelques parties : son curement offre un travail d'autant plus facile jusqu'au Râs-el-Ouâdy, que son lit est supérieur au sol de cette vallée, et que son comblement n'est dû qu'aux dépôts successifs du limon du Nil. Les Arabes en cultivent le fond avec succès. Il se réunit, au Râs-el-Ouâdy, avec un second canal dont on retrouve des vestiges assez étendus, au sud, et au pied des dunes de la vallée. Ce dernier serait-il le canal primitif, ou n'aurait-il eu pour objet que l'irrigation et le desséchement de la vallée ? Nous ne pouvons l'assurer.

A l'est du Râs-el-Ouâdy, la vallée se resserre; et le canal, qui n'est pas fort éloigné des dunes, a presque disparu sous les sables, dont le mouvement vers le nord est très-sensible. Quoique plus éloignées, sans doute, lors de l'établissement du canal, ces dunes en ont insensiblement opéré le comblement, qui a dû s'accélérer dès qu'on a cessé les travaux défensifs, de culture et d'irrigation, pour y entretenir quelque végétation[1]. Cette marche des dunes, due aux vents du sud, serait encore accélérée sans la réaction des vents du nord, qui ralentit leur tendance à combler la vallée vers cette rive, où ces dunes, plus élevées, sont extrêmement mobiles : cette considération devient un motif pour éloigner le nouveau canal de ce front redoutable, en employant, d'ailleurs, des moyens de défense qu'on pourrait obtenir des plantations du genre de celles qui existent au sommet de ces dunes[2].

Il existe, à 2000 toises à l'est du Râs-el-Onâdy, une digue transversale d'environ 500 toises de longueur, qui

---

[1] Ces travaux défensifs contre les sables et le mouvement des dunes sont assez familiers sur nos côtes, entre la **Somme** et l'**Escaut**; nous en avons long-temps dirigé de semblables, soit pour fixer les dunes, soit pour prévenir les irruptions de la mer et la rupture de ces barrières mobiles, soit enfin pour prévenir le comblement des ports, et maintenir les écoulemens qu'exigent l'agriculture et la salubrité des campagnes. C'est particulièrement vis-à-vis Blanckenberg, à l'est d'Ostende, que ces travaux sont toujours indispensables, à cause des inondations désastreuses qui en résulteraient dans l'intérieur, si la mer s'ouvrait un passage dans ces dunes. On peut consulter, à cet égard, le mémoire de l'ingénieur en chef Bremontier, sur les dunes et sur les plantations qu'il a faites dans les landes de Bordeaux, de 5 à 6000 arpens mis en valeur avec un succès inespéré : ces plantations en pins et mélèzes ont donné, en quinze années, des arbres de 18 à 20 pouces de circonférence.

[2] L'*oya*. Il existe un mémoire de l'ingénieur en chef Grandclas sur les dunes d'Ambleteuse : on y trouve la nomenclature des plantes vivaces et annuelles propres à la fixation des sables et des dunes. Ce mémoire avait pour objet d'appeler les regards du gouvernement sur le desséchement des marais de la Selaque, petite rivière dans la vallée de Marquise, dont les eaux, par leur stagnation, enlevaient des terrains considérables à la culture, et causaient annuellement des maladies funestes aux habitans du canton. Les travaux dirigés par M. Grandclas ont fait cesser tous les maux et répandu la vie où elle était constamment menacée.

L'*oya* est le jonc naturel du sable ; c'est un roseau : on l'arrache où il est moins nécessaire, et on le replante par faisceau en quinconce, sur les dunes qu'on veut fixer.

rattache les deux bords de la vallée; elle n'a pu être établie qu'après l'abandon du canal, et pour empêcher les crues de se répandre, en pure perte, dans cette partie inférieure de la vallée, moins susceptible de culture. Cette digue a été rompue par la force des eaux en l'an IX (1800), comme on l'a dit précédemment. Son talus, à l'ouest, est fort allongé; mais le talus opposé est fort rapide : on y retrouve au pied l'ancien canal, dont les bords sont très-boisés; on le suit sur 2000 toises, après lesquelles on le perd sur peu de distance; il reparaît sur 400 toises de longueur, et les digues y ont beaucoup d'élévation : il se dirige encore sous les dunes, et on ne le retrouve qu'à 2000 toises, près d'Abou-Keycheyd, d'où il redescend presque sans interruption jusqu'au-delà du Mouqfâr, sur plus de 5000 toises de développement. Dans cette dernière distance, la vallée est très-étroite; mais le sol du désert est moins élevé, et les dunes y sont plus basses.

Les traces du canal ne sont plus sensibles jusqu'à 4000 toises de distance[1], où elles reparaissent sous de grandes dimensions, à la hauteur de Cheykh-Henâdy. Dans cette dernière partie, la vallée est plus ouverte; le côté nord est remarquable par un abaissement du sol et une végétation extrêmement abondante, qui a l'aspect d'un bois taillis. On retrouve encore dans cette partie la dérivation d'un canal, dirigée au nord sur un monticule de décombres qui a pu être le site d'une an-

---

[1] Il n'a peut-être jamais existé de digues dans cette partie, où les eaux ont pu être répandues sur toute la largeur de la vallée pour en inonder le sol et entretenir de la végétation sur ses bords.

cienne ville, que nous croyons devoir répondre à *Thau-bastum*, comme nous le motiverons plus bas. Une des digues se prolonge à l'est dans le désert, et semble séparer le bassin des lacs amers d'une plaine basse et saline qui se dirige au nord vers le *Râs-el-Moyeh* (la tête des eaux). Cette partie de la vallée, depuis le Râs-el-Ouâdy jusqu'au *Serapeum*, offrirait encore plus de 5 à 6000 arpens à la culture, indépendamment de beaucoup de terrains vagues propres au pâturage des bestiaux des Arabes, et aux plantations dont le sol est susceptible.

On voit enfin que ces lieux furent long-temps habités : les vestiges multipliés qu'on y retrouve, en sont la preuve matérielle et irrécusable. Nous en traiterons plus bas, comme nous l'avons dit, dans la géographie ancienne de l'isthme.

Troisième partie. Les lacs amers, *lacus amari* des Latins, *Bahr-el-Temsâh* (ou mer du Crocodile) des Arabes, nommés aujourd'hui *Cho'eyb* ou *Bahr-ibn-Meneggy* (mer de Ben-Meneggy), ont de longueur, depuis le *Serapeum* jusqu'à la renaissance du canal, 22,500 toises. Leur plus grande largeur, dans leur surface indéterminée, est de 5 à 6000 toises; leur profondeur, qui varie, est plus considérable dans le centre, où l'on pourrait trouver plus de dix brasses d'eau.

Le vaste bassin de ces lacs est actuellement desséché ; il y existe seulement une cunette remplie d'eau extrêmement salée et amère : elle est d'un accès très-difficile, à cause des boues molles et salines qui s'étendent assez loin sur ses bords, et que nous eûmes beaucoup de peine à franchir dans le cours de nos opérations[1]. On y remarque un plateau salin, élevé de cinq à six pieds, et plus ou moins épais, recouvrant un fond vaseux, et qui, percé sur quantité de points, laisse voir, à huit et dix pieds de profondeur, de l'eau limpide et extrêmement amère : ces fosses, de quelques pieds de diamètre, sont autant de précipices, mais moins dangereux, puisqu'on peut les éviter, que ceux qui pourraient s'ouvrir fortuitement sous les pas des voyageurs; les Arabes ne s'y hasardent pas sans nécessité. Dans des parties supérieures, ce vaste plateau est rompu, et les débris dispersés offrent absolument le spectacle de la débâcle d'un fleuve qui aurait déposé des glaçons sur une plage extrêmement aride. Sur quelques points, le sol est couvert de petits monticules coniques et réguliers de cristaux, dont l'analyse a fourni des sels très-variés[2].

En remontant, on trouve encore sur quelques points des débris de coquillages, tels qu'en offrent communément les bords de la mer. Ces laisses, retrouvées au pourtour des lacs, en dessineraient les limites avec une grande précision. Nous estimons qu'elles pourraient

[1] Nous fûmes obligés d'étendre des branchages et nos outres vides à la surface du sol, d'user d'industrie pour en faciliter l'accès et le passage à nos chevaux et à nos chameaux, et de porter à bras la charge de ces chameaux, qui, venant à s'abattre, n'auraient pu se relever qu'avec beaucoup de peine.

[2] Ces sels neutres et mixtes sont du sulfate de chaux, quelque peu de natron, du muriate de soude, dont les cristaux sont dus à l'évaporation et aux infiltrations lentes des eaux de mer, et à la dessiccation du fond de cet ancien lac ou bras de mer, dans lequel les décompositions animales et végétales des corps marins ont dû aussi donner lieu à des combinaisons variées. Nous avons vu, dans quelques endroits, du muriate de soude qui nous a paru très-pur. Les Arabes l'exploitent pour leur usage; ils en portent encore en Égypte.

donner un développement de 14 à 15 lieues et peut-être davantage, à cause des lagunes qui résulteraient, à l'est, des inégalités du terrain.

Quatrième partie. Il paraît incontestable que les lacs amers ont fait partie du golfe Arabique, et que l'isthme de cinq lieues qui les en sépare, en recevant de nouveaux ensablemens, doit s'élever et combler de plus en plus l'ancien lit du canal. Des parties un peu plus profondes, en forme de cunette, observées dans quelques endroits du lit du canal, nous ont fait penser que les khalifes, en le rétablissant, ne l'ont pas recreusé sur toute sa largeur : et ce soupçon acquiert plus de vraisemblance, lorsque l'on considère le peu de temps qu'ils ont mis pour y établir la navigation ; car Maqryzy dit, en parlant de l'activité des travaux, que l'année n'était pas encore écoulée lorsque les vaisseaux purent y naviguer et porter à la Mekke les vivres nécessaires que le khalife O'mar y attendait avec l'impatience des besoins qu'occasionait la disette en Arabie. Alkendy, qui renchérit sur cette activité, dit que le canal fut creusé l'an 25 de l'hégyre, et terminé en six mois, de manière que les vaisseaux y passèrent le septième. D'ailleurs, tous les auteurs s'accordent à dire que le canal fut creusé en l'année de la mortalité, qui répond à l'an 18 de l'hégyre (640 de J.-C.).

Pour communiquer des lacs amers au golfe Arabique, on avait donc coupé l'isthme secondaire qui s'était formé dans cet intervalle, et qui semble devoir s'accroître par la fluctuation de sables que les marées et les vents opèrent au fond du golfe : or, si l'on admet que la mer communiquait autrefois avec les lacs, et que leur extrémité, près du *Serapeum*, et même au-delà, a été long-temps celle du golfe même, il devient facile de résoudre bien des difficultés sur des faits historiques et sur divers points de la géographie ancienne.

En effet, ce lac d'eau de mer n'a pu être séparé du golfe sans qu'il ait subsisté, long-temps après, un courant dû aux marées et aux eaux pluviales, qui devaient affluer dans cette partie où le canal existe, et où la cunette tracée par la nature aura été agrandie par l'art, pour remplir un plus grand objet, celui de la navigation : alors le prodige s'affaiblit par l'analyse de ce travail. Cependant l'ouverture d'un canal de semblables dimensions, au cœur des déserts, même en admettant cet état préexistant au travail des hommes, ne pouvait être opérée que par les Égyptiens, ce peuple de géans dans ses travaux publics.

On voit, d'après cet exposé de l'état physique présumé de cette plage, que les Pharaons dûrent tenter le succès de cette grande entreprise de la jonction des mers, avec beaucoup plus de confiance qu'on ne pourrait en avoir aujourd'hui, si l'on ne trouvait, dans la science hydraulique des modernes, des ressources que n'avaient pas les anciens, et au moyen desquelles on pourra vaincre des difficultés qui dûrent leur paraître insurmontables à cause des variations du niveau et des pentes dues aux marées du golfe et aux effets variables des crues du Nil.

Il a été, sans doute, une époque où l'isthme, couvert de lagunes, recevait des eaux à-la-fois du Nil, de la mer Rouge et de la Méditerranée; mais, d'une part, les divers attérissemens, et, de l'autre, les desséchemens produits par l'évaporation, auront intercepté la communication des eaux, et transformé en terre-ferme un sol naturellement bas et marécageux.

§. III. *Navigation du canal dans les temps anciens.*

On peut conclure de l'exposé qui précède, qu'à l'époque où les rois d'Égypte conçurent le projet d'établir la communication des deux mers, l'état physique de la contrée leur dictait assez cette grande entreprise, sans qu'ils crussent peut-être nécessaire d'en constater la possibilité, puisque le Nil portait annuellement des eaux dans le lac amer, et que probablement encore il devait exister, comme on vient de le dire, entre ce lac et le golfe, un courant qui a déterminé l'emplacement du canal; cependant des historiens en ont mis en doute l'usage, et même la confection. Plusieurs de ces autorités déposent en faveur de l'existence de la navigation antérieurement aux Arabes; d'autres la nient formellement, et citent seulement les tentatives faites par les souverains pour opérer cette jonction, sinon directe dans l'isthme, au moins du Nil à la mer Rouge.

On est donc fondé à croire que le travail n'a pas été discontinué pour cause d'une impossibilité absolue qui eût été consignée dans l'histoire; les efforts des différens princes qui se sont succédés, attestent, au contraire, le désir qu'ils avaient de vaincre des difficultés qui n'étaient pas en effet insurmontables. Nous allons rapporter et comparer les passages qu'on trouve à cet égard dans les principaux historiens.

Hérodote et Aristote nous diront ce qu'ont fait, tenté et obtenu les Pharaons et les successeurs de Cambyse; Diodore de Sicile, Strabon et Pline y ajouteront les travaux des Ptolémées, successeurs d'Alexandre; les auteurs arabes, et notamment Maqryzy, feront connaître les travaux des empereurs et ceux des khalifes pour le rétablissement du canal ; enfin nous exposerons l'opinion et le vœu des historiens, des géographes et des voyageurs modernes, sur le rétablissement de la jonction de ces deux mers, opération dont les derniers sultans même paraissent avoir reconnu l'importance et la possibilité.

Hérodote, dont l'autorité acquiert un nouveau poids par de nouvelles vérifications des faits qu'il expose; Hérodote, dont le voyage en Égypte était si près du temps où Darius reprit ce grand travail, dit positivement que ce prince l'acheva [1].

Aristote, postérieur de plus d'un siècle, dit que les Pharaons et Darius, qui s'étaient promis de grands avantages de la confection de ce canal, en avaient discontinué le travail, après avoir reconnu que la mer Rouge était plus haute que les terres d'Égypte [2].

Diodore, en convenant que ce motif avait déterminé Darius à abandonner l'entreprise, prétend que Ptolémée-Philadelphe seul l'acheva [3].

Strabon, qui est du même avis, ajoute que, de son temps, les marchands d'Alexandrie trouvèrent une issue du Nil dans la mer Rouge, pour pénétrer dans l'Inde [4].

---

[1] Traduction des textes des auteurs, App., §. IV, n°. I.
[2] *Meteor*. tit. I, cap. XIV.
[3] Appendice, §. IV, n°. II.
[4] Appendice, §. IV, n°. III.

Pline vient élever des doutes, car il ne convient pas que cette navigation ait jamais été établie : il veut que le travail n'ait été achevé que jusqu'au lac amer, et qu'il ait été suspendu à cause de la conviction qu'on avait acquise de la trop grande élévation de la mer Rouge : mais ensuite cet historien parle de la rivière de Ptolémée, qui passe à Arsinoé [1]; or, ce ne pouvait être assurément que la rivière artificielle, ou le canal en question [2].

Enfin des auteurs anciens rapportent que Ménélas, après la ruine de Troie, était entré en Éthiopie en traversant un canal creusé dans l'isthme qui sépare les deux mers.

Mais que peut-on raisonnablement conclure d'une telle discordance parmi les auteurs grecs et latins sur la confection et l'usage du canal des Rois ? Il est plus évident que le canal de Fostât, dont l'origine, au dire des Arabes, remonte au temps d'Abraham, a été recreusé par Adrien, qui lui fit donner le nom de *Trajanus amnis*, parce que cet empereur aimait à prendre le nom de Trajan, son prédécesseur, dont il était le fils adoptif. Cependant rien ne prouve qu'il ait eu, dans ce travail, l'intention de rouvrir la communication des deux mers : peut-être n'avait-il pour objet que les irri-

---

[1] Pline (liv. IV, chap. 33) distingue le fleuve de Ptolémée, d'un autre canal qui ne fut point achevé, et qui partait de *Daneon*. Le nom de cette ville, celui de *Charandra* qu'il donne au petit golfe où était Arsinoé, et celui d'*Æant*, qui, suivant le même auteur, était appliqué par les Arabes au golfe d'Heroopolis, ne sont pas connus des géographes, non plus que ceux de beaucoup d'autres lieux qu'il place dans le voisinage du golfe. (M. Gossellin, tom. II, pag. 184.)

[2] Appendice, §. IV, n°. IV.

gations; et cette assertion acquiert plus de vraisemblance, lorsque l'on considère que Ptolémée le géographe, qui écrivait du temps de Trajan et d'Adrien, ne fait aucune mention d'un canal du Nil à la mer Rouge, mais seulement de celui du Kaire vers Belbeys et Heroopolis, ville que nous ne croyons pas devoir placer au-delà du centre de l'Ouâdy. Les cartes Théodosiennes (cartes de Peutinger) gardent le même silence; mais, comme elles ne font mention que des chemins de terre, elles ne sont ici d'aucun poids.

L'Itinéraire d'Antonin donne une route de terre sur le développement du canal de Babylone à *Clysma* par *Heliopolis, Scenæ veteranorum, Vicus Judæorum, Thou, Heroopolis* et *Serapeum* : or, cette route, en longeant le canal, offre un développement si grand par rapport aux routes plus directes de Babylone à *Clysma* par le Derb-el-Hâggy ou par la vallée de l'Égarement, que la navigation, n'eût-elle été même que momentanée, a pu seule en établir la fréquentation à cause des établissemens inhérens au canal. En effet, quel motif aurait-on eu de faire 136 milles, quand la route la plus directe n'en comportait pas 90 ?

Jusqu'en 622 de notre ère, nous n'avons donc sur la navigation du canal aucun fait bien positif, ou qui n'ait été le sujet d'une grande controverse; mais les détails historiques et circonstanciés qu'on trouve dans Maqryzy et dans el-Makyn, doivent enfin lever tous les doutes sur son existence et sur sa durée. On voit, dans ces auteurs arabes, qu'un canal antérieurement dérivé du Nil, à Fostât, et aboutissant dans le canal des Rois, que le khalife O'mar venait de recreuser, portait dans la mer Rouge : ce canal aurait été navigable pendant plus d'un siècle[1].

Le canal, déjà fort encombré par l'insouciance des gouverneurs arabes, plus disposés peut-être alors à favoriser l'Égypte que la Mekke, parce qu'il n'était destiné qu'à exporter les denrées du pays au détriment des Égyptiens, comme font, de nos jours, les beys à l'égard de Constantinople, fut enfin fermé du côté de la mer, par l'ordre du khalife Abou-Ga'far-el-Mansour[2], dans l'intention de couper les vivres à un rebelle de la Mekke qui voulait s'ériger en souverain de cette ville[3]. Depuis plus de mille ans le canal est donc resté dans l'oubli; et ce laps de temps n'était pas nécessaire pour en faire disparaître les traces sur plusieurs points de son cours, car moins d'un siècle d'abandon a pu suffire pour en opérer le comblement.

§. IV. *Projet du rétablissement du canal par les princes musulmans.*

Cependant le souvenir des avantages de ce canal, et des tentatives plus ou moins heureuses des anciens souverains dans cette entreprise, réveilla l'insouciance des Turks dans les XVIe et XVIIIe siècles. Selym, dit Scaliger, ayant subjugué l'Égypte et fait mourir Tomân-bey, dernier soudan d'Égypte, se proposa de rouvrir cet an-

---

[1] De l'an 22 à l'an 150 de l'hégyre, ou 128 années lunaires (de 644 à 767 de J.-C.)

[2] Nous pensons que la digue transversale du Râs-el-Ouâdy, qui est évidemment un ouvrage d'art, a dû remplir cet objet.

[3] *Voy*. Appendice; §. IV, n°. VIII.

cien canal. « Croira-t-on, dit d'Anville, que le gouvernement turk ait pensé à rétablir la communication entre le Nil et la mer Rouge? Le dernier ambassadeur turk Zayd-effendi m'a dit avoir été envoyé en Égypte par le grand-seigneur pour examiner si la chose était praticable[1]. » Le fameux A'ly-bey[2] avait aussi témoigné le désir d'illustrer son usurpation par cette grande entreprise.

Depuis, M. de Tott, en parlant du projet qu'avait conçu Mustafä-sultan, a dit : « Ce prince, dont l'esprit commençait à s'éclairer, m'a fait faire un travail sur cet objet important, dont il réservait l'exécution à la paix. » Mais cette disposition dut résulter de l'examen et d'un rapport favorable de la part des commissaires du sultan, sur la possibilité et les avantages de cette opération[3].

Enfin, si ce canal a été navigable sous le règne des khalifes, époque où les Arabes cultivaient les sciences avec éclat, tandis que l'Europe était encore barbare; si les Turks même ont pensé à rétablir cette importante navigation, que ne doit-on pas obtenir, sous l'autorité ou

---

[1] Quoique les sultans aient formé le projet de rétablir cette communication, on est fondé à croire qu'après avoir prévu toutes les conséquences de cette opération, ils auront craint de fournir aux nations européennes, plus habiles dans l'art de la navigation, un moyen de commercer directement avec la Perse et l'Inde; et les premiers soudans ne manifestèrent que trop leur inquiétude à cet égard, lorsqu'ils virent les Portugais former des établissemens dans l'Inde et y trafiquer avec un grand succès.

[2] A'ly-bey, qui, en 1768, s'était déclaré indépendant de la Porte, arma des vaisseaux à Soueys: son projet était de s'emparer de la Mekke, de Geddah, pour rendre ce port l'entrepôt du commerce de l'Inde; mais ce projet, ainsi que celui de recreuser le canal de Soueys, restèrent sans effet, après la mort de ce bey en 1773. (Volney, p. 104, 30.)

[3] Appendice, §. iv, n°. vi.

l'influence d'une puissance européenne, de l'état de perfection où la science hydraulique est portée de nos jours?

§. V. *Des causes du dépérissement et de l'abandon du canal.*

Les difficultés et les dangers de la navigation du golfe Arabique étaient généralement avoués par les anciens; mais, par cela même qu'ils étaient déjà connus avant l'établissement du canal, on peut croire qu'on ne les considérait pas comme insurmontables : il est donc plus probable que ce sont les inconvéniens de sa navigation qui ont déterminé Ptolémée à ne pas donner de suite à cette entreprise, à abandonner le port d'Arsinoé, dont il avait voulu faire le centre du commerce de l'empire, et à reprendre enfin la voie, par terre, de Coptos à Bérénice, qu'il améliora dans les stations du désert. Mais, en admettant, comme le prétendent quelques auteurs, que le canal ait été navigable sous les Ptolémées, sans que la navigation y ait jamais été régulièrement établie, et cette assertion nous semble très-plausible, il paraît qu'il se serait trouvé comblé vers la fin de leur dynastie, puisque Cléopâtre songea à faire transporter ses vaisseaux par terre au travers de l'isthme.

Cette route de Coptos à Bérénice fut constamment fréquentée sous le règne des Ptolémées, pendant deux siècles et demi, et sous celui des Romains jusqu'à Dioclétien, pendant une période égale. Les Arabes et les Indiens se dispensèrent de remonter le golfe de Soueys, dont la navigation leur présentait des dangers, auxquels ils n'avaient pas besoin de s'exposer, puisque leurs courses et leurs spéculations trouvaient un terme à Bérénice. Mais ce port fut aussi abandonné, et l'on y suppléa successivement par ceux de Myos-hormos et du vieux Qoçeyr : ce dernier offrait un vaste et bon mouillage; mais les attérissemens et l'active végétation du corail[1] l'avaient tellement comblé, qu'il fallut se reporter à deux lieues au sud, où se trouve le Qoçeyr moderne.

L'élévation de la mer Rouge, par rapport au sol de l'Égypte, était reconnue : cependant elle n'aurait pas été un obstacle suffisant pour faire renoncer au canal, puisque, par le moyen d'une digue, on pouvait empêcher la mer de pénétrer dans l'intérieur, à moins qu'on n'eût craint de ne pouvoir, en temps de guerre, en prévenir la rupture; opération dont un ennemi ne calcule jamais les conséquences que pour l'intérêt du moment, ainsi que l'ont fait les Anglais en coupant les digues du canal d'Alexandrie, comme on le dira en parlant de ce canal.

Pline dit que cette mer était supérieure de trois coudées (environ cinq pieds) aux terres de l'Égypte. Mais rien de plus vague que cette expression : car à quel point du sol, dont la pente suit assez régulièrement

---

[1] Le terme de *végétation* n'est ici qu'une expression figurée; car on sait que les coraux, comme les madrépores, sont formés par les polypes. L'accroissement de ces polypiers calcaires est tel, que les plages et les côtes deviennent inaccessibles à la navigation. C'est sans doute à cause de sa forme d'arbrisseau que les Arabes appellent le corail, *chi'ab* (ramifications).

celle du fleuve, attribuer cette élévation de trois coudées? à moins qu'il n'ait voulu parler des marées. Il serait possible, en effet, que les eaux du Nil qui n'auraient pas d'écoulement dans ce golfe, pussent encore s'élever jusqu'au niveau de la basse mer à Soueys, leur pente paraissant suffisante pour que, pendant la durée de la crue, les eaux arrivent dans ce port à trois coudées en contre-bas des hautes mers.

Strabon traite de chimérique la crainte que l'on avait que le sol de l'Égypte ne fût inondé [1] par la mer Rouge, quoique les auteurs qui l'ont précédé, et notamment Aristote, disent formellement que cette considération seule détermina Sésostris et Darius à ne point terminer le canal.

Après avoir exposé ces diverses opinions, nous admettrons que la navigation de ce canal a pu avoir lieu sous les Ptolémées, mais qu'elle a dû éprouver bien des obstacles qui en ont amené l'abandon. Cet abandon a pu résulter du peu de durée de la navigation, soumise à l'abondance des crues, qui, dans leurs variations annuelles, devaient être souvent insuffisantes pour fournir à la dépense d'eau nécessaire au passage des bateaux par l'euripe, et réparer les pertes causées par les filtrations et les évaporations; du peu de pente qui existe entre le point de la prise d'eau et celui de la basse mer à Soueys, pente qui pouvait n'être, sur 33 lieues de longueur, que de quatre à cinq pieds dans les crues moyennes; des curemens annuels et des travaux d'entretien, dont l'exé-

---

[1] Un des commentateurs de Strabon défend cet auteur du reproche qu'on lui fait d'avoir soutenu cette assertion. *Voy*. App., §. VI, n°. III.

cution dispendieuse exigeait une surveillance qu'il était difficile d'obtenir au milieu des déserts. Il a pu provenir encore des dégradations faites par les Arabes, aux intérêts desquels le canal était contraire, en les privant des bénéfices des transports, dont, au moyen de leurs chameaux, ils ont toujours été les agens exclusifs dans l'Égypte et dans la Syrie; enfin, des circonstances trop ordinaires de la guerre, dont l'isthme a été long-temps le théâtre, et notamment pendant les siècles qui ont précédé l'ère chrétienne, sous les Perses et sous les successeurs d'Alexandre [1].

Les khalifes, qui, sans doute, avaient conservé le souvenir de tant d'obstacles, les ont fait disparaître, en partie, dans le rétablissement du canal, tant en remontant la prise d'eau beaucoup au-dessus de celle qui était anciennement établie à Bubaste, qu'en ne donnant point d'écoulement dans le golfe aux eaux du Nil; car, quoique ces eaux traversassent les lacs amers, il paraît, d'après Strabon [2], qu'elles n'étaient pas sensiblement altérées. On voit encore à Soueys les vestiges des digues qui arrêtaient leur décharge à la mer, et que les na-

---

[1] Ce canal devait être en effet, pour un ennemi venant de Syrie, une barrière difficile à franchir. C'est aussi ce que semble insinuer Diodore de Sicile, en l'appelant *transversarium munimentum* : car, quoique la navigation cessât lors des basses eaux, ce canal devait conserver assez d'eau pour que le passage ne pût s'effectuer qu'avec des bateaux ou des radeaux, dont les assaillans ne pouvaient être pourvus que très-difficilement; et c'était un motif pour l'ennemi de chercher à le détruire. (M. Leblond, *Mémoire sur les canaux de l'antiquité*, 1771.)

[2] Strabon dit, en parlant de ces lacs, qu'anciennement les eaux y étaient amères, mais qu'elles avaient changé de qualité par leur mélange avec celles du Nil, et que ces lacs abondaient en bons poissons et en oiseaux aquatiques qu'on n'y voyait pas auparavant.

vires venaient, sans doute, accoster pour faire aiguade dans le canal.

Mais, quelque avantageuses que fussent les nouvelles dispositions, il en résultait, quant aux digues, la nécessité de faire rompre charge aux navires. D'ailleurs Soueys ne pouvait être qu'un lieu d'entrepôt, comme il le deviendrait encore, quoiqu'on puisse avoir dans l'emploi des écluses à sas une communication plus facile; car, si la fin de la mousson d'été (celle d'avril en octobre) est propre à porter dans la mer des Indes, et coïncide avec la crue du Nil, seule époque favorable à la navigation du golfe pour les bâtimens de mer, la mousson d'hiver, propre à remonter la mer Rouge, tombe à faux, et nécessite l'entrepôt des marchandises, ainsi que leur rechargement dans de nouveaux bâtimens : on serait donc toujours obligé de rompre charge à Soueys, comme à Alexandrie et à Damiette, et de n'employer sur le Nil et sur les canaux qui en dérivent, que des bâtimens propres à cette navigation; mais le passage n'en serait pas moins ouvert aux bâtimens qui pourraient sacrifier du temps à l'attente des vents et des circonstances favorables pour se rendre directement de la Méditerranée dans l'Inde, et notamment pour l'expédition des dépêches; et l'on trouvera cet avantage essentiel dans le canal plus direct qui serait ouvert du bassin des lacs à la Méditerranée, vers Tyneh.

Quoique le canal ait été navigable pendant plus d'un siècle, nous ne doutons pas que sa navigation n'éprouvât encore bien des difficultés; mais elles doivent disparaître par le système des biefs et des écluses, ouvrages d'invention moderne, et que les anciens, comme on l'a déjà dit, ne connaissaient pas. Il ne paraît pas même qu'ils eussent, dans leurs langues, de mots qui répondissent à celui d'*écluse* ; le terme *euripe* [1], que Strabon emploie quand il dit qu'*on bouchait l'euripe*, ferait croire qu'on avait un moyen, soit par quelques corps flottans, soit par des poutrelles, de fermer ce passage pour empêcher la marée de remonter dans le canal : cet euripe ne pouvait pas différer beaucoup des pertuis qu'on retrouve sur nos rivières, et qui retracent encore l'enfance de l'art.

§. VI. *Examen géologique et géographique de l'isthme de Soueys.*

Les philosophes ont créé des systèmes pour expliquer la formation des montagnes, des caps, des falaises, des détroits, des isthmes, des archipels, et enfin de tout ce qui constitue la géographie physique du globe.

Quelques-uns les ont considérés comme des résultats nécessaires de principes immuables et de causes pre-

---

[1] Le terme *euripe* (εὔριπος), dans son acception générale, et par l'application qu'on en a faite, semble exprimer un canal ou bras de mer étroit, dans lequel les eaux éprouvent des courans alternatifs et des agitations périodiques d'une nature toute particulière. L'euripe qui longe l'île de Négrepont (l'ancienne Eubée), présente plus particulièrement ces effets singuliers d'un flux et reflux qui se renouvelle six et sept fois dans le jour. Son canal est si étroit sous la citadelle de Négrepont, que les navires éprouvent beaucoup de peine à le franchir.

Ce nom a aussi été donné à l'espace rectangulaire, arrondi vers les extrémités, qui environnait l'épine des cirques, et qui devait toujours être rempli d'eau, par un motif de religion. Cette forme était sans doute analogue à celle de l'euripe dont parle Strabon, et auquel son commentateur a donné, sans des motifs suffisans, la figure de nos sas modernes.

mières : d'autres, au contraire, en ont attribué la formation à des causes fortuites, qui ont dû changer l'ordre primitif de la nature, et qui peuvent se reproduire indéfiniment; ils ont puisé ces causes dans la catastrophe terrible d'un déluge universel ou local, et peut-être périodique dans la nature, d'autant plus admissible, qu'il n'a rien de surnaturel, que les ravages des eaux sont écrits en caractères ineffaçables à la surface du globe, et que les traditions en ont conservé chez toutes les nations le triste et inquiétant souvenir.

Un de ces philosophes [1] en a suffisamment établi l'existence; il a fait un tableau, aussi vrai qu'affligeant, des effets physiques et moraux du déluge, qui a dû changer la face primitive du globe, et occasioner un désordre si fatal au genre humain : non-seulement l'opinion de ce philosophe est plausible, mais elle offre un champ très-vaste de conjectures que la saine physique peut admettre.

Il paraît constant que les eaux, par leur mouvement oscillatoire dans le bassin des mers, par leur cours plus ou moins rapide dans le lit des torrens et des fleuves, et enfin par leur passage successif à l'état de météores, ont été la cause organique de l'état présent du globe : elles ont, par leur tendance continuelle vers l'occident et l'équateur, établi ces formes constantes angulaires de toutes les grandes terres qui constituent les caps de la Nouvelle-Hollande, de la presqu'île de l'Inde, de l'Afrique et de l'Amérique; et elles ne cesseront d'opérer

---

[1] Boullanger, ingénieur des ponts et chaussées, dans l'ouvrage qui a pour titre, *l'Antiquité dévoilée par ses usages*.

de nouveaux changemens à la surface du globe. On peut supposer qu'un flux prodigieux des eaux, des pôles vers la zone équinoxiale, et dont on ne peut raisonnablement expliquer la cause, a, dans sa course, submergé ou détruit les continens, tant que le sol n'aura pas offert d'élévation et de résistance suffisantes. Ces points d'arrêt, en divisant le courant, l'auront fait dévier de sa direction méridienne, d'où aura dû résulter l'angle continental qui constitue ces grands promontoires. Cependant des reflux vers les pôles auront aussi, par leur réaction, formé d'autres caps, dont les courans secondaires ont, dans leurs résultantes, dirigé le saillant sur tous les points du globe.

L'isthme de Soueys a dû sa formation à des causes naturelles ou premières ou fortuites; leur énoncé offrirait la série de ces hypothèses ingénieuses, mais trop peu satisfaisantes et trop connues pour être répétées. Nous ajouterons seulement qu'elle a pu résulter aussi des travaux inconsidérés des hommes, qui paraissent avoir souvent tenté de faire communiquer des mers que la nature avait rendues indépendantes.

Des auteurs anciens ont pensé que le vaste bassin de la Méditerranée a fait partie du continent, que l'ouverture du détroit de Gibraltar a été faite de main d'homme; et ils l'attribuent à Ésaü, ou l'Hercule gaulois, qui l'aurait opérée 1900 ans environ avant l'ère chrétienne. Ils prétendent que la mer du Nil, dont l'étendue pouvait égaler celle du Pont-Euxin seulement, devait communiquer avec la mer Rouge avant la formation de l'isthme de Soueys, due aux vents impétueux de l'est, qui ont comblé ce bras de mer avec les sables de l'Arabie; l'époque qu'ils en assignent, est celle des submersions qui ont fait naître les détroits de Messine, des Dardanelles, de Chypre, et formé l'Adriatique, la mer Égée, la mer de Crimée, etc. Quoiqu'on ne puisse produire de preuve positive à cet égard; il est au moins certain que cette partie de l'ancien continent a éprouvé de grandes révolutions, et que les volcans ont dû encore y concourir [1].

Les Cnidiens entreprirent de couper leur isthme, pour se soustraire, en séparant leur péninsule du continent de l'Asie mineure, aux ravages qu'exerçait, dans l'Ionie, Harpagus, général de Cyrus, roi de Perse; cet isthme n'avait que cinq stades de longueur.

Alexandre eut le projet de couper l'isthme du mont Mimas, qui joint la péninsule au continent vis-à-vis de Chio; cet isthme avait sept milles.

On connaît les travaux de Xerxès, lorsqu'il sépara le mont Athos du continent; les projets d'Alexandre, de Démétrius, de César, de Néron, pour couper l'isthme de Corinthe; et tant d'autres tentatives de ce genre, qui ont rarement produit d'heureux résultats, et dans lesquelles l'orgueil et le fol amour du merveilleux ont souvent eu plus de part que la nécessité et l'utilité.

La formation du Bosphore, ou canal de Constantinople, n'est due peut-être qu'à quelque tentative de ce genre. Diodore parle d'une submersion de l'île de Sa-

---

[1] Il existe une carte de M. de la Borde qui retrace ces diverses catastrophes, et l'état géographique présumé pour les temps antérieurs à nos annales.

mothrace, causée par l'irruption du Pont-Euxin dans la Propontide; événement funeste, qu'il supposait antérieur à l'expédition des Argonautes, dont l'époque remonte à 1263 avant l'ère chrétienne.

La Méditerranée a pu long-temps être séparée de l'Océan par l'isthme qui, dans cette hypothèse, joignait le mont Atlas à celui de Calpé, où existe le détroit de Gebel-Taryq (Gibraltar) : cette mer alors communiquait au golfe Arabique; elle pouvait être supérieure à l'Océan, et de niveau avec la mer Rouge, qui, peut-être, était elle-même moins élevée au fond du golfe, quand elle communiquait par le détroit de Qolzoum.

Après la rupture naturelle ou factice de l'isthme que nous supposons avoir préexisté au détroit de Gibraltar, la Méditerranée, en s'abaissant au niveau de l'Océan, aura mis à sec tous les bords de son vaste bassin; et c'est à cette époque qu'elle aura donné naissance à l'isthme de Soueys et à la basse Égypte. En effet, par l'hypothèse de l'abaissement de la Méditerranée on explique plus de faits que par celle de l'irruption de l'Océan, qui aurait submergé une grande étendue de pays dans le bassin actuel de la Méditerranée [1].

[1] On peut voir, d'après le nivellement général (tableau synoptique, *Atlas*, n°. 14), que le niveau de la Méditerranée ne devrait encore s'élever que d'environ 16 pieds pour atteindre la limite de l'ancien golfe de Memphis, près du Kaire : mais nous devons avouer qu'il n'est pas nécessaire de recourir à cet abaissement subit de son niveau pour faire naître le Delta ; car la mer pouvait parvenir à cette même limite dans son niveau actuel, à l'époque reculée où le lit du Nil était moins élevé de la même quantité ; et en admettant pour ces temps reculés une plus grande élévation de son niveau, la mer pouvait remonter plus haut dans le lit actuel et le bassin du Nil.

Les Ichthyophages conservaient la mémoire d'un flux considérable qui aurait mis à sec le golfe de Soueys, que le reflux aurait couvert de nouveau[1]. Ce flux ne serait-il pas celui dont les Israélites font mention? Suivant une tradition qui s'était perpétuée chez les peuples de la Libye[2], une partie de la région d'Hammon et d'autres portions de leur pays avaient été sous les eaux de la mer. Deux voyageurs modernes, MM. Brown et Hornemann, ont reconnu, dans la région de l'oasis d'Hammon, des preuves incontestables du séjour des eaux; ils y ont remarqué des lacs salins, des plages couvertes de coquillages, et des lagunes encore remplies d'eau de mer. A la vérité, ces faits ont pu résulter d'un déluge qui a submergé les plus hauts continens. Ératosthène avait adopté l'opinion du physicien Straton, que le pays d'Hammon a dû faire partie du domaine des mers.

La mer Noire, supérieure encore à la Méditerranée, aura, en se portant avec rapidité par les Dardanelles, formé l'archipel grec, dont les îles pouvaient dépendre alors d'un vaste continent. Il existe, en effet, dans ce canal, un courant très-rapide vers le sud, et tel, que, si les vents du nord soufflent avec force, les vaisseaux peuvent difficilement s'y arrêter et le remonter sans le secours des vents opposés à ce courant. Le Bosphore, la Propontide et les Dardanelles, dans une suite de détroits, offrent à la navigation d'autres courans singuliers,

---

[1] Hérodote, liv. II, §. II; traduction de M. Larcher, note 34, tom. II, page 184.
[2] Strabon, liv. XVII.

dus, sans doute, au gisement des côtes sur lesquelles les eaux sont refoulées et réfléchies dans tous les sens.

Mais, en comparant le volume immense des eaux que jettent dans la mer Noire les Palus-Méotides et tant de grands fleuves d'Europe et d'Asie, avec le volume beaucoup moindre que le Bosphore rend à la Méditerranée, on a supposé l'existence de canaux souterrains pour l'écoulement de la mer Noire; car il semble difficile d'attribuer aux évaporations, qui ne peuvent pas être très-considérables sous son atmosphère toujours nébuleuse, l'excédant des afflues de cette mer sur sa dépense par le Bosphore. Cependant d'autres physiciens ont pensé qu'il n'était pas nécessaire de supposer ces canaux souterrains, quoiqu'il puisse en exister, attendu que des calculs et des observations ont établi que l'évaporation seule est capable d'absorber des afflues très-considérables, et que des expériences faites sur des lacs éloignés du bassin des grandes mers ont confirmé cette assertion.

La même difficulté s'est présentée par rapport à la Méditerranée, qui reçoit des eaux sur tous les points de sa circonférence[1]; car, loin d'en rendre à l'Océan, elle paraît en recevoir, au contraire, par le détroit de Gibraltar, dont les courans, qui portent presque toujours à l'est, semblent établir une pente générale de cette mer, du détroit vers la Syrie, quoiqu'il existe un courant contraire qui longe les côtes d'Espagne, et que

---

[1] Parmi les rivières les plus considérables qui débouchent dans la Méditerranée, on rappelle le Nil, le Tibre, le Pô, le Rhône, l'Èbre; et celles qui y affluent du Pont-Euxin par les Dardanelles, sont le Danube, le Niester, le Borysthène, le Don, etc.

des navigateurs croient plus considérable que le premier qui règne vers le centre du détroit : mais cet effet pourrait résulter d'une plus grande élévation des eaux sur les côtes d'Europe, due aux fleuves et aux autres versans qui y sont plus considérables et plus nombreux que ceux de la côte d'Afrique; ce qui donne lieu à quantité de courans et de contre-courans dus aux vents, aux crues périodiques des fleuves, et à d'autres causes variables, que les navigateurs n'ont pas expliquées. Nous pensons que, sans cette affluence constante des eaux de la mer Noire et de l'Océan dans la Méditerranée, dont l'étendue peut être évaluée à 160 degrés carrés, les évaporations, qui absorbent une partie de celle-ci, en feraient baisser le niveau, et qu'il en résulterait à la longue une diminution sensible de fond, si, d'un autre côté, les apports continuels d'alluvions par les fleuves et les torrens, et ceux qui, par l'effet des vagues et des pluies, tombent des côtes et des falaises dans son bassin, ne balançaient en quelque sorte cet abaissement, en élevant le niveau du fluide en raison du volume immense de ces alluvions. Les évaporations doivent être d'autant plus considérables sur cette mer, que, sous cette latitude, le climat les opère avec plus d'activité, et que les nuages qui en résultent, sont portés vers la zone torride et sur les déserts brûlans de l'Afrique, où ils vont alimenter les sources des grands fleuves qui débouchent dans l'Océan : il paraît qu'au contraire ceux qui débouchent dans la mer Noire, sont plus que suffisans pour y rétablir l'effet des évaporations, puisque, sans changer de niveau, cette mer verse encore dans la Méditerranée.

Des physiciens (MM. Halley et Bergman) qui n'ont pas cru devoir attribuer aux évaporations la perte des eaux qui tombent dans la Méditerranée, dont le niveau ne varie pas sensiblement par l'effet des marées, se sont crus fondés à admettre des sous-courans marins, qui portent dans l'Océan les eaux supérieures de cette mer secondaire : des sous-courans de cette nature ont été, en effet, observés par des navigateurs; et leur existence a même été constatée dans la Baltique, par une frégate qui en éprouva l'action contre le vent même.

Si, comme il n'est que trop possible encore, on jetait la mer Rouge dans la Méditerranée, en donnant aux eaux du golfe toute la vitesse due à leur élévation au-dessus de cette mer, élévation que nous avons trouvée être de 30 pieds 6 pouces, il en résulterait infailliblement la submersion de toutes les terres basses ou plages de l'Égypte et de la Syrie.

Mais de ces considérations générales qui tiennent à la haute physique, passons à l'examen des lieux dont la topographie se rattache à l'histoire du canal et à la communication des deux mers.

Les géographes ont tellement varié sur la grandeur de l'isthme de Soueys, qu'il est extrêmement difficile de les concilier; sa moindre longueur doit se mesurer sur la direction, presque méridienne, de Soueys à Faramâ, près de l'ancienne Péluse.

Les observations qu'a faites, pendant notre séjour commun à Soueys, M. Nouet, astronome, que nous avons déjà cité, et la précision des instrumens dont il s'est servi, paraissent devoir être pour nous un motif de préférer ses résultats à ceux qu'ont obtenus les voyageurs modernes qui l'ont précédé, et qui n'ont souvent pu opérer qu'avec mystère et précipitation.

Soueys, d'après les observations et les calculs de cet astronome, répond à la latitude boréale de 29° 58′ 37″.

La bouche de Tyneh a été fixée par rapport à celle d'Omm-Fâreg, dont la position a été également déterminée ; et elle s'est trouvée vérifiée par notre topographie, qui a présenté, entre ces deux points extrêmes de l'isthme, une précision que nous ne pouvions pas même espérer.

D'après ces résultats, nous trouvons que la distance entre Soueys et le rivage au nord de Faramâ, est de 120,000 mètres, égaux à 61,569 toises, ou 27 lieues de 25 au degré, évalué, à cette latitude, à 56,757 toises ; cette distance embrasse 1° 5′ 0″ et comporte 0° 1′ 23″ sur le 29ᵉ degré, le 30ᵉ complet, et 0° 3′ 37″ sur le 31ᵉ ; elle assigne pour latitude à la bouche de Tyneh, 31° 5′ 37″.

Cependant, comme les eaux du golfe remontent encore, par l'effet des marées, à environ 2500 toises dans leurs laisses moyennes, au nord de Soueys, il en résulte que le *minimum* de distance qui constitue véritablement l'isthme, se réduit à 59,000 toises, ou 26 lieues.

Abou-l-fedâ donne à cet espace qui sépare les deux mers, 70 milles[1] : or, le mille arabique étant évalué (par d'Anville) à 1000 toises de compte rond, et de 57,000 au degré, il en résulte un excédant de onze milles, qu'on ne peut admettre, quand on supposerait

---

[1] Abou-l-fedâ et A'bd-el-Rachyd. *Voyez* Appendice, §. IV, n°. XII.

même que ces 70 milles répondent au développement du canal projeté par A'mrou, qui voulait le faire passer par l'endroit qu'on nomme maintenant *la Queue du crocodile*, Mais Abou-l-fedâ ne donne au mille arabique que 715 toises, puisque, dit-il, 500 stades sont égaux à 66 $\frac{2}{7}$ milles arabiques : or les 70 milles arabiques vaudraient 49,910 toises, et il en résulte encore une différence de 9090 toises en moins sur la distance réelle que nous ont donnée nos diverses opérations.

Hérodote, qui donnait 1000 stades à l'isthme, inclinait, à la vérité, sa directrice à l'est et vers le mont Casius, qui est encore plus au nord que le rivage, à la bouche de Tyneh. Mais de quel stade Hérodote s'est-il servi dans cet énoncé? Si c'est du petit stade égyptien, qui, plus souvent employé par Aristote, était de 51 toises, les 1000 stades sont insuffisans; car ils ne donneraient que 51,000 toises : cependant il a été une époque où l'isthme pouvait n'avoir que cette longueur; et ces 1000 stades seraient satisfaisans, s'ils devaient répondre à la distance du mont Casius à Heroon, ville que nous reportons à Abou-Keycheyd, où la mer Rouge pouvait remonter, à une époque qu'on ne peut assigner, en observant qu'Hérodote donne cette distance pour la moindre longueur de l'isthme.

On ne doit pas calculer sur des stades nautiques ou persiques, qui, indiqués quelquefois par Hérodote et Xénophon, sont de 85 toises 5^{ds} 7° $\frac{1}{7}$ (de 10, au mille persique), puisqu'ils fourniraient l'excédant de 85,597 sur notre résultat de 59,000 toises. On doit encore moins supposer, avec Pline, qu'Hérodote ait employé le stade olympique de 95 toises, lequel produirait plus de moitié en sus de la distance trouvée. En effet, Pline répète que l'isthme avait 1000 stades; et il suppose évidemmment le stade de 95 toises, puisqu'il le fait égal à 125 MP. R.[1]. Cet auteur, dans un autre passage, semble vouloir apporter plus de précision, en réduisant sa première donnée à 920 stades ou 115 MP.; ce qui ne corrige pas encore, à beaucoup près, son erreur.

Strabon ne compte que 900 stades, qui ne satisfont dans aucun cas, quelque stade qu'on prenne pour module de cette mesure. On conçoit encore moins comment Posidonius a pu donner 1500 stades à l'isthme.

Ptolémée même donne deux degrés à l'espace compris entre Arsinoé et Péluse, qu'il détermine, la première à 29° 10′, et l'autre à 31° 10′ de latitude : or ces deux degrés représentent 1400 stades de 700 au degré (ceux d'Ératosthène de $81^{tois} 4^{ds} 1°\frac{22}{37}$, ou 114,353 toises), qui, ajoutés aux 1500 toises que donne la distance de Péluse à la mer, produisent le double de ce qui existe (dans l'opinion admise que Soueys répond à l'ancienne Arsinoé). Cependant Ptolémée, par une autre indication formelle, ne donne encore que 1000 stades à l'isthme.

Marin de Tyr, en ne comptant que 817 stades (de 700 au degré) de Péluse à Heroopolis, qu'il supposait au fond du golfe, près de Soueys, est l'auteur qui aurait fourni le meilleur résultat, puisqu'il n'excède que de $\frac{1}{12}$ celui que nous avons obtenu.

---

[1] Le pas romain, ou brasse romaine, égalait 5 pieds romains, ou $4^{ds} 6° 5^l$ (le pied romain étant de $10°\ 10^l\ \frac{7}{10}$ de France); ce qui porte le mille romain à 756 toises.

Cependant Ebn-Khordadyeh, cité par Maqryzy, donne un résultat qui est encore plus satisfaisant; car il dit que l'on comptait entre Faramâ et Qolzoum 25 parasanges, formant trois stations : or on sait que la parasange (employée par Hérodote) vaut trois milles arabiques, ou 2568 toises (5005, 12 centimètres); ce qui porte le mille arabique à 856 toises[1] (1668,42 centimètres); et les 25 parasanges, pour longueur totale, à 64,200 toises (125128,16 centimètres) : résultat qui diffère très-peu de celui que nous avons déduit de nos opérations confirmées par les observations astronomiques, et que nous avons porté à 120,000 mètres pour la distance méridienne de Soueys à Tyneh.

Nous ne pousserons pas plus loin cette analyse, pour ne pas nous engager ici dans une digression qui serait déplacée; mais, comme nous la jugeons nécessaire pour fixer la connaissance des lieux et des faits historiques, nous renvoyons le lecteur à la fin de ce mémoire[2].

---

[1] On observe que cette évaluation de 856 toises au mille arabique rectifie la différence trouvée plus haut dans le calcul des 70 milles donnés par Abou-l-fedâ, puisqu'ils donnent 59,920 toises pour la longueur de l'isthme.

[2] *Voyez* l'Essai historique et critique sur la géographie de l'isthme de Soueys.... Appendice, §. 11.

CHAPITRE III.

PROJET DU RÉTABLISSEMENT DU CANAL DES DEUX MERS.

Direction du nouveau canal. — Indications de ses biefs. — Avantages de ce projet. — Dérivation du canal par l'isthme, vers la Méditerranée. — Canal du Kaire, ou du prince des fidèles.

§. I. *Considérations sur la direction à donner au nouveau canal.*

On a vu, dans les auteurs anciens, que les différens princes qui ont tenté la jonction des deux mers, n'ont eu recours au Nil, pour l'opérer, qu'après avoir reconnu des obstacles presque insurmontables dans l'extrême mobilité des sables que présente le désert, sur la direction de Soueys à Péluse, entre le lac amer et celui du Menzaleh ; distance qu'il suffisait de franchir pour établir la communication désirée. Mais il existait un moyen plus facile de remplir cet objet ; c'était l'établissement d'une navigation intérieure. D'un autre côté, les Égyptiens ne voulaient pas déboucher dans la Méditerranée, qu'ils qualifiaient de mer orageuse, pour ne pas s'exposer aux entreprises des Grecs, qu'ils paraissent avoir long-temps redoutées [1].

[1] Les Égyptiens (dit Strabon, liv. xvii) ne permettaient pas l'abord de l'Égypte aux étrangers, et surtout aux Grecs, que la pauvreté de

L'état présent des choses permettrait davantage l'ouverture directe et exclusive de l'isthme : mais d'autres considérations militent en faveur de l'ancienne direction, préférable d'ailleurs; car, dans l'hypothèse de cette coupure de l'isthme, où former, sur la côte basse de Péluse, un port commode, qu'on ne pourrait cependant pas se dispenser d'y établir [1] ?

Il n'est que trop certain qu'on ne pourra que difficilement former un établissement permanent sur tout le front maritime du Delta, parce que cette côte est un sol d'alluvions, qui s'exhausse et s'agrandit constamment par de nouveaux dépôts de limon que le Nil y accumule dans ses crues, et que l'accès de cette plage sera toujours dangereux; les naufrages, qui n'y sont que trop fréquens, motivent assez la crainte de ces attérages, non moins redoutables pour les navigateurs que les *boghâz* ou bouches du Nil [2]. Il est de même certain que les ports d'Alexandrie et la rade d'Abouqyr seraient bientôt comblés, s'ils étaient situés à l'est des bouches du Nil soumises à l'action des vents régnans du nord-ouest: car si ce port, jadis si magnifique, offre encore aujourd'hui quelques-uns de ses premiers avantages, il en est bien moins redevable aux travaux de l'art sous l'influence d'un gouvernement insouciant, qu'au gisement et à la nature rocheuse de la côte.

leur pays portait à piller, et à chercher ailleurs ce que la nature leur refusait chez eux

[1] Abou-l-fedâ dit que A'mrou ben-el-A'ss se proposait de creuser cet isthme dans un endroit qu'on nomme maintenant *la Queue de l'Éléphant;* mais il en fut empêché par O'mar, qui craignait que les pélerins de la Mekke ne fussent pillés par les Grecs. *Voyez* l'Appendice, §. IV, n°. XII.

[2] Nous avons vu échouer sur la côte, pendant notre séjour en

La marche et les progrès des attérissemens formés sur la côte, vers Péluse, ont été trop bien exposés par le général Andréossy dans son Mémoire sur le lac Menzaleh, pour présenter dans d'autres termes ce qu'il a dit sur la formation de ces attérissemens [1].

« Les troubles entraînés par le Nil sont déposés partout où la vitesse de l'eau est ralentie ; ils engraissent le sol sur lequel ils séjournent ; ils forment des bancs de sable, occasionent des changemens dans la direction du cours du fleuve, concourent à la formation des barres et à l'extension des plages. Les vents, dans les tourmentes, soulèvent les sables du fond de la mer, et les poussent sur les côtes ; dans le temps des basses eaux, lorsque les sables sont séchés, les vents s'en emparent de nouveau et les portent sur les plages : c'est ainsi que les plages et les dunes s'élèvent, et que les parties couvertes de récifs se convertissent en plages.

« Le courant littoral qui suit les côtes de la Méditerranée, de l'ouest à l'est, se combine avec le cours des branches du Nil, et produit, en vertu de la diminution de vitesse, à gauche, entre les deux forces composantes, un attérissement qui se prolonge en pointes plus ou moins aiguës, tandis que la plage à droite, comprise entre la direction du cours de la rivière et la résultante, prend une forme arrondie : ces deux formes sont constantes ; on les retrouve à l'embouchure de la branche de Damiette, à la bouche de Dybeh et à celle d'Omm-Fâreg.

Égypte, une frégate anglaise, une frégate turke, un vaisseau de 74, et divers bâtimens de commerce.

[1] *Voyez* le Mémoire sur le lac Menzaleh, dans la Décade égyptienne, tome 1ᵉʳ, pages 182-216, ou dans les Mémoires sur l'Égypte, tom. 1ᵉʳ.

« Les sables et les vases entraînés dans ce mouvement composé contribuent à l'extension des plages, surtout de celle à droite, d'où naissent les caps que l'on voit entre Damiette et Péluse, ainsi que les récifs et ce long talus qui se prolongent au-dessous des eaux, et qui éloignent de la côte les mouillages profonds. La nature de ces mouillages est également subordonnée à la direction des sables et du limon. La baie de Damiette, à l'ouest de l'embouchure du Nil, a un fond dur de vase noire, tandis que le fond des rades de Boghâfeh et du cap Bouyau, qui sont situés à l'est, est de vase molle, jaunâtre, sur laquelle les bâtimens chassent quelquefois, mais sans danger, jusqu'à deux ou trois lieues.

« L'analogie nous porte à croire que les plages qui lient le cap Bourlos et celui de Boheyreh aux branches du Nil, ont dû leur formation aux mêmes causes; enfin le courant littoral dans les mouvemens ordinaires, ou lorsqu'il est poussé par les vents tenant de l'ouest, en remontant le golfe de Gaza, forme des remous qui ont concouru à combler les fonds du golfe vers Péluse, et qui continueront de faire prendre de l'extension à cette plage. »

La communication des deux mers au moyen du Nil devant encore recevoir la direction la plus propre à établir une correspondance active entre les différentes places de commerce de l'Égypte, nous pensons qu'il convient d'adopter sa direction primitive, celle du canal des Rois, partant du Nil près de Bubaste.

On voit, en effet, combien il sera facile, en débou-

chant de la Pélusiaque[1] près d'Atryb, de se rendre au
Kaire par le Nil, à Rosette ou à Alexandrie par le canal
de Fara'ounyeh, la branche de Rosette et le canal de
Rahmânyeh, et enfin à Damiette par la branche du Nil
qui en porte le nom.

Si l'on adoptait, au contraire, le canal supérieur des
khalifes, on serait forcé de remonter jusqu'au Kaire
pour se rendre dans les villes qu'on vient de citer; et
l'on sent assez combien cette condition entraînerait de
lenteurs et d'inconvéniens pour la navigation : cependant nous sommes loin de renoncer à ce canal, et nous
exposerons plus bas la nécessité et les moyens de le rétablir, sous le rapport spécial des irrigations, sous celui
d'une navigation secondaire, et de l'employer concurremment pour porter les eaux du Nil dans les biefs du
nouveau canal, et accélérer ainsi, à l'époque des crues,
la reprise de sa navigation.

§. II. *Indications des biefs du canal.*

D'après les considérations que nous venons d'exposer, nous proposons d'établir quatre biefs, qui correspondront aux parties dont se composait l'ancien canal
des Rois. (*Voyez* la carte hydrographique et le tableau
synoptique.)

Premier bief..... Le premier sera compris entre le
canal de Moueys, à Bubaste, et la digue de Seneykah, au
point où le canal du Kaire aboutira pour entrer dans le

---

[1] Cette partie supérieure de la Pélusiaque n'exigerait presque pas de travail pour la rendre navigable, son lit étant encore large et profond, et conservant beaucoup d'eau dans le bas du Nil.

second bief[1]. Son cours sera de 19,490 mètres, ou 10,000 toises environ.

Il sera creusé au niveau des basses eaux, et recevra toute la portée des crues, dont le *maximum* sera de 18 pieds; ses digues seront élevées de quatre pieds au-dessus des plus grandes eaux; et pour effectuer le passage de ce bief où le niveau des eaux sera variable, dans les biefs adjacens, il sera établi un sas à double jeu de portes busquées[2] pour monter et descendre ainsi qu'il sera nécessaire, suivant la crue ou le décroissement du Nil, soit dans le bief inférieur, soit dans le canal du Kaire destiné à verser des eaux pour accélérer la navigation. On devra, d'après un nouvel examen des localités, comprendre dans le tracé de ce bief les parties des canaux actuels qui, par leur profondeur et leur direction, sont susceptibles d'en faire partie; ce moyen ne peut qu'apporter de la célérité et de l'économie dans l'établissement de ce premier bief.

Deuxième bief..... Le second bief comprendra toute l'étendue de l'Ouâdy, entre la digue de Seneykah et le *Serapeum*, sur 72,500 mètres ou 37,200 toises environ de développement. Le fond en sera établi au niveau des basses eaux, pour que ce bief, mis à sec, puisse être

---

[1] On pourra juger convenable, après un examen plus particulier des localités, de remonter ce point de partage à Bourdyn, et d'établir la navigation dans le Tera't-el-Moueys par le canal de Zanqaloun, et même par celui de Chalchalamoun, qui a sa prise d'eau dans le canal de Moueys, près de Koum-haleyn. On abrégerait ainsi le trajet d'Atryb à Seneykah, et l'on augmenterait encore la pente qui existe de Koum-haleyn à Buhaste; pente qu'on peut évaluer à cinq pieds, vu les sinuosités du Tera't-el-Moueys.

[2] C'est-à-dire deux portes d'èbe et deux portes de flot contre-busquées, au moyen desquelles on peut toujours franchir le passage, quels que soient les niveaux des différens biefs.

facilement curé pendant le chômage annuel de la navigation, ou seulement quand il le paraîtra nécessaire : sa plus grande hauteur d'eau ne devra pas excéder 18 pieds; il sera rempli au moyen du canal supérieur du Kaire. La navigation n'y aura lieu qu'autant que le Nil aura crû de six pieds, et elle cessera dès qu'il aura atteint le même terme dans son décroissement : il résultera de cette disposition sept à huit mois de navigation; durée bien suffisante pour les besoins du commerce, quelles que puissent être son importance et son activité. Cette navigation aura lieu de thermidor en ventose (d'août en mars). Ce serait en vain qu'on voudrait la prolonger, puisque celle du Nil est à peu près réduite à ce terme.

Les eaux de ce bief, qui seront inférieures à celles du lac amer, tant que la crue n'aura pas atteint son *maximum* de hauteur, nécessiteront l'établissement d'un sas éclusé, propre à effectuer la descente des bateaux du lac dans le bief : mais, au point de contact des eaux douces du bief et de celles du lac, nécessairement altérées par les sels que contient son bassin, et par quelques mélanges éventuels d'eau de mer, on ajoutera une écluse de fuite[1] au sas de l'écluse de navigation pour rejeter les eaux des bassinages dans les parties basses du désert, où elles formeront des lagunes, dont l'existence, loin d'être nuisible, réduira l'étendue de l'isthme qui sépare à-la-fois les deux mers et les deux continens.

---

[1] Cette écluse de fuite pourra être disposée de manière à établir entre le lac amer et le canal débouchant dans la Méditerranée, la communication directe dont il sera question dans le §. IV de ce chapitre. Cet emplacement de la prise d'eau du canal dans le lac amer nous paraît le plus convenable.

Ce bief sera facilement mis à sec, quand il sera nécessaire, au moyen des écluses établies à ses extrémités, et de quelques vannes de décharge dans le centre, pour répandre les eaux dans les parties les plus basses de l'Ouâdy, où elles seront utiles pour la culture.

Troisième bief..... Le vaste bassin du lac amer formera le troisième bief sur une longueur de 40,000 mètres, ou 20,520 toises environ : il sera d'abord rempli au moyen du Nil; et les baisses successives dues aux bassinages, qui seront peu sensibles, à raison de l'étendue de ce lac, seront annuellement réparées à l'époque des crues. Le niveau des eaux y sera peu variable; il sera entretenu à la hauteur correspondante des basses eaux de la mer Rouge.

Pour ne laisser aucun obstacle à la navigation et prévenir le cas où le niveau des eaux du lac serait inférieur à celui du bief d'eau de mer (le 4ᵉ bief), il sera établi à leur séparation un sas éclusé à double jeu de portes busquées, pour donner passage aux bateaux, quel que soit le niveau du lac par rapport à celui du bief d'eau de mer, susceptible de varier par l'effet des marées. La profondeur du lac sera partout suffisante pour la navigation; il pourra s'y trouver, dans le centre, plus de 50 pieds d'eau.

Quatrième bief..... Le quatrième bief comprendra le canal à rétablir entre les lacs et le golfe sur 21,439 mètres ou 11,000 toises de longueur; le fond de ce bief devra être de 10 pieds au-dessous de la basse mer, dont le niveau établira la navigation. Ce bief sera susceptible de recevoir, dans les plus grandes vives-eaux, un supplément de six à sept pieds d'eau de mer, qui deviendra l'agent et l'aliment des chasses nécessaires à l'approfondissement du chenal, entre le fond du golfe et la rade de Soueys, pour y entretenir constamment deux à trois brasses d'eau en basse mer. Pour opérer cet effet, il sera construit au débouché du canal, et indépendamment d'une écluse de chasse plus directe, vis-à-vis de Soueys, une écluse avec doubles portes d'èbe et de flot; les portes d'èbe contiendront des portes tournantes, propres aux chasses en question.

La nature du terrain qui constitue ces différens biefs, exige des modifications majeures dans les profils à donner aux diverses sections du canal; nous les avons exprimées par les quatre profils auxquels elles peuvent essentiellement se réduire[1]. Les eaux de pluie qui affluent maintenant sur divers points du canal, pourront être recueillies et versées dans des citernes pour former les aiguades de la navigation.

D'après ces dispositions, tous les ouvrages d'art se réduisent, 1°. à un sas éclusé, sur la route du Kaire à Sâlehych, dans lequel aboutira le canal supérieur du Kaire à Seneykah; 2°. à un autre sas éclusé, avec vanne

---

[1] *Voyez* les profils au plan général de Soueys, pl. 11.—Le Ier profil est applicable au premier bief, dont le sol est formé d'alluvions et de terres végétales. — Le IIe profil appartient à la partie supérieure du second bief, sur la pente du désert, où il existe des vestiges continus de l'ancien canal, et dont le sol est formé des dépôts du Nil. — Le IIIe profil, pour le voisinage des dunes et les fonds de sable et de gravier, est applicable à la partie inférieure du second bief, dont le sol a plus de mobilité.—Le IVe profil propre aux sables salins et gypseux du désert, formés d'alluvions marines, convient au bief d'eau de mer, dont le sol, de tuf calcaire et rocailleux, a plus de consistance, et sur lequel les vents exercent moins d'action.

158 MÉMOIRE SUR LE CANAL

de fuite, sur une des routes du Kaire en Syrie par Qatyeh; 3°. à un sas éclusé, au-dessous du lac amer, sur la route du Kaire à la Mekke; 4°. enfin, à un dernier sas avec écluse de chasse, sur la route de Soueys à Tor et au mont Sinaï.

On établira sur chacun de ces sas des ponts mobiles, nécessaires sur toutes ces routes; des ouvrages militaires couvriront à-la-fois les écluses et les ponts, et quelques postes intermédiaires en assureront la communication.

Il résultera de ce système une ligne continue de défense contre la Syrie, et par suite l'éloignement des Arabes, qui, ne trouvant plus de gain dans les transports par caravanes, que les escortes qu'ils fournissent ne mettent pas toujours à l'abri du pillage, seront forcés de rentrer dans l'intérieur, et d'y prendre l'existence paisible du cultivateur [1].

Quoique le rétablissement du canal soit proposé sous le rapport d'une navigation intérieure et pour les bateaux du Nil, il sera susceptible cependant de recevoir des bâtimens de mer de douze à quinze pieds de tirant d'eau, dans le temps le plus favorable de la crue, mais pendant quelques mois seulement : les écluses auront en conséquence une largeur convenable; les ponts seront mobiles, et les sas disposés pour la plus grande économie des eaux.

---

[1] Il n'est pas nécessaire de chasser des déserts tous les Arabes pasteurs; nous pensons qu'il suffit de réprimer leurs brigandages et de leur ôter les moyens de nuire. Il est certain que les déserts peuvent, sur beaucoup de points, nourrir une quantité considérable de bestiaux et de chameaux, dont l'usage et l'utilité sont incontestables.

§. III. *Avantages des dispositions de ce projet.*

Si le système des biefs est indispensable pour prolonger le séjour des eaux et pour éviter la dépendance absolue des mouvemens du Nil et de la mer Rouge, il assure encore un bien grand avantage, qu'on n'obtiendrait pas, même avec une pente plus considérable, d'un canal établi sous le régime de rivière; car on ne peut se dissimuler que les eaux courantes et renouvelées du Nil auraient bientôt obstrué le canal, et formé, au fond du golfe, une barre comme celles qui constituent les boghâz dangereux de Rosette et de Damiette.

Hérodote, voulant prouver combien le Nil a mis de temps et d'action pour combler l'ancien golfe de Memphis, dit : « Si donc le Nil pouvait se détourner dans le golfe Arabique, qui empêcherait qu'en 20,000 ans il ne vînt à bout de le combler par le limon qu'il roule sans cesse? Pour moi, je crois qu'il y réussirait en moins de 10,000 ans. »

Ces inconvéniens graves ne sont plus à craindre dans nos dispositions : car le premier bief sera entretenu à sa profondeur par le courant du canal supérieur; le second bief recevra du même canal, des eaux qui, avant d'y entrer, auront pu déposer une partie de leurs troubles[1]; le troisième bief, le lac amer, n'aura que très-peu d'eau à recevoir annuellement du Nil; le quatrième

---

[1] Nous avons remarqué que les eaux, dans la crue considérable de l'an IX (décembre 1800) avaient déjà acquis, vers Saba'h-byâr, beaucoup de limpidité, parce qu'elles avaient déposé une grande partie de leurs troubles dans les parties supérieures de l'Ouâdy.

enfin, le bief d'eau de mer, conservera sa même eau, et celle du Nil aura cinq lieues de moins à fournir pour compléter le système de cette navigation ; ce qui devra accélérer d'autant le remplissage du bief de l'Ouâdy et le renouvellement des eaux supérieures du lac, qui sera le terme de la portée du Nil.

Pour prévenir toute objection spécieuse, et détruire les doutes qu'on pourrait élever sur l'exactitude des opérations qui font la base de ce projet, et que des circonstances difficiles n'ont pas permis de vérifier, nous rappellerons qu'ayant acquis, dans les reconnaissances du mois de frimaire an ix (décembre 1800), une preuve matérielle de la portée du Nil jusqu'aux lacs amers, nous sommes fondés à dire que la navigation du Nil à Soueys peut être établie sans danger pour le sol de la basse Égypte, et durer aussi long-temps que celle du fleuve même, quel que soit, comme nous l'avons dit, le niveau variable du Nil par rapport à celui de la mer Rouge : enfin, pour en garantir la possibilité, il ne serait plus nécessaire aujourd'hui de vérifier toutes nos opérations, puisqu'il suffirait de prouver la précision du nivellement pour la partie seulement comprise entre Soueys et les lacs ; mais les vestiges qu'on y retrouve du canal, la profondeur du sol, sensible au premier aspect, et l'écoulement naturel du Nil dans les lacs, que nous avons si positivement constaté, doivent lever toute espèce d'incertitude.

§. IV. *Dérivation du canal par l'isthme, vers la Méditerranée.*

Dans ce projet du canal de Soueys, nous avons expressément motivé le choix de l'ancienne direction par l'intérieur du Delta, vers Alexandrie, sur les considérations commerciales particulières à l'Égypte, et sur ce que la côte, vers Péluse, ne paraît pas permettre d'établissement maritime permanent; néanmoins nous croyons devoir reconnaître qu'abstraction faite de ces considérations, il serait encore facile (ce qui parut, au contraire, difficile et même dangereux avant l'invention des écluses) d'ouvrir une communication directe entre le lac amer et le Râs-el-Moyeh, prolongée sur le bord oriental du lac Menzaleh, jusqu'à la mer, vers Péluse. Nous n'avons pas nivelé positivement sur cette direction, du *Serapeum* au Râs-el-Moyeh; mais sur une ligne peu distante et parallèle, du Mouqfâr à la pointe du Menzaleh, où nous avons remarqué que le sol bas et salin, faisant suite à l'Ouâdy, a dû être couvert par les eaux du Nil, et antérieurement par celles du lac amer, dont il n'est séparé que par une levée faite de main d'homme : nous croyons même qu'il n'y aurait que quelques parties de digues à construire jusqu'au Râs-el-Moyeh, le désert s'élevant de toutes parts au-dessus de ce bas-fond; nous pensons qu'un canal ouvert sur cette direction présenterait un avantage que n'aurait pas le canal de l'intérieur. En effet, la navigation, qui pourrait y être constante, ne serait pas assujettie aux alternatives des crues et des décroissemens du Nil; il serait facile d'y entretenir une profondeur plus considérable que celle du premier canal, au moyen d'un courant alimenté par l'immense réservoir des lacs amers, d'où les eaux, par leur chute, pourraient acquérir une vitesse capable de prévenir les dépôts de sable que les vents y porteraient du désert. On doit bien observer que l'on n'aurait pas à craindre qu'il s'y formât de barre, comme il en existe aux bouches de Damiette et de Rosette, parce que les eaux du lac amer, qui alimenteraient les chasses, n'y déposeraient pas de limon, et que l'énergie du courant, qu'on pourra resserrer entre deux jetées, devra entretenir un chenal constamment ouvert et profond. Mais ce canal, en recevant son exécution, serait indépendant de celui de l'intérieur, qui rattache tout le commerce de l'Égypte à un centre commun, et notamment à la ville du Kaire, où aboutissent toutes les relations commerciales de l'Afrique.

Ce canal restant toujours navigable, on pourrait plus souvent profiter des vents favorables à la sortie de la mer Rouge; ce que ne permettent pas les crues trop tardives du Nil, qui, comme on l'a déjà dit, ne coïncident pas assez avec le temps moyen des moussons: il serait enfin très-utile pour l'expédition des ordres et des dépêches qui exigent le plus de célérité. J'ajouterai que, si je ne voyais quelques difficultés à recreuser et à entretenir à la profondeur convenable le chenal entre Soueys et sa rade, je proposerais d'établir, à l'usage des corvettes et même des frégates, la communication directe des deux mers par l'isthme; ce qui deviendrait le complément de cette grande et importante opération.

§. V. *Canal du Kaire, ou du Prince des Fidèles.*

Nous fournissons, dans l'Appendice de ce mémoire, des témoignages historiques qui constatent que le canal du Kaire fut ouvert par un ancien roi d'Égypte, qu'il fut recreusé par un des Ptolémées, et par Trajan ou par Adrien; mais, sous ce dernier prince, le canal paraît n'avoir eu d'autre objet que l'irrigation des campagnes, quoique cette opinion semble contredite par Maqryzy, qui dit : « Adrien ayant fait recreuser le canal qui allait à la mer de Qolzoum, les vaisseaux y passaient encore dans les premiers temps de l'islamisme. »

Dans un autre passage qui confirme cette assertion, cet historien fait dire à A'mrou, qui écrivait à O'mar : « Que veux-tu, prince des fidèles? Je sais qu'avant l'islamisme les vaisseaux amenaient chez nous des marchandises de l'Égypte : depuis que nous avons fait la conquête de ce pays, cette communication est interrompue, le canal est encombré, et les marchandises en ont abandonné la navigation. Veux-tu que j'ordonne de le creuser, afin d'y faire passer des vaisseaux chargés de provisions pour le Hegâz ? Je vais m'en occuper. Eh bien, lui répondit O'mar, fais ce que tu dis. »

Il paraîtrait donc que A'mrou fit rouvrir ce canal, et le fit déboucher dans l'ancien canal des Rois, à l'entrée de l'Ouâdy; qu'il fit aussi recreuser ce dernier jusqu'à la mer de Qolzoum, d'où les vaisseaux purent se rendre dans le Hegâz, l'Yemen et l'Inde. Il resta navigable, suivant Maqryzy, jusqu'à la mort de O'mar ben-A'bd-el-A'zyz. Les gouverneurs de l'Égypte le desséchèrent, on cessa de s'en servir, les sables l'encombrèrent; et la communication fut tellement coupée, qu'il finissait à la Queue du Crocodile, dans le canton du château de Qolzoum. Suivant Ebn-el-Toueyr, il fallait cinq journées aux bateaux du Nil pour arriver à Soueys, où ils prenaient en échange des marchandises d'Arabie.

Ce canal fut nommé d'abord *Khalyg-el-Masr* (canal d'Égypte, ou de Fostât), puis *Khalyg-el-Qâhirah* (canal du Kaire), puis *Khalyg-Emyr-el-Moumenyn* (canal du Prince des Fidèles), nom de O'mar ben-el-Khettâb, qui le fit rétablir [1].

Le canal du Kaire a sa prise d'eau dans le bras oriental du Nil, vis-à-vis de l'île de Roudah, entre le vieux et le nouveau Kaire, et sous l'aqueduc ou *migry* qui porte des eaux à la citadelle; il traverse, avant d'entrer dans la ville, près de Setty-zeynab, un espace de 1800 mètres, et coule entre des monticules de décombres [2]. Le lit du canal, qui, à sa prise d'eau, reçoit 10 à 12 pieds d'eau dans les crues, répond à la dixième coudée du meqyâs, terme moyen entre les plus basses et les plus hautes eaux du fleuve : à partir du pont Setty-zeynab,

---

[1] Nous renvoyons à l'histoire romanesque et détaillée de ce canal, par Maqryzy, historien estimé parmi les écrivains arabes pour sa Description physique et politique de l'Égypte. *Voir* la traduction de cet auteur, par M. Langlès, dans l'Appendice, §. IV, n°. IX.

[2] C'est à la prise d'eau de ce canal que se trouvait le kiosk ou belvédère destiné à la coupure de la digue, dans la fête annuelle du Nil.

il traverse la ville, du midi au nord, sur un développement de 5500 mètres, en sort près de la porte dite *Bâb-el-Dâher*, coule entre des jardins et des décombres, et se jette dans la plaine, à peu de distance du désert.

Une dérivation de ce canal près de la magnifique mosquée de Dâher-el-Beybars, dont les Français ont fait un poste retranché, sous le nom de *fort Shulkousky*, court à l'ouest, jusqu'à la montagne sur laquelle a été construit et fortifié un moulin, sous le nom de *fort Camin*; le canal fait une inflexion au sud, et remonte dans la plaine, entre le Kaire et le Nil, jusqu'au Birket-el-Hassaryn, le dernier des étangs auxquels cette dérivation fournit des eaux pendant la crue.

Ce canal offre beaucoup de sinuosités; dans l'intérieur de la ville, il est privé de quais, et bordé de maisons peu solides, dont quelques-unes y occasionent par leur chute des encombremens; il coule entre les murs de fondation de ces maisons, dont la distance, d'un bord à l'autre, n'est communément que de 20 à 30 pieds; divers escaliers, des contre-forts et des encorbellemens y forment des saillies qui en tourmentent extrêmement le cours; vingt ponts étroits, bas, et chargés de maisons, sont autant d'obstacles pour la navigation; des égouts qui y débouchent, en forment un cloaque pendant huit mois de l'année; des parties basses et des contre-pentes y tiennent stagnantes des eaux que l'on est obligé de faire écouler, afin de prévenir l'effet des évaporations, extrêmement nuisibles pour ceux qui en habitent les bords. Quand ce canal est à sec, on peut traverser la ville en le parcourant; c'est comme une rue basse qui la partage presque en deux parties égales sur toute sa longueur.

Dans cet état de choses, on peut croire que ce canal n'a été navigable sous les khalifes, qui l'ont prolongé jusqu'à Soueys, que pour les bateaux du Nil, et jamais pour des bâtimens à grande mâture propres à la mer.

Dès le mois de vendémiaire an VII (octobre 1798), le général Bonaparte, voulant rendre ce canal alimentaire et navigable pour la ville du Kaire pendant toute l'année, nous chargea de lui en présenter les moyens : il désirait qu'on pût faire circuler des eaux autour de la ville, afin d'en vivifier les dehors, actuellement déserts sur la moitié de son enceinte, et de les mettre à l'abri des Arabes, dont les attaques fréquentes et imprévues ne comportent pas d'état de paix et de sécurité.

L'ingénieur Duval, qui s'occupait de ce travail, ayant péri, ainsi que l'ingénieur Thévenot et l'adjoint Duperré, dans la révolte du Kaire, le 30 vendémiaire (21 octobre 1798), nous chargeâmes M. Févre de reprendre et terminer les opérations de ce projet : mais, après un examen des localités, nous reconnûmes bientôt l'impossibilité de son exécution : cependant, pour entrer, autant qu'il était possible, dans les vues du général en chef, nous proposâmes de faire une dérivation du Nil au-dessus de Boulâq, aboutissant dans la place Ezbekyeh, près du quartier général et au centre des établissemens français; les eaux y auraient été retenues après la crue, et entretenues à un niveau constant par des moyens mécaniques et puissans. On retrouve les bases de ce projet dans les levées que nous avons fait faire sur cette direction, et qui ont été fort utiles à l'armée pendant deux campagnes, et notamment pendant le blocus du Kaire, en prairial an VIII (mai 1800) : ces premiers travaux, dont on aurait, après leur confection, saisi l'ensemble et senti l'utilité, étaient coordonnés au système général des communications et de la défense du Kaire.

Ce canal, qui débouche dans l'Ouâdy près d'A'bbâçeh, présente beaucoup de sinuosités, qui ont pu résulter, ou d'un courant naturel, préexistant à son état navigable, ou de dispositions propres à conserver les eaux nécessaires aux irrigations, et à prévenir un écoulement trop rapide dans les plaines basses de Belbeys; car les crues y parviennent plutôt par la rivière de Moueys, que par le canal d'Abou-Meneggeh, dont la prise d'eau, près de Beyçous, à deux lieues au-dessous du Kaire, est cependant plus élevée.

A la sortie du Kaire, ce canal passe par les villages de Zaouyeh, el-Aouylyeh, el-Emyryeh, Myt-Sâred (près et au nord-ouest des ruines d'*Heliopolis*), el-Menâyl, Seriâqous, Abou-Za'bel; il remonte près et au sud de Tell-Yhoudyeh (l'ancienne *Onion*, ville ruinée des Juifs), à el-Menâyr, Zâouâmel (où vient se réunir le canal d'Abou-Meneggeh), Choulyeh, Gheyteh, Belbeys, Sebyl, Ba'tyt; enfin, à Seneykah, aux environs d'A'bbâçeh : c'est près de là que passait l'ancien canal des Rois, que l'on reconnaît encore à ses belles dimensions.

Comme il est possible, au moyen d'écluses, de soutenir les eaux dans le canal du Kaire pendant tout le temps de la crue, nous croyons convenable de le redresser et de le réduire à cinq grandes directions, dont les points d'inflexion répondront de Boulâq, à la Qoubbeh, à Heliopolis, à Tell-Yhoudyeh, à Belbeys, et à Seneykah, où nous proposons d'établir un bassin de partage.

On obtiendra, par ce nouveau développement, une pente double de celle qui existe par le cours actuel du Nil et du canal de Moueys, entre Bubaste et Boulâq; et l'on voit assez combien cet accroissement de pente et de vitesse devra accélérer dans le bief de l'Ouâdy, le versement des eaux nécessaires à la navigation et aux irrigations.

Les eaux, après avoir rempli ce double objet, continueront de couler dans le bief de Bubaste et le canal de Moueys, dont elles entretiendront la profondeur, sans qu'il devienne indispensable de curer ces canaux. Cette dérivation nécessitera, près du bassin de partage, un lit particulier, avec une écluse latérale propre à effectuer l'écoulement de ces eaux.

CHAPITRE IV.

DES VILLE ET PORT DE SOUEYS.

Description de Soueys. — Port. — Marées. — Vents régnans. — Chenal. — Rade et mouillage. — Aiguades. — Établissemens maritimes. — Industrie et commerce. — Vues générales sur ce port.

§. I. *Description de Soueys*[1].

Soueys, ville maritime de l'Égypte, est située à l'ouest, et à 2500 toises environ[2] au sud du fond du golfe Arabique : sa position, d'après les observations astronomiques de M. Nouet, répond en longitude à 30° 15′ 35″; sa latitude boréale est de 29° 58′ 37″; sa distance du Kaire, à l'ouest, pour 1° 15′ 54″ de différence de longitude, est de 27 lieues ½[3] de 2285 toises, en ligne directe[4].

---

[1] *Voyez* la carte hydrographique et le plan de Soueys (n°⁵ 10 et 11).

[2] Cette distance dépend des marées, dont la hauteur opère des variations très-sensibles sur la plage extrêmement plate des environs de Soueys.

[3] La route par Derb-el-Hàggy peut, à cause de ses inflexions dans le désert, être portée à deux jours et demi ou trente heures effectives de marche; et l'heure, qui varie en raison de la force des caravanes, peut être évaluée, pour termes moyens, de 1900 à 2000 toises. Nous avons fait constamment jusqu'à 4800 mètres (2462′) à l'heure, en nous rendant de Soueys dans l'Ouâdy-Toumylât en pluviose an 7 (février 1799) : mais cette marche était accélérée; et nos chameaux, au nombre de 25 seulement, n'avaient plus que moitié de leur charge.

[4] On a trouvé, pour la déclinaison de l'aiguille aimantée au méri-

La plaine, au nord de Soueys, a trois ou quatre lieues d'étendue; le sol, de roche calcaire, est recouvert, comme celui de la côte, de sable, de gravier, de débris de coraux et de coquillages qu'y ont successivement portés les marées, les eaux pluviales et les vents.

La ville de Soueys a succédé à celle de Qolzoum, dont les ruines existent à peu de distance au nord : elle portait, sous les Ptolémées, le nom d'*Arsinoé* ou de *Cleopatris;* et elle a pris, sous les Arabes, celui de *Qolzoum,* comme on le voit dans Maqryzy et Ben-Ayâs, et, depuis, celui de *Soueys.* Nous ignorons l'étymologie du mot *Soueys.* Les Arabes, qui ont donné ce nom à la ville actuelle, n'auraient-ils pas considéré le canton de Qolzoum comme une *oasis,* mot qu'ils prononcent *Souyeh,* et que les Européens auront rendu par *Soueys*[1] *?* Cependant divers auteurs arabes, et notamment le géographe A'bd-el-Rachyd (en 1412), distinguaient formellement Soueys de Qolzoum.

Ces contradictions ont donné lieu à M. Gossellin de faire des recherches dont il a conclu qu'il a dû exister deux villes de Qolzoum, et que la plus ancienne était au

---

dien de Soueys, 12° 48′ 0″; elle a été trouvée de 13° 6′ 0″ à Alexandrie : d'où il résulte une diminution de 0° 18′ 0″ pour les 2° 40′ 5″ de différence en longitude de ces deux villes.

[1] Maqryzy, en parlant de l'oasis d'Hammon, s'exprime ainsi : « Santarych est aujourd'hui un très-petit canton qui se nomme *Syoudh,* et que les Arabes prononcent *Souyeh.* »

Voyez, dans le Voyage de Hornemann, tom. II, pag. 343, la Dissertation de M. Langlès sur l'étymologie du mot *syoudh :* ce mot, dit ce savant orientaliste, trouverait plus convenablement son étymologie dans le mot égyptien *ouahe,* qui signifie un lieu habité dans le désert, et que les Grecs ont hellénisé en en faisant *oasis.*

Le canton de Soueys a pu être, en effet, considéré comme une *oasis* quand le Nil portait, par le canal, des eaux propres à y entretenir quelque végétation.

pied de la montagne de ce nom[1]. Quoique les traditions ne soient pas une autorité suffisante, elles ont cependant de l'intérêt; et cet intérêt s'accroît quand on y retrouve des probabilités et des faits. Un négociant de Soueys donna les renseignemens que nous rapportons ici en substance[2] :

« Dans les premiers temps de l'ère chrétienne, l'emplacement de Soueys n'était occupé que par quelques Arabes qui vivaient de la pêche et de la contrebande. La ville de Qolzoum se trouvait placée sur le monticule situé au nord de la ville, près du bord de la mer. Là, existait un château-fort, dont on voit encore, enfouie sous les décombres, une porte voûtée, appelée *porte Consul :* le port se trouvait au nord et au pied de la ville bâtie en amphithéâtre sur cette éminence, dans une étendue circulaire, que l'on reconnaît encore quoique les sables l'aient comblée.

« Le canal qui communiquait au Nil, venait s'y décharger; l'eau douce se trouvait contenue par deux fortes digues qui la séparaient du port et de la mer. L'eau du Nil, dans ce bassin formé au milieu de la mer, se trouvait au-dessus de son niveau dans les plus grandes marées; les bâtimens qui venaient du large, s'approchaient de la digue du port, et faisaient leur eau de l'autre côté. On voit encore les restes de ces digues courant du nord-nord-est au sud-sud-ouest, sur 5 ou 600

---

[1] *Voyez* Recherches sur la géographie des anciens, t. II, p. 181-186, et les Notices de M. Langlès, rapportées dans les Traductions des textes, Appendice, §. IV, n°. XI.

[2] Ces renseignemens avaient été recueillis et adressés au général en chef par le commissaire des guerres M. Roland, qui nous les remit à Soueys même.

toises; une très-petite partie s'élève au-dessus des sables qui les recouvrent. Ces digues laissaient une entrée dans le port, qui s'appelait *Porte de la mer*, et qu'on trouvait en face de celle appelée *Cherker* (petit pays dans les montagnes, à cinq lieues de Soueys) : cette porte doit se retrouver dans un monticule de décombres, qui forme une île à marée haute. La porte occidentale de la ville, qui s'appelait *Bâb-el-Masr*, existait où l'on voit encore une petite mosquée sur le chemin de Byr-Soueys : alors les eaux du Nil fécondaient cette contrée; quelques arbres arrêtaient l'œil, qui se perd aujourd'hui à l'horizon des déserts; des jardins entouraient la ville, et le commerce la faisait fleurir.

« En face de la ville de Qolzoum, sur la côte d'Asie, on voit une éminence où existait la ville des Hébreux; elle rivalisait avec celle des Égyptiens pour le riche commerce des Indes. La concurrence était grande entre les deux villes : la première avait l'abondance des eaux et des productions de la terre; mais l'autre offrait un arsenal, des cales de radoub, et plus d'établissemens utiles et commodes pour la navigation. A l'extrémité sud de la ville de Qolzoum, partait de la mer un canal qui venait tourner la montagne jusqu'à la porte de Masr. Les navires y entraient à marée haute, et venaient décharger les marchandises devant leurs magasins. Mais le temps et les guerres ont tout détruit; il n'en reste que des vestiges à peine reconnaissables.

« Dans le temps que le mahométisme menaçait d'envahir le monde, les khalifes, ayant conquis l'Égypte, protégèrent les Arabes pères et enfans de Mahomet.

Ceux qui habitaient la plage de la côte actuelle, furent encouragés : mais les chrétiens de la ville de la montagne, maltraités et humiliés, éprouvèrent mille vexations; leur ville fut abandonnée. Soueys s'agrandit et présenta quelque éclat; mais le commerce, sous le despotisme des soudans mamlouks, perdit toute son activité. La découverte du cap de Bonne-Espérance (en 1497) porta le dernier coup à l'industrie : ce pays redevint ce qu'il avait été, un désert; et les richesses de l'Inde doublèrent le cap de Bonne-Espérance.

« Cependant Selym 1er, empereur des Turks, qui venait (en 1517) de conquérir l'Égypte, voulut rendre à Soueys quelques-uns des avantages dont il avait joui : il fit construire ou réparer le château d'Ageroud, et, peu d'années après, celui de Byr-Soueys; ce qui est constaté par une inscription arabe qu'on peut lire sur les murs au-dehors et à l'ouest de l'enceinte. Les eaux du Byr-Soueys furent amenées à Soueys par un aqueduc dont on retrouve encore les traces. Enfin il fit d'autres établissemens, et ranima l'espérance de l'industrie. »

Quelle que soit la source de ces renseignemens, qu'on les doive à l'histoire ou à la tradition seulement, il est au moins certain qu'ils offrent une correspondance intéressante et vraie avec la topographie des vestiges de l'ancienne ville de Qolzoum, que nous avons rapportés sur la carte de Soueys.

Nous avons encore tracé, par des lignes ponctuées, les dispositions générales des nouveaux établissemens, dans ce qui est relatif au port, au bassin pour la station des bateaux du Nil, à la retenue pour les chasses, formée de toute la partie du fond du golfe au nord de Soueys, et enfin à ce qui concerne la marine et le commerce. Quant à la défense, elle deviendrait aussi facile que peu dispendieuse, car la place n'est pas commandée; la seule hauteur, celle qui constitue les ruines de Qolzoum, pouvant y être rattachée et servir à l'emplacement d'une citadelle.

Les abords d'une digue transversale et de barrage du golfe, à Soueys, exigeraient sur la côte d'Arabie une vaste place d'armes retranchée, destinée aux rassemblemens des caravanes, qui, par l'existence du canal, n'auraient plus que ce point de passage au fond du golfe, et deux autres dans l'isthme, pour l'entrée ou la sortie de l'Égypte à l'orient.

Soueys, qu'on peut donc considérer comme répondant au site de Qolzoum, vu leur extrême rapprochement, n'offre plus que l'aspect de la misère et de l'abandon [1]. Son étendue et sa population ont encore été réduites par le séjour des troupes qui l'ont successivement occupé; et la reprise de cette place sur les Anglais par les Français en floréal an VIII (mai 1800) a été l'occasion de nouvelles destructions. Cependant les établissemens à l'usage de la marine, divers *okels* et un grenier public, quoique très-dégradés, attestent encore l'opulence des temps passés; ils offrent même le caractère des bonnes constructions, qu'on ne trouve que dans très-

---

[1] Suivant Ebn-el-Toueyr, dit Maqryzy, Soueys était une ville riche et bien peuplée. Ebn-Khordadyeh, cité par Maqryzy, dit que les marchands de la mer d'Occident abordaient à el-Faramâ, et faisaient transporter leurs marchandises sur des bêtes de somme jusqu'à Qolzoum. *Voyez* Appendice, §. IV, n°. XI.

peu de villes de l'Égypte; enfin la position de cette ville doit assurer qu'elle peut se relever encore par le retour du commerce.

§. II. *Port, et heure du port.*

Le port de Soueys consiste dans la partie du chenal adjacente à la ville, dont le front nord est d'environ 300 toises. Le chenal est un peu plus ouvert dans cette partie : on y trouve de mauvais quais, au pied desquels les chaloupes mêmes ne peuvent aborder à marée basse; on a donc recours aux alléges pour débarquer et rembarquer, au large et en rade, les cargaisons des gros bâtimens qui y sont mouillés.

M. Nouet, qui, pendant notre séjour à Soueys, coordonnait ses opérations avec les nôtres, a également déterminé l'heure où l'*établissement* de ce port. En voici le résultat :

Le 22 janvier, pleine lune, la mer a cessé de monter à...	0^h 30′ 0″
Elle a commencé à descendre à..................	0. 38. 0.
Elle est restée *étale* pendant...................	0. 8. 0.
Ce qui donne pour le terme moyen de son plein...	0. 34. 0.
La lune a passé au méridien, à..................	12. 15. 0.
D'où l'on conclut l'*établissement* du port à......	12. 19. 0.

§. III. *Marées.*

Il resulte de nos observations faites avec soin pendant dix jours consécutifs, du 1er au 12 pluviose an VII (du 20 au 31 janvier 1799), que les marées moyennes de vive-eau sont de 5 pieds 6 pouces. On ne doit point avoir égard à celle qui a été observée le 10 pluviose (29 janvier), jour du dernier quartier de la lune, qui a été de six pieds, cette marée étant résultée d'un concours de causes favorables; car la lune était dans son périgée le 7, et les vents, passés au sud-sud-ouest, soufflaient avec assez de force. Nous avons aussi relevé et repéré une laisse de marée supérieure de deux pieds à la plus haute citée ci-dessus, résultat accidentel ou périodique, et qui peut se reproduire aux équinoxes, quand les vents y concourent par leur direction et leur durée.

On verra, dans le tableau qui suit, que la différence des marées des syzygies à celles des quadratures, dans le fond du golfe à Soueys, se réduit à deux pieds; ce qui donne 3 pieds 6 pouces pour le terme moyen des marées de morte-eau, résultat plus considérable que celui qu'a obtenu M. Niebuhr en 1762 (Voyage d'Arabie).

Cet habile voyageur, qui a fourni des observations sur les marées de la mer Rouge, a reconnu que le flux et le reflux s'y succèdent d'une manière assez uniforme, à mesure qu'on s'éloigne de Bâb-el-Mandeb, et que le seul gisement des côtes suffit pour établir des variations sensibles dans l'heure et la hauteur du flot sur les différens points qui n'éprouvent pas l'influence directe des courans du large de cette mer.

Nous donnons, dans le tableau qui suit, le résultat des observations des marées à Soueys, pendant dix jours seulement.

JANVIER 1799.	JOURS et phases de la lune.	PASSAGE de la lune au méridien.	TEMPS de		DIFFÉRENCE des hauteurs d'eau.	VENTS.	OBSERVATIONS.
			haute mer.	basse mer.			
		h. m.	h. m.	h. m.	d. po. li.		
21.	14.	. . .	10. 50. j.	5. 30. m.	3. 9. 2.	N. O.	* La marée du 25 janvier 1799, de 5ds 6p, a été prise pour le terme moyen des hautes mers de vive-eau. C'est à la laisse de cette marée, repérée à l'embouchure du canal, que répond l'ordonnée de 150 pieds sous le plan général de comparaison. Elle est de 5ds 8p 3l inférieure à la tablette de la porte de l'Arsenal de la marine, dont la cote est 144ds 3p 9l.
22.	15. P. L.	12. 15′ j.	11. 45.	5. 55.	4. 7. 6.	S.E. faible.	
nuit.	. . .	. . .	12. 15. n.	6. 45. s.	4. 8. 2.	id. calme.	
23.	16.	. . .	12. 34. j.	7. 15. m.	4. 6. 3.	id. calme.	
nuit.	. . .	. . .	12. 41. n.	7. 25. s.	4. 10. 11.	id. calme.	
24.	17.	. . .	1. 5. j.	7. 25. m.	5. 4. 4.	id. calme.	
25.	18.	. . .	1. 48.	7. 45.	5. 6.	N. frais.	
26.	19.	. . .	2. 10.	8. 5.	5. 3.	N. fort.	
27.	20.	. . .	. . .	. . .	. . .		
28.	21.	. . .	4. 28. 50.	10. 40.	5. 9. 3.	N. faible.	
nuit.	. . .	. . .	. . .	. . .	5. 10. 4	S.S.O. fort.	
29.	22. D. Q.	. . .	5. 22.	11. 25. j.	6. . 3.	S. O. fort.	Marée la plus forte.
30.	23.	. . .	6. 16.	12. 5.	5. . 5.	id. calme.	
31.	24.	. . .	7. 15.	. . .	5. 2. 1.	S.O. calme.	

§. IV. *Vents régnans.*

D'avril en octobre, les vents se tiennent assez constamment dans les rumbs du nord et de l'ouest, et soufflent avec assez de force. Par cette mousson, il est moins facile de remonter la mer Rouge, surtout vers le fond du golfe, où le louvoyage devient dangereux. Cette mousson d'été, propre à la sortie de la mer Rouge, coïncide avec la crue du Nil, dont le terme est en septembre. Les vents sont variables, mais plus souvent dans la partie du sud-est, de novembre en mars; c'est par ces vents qu'ont toujours lieu les gros temps, les pluies et les tempêtes[1] : cette mousson correspond au décroissement du Nil.

§. V. *Chenal.*

Le chenal qui établit la communication de la rade avec le port, court au sud-est; c'est un canal étroit de 50 à 60 toises de largeur, d'une lieue et quart environ de longueur, dans lequel on trouve huit et dix pieds d'eau de basse mer : il pourrait être approfondi, son fond étant de sable vaseux, et ne pouvant offrir de résistance aux chasses qu'on pourrait opérer au moyen des écluses projetées.

Sa direction varie assez fréquemment par l'effet des vents et des marées sur les sables mobiles de son fond; ce qui exige de la part des pilotes une étude habituelle

---

[1] Pline, Arrien et Bruce offrent quelques variantes dans l'indication des mois propres au départ et au retour; elles sont rapportées dans notre description ou périple de la mer Rouge.

de ces variations. Le canal longe un grand banc de sable, qui découvre à marée basse, même en morte-eau ; ce banc paraît s'être accru sensiblement depuis vingt ans. Il conviendrait d'établir quelques balises pour en tracer le cours, et quelques amers sur la plage pour assurer le mouillage en rade.

§. VI. *Rade et mouillage.*

La rade de Soueys est vaste, ayant environ 2000 toises de rayon; elle est éloignée de la ville de $\frac{1}{4}$ de lieue au sud; et, quoique réputée foraine, elle n'est ouverte qu'aux vents du sud-ouest, qui y soufflent rarement : elle est fermée par des récifs dans la partie de l'ouest, et par un banc de sable à l'est. Il y existe des courans de flot et de jusant, dont la plus grande vitesse n'excède pas trois nœuds à l'heure. On y trouve quelques bancs de roche et de sable, sur lesquels il reste peu d'eau à marée basse, et qui, n'étant pas assez bien connus des navigateurs, en rendent les parages difficiles et dangereux. On trouve dans cette rade depuis trois jusqu'à douze brasses d'eau de basse mer.

Le mouillage y est naturellement bon, le fond étant de sable fin, vaseux, et recouvert de sable pur; au large, le sable y est mêlé de gravier.

On y mouille par six brasses d'eau ; et l'on se trouve entre une pointe basse, en-deçà de laquelle les petits bâtimens mouillent par quatre brasses, et un banc de roche fort dangereux, distant d'environ dix encâblures à l'ouest de cette pointe[1].

[1] Nous tenons ces divers renseignemens du contre-amiral Gan-

§. VII. *Aiguades.*

Un des principaux obstacles à de grands établissemens maritimes à Soueys, paraît avoir été la difficulté d'y réunir une quantité d'eau potable suffisante pour les besoins de ses habitans et des nombreuses caravanes qui y passent.

Soueys est, en effet, absolument privé d'eau; et ses réserves étaient, à notre arrivée, de 5 à 6000 pieds cubes d'eau, répartis dans quelques citernes; quantité qui n'aurait pas suffi à sa population pendant six mois : mais, afin de pourvoir aux besoins journaliers, on recueille les eaux pluviales, et on achète des Arabes celle qu'ils vont prendre, dans le désert, aux fontaines dont il va être parlé; cette obligation établit une dépendance qui n'est pas sans inconvénient, comme on s'en est convaincu dans plusieurs circonstances.

Cependant toutes ces sources et fontaines, les mares d'eau pluviale et les divers puits d'eau saumâtre dont on peut disposer, suffiraient aux hommes et aux animaux, si leur aménagement était bien ordonné : nous croyons même que ces eaux recueillies et bien distribuées

---

theaume, qui nous les donna pendant notre séjour à Soueys. Cet officier général y était déjà venu par la mer Rouge, dix ans avant notre expédition, en 1788, après le voyage de l'amiral Rosily, qui avait été chargé par le gouvernement de négocier auprès des beys en faveur de la compagnie des Indes; négociation dont il résulta un traité favorable avec Isma'yl-bey, alors cheykh-el-beled du Kaire, et maître de l'Égypte.

MM. Girard, ingénieur en chef, Devilliers et Duchanoy, nos collègues, profitant d'un séjour qu'ils ont fait à Soueys, ont relevé, dans cette rade, une ligne de sondes, dirigée vers la côte, au sud-ouest. Ces sondes sont rapportées sur la grande carte de l'Égypte.

pourraient encore alimenter quelque végétation, et faire disparaître l'aridité de ces tristes plages.

Ces eaux appartiennent aux sources de Moïse, d'Erqedey et de Nâba', sur la côte d'Asie; aux puits d'Ageroud et de Byr-Soueys, dans le désert, au nord-ouest de Soueys; aux ravines d'eau pluviale de Gesr et d'Ouatâl, à l'ouest et au sud-ouest de cette ville; et enfin à celles d'el-Touâreq, à l'entrée de la vallée de l'Égarement, sur la côte d'Afrique.

A'youn-el-Mouçä.... Le 7 pluviose an VII (26 janvier 1799), les ingénieurs Gratien Le Père, Saint-Genis, Dubois, et moi, accompagnant le général Junot, le contre-amiral Gantheaume et d'autres officiers, nous nous rendîmes par mer à des sources d'eau vive, situées à trois lieues et demie, au sud-sud-est de Soueys, sur la côte d'Arabie; nous y fîmes les opérations tendant à constater le site et le niveau respectif de ces sources, que les Arabes nomment *A'youn-el-Mouçä*, les Sources de Moïse. (*Voyez* la pl. 15.)

Ces sources présentent, à la surface du désert, de petits tertres ou monticules de forme conique, dont le centre, creux de quelques pieds, en est la bouche ou le bassin. Quelques-unes ont leurs bords sablonneux et garnis naturellement de gazon; d'autres ont les leurs revêtus en maçonnerie. L'eau qui sourd des bouches de ces monticules[1], s'écoule à la surface par des rigoles naturelles, se répand sur la plage, et y entretient une

---

[1] La forme de ces bouches représente parfaitement celle des cratères: c'est l'action de l'eau assurgente qui la détermine dans ces sources, comme celle du feu dans les volcans.

végétation d'arbustes et de palmiers dont l'aspect contraste agréablement avec le sol aride de la côte. Les abords de quelques-unes de ces sources sont marécageux : l'eau a quelques degrés de chaleur[1]. Quelques autres sources n'ont pas d'écoulement, parce que l'eau s'y trouve naturellement élevée au niveau des réservoirs qui les alimentent suivant l'abondance des pluies, et qu'elle y est dans un état d'équilibre.

Les nivellemens de ces sources ont donné 54 pieds pour la différence de niveau de la plus haute à la plus basse, déterminée à la surface d'eau de leur bassin; cette élévation, jointe à celle qui constitue la pente du petit aqueduc qui, sur 1500 mètres de longueur, communique des sources à la citerne de l'aiguade, distante de 128 mètres des bords de la mer, est de 53^{ds} 4° au-dessus de la pleine mer, que nous avons repérée dans cette partie du golfe.

Ces sources, actuellement au nombre de huit, pourraient être réunies de nouveau et conduites au rivage pour faciliter l'aiguade aux navires, en réparant le petit aqueduc en maçonnerie, assez bien conservé, et la citerne dans laquelle il aboutissait sur le bord de la mer. Le général en chef, pour s'assurer par lui-même de l'état de cet aqueduc, dont la direction est encore sensible sous les sables de la plage, fit faire des fouilles à des distances très-rapprochées jusques à l'aiguade, et reconnut qu'il était seulement encombré, et susceptible

---

[1] Les sources ou fontaines de Moïse, de Corondel, de Faran et de Hammâm-Mouçâ, sur la côte, sont tièdes et sulfureuses; la dernière est brûlante et vitriolique.

d'être réparé à peu de frais. Ce site est représenté sur la pl. 13. On y a inscrit les hauteurs respectives des sources[1].

On ne peut pas douter, en considérant les décombres d'anciennes fabriques et les vestiges de fondations d'aqueducs, de citernes, et d'une petite enceinte fortifiée, qu'il n'ait existé autrefois dans cet endroit, ainsi que l'ont pensé différens voyageurs, un grand établissement d'aiguade, qui peut appartenir au temps où les Vénitiens faisaient le commerce des Indes par la mer Rouge.

Dans l'intention de rétablir et de protéger l'aiguade,

---

[1] Ces sources sont numérotées sur le plan, et cotées par rapport au niveau de la mer, qui en est distante de 1628 mètres; elles y sont désignées dans l'ordre suivant, le point de haute mer étant o. o. o.

N°. I. Petit tertre boisé, renfermant une source profonde de 4 à 5 pieds; l'eau en est peu saumâtre, très-potable et abondante. La cote du niveau de ces eaux est de 53^{ds} 3° 11^l au-dessus du niveau de la haute mer.

N°. II. Source environnée de ruines et de parties marécageuses couvertes de végétation; elle est la plus abondante de toutes. La cote est de 34^{ds} 3° 10^l.

N°. III. Source assez considérable, profonde de 4 à 5 pieds; l'eau en est abondante et peu saumâtre: cette source est environnée de ruines (28^{ds} 5° 6^l).

N°. IV. Source peu considérable (20^{ds} 2° 2^l).

N°. V. Source assez considérable, liée à l'aqueduc souterrain; eau peu saumâtre et très-potable (20^{ds} 6° 2 lignes).

N°. VI. Source peu abondante près d'un puits; elle est maçonnée et comblée (26^{ds} 5° 6^l).

N°. VII. Source enceinte de maçonnerie, de 9 à 10 pieds de diamètre, donnant peu d'eau, presque comblée (28^{ds} 8° 1^l).

N°. VIII. Source donnant très-peu d'eau, presque comblée (18^{ds} 4° 5^l).

La cote de la haute mer étant de o^d o^o o^l, les cotes ci-portées donnent l'élévation de chacune des sources désignées. Celle du dessus de l'aqueduc, à son entrée dans l'aiguade, est de o^d 4° 10^l au-dessous du niveau de la haute mer.

Toutes ces sources réunies peuvent suffire aux plus fortes caravanes qui fréquentent cette côte; on pense que, si elles étaient curées et bien entretenues, les eaux y acquerraient encore une meilleure qualité.

sans disposer exclusivement des autres sources ; qui présentent un front de 1500 mètres parallèle à la côte, nous proposâmes d'occuper par un fort le premier monticule du sud, où était une source considérable qui s'est épuisée, et d'y rattacher celle adjacente (n°. 1er), dont l'eau est abondante et peu saumâtre : mais cet établissement, quoique reconnu très-utile, fut toujours différé [1].

Erqedey..... Nous avons également visité la fontaine d'Erqedey, distante d'une lieue et demie à l'est-sud-est de Soueys, en traversant le golfe, au *ma'dyeh* (passage) au-dessus de la petite éminence dite *de Qolzoum :* située sur la côte d'Asie, elle est à environ une lieue du bord de la mer. Cette source conserve un niveau assez constant, au rapport des Arabes ; l'eau, qui en est légèrement saumâtre, est préférée à celle des sources de Moïse ; elle fournit presque seule aux besoins de la ville de Soueys, quand la mare d'Afrique est tarie.

Cette fontaine, qui se trouve au milieu du lit d'un torrent d'hiver, est encaissée de 12 à 15 pieds au-dessous du sol environnant : on voit encore les traces d'un aqueduc dirigé vers le bord de la mer, et qui a dû servir à y former une des aiguades de Soueys ; il pourrait être rétabli à peu de frais, en le rattachant aux nouveaux établissemens.

El-Nâba'..... La source dite *el-Nâba',* située à l'est de Soueys, est plus éloignée de la mer que celle d'Erqedey ; mais on la dit épuisée depuis vingt ans, et elle

---

[1] M. Monge, qui accompagnait le général en chef dans la première reconnaissance de ces sources, le 8 nivose an VII (28 décembre 1798) a donné, dans la Décade égyptienne, tom. 1er, une notice sur ces sources.

ne donne que très-peu d'eau dans la saison des pluies. Elle n'a pas été reconnue.

Ageroud..... On trouve sur la route du Kaire à la Mekke et à Tor, à quatre lieues nord-ouest de Soueys, le fort et le puits d'Ageroud : l'eau en est très-saumâtre; mais la nécessité force d'en boire. Elle perd cependant de son amertume, lorsqu'elle a été exposée au courant de l'air et au contact des rosées, dans de grands bassins construits à cet effet, et que l'on remplit pour le passage des caravanes; on en porte à dos de chameau à Soueys pour l'usage des bestiaux. L'eau de ce puits, qui a 240 pieds de profondeur, est élevée au moyen d'une machine à chapelet ordinaire; cette eau a été soumise à l'analyse chimique[1].

Byr-Soueys..... A une lieue nord ouest de Soueys, sur la route du Kaire, on trouve, dans deux enceintes contiguës et flanquées, les *Byr-Soueys*, ou puits de Soueys. L'eau du puits qui est à l'orient, est moins saumâtre que celle du second puits : cette eau a une odeur de foie de soufre, ou de gaz hydrogène sulfuré, si forte, que les animaux mêmes répugnent à en boire; elle n'est qu'à quelques pieds de la surface du terrain; et elle pourrait être conduite à Soueys, si l'on rétablissait l'ancien aqueduc en maçonnerie, construit à cet effet, et dont il reste des vestiges et des parties encore intactes : mais cet aqueduc n'était pas couvert, comme celui des fontaines de Moïse; ce qui devait accélérer l'évaporation du gaz qu'elle contient. On avait moins à craindre, à la

[1] *Voyez* le résultat de cette analyse par M. Regnault, Décade égyptienne, tom. 1ᵉʳ, page 270.

vérité, son encombrement par les sables; car on pouvait y veiller soigneusement. C'est à ce puits qu'allaient tous les jours s'abreuver les chevaux, les ânes et les chameaux que la garnison et les habitans étaient tenus de garder à Soueys [1].

Moyeh-el-Gesr..... A une distance de 1100 toises, à l'ouest de Soueys, on trouve une mare, dite *la mare d'Afrique*, ou *Moyeh-el-Gesr* (eau de la digue). Elle est le réceptacle des eaux pluviales qui affluent du désert par une ravine que l'on a fermée par une petite digue en pierre, à un quart de lieue de la mer, où les eaux se perdaient précédemment : ces eaux sont très-douces; elles doivent leur qualité à la vitesse qu'elles ont, lors des pluies, dans le lit du ravin, et qui ne permet pas la dissolution des sels dont ce sol abonde.

Ces eaux, soigneusement recueillies, servent à remplir les citernes, des jarres et de grandes caisses calfatées comme celles qui constituent les citernes des vaisseaux. On en use journellement jusqu'à ce qu'elles soient épuisées : les pluies ayant été abondantes pendant l'hiver de l'an VII (1799), la mare n'a été tarie qu'à la fin de janvier. Nous avons également constaté la possibilité de conduire ces eaux à Soueys, par une rigole qui existe encore, et dont la pente totale, que nous avons trouvée de 9^{ds} 10° 10', depuis un piquet de repère dans

[1] Les mouvemens journaliers de cette place sur Byr-Soueys et Ageroud ont exigé des escortes, à cause des Arabes que le passage fréquent des caravanes retenait dans ces parages; souvent ces escortes ont été attaquées. Pendant que nous opérions sur le canal, en janvier 1799, les Arabes surprirent et tuèrent douze hommes de la légion Maltaise qui formaient l'escorte. Cet événement détermina à fermer l'enceinte de Byr-Soueys et à y établir un poste.

la mare, jusqu'à la laisse de la haute mer du 22 janvier, à Soueys, donne onze pouces de pente pour cent toises.

Ouatâl..... Nous avons été reconnaître dans la montagne dite *el-Tâqâ*, à l'ouest-sud-ouest et à trois lieues de Soueys, une gorge profonde et sinueuse, que les Arabes nous ont désignée sous le nom de *Ouatâl* (la fenêtre), dans laquelle des cailloux roulés, quelques traces de végétation et des ravinages profonds annoncent que les eaux doivent y être fort abondantes lors des pluies et des orages. A l'extrémité de cette anfractuosité, qui peut avoir 3 à 400 toises de profondeur, un bassin naturel reçoit, à mi-hauteur, les eaux des montagnes à pic qui le dominent, et les répand dans la gorge qui débouche à la mer, par nombre de ravins rapides et sinueux, dont les lits sont couverts de galets.

Nous avons exposé la possibilité de fermer par un barrage l'entrée de cette gorge dans la plaine, pour y retenir une très-grande quantité d'eau pluviale. Ce sont les montagnes environnantes qui, élevées de 2 à 300 toises, rassemblent les nuages qui y causent des pluies abondantes, et donnent lieu aux torrens qui inondent la plaine de Soueys. Au tiers de l'élévation de ces montagnes, la roche calcaire offre des couches plus régulières; elle se colore d'un très-beau rouge, et forme, dans une couche supérieure, une espèce de marbre, dont le ciment calcaire qui enveloppe des cailloux quartzeux, ne manque que d'une plus forte agrégation pour en faire une très-belle brèche.

El-Touâreq..... En tournant le golfe et longeant la

côte occidentale de la mer, on trouve, à neuf heures de marche de Soueys, et au pied de la montagne el-Tâqâ, à l'entrée de la vallée de l'Égarement, des vestiges considérables qui sont les indices d'un grand établissement analogue à celui des fontaines de Moïse; il en a déjà été question dans notre reconnaissance de cette vallée: nous ajouterons seulement que ces sources nous ont paru susceptibles de former une aiguade, qu'il serait facile de défendre dans ce site resserré, où la route pourrait être fermée par des retranchemens de moins de 500 toises de développement, entre le pied de la montagne escarpée et le rivage de la mer.

Cet exposé des sources qu'on trouve dans ces parages, doit assurer que l'industrie peut en augmenter les produits par quelques dispositions faciles à prendre pour les recueillir et les porter à Soueys.

§. VIII. *Établissemens maritimes et défense.*

Les établissemens de la marine à Soueys, sans être considérables, paraissent encore appartenir à un meilleur état de choses; les magasins sont assez vastes, et leur distribution est assez bien ordonnée; le magasin de la marine, bâti dans le genre des okels du pays propres au commerce, est un vaste bâtiment carré, avec cour dans le centre et galerie au pourtour intérieur.

Il existe deux petites cales où se font les constructions et les radoubs; les Turks y construisaient autrefois de gros bâtimens (kayasses) de 5 à 600 tonneaux. Le peu d'eau qui se trouve dans le chenal, et le site de ces chantiers sur le rivage à Soueys, exigent que l'on remorque au large, sans mâts, sans canons et sans agrès, les gros bâtimens qui y ont été lancés [1].

Le port ne permettant pas l'accès aux bâtimens de guerre, la défense du côté de la mer était à peu près nulle; elle consistait dans quelques bouches à feu dont on avait armé la maison du gouverneur, qui, située à l'extrémité orientale de la ville, était appelée *le Château*.

En arrivant à Soueys, du côté du désert, on trouve une porte de ville et de mauvaises clôtures qui se rattachent à la mer, du côté du nord, et à l'enceinte, du côté de l'ouest; mais rien de plus misérable que ces murs, qui ne sont pas même à l'abri d'un coup de main de la part des Arabes, comme les habitans l'ont éprouvé peu de temps avant notre arrivée en Égypte. Il a été fait depuis quelques retranchemens qui peuvent au moins préserver la ville d'une surprise.

Il n'existe aucun fort pour défendre l'accès de la rade et protéger les bâtimens qui y sont mouillés : mais le *râs* ou promontoire d'el-Tâqâ, situé à quatre lieues au

---

[1] Les plus considérables de ces bâtimens sont aussi élevés qu'un vaisseau de guerre, quoiqu'ils ne soient pas plus longs qu'une frégate. Les bois viennent de la Syrie, par eau, jusques au Kaire, et sont portés par le désert, à dos de chameau, jusqu'à Soueys.

Le major Cooke dit qu'il arrive, des Indes à Soueys, des bâtimens de 1200 tonneaux, mais que la construction en est faible et défectueuse; ce qui est cause que ces bâtimens peuvent difficilement résister à la grosse mer : aussi les patrons ont-ils l'habitude de mouiller pendant la nuit, pour ne pas s'exposer au large, et de naviguer à la vue des côtes hérissées d'écueils et de hauts-fonds. Ces vices de construction et l'impéritie des marins, ajoute ce voyageur, ont encore contribué à accréditer davantage les dangers de cette navigation; mais il se trouve sur la côte beaucoup de petites baies qui peuvent servir de refuge dans les gros temps.

sud-sud-ouest, sur la côte d'Afrique, et formé de récifs, serait susceptible de recevoir des batteries, sous le feu desquelles les bâtimens seraient en sûreté; elles protégeraient encore l'entrée de la rade, que resserrent ce promontoire ainsi qu'un banc de sable qui se rattache au rivage opposé, près des fontaines de Moïse, et sur lequel on pourrait construire un autre môle pour y établir de l'artillerie.

§. IX. *Industrie et commerce.*

Soueys, dénué de tout, n'offre aucun genre d'industrie en fabriques ou manufactures; les déserts qui l'environnent, ne fournissent que quelques arbustes et broussailles propres au chauffage et à la cuisson de la brique et de la pierre à chaux : on trouve encore dans les ravins d'eau pluviale quelques herbages propres à la nourriture des bestiaux.

La pêche, considérée comme branche d'industrie, est nulle à Soueys : la grande difficulté des transports fait que les Arabes ne s'y livrent point. Le poisson, qui n'y est que de qualité médiocre, est peu abondant; mais on y pêche beaucoup de coquillages et de coraux rouges et blancs.

Les constructions navales, qui dûrent y avoir beaucoup d'activité en différens temps, et notamment à l'époque où les Vénitiens avaient des établissemens de commerce à Alexandrie et à Soueys, se réduisent aujourd'hui à faire quelques zaïmes[1] : des chantiers de

---

[1] Ces bâtimens (*zaïmes*) ne sont pas pontés; ils sont sans artillerie,

construction y seraient cependant d'un grand intérêt, par l'importance qu'ils peuvent acquérir. A défaut d'une communication par eau, on transporte aujourd'hui à dos de chameau, du Kaire à Soueys, tout ce qui est nécessaire à la construction des vaisseaux, à leur grément et à leur armement ; les mâtures, les ancres, les canons, et autres objets pesans.

Les affaires sont presque entièrement dans les mains des Grecs, qui n'en sont souvent que les commissionnaires. Le commerce de la mer Rouge, entre Geddah et Soueys, se fait au moyen de 30 à 40 zaïmes, bâtimens qui peuvent porter 2000 fardes de café, d'environ quatre quintaux l'une, ce qui répond à 400 tonneaux. Cette navigation, qui avait lieu autrefois par des kayasses, espèce de bâtimens du même port que nos vaisseaux de 50 canons, tirant 20 pieds d'eau, ayant 200 hommes d'équipage, n'était pas moins lente et moins périlleuse : ces gros bâtimens, auxquels les Turks ont renoncé, partent communément d'Arabie en mars, époque où commencent les vents variables qui obligent quelquefois à relâcher à Qoçeyr : quand ils éprouvent des avaries, ce qui arrive fréquemment, on peut à peine trouver dans les chantiers de Soueys les moyens de les réparer.

Les objets principaux du commerce d'exportation consistent en grains de toute espèce, en fer, cuivre,

gréés avec des voiles et des cordages faits d'écorce de dattier. Ils ne font souvent qu'un voyage par an. La lenteur extrême qui résulte de l'habitude où sont les patrons de mouiller tous les soirs pour passer la nuit à l'ancre, les expose à voir cesser les moussons avant leur arrivée, et à attendre quelquefois la mousson suivante pour terminer leur trajet.

étain et plomb, en étoffes, en draps d'Europe, en productions propres à l'Égypte, telles que le riz, le lin, le natron, le sel ammoniac, le safranum, et pour le complément des achats en espèces métalliques, des sequins, des talarys et des piastres : tous ces objets, expédiés pour Geddah, la Mekke et Mokhâ, acquittent les marchandises d'importation ; celles de l'Inde, qui consistent en mousselines et en épiceries ; celles d'Arabie, qui consistent en perles, gomme, parfums ; et enfin le café d'Yemen, qui fait la base des retours, mais dont une plus grande partie échange plus directement à Qoçeyr les blés de la haute Égypte. Toutes ces importations montaient encore, en 1790, à plus de vingt millions ; ce qui était d'un très-grand rapport pour la douane de Soueys, vu les droits excessifs, que la cupidité des gouverneurs avait tellement accrus, qu'en 1783 (suivant M. de Volney) les droits sur le café égalaient presque le prix d'achat. Cependant le commerce, malgré sa décadence, peut renaître encore avec éclat sous l'influence d'un meilleur gouvernement ; et le port de Soueys, quoique la nature semble en accélérer la destruction, peut devenir encore le centre des plus hautes spéculations commerciales [1].

---

[1] Une compagnie de Marseille obtint, par la négociation de M. Truguet, lieutenant de vaisseau, dirigée par M. de Choiseul, un traité avec les beys, qui fut confirmé par la Porte, pour commercer par la mer Rouge et Soueys : elle fit un fonds de trois millions. Mais ce traité, contraire à celui de la compagnie des Indes, qui embrassait toutes les voies de terre et de mer avec l'Inde, fit naître les plus vives réclamations.

Les Anglais ont senti de tout temps l'avantage de faire passer une partie de leur commerce des Indes par l'Égypte ; ils devaient s'affranchir encore de l'obligation où ils étaient d'envoyer leurs marchandises des Indes à Geddah, et d'y payer

DES DEUX MERS.

§. X. *Vues générales sur le port de Soueys.*

Quoique le rétablissement du port de Soueys soit lié à celui de l'ancien canal, ce port serait cependant susceptible d'amélioration, indépendamment de toute détermination à l'égard de la navigation intérieure. La mer étroite qui y conduit, n'a besoin que d'être mieux connue pour devenir plus facile aux Européens : car on sait assez ce que sont les marins du pays; et dire qu'ils connaissent à peine l'usage de la boussole, c'est donner la mesure de leur capacité. Les travaux d'amélioration purement maritimes devraient consister,

1°. Dans ce qui est relatif aux aiguades, sans lesquelles on n'obtiendrait rien que de précaire et d'insuffisant;

---

une douane considérable au pacha de Geddah et au chérif de la Mekke, indépendamment des 15 pour $\frac{0}{0}$ exigés par la douane de Soueys. La compagnie anglaise fit négocier auprès des beys, pour obtenir la permission de faire arriver ses bâtimens jusqu'à Soueys. L'esprit d'indépendance et l'intérêt des beys assurèrent le succès de cette négociation; elle obtint, en effet, sa demande, et une réduction de 8 pour $\frac{0}{0}$ de douane, sauf un léger droit d'ancrage au bénéfice des commandans de Soueys. La compagnie expédia du Bengale, en 1773, deux vaisseaux richement chargés, pour l'Égypte et la Turquie; ils périrent dans le détroit : mais deux nouveaux bâtimens parvinrent à leur destination; ils étaient partis de Bombay le 24 septembre 1774, et ils arrivèrent à Soueys en février de l'année suivante. Cette expédition plus heureuse donna lieu à de vives réclamations de la part du pacha et du chérif de la Mekke, qui, voulant ramener les Anglais à Geddah, obtinrent du grand-seigneur un firman par lequel il fut défendu aux vaisseaux de cette nation d'arriver à Soueys; c'est ainsi qu'elle perdit la permission qu'elle avait obtenue des beys sans la participation de la Porte. Mais la compagnie des Indes n'avait pas été long-temps sans voir qu'en rouvrant cette ancienne route du commerce, elle aurait à redouter la concurrence des étrangers, et, d'elle-même, elle sembla renoncer à un avantage qu'elle craignait de partager.

2°. Dans le balisage du chenal, et dans l'établissement de quelques amers sur la plage et sur la côte pour déterminer le lieu du mouillage;

3°. Dans les travaux militaires qui doivent défendre l'accès de la rade et y protéger les vaisseaux;

4°. Dans l'approfondissement du chenal, au moyen des écluses de chasse que les localités permettent d'établir, et dont les effets ne sont pas douteux, quoiqu'on ne puisse compter que sur six pieds de hauteur d'eau dans les retenues, au temps des syzygies. Ces travaux défensifs contre de nouvelles alluvions sont d'autant plus indispensables, que les vents du sud-est (si redoutés pendant le *khamsyn*) opèrent sur les sables une fluctuation qui tend sans cesse au comblement du golfe et à l'agrandissement de l'isthme, que l'autre mer accroît simultanément. Si l'on n'oppose rien à ces effets de la nature, on peut prévoir que dans peu de siècles le site de Soueys sera abandonné, et que les habitations seront transportées à l'extrémité du banc qui s'accroît constamment entre le port et la rade.

Les travaux subséquens auraient pour objet la restauration et l'agrandissement des quais, dont les murs, portés plus au large, faciliteraient l'accès des bâtimens pour y prendre leur chargement; ces travaux auraient enfin leur complément dans tout ce qui est relatif à l'administration de la marine, et aux établissemens du commerce qui en seraient la suite nécessaire.

CHAPITRE V.

De la mer Rouge. — Description des ports, rades et stations de cette mer. — De sa navigation. — De son commerce. — Parallèle de la navigation de France dans les Indes par le grand Océan, avec celle qui se faisait par l'Égypte et la mer Rouge.

§. I. *De la mer Rouge.*

La navigation de la mer Rouge doit avoir puissamment influé sur l'utilité, plus ou moins grande, que les anciens ont pu retirer du canal de communication de cette mer au Nil et à la Méditerranée, par l'isthme de Soueys : nous avons renvoyé à un examen particulier cette question, essentiellement liée aux causes de l'abandon et de la destruction de cet ancien canal ; nous allons donc rechercher jusqu'à quel point la navigation de ce bras de mer a dû y concourir.

Strabon, en parlant de la résolution que prit Ptolémée-Philadelphe, de transférer à Bérénice le port où devaient aborder les bâtimens qui venaient des mers des Indes en Égypte, l'attribue à la difficulté de la navigation de la mer Rouge, principalement vers l'extrémité du golfe; *idque effecisse, quoniam Rubrum mare difficulter navigaretur, præsertim ex intimo recessu* (dit son traducteur).

Arrien, qui a donné, dans son Périple de la mer Érythrée[1], la description de tous les ports, des rades, îles et stations de cette mer, ne parle pas des vents et des courans qu'on y trouve; on n'y lit que ces passages sur la navigation :

« La plupart des marchandises sont transportées d'Égypte à Coloé[2], depuis le mois de janvier jusqu'au mois de septembre, c'est-à-dire de Thybi jusqu'en Thoth (des mois égyptiens); mais le temps le plus convenable et le plus favorable au transport des marchandises d'Égypte, est vers le mois de septembre. » Et dans un autre endroit : « Le temps favorable et le plus court pour la navigation de cette mer, est au mois de septembre, que les Égyptiens appellent *Thoth*[3]. »

Pline dit, en parlant du retour des bâtimens des Indes en Égypte : « Les vaisseaux repartent des Indes durant le mois égyptien Thybi, qui commence dans notre mois de décembre; ou du moins ils font voile avant le sixième jour du mois égyptien Mechyr, c'est-à-dire avant nos ides de janvier[4]. »

M. Ameilhon, dans l'ouvrage qu'il a publié sur le

---

[1] Le Périple de la mer Érythrée, écrit en grec par Arrien, vers la fin du premier siècle de l'ère vulgaire, a été traduit en latin, en 1683, par N. Blancard, et imprimé à Amsterdam. M. Gossellin dit (dans ses Recherches, tom. II, pag. 176) que ce périple est faussement attribué à Arrien.

[2] Coloé, lieu d'entrepôt de la mer Rouge au Nil. *Voyez* plus bas, §. II, l'article *Dahalaq-el-Kebyr*, p. 205.

[3] *Pleraque autem ex Ægypto in emporium illud* (Coloë) *deferuntur à januario ad septembrem usque, hoc est, à Thybi usque ad Thoth. Verùm tempus maximè opportunum et idoneum hujusmodi ex Ægypto deferendi est circa mensem septembrem.........................*

Tempus opportunum navigandi est mense septembri, quem Thoth *appellant, atque etiam citiùs.*

[4] *Ex India renavigant mense Ægyptio Thybi incipiente, nostro decembri, aut utique Mechiris Ægyp-*

commerce des Égyptiens¹, cite l'observation de S. Jérôme, qui dit que, de son temps, cette mer était semée de tant d'écueils et si remplie de difficultés de toute espèce, qu'on s'estimait alors très-heureux quand, après six mois de navigation, du débouché de l'Océan indien on pouvait enfin relâcher à Aylath (port au fond du bras oriental).

M. Niebuhr dit que les moussons diamétralement opposées, et qui soufflent constamment de six mois en six mois sur cette mer, devaient s'opposer à plus d'un voyage par an, et cite, à l'appui de cette assertion, le passage de S. Jérôme rapporté par M. Ameilhon².

M. Bruce, qui naviguait dans cette mer en 1769, fait assez connaître par ses relations, que, soumise à des moussons et à des courans, elle est remplie d'écueils, et que la navigation en est lente et difficile.

Voyons jusqu'à quel point s'étendent ces difficultés, par l'examen de la nature des ports et du régime de cette mer³.

---

tii intra diem sextum, quod fit intra idus januarias nostras. Plin. *Histor. nat.* lib. vi, cap. 26.

¹ Traité du commerce des Égyptiens, par M. Ameilhon, 1766, in-8°, pag. 78.
Felix cursus est si, post sex menses, supradictæ urbis Ailath portum teneant, à quo se incipit aperire Oceanus.

² *Moussons.* Ce terme désigne, en général, les vents étésiens, qui, dans les mers des Indes orientales, soufflent régulièrement du *nord-est* pendant les six mois d'hiver, et du *sud-ouest* durant les six mois d'été. — Les vents étésiens, en Égypte, sont ceux qui, pendant l'été, soufflent du *nord* dans la mer Noire, dans l'Archipel, la Méditerranée, la mer Rouge, et dans toute l'Égypte jusqu'en Abyssinie, quand, dans l'Océan indien, ils soufflent, au contraire, du *sud*, pendant ce temps.

Voyez le Voyage de Néarque, par M. William Vincent, traduit de l'anglais par M. Billecocq. Paris, an viii (1800).

³ Nous regrettons de ne pouvoir donner tous les autres développemens importans qu'on peut puiser dans les ouvrages modernes de

Le golfe Arabique, *sinus Arabicus*, que les Européens appellent communément *mer Rouge*, tire son nom, selon d'Anville et Niebuhr, de celui du royaume d'Édoum, qui a existé vers la partie septentrionale de ce golfe; le mot hébreu אדום (*adoum* ou *edoum*) signifie *rouge*, *rubis*, *terre* ou *pierre rouge*, d'où le nom de *mare Idumæum* : cette étymologie paraît la plus vraisemblable de toutes celles que l'on en a données. Cette mer est désignée dans l'Écriture sous le nom de *Jam-Suph*, ou mer des Joncs[1]. Les Grecs la nommaient *golfe d'Heroopolis*, du nom de la ville située au fond du golfe, et *mer Érythrée* ou *mer Rouge*. Cette dernière dénomination, qui lui était commune avec le golfe Persique et la mer des Indes, lui a sans doute été donnée parce que le golfe Arabique ouvrait la route de l'Océan indien.

Les Arabes lui donnent aujourd'hui les noms de *Bahr-el-Qolzoum*, *Bahr-Soueys*, *Bahr-el-Ka'bah*, *Bahr-Yanbo'*, *Bahr-Geddah*, *Bahr-Mekkah*, *Bahr-el-Yemen*, *Bahr-Qoçeyr*, etc., toutes dénominations que prend cette mer à différentes latitudes.

Dodwell, Hudson, Huet, et de MM. Robertson, William Vincent, et le major Rennell, qui ont encore écrit sur ce sujet.

[1] *Suph*, ou *Sufo*, est le nom d'une herbe qui croît abondamment dans les Indes, dans plusieurs lieux de l'Asie, et dans le fond de la mer Rouge : de la fleur de cette herbe on fait une couleur rouge, dont on se sert pour teindre les draps en Éthiopie et dans les Indes; cette fleur, qui ressemble à celle du safran, bouillie avec du jus de limon, donne un beau rouge. On peut donc penser que cette herbe a pu donner à la mer Rouge cette qualification qui a été le sujet de fréquentes discussions. *Voyez* le *Recueil des voyages*, imprimé à Paris, en 1764.

Le nom de *mer Rouge* peut venir encore de la nature des montagnes qui bordent les parties septentrionales du golfe, et dont la rougeur, due au porphyre et au granit dont elles sont composées, reflète, sur la mer qu'elles dominent, leur couleur rembrunie; ces montagnes offrent l'aspect de volcans éteints. *Voy.* M. Gosselin, t. II, p. 78-84.

La mer Rouge s'étend du sud-est au nord-ouest, depuis le détroit de Bâb-el-Mandeb, situé sous les 12° 35' de latitude septentrionale, jusqu'à Soueys, par le 30ᵉ degré de latitude, sur une longueur de 525 lieues environ, et 20 de largeur moyenne [1] : resserrée et dominée à l'est par les montagnes d'Arabie, et à l'ouest par celles de l'Égypte, elle est soumise à des moussons et à des marées régulières. Le flot, qui porte cinq à six pieds d'eau à Soueys, n'en porte que deux à Tor, et un pied au plus à Qoçeyr, variant ainsi du plus au moins dans les autres ports, suivant la direction et la force des vents et des courans que déterminent des caps et le gisement des côtes.

M. Bruce, dans sa carte des moussons de cette mer,

---

[1] Hérodote dit (liv. II, §. II) : « De l'enfoncement du golfe Arabique à la mer Rouge, appelée *mer Érythrée*, il faut quarante jours de navigation pour un vaisseau à rames. »

Ératosthène, suivant Strabon (liv. XVI), donne 13,500 stades (1282500 toises) à la longueur du golfe Arabique. La carte moderne, dit M. Gossellin (Recherches sur la navigation des anciens, tome II, page 163), donne à l'étendue de cette même mer, en ligne droite, de Soueys jusqu'au cap méridional de Bâb-el-Mandeb, 20 degrés, à l'échelle de latitude, valant 14,000 stades de 700 au degré (1330006 toises) ; ce qui donne 466 lieues marines de 2853 toises, et 554 lieues de 2400 toises ; ce qui approche de la distance donnée par les dernières cartes de cette mer, publiées par M. Rosily. On voit encore par ces citations, que la journée de navigation d'un vaisseau à rames des anciens pouvait être de 350 stades (33250 toises), puisqu'il fallait quarante jours de navigation d'un vaisseau à rames, selon la remarque d'Hérodote, pour se rendre du fond du golfe au détroit de cette mer, dans l'Océan indien. La journée de navigation d'un vaisseau à voiles des anciens était de 500 stades (47250 toises), ou de 60 milles romains (45360 toises), la journée s'entendant de l'espace qui est entre le lever et le coucher du soleil (Mémoires d'Égypte, par M. Dolomieu ; Journal de physique, de 1793, tom. XLII, pag. 196). La journée d'un soleil à l'autre, ou de vingt-quatre heures, était de 1000 stades (95000 toises), suivant Théophile, comme le dit M. Gossellin (t. II, pag. 38).

indique aux navigateurs les vents de sud-est comme favorables pendant six mois, depuis novembre jusqu'à la fin d'avril, pour se rendre du détroit, et même de la mer des Indes, dans les ports et rades de ce golfe; et les vents de nord-ouest, pendant les six autres mois, de mai jusqu'en octobre, pour le départ de Soueys ou des autres ports vers le détroit et la mer des Indes. Néanmoins ces vents périodiques pour le large du golfe sont souvent contrariés par les diverses directions que leur font éprouver les montagnes, les caps et les récifs, qui déterminent des courans très-rapides que les bâtimens ne peuvent pas toujours éviter.

La mer Rouge manque de grands ports : ses côtes, couvertes de récifs, d'îles ou de bancs de sable, d'algues, de coraux et de madrépores, ne permettent pas aux grands bâtimens de les approcher; mais on y trouve un grand nombre de stations, de rades et de petits ports, où les bâtimens marchands peuvent mouiller. Nous allons en donner une description rapide[1].

§. II. *Description des ports et mouillages de la mer Rouge.*

Soueys.... Le port de Soueys est situé vers l'extrémité du bras occidental du golfe Arabique; nous en

---

[1] *Voyez*, pour cette description des ports et stations de cette mer, les deux cartes de d'Anville (Mémoire sur l'Égypte, p. 219), celles de Niebuhr (Description de l'Arabie, tom. II, pag. 213 et 299, et Voyage en Arabie, pag. 205). On peut encore consulter le Voyage de Bruce, tom. 1er; les cartes de cette mer, publiées en 1800, par M. Rosily, amiral français; enfin, la description du golfe Arabique, par M. Gossellin, dans sa Géographie des anciens, tom. II et III.

avons donné la description particulière dans le chapitre précédent.

Tor.... Tor, sur la côte Arabique, n'a qu'une rade, dont l'entrée est étroite et resserrée; elle est ouverte aux vents du sud et du sud-ouest; les vents de nord, qui y sont les plus fréquens, en facilitent la sortie : c'est le point de relâche des kayasses, bâtimens à voile latine, qui naviguent sur cette mer, de Geddah à Soueys. Ces bâtimens, de sept à huit pieds de tirant d'eau, ne peuvent pas aborder à Tor; ils mouillent toujours en rade. Tor a des aiguades dont les eaux, qui sont saumâtres, sont recueillies sur le bord de la mer [1].

Râs-el-Mohammed.... Le cap qui divise les deux bras du golfe, est nommé *Râs-el-Mohammed*. L'entrée du bras occidental, qui avait le nom particulier de *sinus Heroopolites*, et qui porte aujourd'hui celui de *Bahr-el-Qolzoum*, *Bahr-Soueys*, est très-resserrée par des îles et des récifs à fleur d'eau, qui la rendent difficile. Le bras oriental, nommé par les anciens *sinus Ælanites*, et aujourd'hui *Bahr-el-Ka'bah*, s'étend moins vers le nord que celui de Soueys : vers son extrémité, un ancien port, nommé *Asiongaber* dans l'Écriture [2], et *Bérénice* par les Grecs, était le lieu où les flottes de Salomon se rendaient, chargées des richesses d'Ophir.

Moylah.... Le port de Moylah, situé sur la côte Arabique, et désigné dans Ptolémée sous le nom de

---

[1] M. Rozière, ingénieur des mines, qui a visité ce port dans le voyage qu'il a fait, avec M. Coutelle, au mont Sinaï, nous a remis, à son retour au Kaire, une note qui confirme ce que nous rapportons sur ce mouillage.

[2] Deutéronome, chap. ɪɪ, v. 8; d'Anville, pag. 236.

Phœnicum oppidum, peut encore recevoir de petits bâtimens.

Haourâ.... Haourâ, désigné dans Strabon et dans le Périple de la mer Érythrée par le nom de Λευκὴ κώμη (*Leucé cômé*), *Albus pagus* dans la traduction latine, offre une anse semée d'îles, mais où de petits bâtimens trouvent un bon mouillage.

Al-Sharm.... Al-Sharm, dit d'Anville, est un port vaste, capable de recevoir 2000 bâtimens, qui y sont tellement en sûreté, selon Niebuhr, qu'ils n'ont pas besoin d'y jeter l'ancre : son entrée est resserrée entre deux falaises élevées. Ce port est celui d'Yanbo', petite ville peu distante, sur la route des Pélerins, qui suit toute cette côte, depuis Aylath jusqu'à la Mekke. Al-Gyâr, situé au sud et à peu de distance d'Yanbo', en est le second port.

Geddah.... Geddah, le port de la Mekke, est situé sur une côte semée d'écueils et de bas-fonds qui en rendent l'abord difficile; mais ces basses qui en couvrent l'entrée, font la tranquillité du mouillage que l'on y trouve près de la ville. C'est aujourd'hui un des ports les plus fréquentés de cette mer : il est distant de deux journées de la Mekke[1].

---

[1] Les meilleurs pilotes de cette mer, dit M. Niebuhr, ne font qu'un seul voyage par an, de Soueys à Geddah. Ils partent de Soueys dans la saison où les vents sont au nord, et arrivent à Geddah en dix-sept ou vingt jours, après avoir jeté l'ancre chaque soir, excepté dans le court trajet de Râs-el-Mohammed à l'île Haçan. Pour le retour, il leur faut au moins deux mois, car ils ne naviguent pas de nuit; le reste de l'année, ces vaisseaux stationnent à Soueys ou à Geddah. Le trajet de Soueys à Geddah paraît toujours périlleux aux navigateurs turks, parce qu'ils sont obligés de tenir la pleine mer pour gagner l'Arabie.

Si ces marins osaient se hasarder en pleine mer, ce trajet, par le mi-

Au sud, et en suivant la côte, on trouve d'autres petits ports, Badéo, Senura et Gedan, indiqués, dans les cartes françaises, anglaises et turkes, comme offrant de bons mouillages, ainsi que Marsa-Kour, Marsa-Eran, Marsa-Ibrahym, Marsa-el-Byr, Mugora et Ghezan.

Loheya.... Loheya, qui n'a point de port, a une rade étroite, que rendent difficile les courans et les bas-fonds qui s'y trouvent. Mozech ou Muza, situé au sud, est cité, par l'auteur du Périple, comme ayant été fréquenté.

Mokhâ.... Mokhâ n'est qu'un petit port, aujourd'hui très-fréquenté par les bâtimens anglais de la côte de Malabar; il est connu surtout par la grande exportation que l'on y fait du café de l'Yemen, dans les ports de Qoçeyr et de Soueys. Ce port a remplacé celui d'Aden, comme station intermédiaire dans la navigation de l'Égypte aux Indes.

Ghela.... Ghela, l'ancienne *Ocelis*, située près du détroit, a été, selon l'auteur du Périple, un port très-fréquenté, où l'on pouvait faire de l'eau. Pline (lib. VI,

---

lieu du golfe, ne serait sans doute pas plus périlleux que celui de Bâb-el-Mandeb à Geddah, où les vaisseaux européens n'ont pas même besoin de pilotes; mais ils sont tellement ignorans dans la navigation, qu'ils prétendent être plus habiles que les Européens, en ce qu'ils naviguent toujours en longeant les côtes, au milieu des récifs et des dangers qu'ils savent éviter, tandis que ceux-là, craignant de s'y engager, prennent toujours la pleine mer.

Il arrive annuellement à Geddah, vers la fin de mars, cinq à six vaisseaux de Surate et du Bengale, dont les cargaisons sont estimées à sept ou huit millions. M. Niebuhr a mis trente-quatre jours de navigation pour se rendre de Soueys à Loheya, dont la distance est de plus de 420 lieues. (Voyage en Arabie, pag. 205 et 218).

cap. 23) dit que c'est le lieu d'où il est le plus avantageux de partir pour la grande navigation des Indes. Il offre encore aujourd'hui un bon mouillage.

Bâb-el-Mandeb.... Le détroit de Bâb-el-Mandel ou Mandeb, c'est-à-dire *porte des mouchoirs* ou *du deuil*, est le lieu le plus resserré de cette mer. Sa largeur est de six à sept lieues. L'île Perim, qui le divise, y forme deux passages : l'un au nord, vers la côte Arabique, a deux lieues de largeur, et 12 à 17 brasses d'eau : l'autre, au sud, est de trois lieues de largeur, et l'on y trouve 20 à 30 brasses d'eau ; mais il est moins fréquenté que le premier, à cause de la force des courans qui s'y font ressentir. L'île Perim (Mehun, dans les cartes de Rosily) est basse, et a, comme le dit Bruce, un bon port, qui fait face à la côte d'Abyssinie. Au-delà du détroit, la violence des vents de sud-ouest y cause des courans très-rapides, et y rend la mer extrêmement agitée.

Aden.... Sur la côte Arabique, à l'entrée de l'Océan indien, on trouve Aden, l'ancien *Arabum vicus*, que l'auteur du Périple dit avoir été l'entrepôt du commerce des Indes, comme Alexandrie le fut de celui de l'Égypte ; il offre un bon mouillage, des eaux très-bonnes et en abondance : ce port doit servir de relâche, comme sous les Grecs, les Romains et les Vénitiens, à tous les bâtimens qui entrent dans le golfe, ou qui en sortent, pour attendre les vents favorables.

On vient de citer tous les ports et mouillages de la côte orientale du golfe, en partant de Soueys ; on va parcourir également ceux de la côte occidentale en partant du détroit.

On ne trouve aucun port sur la côte sud du détroit : selon Arrien, la force de la mer permet à peine aux barques d'en aborder les côtes. Les premiers mouillages que l'on retrouve dans le golfe, sur la côte d'Abyssinie, sont Assab avec une aiguade, Bailul, situés sous la latitude approchée de Mokhâ, et Sarbo, désigné par Juan de Castro dans son journal de navigation.

Dahalaq-el-Kebyr.... L'ancienne île *Orine*, aujourd'hui Dahalaq[1], située sous la latitude de Loheya, qui est sur la côte opposée, a un port qui peut recevoir de grands vaisseaux ; mais, ce port étant ouvert à tous les vents, la lame y est toujours grosse. Cette île, la plus grande du golfe, couvre le port de Massuah ou Matzua, dont l'anse, assez profonde, peut recevoir des vaisseaux de guerre ; c'est le port qui remplace l'ancienne *Adulis*, et par lequel on pénétrait, comme on le fait aujourd'hui, dans le royaume d'Abyssinie : il est distant de huit journées d'Axum, peu éloignée de l'ancienne île de Méroé, située à la jonction de l'Astaboras au Nil. Adulis et Coloé étaient les lieux d'entrepôt du commerce du Nil à la mer Rouge.

Chaback.... Chaback, situé près et au sud de Souakem, a un bon port, dont l'entrée est à Râs-Ahehaz.

Souakem.... Souakem, selon les anciens géographes et les navigateurs modernes, doit être regardé comme le port le plus sûr de la mer Rouge, quoique situé sur une côte difficile et dangereuse ; un canal assez étroit

---

[1] L'île de Dahalaq-el-Kebyr a seize lieues de longueur ; on y pêche des perles ; elle est étroite, mais fort peuplée. (Recueil de voyages, Paris, 1764.)

conduit au fond d'un golfe où se trouve une île sur laquelle la ville est bâtie : d'Anville y rapporte l'ancienne *Ptolemaïs-Thérôn*, port alors très-fréquenté. Les bâtimens qui font le cabotage de Souakem et de Massuah [1] à Geddah dans le fort de la mousson d'été, ont soin de serrer la côte d'Abyssinie ou d'Habech, où ils trouvent un bon vent d'est qui souffle ordinairement pendant la nuit, et un vent d'ouest qui souffle pendant le jour, s'ils naviguent assez près de terre, ainsi que le permet la construction de leurs bâtimens. (Bruce, tome 1er, page 235.)

En remontant la côte, on trouve les baies de Dradath, Dorho, Fusha, Arekea, Alaki ou Salaka, Bathus au cap Calmès ; *Minet-Beled-el-Habech*, ou port des Abyssins, situé dans l'enfoncement d'un golfe anciennement nommé *Sinus immundus*. Ce lieu, qui offre un assez bon mouillage, paraît convenir, dit d'Anville, à la position de l'ancienne Bérénice; mais cette rade, comme le rapportent Strabon et Pline, est ouverte à tous les vents. Sa distance de Coptos, qui est de douze journées, ne permettra que très-difficilement d'y former de nouveaux établissemens qui tendraient à rouvrir cette ancienne route vers l'Égypte.

Qoçeyr.... Qoçeyr, port aujourd'hui le plus fréquenté par le commerce de l'Égypte avec Yanbo', Geddah et Mokhâ, n'a qu'une rade, qui est ouverte à tous

---

[1] Entre l'île de Massuah (Matzua) et le continent on trouve une bonne rade pour les gros bâtimens. L'île est dépourvue d'eau ; l'on est obligé d'en aller prendre à deux lieues au-delà sur la côte occidentale, à Arquiko, qui a une forteresse pour en défendre l'aiguade. (Recueil de voyages, Paris, 1764.)

les vents, mais dont le fond offre un bon mouillage; il ne s'y trouve aucun établissement maritime qui puisse donner accès aux bâtimens et faciliter le transport des marchandises[1].

Myos-hormos, le *Muris statio* des Romains, situé à douze ou quinze lieues au nord de Qoçeyr, fut anciennement très-fréquenté; sa rade est couverte par trois îles, qui y brisent et arrêtent la lame du large. Il semble qu'on pourrait y rétablir l'ancienne route vers Coptos, dont on retrouve les restes dans quelques-unes de ses stations entre le Nil et la mer : ce port abandonné paraît plus avantageux que Qoçeyr. C'est de ce port que partit la flotte d'Ælius-Gallus, forte de cent vingt bâtimens, pour son expédition de l'Arabie Heureuse. Le reste de la côte n'offre plus de stations connues jusqu'à Soueys.

D'après cette description rapide de la mer Rouge, il paraît que les ports situés sur la côte orientale sont de nature sablonneuse, peu profonds, couverts de bancs de sable, de coraux, et d'un accès difficile, tandis que ceux qui sont situés sur la côte occidentale, dégagés de bancs et de récifs, restent plus profonds : la cause en est due aux vents violens de ce golfe, qui y occasionent des courans très-rapides, et qui portent vers la plage orientale les sables que la mer retire des débris des montagnes de la côte occidentale[2]. On observera que tous les ports de la mer Rouge manquent généralement des

---

[1] Nos collègues, MM. Girard, ingénieur en chef, et Dubois, qui ont visité ce port, pourront en donner une description particulière.

[2] On remarque que cet effet est général pour les mers étroites : les côtes de France, dans la Manche, n'offrent que des plages basses et sablonneuses, et seulement de petits ports, tandis que les côtes

eaux douces nécessaires à la navigation; mais on doit être assuré qu'il serait toujours possible d'y ménager une partie de celles qui se perdent dans cette mer.

§. III. *Navigation de la mer Rouge.*

Malgré le peu d'avantage que présentent à la navigation les ports et stations de la mer Rouge, l'histoire atteste que Sésostris et les Pharaons ses successeurs, Salomon et la reine de Saba, les Perses, Alexandre et les Ptolémées, les Romains, et enfin les Turks, les Vénitiens et les Portugais, ont couvert cette mer de leurs flottes guerrières et commerçantes.

La navigation de la mer Rouge a été véritablement le canal des richesses de Tyr et d'Alexandrie. Les flottes de Salomon pénétraient jusqu'au fond du bras oriental; de nos jours, des flottilles pénètrent tous les ans à l'extrémité du bras occidental : ces deux parties les plus resserrées et les plus difficiles du golfe ont donc été et sont encore fréquentées.

Sous la domination des Arabes et des Turks, la marine des Égyptiens perdit toute son activité; telle était

---

opposées (celles de l'Angleterre) sont peu susceptibles d'ensablemens, et ont des ports qui restent toujours assez profonds pour y recevoir, en tout temps, des bâtimens de toute grandeur.

C'est, dit M. Gossellin (tom. II, pag. 238 et 239), une opinion constante parmi les pilotes arabes, que le fond de la mer et le lieu des ancrages changent tous les vingt ans sur la côte orientale du golfe de Soueys. Cette opération, qui est lente, mais que rien n'interrompt, comble les ports de cette côte, et laisse au milieu des terres, des villes dont les murs étaient baignés par les eaux du golfe : ainsi *Eluna*, *Modyana*, *Sambya* et *Mersa*, connues sous les noms modernes d'*Aylath*, de *Madian*, d'*Yanbo'* et de *Mersa*, autrefois situées sur les bords de la mer, en sont aujourd'hui plus ou moins éloignées.

sa faiblesse sous Mahomet, que, dans la vue d'entretenir le commerce par l'Arabie, ce législateur imposa à tous les sectateurs de l'islamisme l'obligation religieuse du voyage de la Mekke. Ce long et pénible voyage, qui se pratique encore aujourd'hui par terre, démontre assez l'état d'abandon de la navigation, et conséquemment du commerce de la mer Rouge, à cette époque; cet état, qui est toujours le même, a pour principales causes, la voie que prit le commerce des Indes par le cap de Bonne-Espérance[1], et le dépérissement des arts, des sciences et de l'industrie, dans tous les pays qu'embrasse la domination des Turks.

Les Vénitiens, qui firent le commerce des Indes par la mer Rouge, y eurent une marine très-florissante. Le journal du Comite vénitien parle de la flotte de Soliman II, qui, composée de quarante-une galères et de neuf gros vaisseaux, fut armée à Soueys en 1538. On y vit, en 1540, celle des Portugais, dont Juan de Castro commandait un vaisseau.

En 1769, les Anglais y avaient quelques bâtimens, comme le rapporte Bruce, qui les rencontra dans son passage de Geddah à Massuah.

Il arrive annuellement de Geddah à Soueys une flottille marchande chargée de café. M. de Volney, qui a vu arriver celle de 1783, dit qu'elle était composée de

[1] Après la découverte du cap de Bonne-Espérance, en 1497, les Portugais firent tous leurs efforts pour détruire le commerce et la navigation de la mer Rouge; ils y eurent une flotte qui détruisit toute la marine marchande des Turks et des Vénitiens, et celle même que Soliman II avait fait construire à grands frais dans le port de Soueys, en 1538; ils y furent les maîtres jusqu'en 1540, époque où ils perdirent leur puissance dans les Indes.

vingt-huit voiles, dont quatre vaisseaux percés à soixante canons. Enfin, pendant que les Français occupèrent l'Égypte, nombre de bâtimens sont venus d'Yanbo' et de Geddah à Soueys. Les Anglais y ont paru à diverses reprises, et en dernier lieu avec des frégates et autres gros bâtimens de la compagnie des Indes[1].

Le vice-amiral Rosily, qui naviguait sur cette mer en 1787, et que nous avons particulièrement consulté, est bien éloigné de croire que les dangers et les difficultés de la mer Rouge soient aussi considérables qu'on le pense communément. En effet, ces dangers, enfantés seulement par l'ignorance des navigateurs anciens et modernes, ont été accrédités par l'opinion, ou plutôt par l'erreur générale. En jetant les yeux sur la nouvelle carte de cette mer, on voit que la route tenue par la frégate *la Vénus*, que cet officier général commandait, embrasse la largeur de cette mer dans tous les sens : on doit donc rester convaincu que tous les bâtimens de commerce n'y trouveront pas des difficultés d'une autre nature que celles qui sont communes à toutes les mers étroites. Les côtes seules offrent des dangers : mais le nombre des bons mouillages y est si considérable, que les marins du pays jettent l'ancre tous les soirs, parce qu'ils ne naviguent jamais de nuit ; dans les gros temps, ils restent mouillés au même endroit quelquefois huit et quinze jours, sans jamais oser gagner le large, ni profiter d'un vent qui serait favorable pour tout bâtiment européen.

[1] Aux mois de germinal et de prairial an IX (avril et juin 1801), les Anglais ont débarqué à Soueys et à Qoçeyr environ 6000 hommes de

Les relations des voyageurs sont pleines de ces faits. On trouve dans celle d'un officier anglais, M. Rooke[1], des détails peu étendus, mais précis, sur la navigation de la mer Rouge.

« La construction et la manœuvre des vaisseaux qui y naviguent, dit cet officier, sont particulières à cette mer, ainsi qu'aux Arabes, qui font le cabotage de Mokhâ, Geddah, Qoçeyr et Soueys. Le vent, premier mobile dans la marche des autres vaisseaux, est presque nul pour les bâtimens arabes; le calme leur est plus avantageux : craignant autant un vent favorable qu'un vent contraire, ils restent à l'ancre en attendant le calme; ils lèvent l'ancre pour profiter de la brise; dès qu'elle devient un peu forte, ils regagnent les côtes environnées de rochers et de bancs de sable, ne se croyant jamais plus en sûreté qu'au milieu de ces dangers; ils

---

troupes des Indes (des Cipayes); ils perdirent deux gros bâtimens à l'entrée du détroit.

[1] Voyage de M. Rooke, officier anglais, faisant partie de l'expédition contre le cap de Bonne-Espérance, en 1781. La flotte anglaise ayant été battue par celle de M. de Suffren, à la hauteur des îles du cap Vert, et devancée au cap de Bonne-Espérance, l'amiral français fit voile pour les Indes. M. Rooke, affaibli par les fatigues d'un voyage de deux cents jours de navigation, des côtes d'Angleterre à Morebat (situé sur les côtes de l'Arabie heureuse, vers le golfe Persique), et dans lequel l'escadre anglaise perdit beaucoup d'hommes par les maladies, abandonna l'expédition à Morebat, et de ce port s'embarqua sur un bâtiment arabe pour Mokhâ, où il arriva en quinze jours; traversée qui n'est communément, dit-il, que de dix jours : il en mit vingt-huit à se rendre de Mokhâ à Geddah, au lieu de neuf à dix que dure ordinairement cette navigation; il mit quarante-cinq jours de Geddah à Soueys, pour une distance de deux cent vingt lieues environ, dont le trajet, dit Niebuhr, n'est que de dix-sept à vingt jours : sur ce nombre il en mit douze pour passer de l'île de Chedouân, située au Râs-el-Mohammed, à Soueys, pour une distance de cinquante-trois lieues. Lettre VIII, datée de Soueys, du 25 avril 1782, p. 80-98; et Lettre XI, pag. 123.)

mouillent sur les deux heures après-midi, car alors la brise fraîchit; ils jettent des ancres à proportion de sa force, jusqu'à cinq ou six; ils ont encore deux ou trois câbles pour s'amarrer sur les rochers; la brise de terre s'élève sur les deux heures du matin, et dure jusqu'à neuf et dix : sans ces brises, la navigation des Arabes serait interminable. Ceux qui n'ont pas fait leur traversée de Geddah à Soueys avant la fin de mai, risquent de ne pouvoir pas y arriver de la mousson; car les vents de nord soufflent alors si constamment, qu'il est impossible que les vaisseaux manœuvrent contre le vent, et passent l'étroit canal de Tor à Soueys. »

La navigation de Soueys à Geddah se fait, comme on l'a dit précédemment, par des zaïmes, espèce de vaisseaux sans pont, du port de nos petits bâtimens marchands, et assez forts pour ne pas craindre l'échouage. Ils ne font ordinairement le voyage qu'une ou deux fois par an; ce qui les rend préférables aux gros bâtimens qu'ils ont remplacés. Si cette mer eût présenté des dangers réels, ou seulement des difficultés dans sa navigation, aurait-on vu la compagnie des Indes d'Angleterre solliciter et obtenir de la Porte la défense d'y laisser pénétrer aucun vaisseau européen ? Voici un extrait de ce que rapporte à ce sujet le même officier anglais:

« Des Anglais faisant le commerce par fraude (c'était autant à leur avantage qu'au détriment de notre pays), plusieurs navires chargés dans l'Inde venaient à Soueys tous les ans, quoique le grand-seigneur en eût expressément défendu l'entrée à tout vaisseau chrétien ou étranger. C'est pour nous un grand mal; car nous n'avons pas de voie plus courte pour expédier nos dépêches.

« Quand on sait que le chemin de Londres à Madras, par Soueys, a été fait en soixante-trois jours, on est surpris de voir les Anglais négliger un si grand avantage, quand ils peuvent se le procurer. Je ne crois cependant pas qu'il faille en faire une route ordinaire pour les passagers, ni permettre même à aucun vaisseau d'aller à Soueys, excepté aux bâtimens chargés de dépêches; car on faciliterait alors une contrebande qui nuirait au commerce de la compagnie des Indes et au revenu de l'État. »

Il pourra paraître intéressant de lire ici un *hattecherif* ou firman cité par cet officier, dans lequel la Porte défend la navigation de la mer Rouge aux nations européennes, et particulièrement à la nation anglaise [1].

---

[1] Firman de la Porte ottomane, qui défend l'entrée de la mer Rouge aux Européens:

« Sa hautesse le grand-seigneur ne veut plus qu'aucun vaisseau vienne à Soueys, ou bien y trafique de Geddah, soit ouvertement, soit secrètement : la mer de Soueys est consacrée au noble pélerinage de la Mekke; et quiconque favorisera le passage des vaisseaux chrétiens, le tolérera, ou ne s'y opposera pas de toutes ses forces, est déclaré traître à sa religion, à son souverain et à tous les musulmans : l'audacieux qui bravera cette défense, sera puni dans ce monde et dans l'autre; car elle est autant importante pour les affaires de l'état que pour celles de la religion.

« Jamais aucun vaisseau étranger, et surtout ceux des enfans des ténèbres, n'avaient coutume de venir dans la mer de Soueys; les Anglais n'avaient pas passé au-delà de Geddah, jusqu'au temps d'Aly-bey. Alors un ou deux bâtimens anglais vinrent à Soueys apporter audit Aly-bey des présens de la part d'une personne inconnue; ils dirent qu'ils venaient chercher une cargaison : d'après cette première démarche, les Anglais crurent qu'ils pourraient en tout temps faire les mêmes choses ; ils sont donc venus à Soueys, avec des bâtimens chargés des marchandises de l'Inde.

« Nous en avons été instruits; et regardant ce commerce comme aussi dangereux pour la police de notre royaume que pour la religion, nous défendons expressément à tout vais-

MÉMOIRE SUR LE CANAL

On trouve dans les Mémoires de M. de Montigny, officier français, qui naviguait sur la mer Rouge en 1776, les détails suivans :

« La saison la plus propre pour se rendre de France dans l'Inde par la mer Rouge, est celle du printemps;

seau chrétien de venir dorénavant à Soueys; nous en avons signifié notre volonté à leurs ambassadeurs, pour en faire part chacun à leur souverain qui s'y est conformé. Ainsi, quiconque enfreindra nos défenses, sera emprisonné; ses effets seront confisqués, et l'on traduira cette affaire à notre illustre Porte.

« Des sages, des hommes profonds dans la connaissance de l'histoire, et ceux qui savent tous les malheurs qu'a produits l'obscure politique des chrétiens, nous ont appris qu'ils voyagent par terre et par mer, qu'ils évent les plans des différens pays par où ils passent, pour s'en rendre maîtres, comme ils l'ont fait dans l'Inde et dans d'autres contrées.

« Le chérif de la Mekke nous a aussi représenté que ces chrétiens, non contens de leur commerce de l'Inde, ont tiré du café et d'autres marchandises de l'Yemen, pour les transporter à Soueys; ce qui a fait beaucoup de tort à notre port de Geddah.

« En réfléchissant sur ces malheurs passés, notre royale indignation s'est enflammée, surtout lorsque nous avons appris la conduite que ces chrétiens tiennent dans l'Inde. Pendant quelques années, ils entreprirent de longs voyages, et s'annoncèrent pour des marchands qui ne cherchaient ni à nuire ni à tromper. Les stupides Indiens ne soupçonnèrent pas la fourberie, se laissèrent abuser, et les chrétiens ont fini par prendre leurs villes et les réduire en esclavage. On sait, en outre, combien ils haïssent les musulmans, à cause de leur religion, et combien ils sont fâchés de voir Jérusalem entre nos mains.

« Nous ordonnons, par ce firman, que si un vaisseau chrétien, et particulièrement un vaisseau anglais, vient à Soueys, on mette le capitaine ainsi que tout l'équipage dans les fers, puisqu'ils sont rebelles à nos ordres et à ceux de leur prince, d'après la déclaration même de leurs ambassadeurs; ils méritent donc d'être emprisonnés et d'avoir leurs effets confisqués. » (*Extrait du Voyage de M. Rooke.*)

C'est en 1774 que les Anglais envoyèrent pour la première fois des bâtimens de commerce, de Calcutta et de Madras, dans les ports de la mer Rouge, jusqu'à Soueys, à l'effet aussi de faire passer dans les ports de l'Inde des dépêches assez fraîches pour n'avoir que quatre-vingts à quatre-vingt-dix jours de date.

En 1777, le conseil de Calcutta fit passer, d'après les ordres de la cour de Londres, dans la mer Rouge, la corvette le *Swallow*, et en 1778, le *Cormoran*.

Le *Swallow* protégea la marche de six bâtimens qui arrivèrent au commencement de mars à Soueys, où ils attendirent le commandant de Madras : ce commandant, après

c'est le temps où les bâtimens de Marseille viennent ordinairement à Alexandrie, en dix, quinze et vingt jours au plus : on arrive alors à Soueys dans le temps où les vents du nord commencent à souffler, vers les premiers jours de juin. »

La nation européenne qui pourra jouir de la liberté du commerce par la mer Rouge, doit avoir à Soueys des bâtimens qui lui appartiennent. En profitant des moussons favorables, c'est-à-dire des mois de mai, juin, juillet, août et septembre, pour se rendre dans l'Inde, et de ceux de décembre, janvier, février et mars, pour le retour, cette navigation serait si prompte, que la France, par exemple, pourrait envoyer des dépêches de Paris à Pondichéry dans l'espace de cent jours, tandis qu'il faut au moins cinq mois, ou cent cinquante jours, pour les faire tenir dans les ports de l'Inde par le cap de Bonne-Espérance.

On voit que cette correspondance est du plus grand intérêt : mais elle ne peut avoir lieu toute l'année, parce que les temps favorables à la sortie du détroit de Bâbel-Mandeb cessent à la fin de septembre, et qu'alors on

soixante-six jours de navigation, et soixante-onze de son départ de Londres, arriva à Madras sur cette corvette.

Le *Cormoran*, qui attendait également à Soueys des dépêches de Londres, arriva à Madras avec des lettres de quatre-vingt-quinze jours de date.

En 1778, un vaisseau particulier arriva de Soueys à Madras en cinquante-un jours de traversée ; un second vaisseau parti de Soueys arriva au même port en quarante-cinq jours, et y apporta des lettres de Londres, de quatre-vingt-treize jours de date.

Les deux bâtimens anglais cités dans le firman sont ceux dont parlait M. Rooke, en 1779 (let. VIII, pag. 97), ainsi que M. de Volney (t. 1er, pag. 206), et dont la caravane richement chargée de marchandises des Indes, et composée d'officiers et négocians anglais, fut entièrement pillée par les Arabes.

trouve au-dehors des calmes et des courans qui portent les bâtimens sur la côte d'Afrique, d'où ils ont peine à se relever, ainsi que des vents contraires, qui, venant les surprendre, rendent cette navigation longue et difficile.

Les vaisseaux qui sont stationnés à Soueys, et qui y attendent les vents favorables, doivent calculer sur ces époques. On part pour le Bengale, dès le mois de mai au plus tard; pour la côte de Coromandel, dans le mois de juin, jusqu'à la mi-juillet; pour la côte de Malabar et de Surate, en juillet et août; et enfin, pour Bombay, de mai en septembre.

Quand les vaisseaux européens sont partis de Soueys, il n'y reste plus que des bâtimens turks ou arabes, qui attendent le temps du pélerinage de la Mekke, pour s'en retourner à Geddah, Loheya ou Mokhâ. Il arrive souvent à ces bâtimens, qui sont partis trop tard de Soueys ou de Geddah, d'être surpris en route par les vents contraires, et forcés d'attendre pendant trente à quarante jours au mouillage le retour de quelques vents favorables pour regagner le port d'où ils étaient partis.

Si nous avons démontré que la voie de l'Égypte et de la mer Rouge est, pendant cinq mois de l'année, préférable à celle de la grande mer, pour l'arrivée des dépêches d'Europe dans les Indes, nous pouvons assurer qu'elle l'est encore en tout temps pour le commerce. L'opinion contraire existe assez généralement : c'est pour la détruire qu'on donne ici le parallèle de la durée de la navigation aux Indes par le cap de Bonne-Espérance, avec celle du trajet par la Méditerranée et la mer Rouge, abstraction faite de toutes difficultés politiques. On suppose la liberté des mers, avec l'établissement d'une colonie européenne en Égypte.

§. IV. *Parallèle de la navigation dans l'Inde par le grand Océan, avec celle par la Méditerranée, l'Égypte et la mer Rouge.*

1°. NAVIGATION PAR LE GRAND OCÉAN.

LIEUX DE PASSAGE ET DE RELACHE.	LATITUDE DES LIEUX.		DISTANCES EN		DURÉE
	NORD.	SUD.	DEGRÉS.	LIEUES DE POSTE.	EN JOURS.
Lorient, port de France................	47° 45′ 11″	0° 0′ 0″	0° 0′ 0″	0	0
Ile du cap Vert (à Saint-Yago)..........	14. 53. 40.	0. 0. 0.	33. 0. 0.	800.	20.
La ligne.............................	0. 0. 0.	0. 0. 0.	15. 0. 0.	350.	10.
Ile de l'Ascension....................	0. 0. 0.	7. 57. 0.	8. 0. 0.	.	.
Ile Sainte-Hélène....................	0. 0. 0.	15. 55. 0.	8. 0. 0.	.	.
Cap de Bonne-Espérance..............	0. 0. 0.	33. 55. 15.	18. 0. 0.	1450.	40.
Ile de Bourbon et *de France*..........	0. 0. 0.	20. 9. 45.	13. ½. 0.	1000.	30.
Pondichéry..........................	11. 55. 41.	0. 0. 0.	32. 0. 0.	1100.	30.
TOTAUX¹............	. . .	. . .	127. ¼. 0.	4700.	130.

2°. NAVIGATION PAR LA MÉDITERRANÉE, L'ÉGYPTE ET LA MER ROUGE.

§. IV. *Parallèle de la navigation dans l'Inde par le grand Océan, avec celle par la Méditerranée, l'Égypte et la mer Rouge.*

1°. NAVIGATION PAR LE GRAND OCÉAN.

LIEUX DE PASSAGE ET DE RELACHE.	LATITUDE DES LIEUX.		DISTANCES EN		DURÉE EN JOURS.
	NORD.	SUD.	DEGRÉS.	LIEUES DE ROUTE.	
Lorient, port de France.........	47° 45′ 11″	0° 0′ 0″	0° 0′ 0″	0	0.
Ile du cap Vert (à Saint-Yago)...	14. 51. 40.	0. 0. 0.	33. 0. 0.	800.	20.
La ligne..........................	0. 0. 0.	0. 0. 0.	15. 0. 0.	350.	10.
Ile de l'Ascension................	0. 0. 0.	7. 57. 0.	8. 0. 0.	.	.
Ile Sainte-Hélène.................	0. 0. 0.	15. 55. 0.	8. 0. 0.	.	.
Cap de Bonne-Espérance........	0. 0. 0.	34. 55. 15.	18. 0. 0.	1450.	40.
Ile de Bourbon et de France.....	0. 0. 0.	20. 9. 45.	13. ½. 0.	1000.	30.
Pondichéry.......................	11. 55. 41.	0. 0. 0.	32. 0. 0.	1100.	30.
TOTAUX [1].......................	. . .	. . .	127. ¼. 0.	4700.	130.

2°. NAVIGATION PAR LA MÉDITERRANÉE, L'ÉGYPTE ET LA MER ROUGE.

LIEUX DE PASSAGE ET DE RELACHE.	LONGITUDE ORIENTALE de Paris.	LATITUDE NORD.	DISTANCES EN		DURÉE EN JOURS.
			DEGRÉS.	LIEUES DE ROUTE.	
Méditerranée.. { Marseille........	3° 2′ 0″	43° 17′ 40″	0° 0′ 0″	0	0
Alexandrie, P. d'Ég. [2]	27. 35. 30.	31. 13. 5.	23. 0. 0.	600.	15.
Canal des deux mers.				100.	10.
Mer Rouge.... { Soueys, port d'Égypte.	30. 15. 35.	29. 58. 37.	0. 0. 0.	0	0
Bâb-el-Mandeb........	41. 0. 0.	12. 0. 0.	18. 0. 0.	600.	15.
Océan indien... Pondichéry..........	77. 31. 30.	11. 55. 41.	37. 0. 0.	1100.	55.
TOTAUX................	. . .	. . .	. . .	2400.	95.

DIFFÉRENCE DES DEUX NAVIGATIONS.

INDICATION DES TRAJETS DE NAVIGATION.	DISTANCES EN LIEUES DE ROUTE.	DURÉE EN JOURS,	
		SANS RELACHE.	AVEC RELACHE.
Trajets par.... { le grand Océan....................	4700.	130.	150.
la mer Rouge.....................	2400.	95.	105.
Différence en moins par la mer Rouge............	2300.	35.	45.

[1] Ces distances en lieues de route sont calculées par rapport aux vents qu'on trouve dans le trajet; les résultats sont avoués par M. Deparcieux, capitaine de vaisseau de la compagnie des Indes, qui connaît cette navigation.

[2] La frégate *l'Égyptienne* arriva de Toulon à Alexandrie, le 4 pluviôse an IX (24 janvier 1801), après dix jours de traversée.

LIEUX DE PASSAGE ET DE RELACHE.	LONGITUDE ORIENTALE de Paris.	LATITUDE NORD.	DISTANCES EN		DURÉE EN JOURS.
			DEGRÉS.	LIEUES DE ROUTE.	
Méditerranée.. { Marseille............	3° 2' 0"	43° 17' 40"	0° 0' 0"	0	0
{ Alexandrie, P. d'Ég.[a] ...	27. 35. 30.	31. 13. 5.	23. 0. 0.	600.	15.
Canal des deux mers......	. . .	. . .	. . .	100.	10.
Mer Rouge.... { Sueys, port d'Égypte....	30. 15. 35.	29. 58. 37.	0. 0. 0.	0	0
{ Bâb-el-Mandeb..........	41. 0. 0.	12. 0. 0.	18. 0. 0.	600.	15.
Océan indien... Pondichéry............	77. 31. 30.	11. 55. 41.	37. 0. 0.	1100.	55.
TOTAUX............	. . .	. . .	. . .	2400.	95.

DIFFÉRENCE DES DEUX NAVIGATIONS.

INDICATION DES TRAJETS DE NAVIGATION.	DISTANCES en LIEUES DE ROUTE.	DURÉE EN JOURS.	
		SANS RELACHE.	AVEC RELACHE.
Trajets par.... { le grand Océan.........................	4700.	130.	150.
{ la mer Rouge.........................	2400.	95.	105.
Différence en moins par la mer Rouge..............	2300.	35.	45.

[1] Ces distances en lieues de route sont calculées par rapport aux vents qu'on trouve dans le trajet ; les résultats sont avoués par M. Deparcieux, capitaine de vaisseau de la compagnie des Indes, qui connaît cette navigation.

[a] La frégate l'Égyptienne arriva de Toulon à Alexandrie, le 4 pluviose an ix (24 janvier 1801), après dix jours de traversée.

On voit dans ce parallèle, que le trajet par l'Océan, supputé à 130 jours, peut en exiger 150, à cause des relâches inévitables dans une aussi longue navigation : on peut donc l'évaluer à cinq mois; mais il pourrait être moindre pour un navire qui, dans les mois de juin, juillet et août, ferait route par le canal de Mozambique. Cette traversée de cinq mois est d'ailleurs assez ordinaire, comme on le sait par les relations de quelques voyageurs.

Le trajet par l'isthme de Soueys et la mer Rouge ne serait que de trois mois et demi : il pourrait être réduit à moins de trois mois, par un concours possible de circonstances favorables pour les navires de commerce; et cette traversée serait moindre encore pour ceux qui, prenant le canal plus direct, de Soueys à Tyneh, près de Péluse, et ne passant plus par Alexandrie et le Nil, ne seraient tenus à aucune relâche. A la vérité, comme, dans tous les cas, on aurait à attendre les moussons pour le retour, on n'obtiendrait pas un très-grand avantage sur la voie de l'Océan, qui exige près d'une année pour l'aller et le retour; mais il ne faut pas perdre de vue qu'en supposant celle de l'Égypte, on y a des établissemens d'entrepôt, et que, parcourant le golfe Arabique, le commerce y trouverait des moyens directs d'échange et des complémens de chargemens.

D'après les résultats de ce parallèle, on voit qu'il y aurait souvent, toutes choses égales d'ailleurs, une économie de temps pour la navigation par la mer Rouge; ce qui est déjà très-précieux : mais un plus grand avantage qu'on peut se promettre du trajet par cette mer, c'est que les équipages seraient moins sujets aux maladies qui les ravagent à la hauteur du cap de Bonne-Espérance, et moins long-temps éloignés des ressources que présentent les pays civilisés; on verrait encore s'ouvrir de nouvelles sources de commerce et d'industrie avec l'Arabie et l'Abyssinie, et avec toute la côte orientale de l'Afrique, qui, si connue des anciens, et presque ignorée de nos jours, reprendrait une nouvelle existence.

On conclura de tout ce qui vient d'être dit sur les stations, les ports, les courans et les moussons de la mer Rouge, que la navigation de cette mer, dont les côtes désertes sont encore dépourvues de grands ports, sera moins avantageuse, il est vrai, pour une marine militaire, mais le sera toujours beaucoup plus qu'on ne le pense aujourd'hui pour une marine commerçante.

La voie de Soueys dans l'Inde par la mer Rouge, tenue par les bâtimens du pays, est réellement longue, périlleuse et difficile; mais on a vu que cela ne tient qu'à l'ignorance des navigateurs arabes, à la mauvaise construction de leurs bâtimens, ainsi qu'aux entraves apportées par les beys et par la Porte, divisés d'intérêt. Les citations que nous avons faites des expéditions maritimes qui ont eu lieu sur cette mer, et des navigateurs européens qui l'ont fréquentée, ont levé tous les doutes, toutes les craintes sur l'existence prétendue de ses dangers, et ont fait connaître qu'elle peut devenir encore, comme elle l'a été, la voie la plus avantageuse du commerce des Indes. C'est donc à la Porte, en cherchant à s'élever à la hauteur de la situation politique et commerciale des puissances de l'Europe, à s'éclairer enfin sur ses véritables intérêts.

SECTION DEUXIÈME.

De la rivière de Moueys. — Du canal et de la digue de Fara'ounyeh. — Canal de Chybyn-el-Koum. — Des branches du Nil. — Des boghâz ou bouches de Damiette, de Rosette et de Bourlos. — De la navigation du Nil. — Tableau des bâtimens qui naviguent sur le fleuve et sur les côtes maritimes de l'Égypte.

§. I. *Du Tera't-el-Moueys, ou rivière de Moueys.*

A une lieue au nord des ruines d'Atryb, sur la rive droite de la branche de Damiette, et près de Kafr-Moueys, se trouve l'origine du Tera't-el-Moueys : le cours de cette rivière, qui débouche dans le lac Menzaleh, vers les ruines de Sân ou Tanis, est très-sinueux ; il est d'environ trente-cinq lieues, des ruines d'Atryb à celles de Tanis. Tout porte à penser que le lit de cette rivière est celui des anciennes branches Pélusiaque et Tanitique, dont la partie supérieure, d'Atryb à Bubaste, appartient à la Pélusiaque, et la partie inférieure à l'ancienne branche Tanitique : c'est dans cette opinion que nous donnons à la rivière de Moueys le nom de *branche Pélusio-Tanitique.*

La première reconnaissance de ce canal fut faite, en frimaire an VII (décembre 1798), par MM. Malus, officier du génie, et Févre, ingénieur des ponts et chaussées; elle avait pour objet principal de savoir si sa navigation pouvait ouvrir une communication plus directe entre le Kaire et Menzaleh, sans descendre et passer à Damiette. Le rapport de ces ingénieurs fut très-favorable; et M. Malus le communiqua à l'Institut d'Égypte, dont il était membre[1]. Cette belle rivière est aussi navigable que le Nil; et cet avantage nous a déterminés à y fixer le point de partage du canal de Soueys près de Bubaste, d'où l'on pourra, comme on l'a déjà exposé, se diriger au sud, à l'ouest et au nord, vers le Kaire, Alexandrie et Damiette.

Le barrage éclusé que nous proposons d'établir au-dessous du bassin de partage, près de Bubaste, devra suppléer avec avantage, par les raisons que nous avons dites, à la digue que l'on construit annuellement au Kafr-Moueys, pour prévenir une trop grande dépense d'eau de la branche de Damiette par le canal de Moueys.

Si le lac Menzaleh était réduit à son *minimum* d'étendue par des digues qui en fixassent les limites, il deviendrait encore nécessaire de construire des ouvrages pour empêcher les eaux salées du lac de refluer sur les terres environnantes, dont les lagunes ne permettent pas la culture sur une grande étendue de pays, au sud, pendant huit à neuf mois de l'année.

§. II. *Canal de Fara'ounyeh.*

Le canal de Fara'ounyeh (*Khalyg el-Fara'ounyeh*, le canal des Pharaons) traverse obliquement le haut

---

[1] Ce rapport est inséré dans le 1er volume des *Mémoires de l'Institut d'Égypte*, imprimés au Kaire.

Delta, du sud-est au nord-ouest : il prenait autrefois, avant l'établissement des digues au village de Fara'ounyeh, des eaux dans la branche de Damiette; il les reçoit aujourd'hui de la branche de Rosette, par son embouchure à Nadir : c'est ce canal qui, passant à Menouf, chef-lieu de la province de ce nom, servira pour le passage de la rivière de Moueys dans la branche de Rosette, à moins que, les choses ne prenant de l'extension par la suite, on ne préférât d'ouvrir un autre canal plus direct sur Rahmânyeh, qui partagerait plus avantageusement le Delta.

Ainsi que toutes les autres dérivations des deux branches du Nil, ce canal a pu ne servir d'abord qu'aux irrigations : mais l'abondance des eaux qu'il a reçues par deux grandes ouvertures à Fara'ounyeh, l'a considérablement agrandi; et la pente rapide qu'il a de Kafr-Fara'ounyeh à Nadir, en l'approfondissant et l'élargissant encore, soutirait une si grande masse d'eau de la branche de Damiette, que les provinces de Charqyeh, de Qelyoubyeh, de Mansourah et de Damiette, se ressentirent fortement de l'abaissement des eaux du fleuve. Cette diminution devint telle, que les eaux de mer, ne trouvant plus, dans les basses eaux du Nil, leur force d'équilibre vers Damiette, refluèrent jusqu'à Fâreskour, et causèrent les plus grands dommages. Les malheurs qu'éprouvèrent ces provinces, excitèrent les plus vives réclamations auprès du gouvernement des beys : elles furent successivement écoutées ou rejetées, suivant les intérêts des divers gouvernans, et les sommes ou les présens plus ou moins considérables qu'ils recevaient des parties intéressées. La prise d'eau du canal fut enfin fermée à Fara'ounyeh par deux digues sur lesquelles on construisit de petits ouvrages de défense, dont les beys confièrent la garde au gouverneur de la province, qui y mettait des troupes pendant tout le temps de la crue du Nil. Bientôt la province de Menouf elle-même, celles de la Baheyreh, de Rosette et d'Alexandrie, se plaignirent du manque d'eau que leur occasionait la fermeture du canal par les digues de Fara'ounyeh. Il y avait quatre ans que cet état de choses existait, lorsque les Français arrivèrent en Égypte; ces dernières provinces, privées de l'abondance des eaux qu'elles recevaient avant l'ouverture du canal de Fara'ounyeh, portèrent leurs réclamations à la décision du général en chef.

Les provinces intéressées à la fermeture des digues de Fara'ounyeh vinrent réclamer en opposition. Ces demandes, fondées sur des intérêts divers, mais importans, déterminèrent le général en chef à faire paraître à ce sujet, la veille de son départ d'Égypte pour la France, l'ordre du jour suivant :

Ordre du jour, du quartier général de Menouf, le 5 fructidor an VII (22 août 1799).

« Il existait, il y a plus de cinquante ans, une digue à Fara'ounyeh, qu'il était d'usage de couper au moment où le Nil diminuait, et de fermer au moment où il augmentait; depuis, on a laissé librement passer les eaux par le canal de Menouf.

« Depuis quatre à cinq ans, au contraire, on a rétabli la digue à Fara'ounyeh; que l'on n'a plus coupée, et les eaux passaient entièrement dans la branche de Damiette; ce qui a diminué l'inondation du Delta et de la Baheyreh, mais a considérablement augmenté celle des provinces de Charqyeh, Damiette, Mansourah et Qelyoubyeh. Les commandans de ces provinces réuniront les gens les plus instruits de leurs provinces, et se feront remettre des notes,

« 1°. Sur la quantité de terrain qui n'était pas arrosée, il y a cinq ou six ans, lorsque la digue de Fara'ounyeh n'existait pas;

« 2°. Sur la quantité de terrain qui se trouve aujourd'hui inondée par l'établissement de la digue de Fara'ounyeh;

« 3°. Enfin, sur le tort que faisait à leurs provinces l'usage plus ancien d'ouvrir cette digue au moment où le Nil commençait à baisser.

« Les commandans des provinces de Menoufyeh, Baheyreh, Gharbyeh, Rosette, et d'Alexandrie, se feront également remettre des notes,

« 1°. Sur la quantité de terrain qui était inondée avant l'établissement de la digue de Fara'ounych;

« 2°. Sur celle devenue inutile par l'établissement de cette digue;

« 3°. Enfin, sur le bien que produisait dans ces provinces l'usage plus ancien de couper cette digue au moment où le Nil commençait à baisser.

« Le commandant de la province de Menouf se fera remettre un état des dépenses que l'on était d'usage de faire toutes les années pour couper et fermer cette digue.

« M. Le Père, ingénieur en chef, recueillera tous les renseignemens sur cette importante question, afin d'en faire un rapport dans l'année : il fera aussi observer avec le plus grand soin les autres canaux qui paraissent avoir une tendance à porter les eaux de la branche de Damiette dans celle de Rosette.

« *Signé* Alexandre BERTHIER,

chef de l'état-major général. »

En conséquence de cet ordre, je chargeai l'ingénieur Févre de se transporter sur les lieux pour y prendre les renseignemens nécessaires; il me remit à ce sujet un mémoire détaillé : les généraux commandant les provinces m'adressèrent aussi les renseignemens demandés par l'ordre du jour qui vient d'être cité; et, l'année suivante, les ingénieurs Jollois et Dubois levèrent le plan du canal, en firent le nivellement, et me remirent leur travail commun.

Dans la crue du Nil de l'an VII, on trouva, le 12 fructidor (29 août 1799), que les digues de Fara'ounyeh soutenaient une hauteur d'eau de $4^m,86$ centimètres ($14^{ds} 11° 6'$) au-dessus des eaux, en aval des digues, fournies par la branche de Rosette. L'année suivante, le 19 fructidor an VIII (6 septembre 1800), on trouva que les mêmes digues soutenaient une hauteur d'eau de $6^m,46$ centimètres ($19^{ds} 10° 6'$) au-dessus des eaux, en aval des mêmes digues [1].

---

[1] Le nivellement donna pour pente des eaux dans le haut Nil, à cette époque; savoir, de Kafr-Fara'ounyeh à Menouf, 2,35 centimètres, sur un

MÉMOIRE SUR LE CANAL

Dans la forte crue de l'an IX (septembre 1800), l'arrière-digue construite à Menouf fut emportée par la force des eaux. Les habitans de Menouf et des villages voisins avaient déterminé le commandant français à construire cette digue ; elle avait pour objet de former, de la partie supérieure du canal jusqu'à Fara'ounyeh, un bief ou bassin, dans lequel les eaux fournies par les pertuis du canal de Menouf eussent établi un niveau susceptible de porter des irrigations, par le canal d'Abousarah, sur les terres de plus de vingt villages, que le défaut d'eau assez ordinaire réduit à ne pas faire de récolte.

Cette digue avait encore l'avantage, en établissant, dans un bief intermédiaire, un niveau moyen entre les eaux de la branche de Damiette et les eaux de la branche de Rosette, de diminuer la pression des eaux supérieures à Fara'ounyeh, et d'arrêter ainsi les filtrations qui ont lieu dans le haut Nil, au pied des digues, et qui causent souvent des inquiétudes.

La contre-digue de Menouf fut construite en messidor an VIII (juillet 1800), par les procédés ordinaires du pays, sous la surveillance du commandant français ; mais, la berge du canal de Menouf, et le terre-plain qui le sépare du canal de Fara'ounyeh, ayant été emportés par la crue considérable de l'an IX (septembre 1800),

---

développement de 20000 mètres, et de Menouf à Nadir, 1,61 centimètres de pente, sur une distance de 13,500 mètres, et une pente totale de 396 centimètres, sur 33500 mètres de cours. — On parlera ailleurs du trop grand nombre des bouches du Nil, de la nécessité qu'il y a de fermer, en partie, celles qui se jettent dans les lacs maritimes, et de déterminer, suivant l'état du Nil, l'écoulement des eaux de ce fleuve dans la mer.

DES DEUX MERS.

immédiatement au-dessous de l'île qui sépare les deux anciennes prises d'eau du canal de Fara'onnyeh, le niveau des eaux s'éleva dans ce canal au point que la contre-digue de Menouf, dont le sommet trop bas avait été fixé d'après les considérations qu'on vient d'exposer, fut emportée par la force du courant et totalement détruite.

L'abondance et la rapidité des eaux avaient tellement agrandi la partie supérieure du canal de Menouf, et approfondi la brèche, que la navigation s'est trouvée rétablie, de Nadir à la branche de Damiette. Cet événement causa de vives inquiétudes, et il était très-urgent d'en prévenir les progrès : les digues de Fara'ounyeh devenaient, en effet, sans objet. Nous nous proposions d'employer les plus grands moyens pour refermer cette brèche par une nouvelle digue, sous Contamil, sur le bord du fleuve, et de reporter la prise d'eau du canal de Menouf beaucoup au-dessous, afin de prévenir un semblable événement qui pouvait résulter encore du trop grand rapprochement des canaux. Cet accident devait faire craindre que les provinces de Mansourah et de Damiette n'éprouvassent les mêmes calamités qui les désolèrent pendant quelques années.

Ce fut après avoir acquis tous les renseignemens nécessaires, et après avoir pris par moi-même connaissance de l'état des choses sur les lieux, que j'adressai au général en chef Menou[1] un projet d'arrêté, dont l'article 1er portait : « Les digues de Fara'ounyeh seront

---

[1] Ordre du jour du 5 fructidor an VIII (23 août 1800). Celui du général Bonaparte était du 5 fructidor an VII (22 août 1799).

rétablies, et soigneusement gardées et entretenues jusqu'à ce qu'il soit possible de construire une écluse propre à établir le partage des eaux que réclame l'intérêt des provinces adjacentes au Delta. »

L'objet de cet arrêté était de consacrer le principe de la conservation des digues, et de calmer les inquiétudes, par l'aveu public du projet de concilier tous les intérêts, au moyen d'un partage possible et nécessaire des eaux à Fara'ounyeh. En effet, de simples vannes de décharge, et des déversoirs construits dans la digue, sont encore les seuls moyens de satisfaire aux divers intérêts des provinces de la basse Égypte. Mais, aujourd'hui que d'autres considérations portent à rétablir la navigation du canal de Fara'ounyeh, pour faire partie de la communication des deux mers, on se détermine à reporter le barrage actuel près de Menouf, en laissant ouvertes les deux prises d'eau de Fara'ounyeh : l'écluse à sas que l'on y construira, aura le double avantage d'allier la navigation à l'irrigation de toute la province de Menouf, et de ne donner à la branche occidentale que le trop-plein de la branche orientale. Cette écluse, et la digue de barrage, sont les seuls travaux d'art qu'il y aurait à faire dans le canal à Menouf.

Il suffit de jeter les yeux sur le cours des deux grandes branches du fleuve, pour sentir l'avantage que la navigation directe de Soueys à Alexandrie gagnera en passant par le canal de Fara'ounyeh, au lieu de remonter jusqu'au *Batn-el-Baqarah* (Ventre de la Vache), pour passer dans la branche de Rosette : les bâtimens qui remontent le canal de Moueys et une partie de la branche de Damiette, jusqu'à Fara'ounyeh, n'auront, pour arriver à Nadir, situé sur l'autre branche du Nil, qu'une distance de 33,500 mètres (17188 toises) environ, tandis que, pour arriver au même point, en doublant le Batn-el-Baqarah, ils auraient 90000 mètres; ce qui fait une différence de 56500 mètres, ou environ 14 lieues communes, qu'on a de moins à parcourir dans la navigation de Soueys à Alexandrie.

Le radier de l'écluse de Menouf devra être établi à une hauteur convenable pour avoir quatre à cinq pieds d'eau dans le bas Nil. Les digues et les portes busquées auront de dix-huit à vingt pieds de hauteur d'eau à soutenir dans les plus fortes crues. Cette écluse placée à Menouf réunira aussi à l'avantage d'assurer une navigation constante, celui d'être aisément défendue sous les murs du chef-lieu d'une des riches provinces de l'Égypte.

Enfin cet ouvrage offrirait encore une communication utile avec la partie la plus haute du Delta; communication qui eût été indispensable, si l'on avait réalisé le projet d'y former des établissemens qui fussent devenus le point central de la colonie. On conçoit, en effet, combien la position d'une ville au sommet du Delta serait avantageuse, considérée sous les rapports de la culture, du commerce, de la navigation, et surtout de la défense, puisque le feu de cette place peut fermer à volonté la communication des deux grandes branches du fleuve, et de toutes celles qui en dérivent; mais cet établissement était une idée première, dont la paix seule pouvait réaliser l'exécution.

§. III. *Canal de Chybyn el-Koum.*

Ainsi que le canal de Fara'ounyeh, le canal de Chybyn el-Koum arrose le Delta, qu'il traverse du sud-est au nord-ouest; il prend ses eaux dans la branche de Damiette, au village de Qaryneyn, et débouche dans celle de Rosette, au village de Farastaq. Malgré la tendance qu'ont les eaux de la branche occidentale à se jeter dans la branche orientale, le canal de Chybyn el-Koum est aujourd'hui moins considérable que celui de Fara'ounyeh : néanmoins l'on pourra, pendant trois ou quatre mois de l'année, profiter de la navigation du canal de Chybyn el-Koum, et gagner encore un ou deux jours sur celle du canal de Fara'ounyeh ; et comme il sera indispensable, par la suite, de fermer par des digues éclusées toute communication des canaux d'irrigation avec les deux grandes branches du Nil, il est évident que, devant faire dans le canal de Chybyn el-Koum des travaux analogues à ceux du canal de Fara'ounyeh, on pourra concurremment établir la navigation des deux mers par ce canal, qui débouche à Farastaq, dans la branche de Rosette, à une demi-journée au sud de Rahmânyeh.

§. IV. *Branches du Nil.*

Le Nil, qui, depuis la dernière cataracte sous le tropique à Syène, n'a qu'un seul lit jusqu'au-dessous des pyramides (car on ne peut considérer comme bras du fleuve quelques canaux dérivés qui courent parallèlement entre le Nil et les montagnes qui longent son bassin), se divisait, dit Hérodote (liv. II, §. 17), en trois branches, près de la ville de Cercasore, à peu près au point désigné aujourd'hui sous le nom de *Batn-el-Baqarah :* la plus orientale passait à Bubaste, et se rendait dans la mer à Péluse, dont elle prenait le nom; la seconde, la plus occidentale, se jetait dans la mer près de Canope, qui lui donnait aussi son nom; la troisième existait entre ces deux points extrêmes de la base du Delta, et se jetait dans la mer vers un promontoire avancé; elle était connue sous le nom de *branche Sébennytique,* qui partait du sommet du Delta, qu'elle partageait en deux. D'autres branches, mais moins considérables, qui dérivaient de ces trois principales, étaient la Saïtique, la Mendésienne, la Bolbitine et la Bucolique : ces deux dernières n'étaient pas l'ouvrage de la nature, mais celui des hommes, qui les avaient creusées.

Le fleuve avait donc sept branches du temps d'Hérodote, vers son embouchure dans la mer.

Le Nil a successivement occupé divers points de la vallée; son lit, dans l'étendue de son cours, touche sur plusieurs points aux déserts de la mer Rouge et de la Libye, et de nouveaux changemens peuvent se reproduire encore : mais, quels que soient ceux que le fleuve ait éprouvés dans les temps éloignés, par rapport à ses bouches maritimes, il est évident qu'il en a subi sensiblement depuis Strabon, qui écrivait plus de 450 ans après Hérodote. Ce géographe décrit ainsi l'ordre des bouches du fleuve : 1°. la bouche Canopique, où les bâtimens abordaient quand ils ne pouvaient entrer dans les ports d'Alexandrie; 2°. la bouche Bolbitine; 3°. la Sébennytique; 4°. la Phatnitique, qui était la plus considérable après les deux grandes qui formaient les côtés du Delta; 5°. la Mendésienne; 6°. la Tanitique, 7°. enfin la Pélusiaque.

Le fleuve avait encore d'autres petites bouches, qui portaient le nom de ψευδοςόματα, ou *fausses bouches;* mais les anciens, par leur respect superstitieux pour le nombre *sept,* n'ont parlé avec emphase que de ces sept bouches[1].

Entre les bouches Tanitique et Pélusiaque, il se trouvait, dit Strabon, des lacs et des marais très-étendus, dans lesquels étaient situés beaucoup de bourgs. Péluse, Πηλύσιον, dont le nom signifie *marécageux*, était entourée de marais et d'abîmes; cette ville était située à vingt stades de la mer, et elle est aujourd'hui également distante de la bouche de Tyneh : mais il n'en est pas de même vis-à-vis de Damiette et de Bourlos, où d'anciens établissemens se trouvent aujourd'hui sous les eaux de la mer.

Des sept anciennes bouches du fleuve, les deux principales, la Pélusiaque et la Canopique, n'existent plus; en les comblant, les sables ont diminué l'étendue cultivable du Delta : elles sont remplacées par les bouches de Damiette et de Rosette, qui sont celles qu'Hérodote dit avoir été creusées de main d'homme. On compte encore le même nombre de bouches; en voici l'ordre,

---

[1] On peut consulter M. Court de Gébelin, dans son Monde primitif, tom. VIII, sur la recherche des objets divers que les anciens ont désignés et consacrés par ce nombre septénaire.

d'orient en occident : 1°. la bouche de Tyneh, 2°. la bouche d'Omm-Fâreg, 3°. celle de Dybeh, 4°. la grande bouche de Damiette, 5°. celle de Semennoud à Bourlos, 6°. la grande bouche de Rosette, 7°. enfin la nouvelle bouche du lac d'Edkou. Celle du Ma'dyeh ne peut pas être comprise dans ce nombre, puisque ce lac, qui communique à la mer, ne reçoit pas constamment les eaux du fleuve. L'une de ces deux dernières occupe l'emplacement de la bouche Canopique, dont les traces sont perdues sous les eaux de ces lacs. On peut considérer ces bouches comme répondant à peu près à celles qui existaient du temps d'Hérodote.

Les bouches du fleuve ne permettent pas l'entrée à des navires de plus de sept pieds de tirant d'eau, dans le haut Nil. Celle de Rosette est la plus difficile, à cause des bancs de sable qui la ferment. Celle de Bourlos, qui est plus profonde, a l'avantage d'avoir un boghâz moins élevé, et aussi moins variable : il semble que l'on pourrait tirer un plus grand parti de cette bouche pour pénétrer dans l'intérieur. La branche de Damiette permettait encore, au commencement du siècle dernier, l'entrée à des bâtimens de huit à dix pieds de tirant d'eau ; mais elle se comble sensiblement. Cet effet, comme on l'a dit précédemment, est dû à l'ouverture du canal de Fara'ounyeh, qui a diminué considérablement le volume des eaux que cette grande branche versait à la mer : c'est pour conserver dans cette branche le plus d'eau possible, qu'on a proposé d'établir une écluse dans ce canal, à Menouf, à l'effet de ne dépenser que ce qu'il faut rigoureusement pour la navigation et l'irrigation.

§. V. *Des boghâz.*

On appelle *boghâz*, en Égypte, les passes étroites et périlleuses des bouches du Nil à la mer. Ces bouches sont fermées par les sables que les flots de la mer, agités par les vents du large et combattus par le courant des eaux du fleuve, y déposent au point d'équilibre où ces forces viennent se briser. Ces bancs de sable varient suivant les saisons et l'action plus ou moins grande des vents, en sorte que ceux qui forment la barre qu'on trouve ordinairement aux bouches du Nil, changent souvent de position, et rendent sans cesse nécessaires aux navigateurs les soins d'un pilote, chargé de leur indiquer la passe ou le chenal des bouches du fleuve ; mais cette surveillance continuelle d'un pilote n'est pas toujours suffisante pour prévenir les accidens.

Boghâz de Damiette.... Le boghâz de la branche orientale du Nil prend le nom de *boghâz de Damiette*. On y trouve une profondeur d'eau assez constante de sept à huit pieds dans le bas Nil, et de dix à douze dans le haut Nil ; ce qui rend l'entrée de cette bouche du fleuve plus facile et moins dangereuse que celle de Rosette : aussi les germes de Damiette sont-elles beaucoup plus fortes que celles qui naviguent sur la branche de Rosette[1].

Les bâtimens de commerce qui viennent en Égypte par la branche de Damiette, chargent ou déchargent

---

[1] *Voy.* le tableau (§. VI) où ces sortes de bateaux sont décrits, quant à leur espèce et à leur usage.

leurs marchandises en rade même, à une lieue au nord du boghâz, au moyen d'alléges employées à ce transport. Les bâtimens qui, après s'être allégés, sont surpris par les gros temps, peuvent entrer dans le fleuve et mouiller à la hauteur d'el-Ezbeh. C'est par la bouche de Damiette que se fait le commerce de l'Égypte avec la Syrie, l'île de Chypre et l'Archipel. La Porte envoyait autrefois deux caravelles croiser sur les parages des rades de Rosette et de Damiette, pour protéger le commerce et le défendre contre les corsaires et les galères de Malte.

Damiette a une rade foraine, dont le mouillage est très-sûr en été par la nature de son fond : mais, en hiver, les bâtimens sont souvent forcés, quand ils sont surpris par les gros temps, assez fréquens sur cette côte, de couper leur ancre en y laissant une bouée, et de se réfugier en Chypre, pour attendre que le temps leur permette de reprendre leur mouillage. Cette rade est située à deux lieues à l'est du cap Bouyau, qui, comme celui de Bourlos, contribue au calme de son mouillage. Les marins du pays, qui connaissent mieux la côte, vont mouiller à quatre lieues à l'est du cap Bouyau, et reviennent sur rade après le mauvais temps.

Le cap Bouyau est formé par le prolongement des terres de la rive droite du Nil : ce banc, à partir du château, aujourd'hui envahi par les eaux de la mer, s'étend sous l'eau jusqu'à une demi-lieue au large, et l'on n'y trouve que deux à trois brasses d'eau au plus; il est assez reconnaissable par les brisans qui s'y forment dans les gros temps. Pour gagner le mouillage, en partant de la rade de Damiette, par neuf et dix brasses d'eau, on fait d'abord route à l'est; dans cette direction, le fond diminue peu à peu jusqu'à quatre brasses, et augmente ensuite : dès qu'on s'aperçoit de cette augmentation, le cap est doublé. On peut faire route ensuite au sud-est jusqu'à cinq et six brasses; alors on met au sud-sud-est; et dès qu'on aperçoit au sud le château du boghâz et une mosquée à deux minarets, à l'ouest de Damiette, dont on ne voit plus que le haut des minarets, on peut jeter l'ancre. Plus on s'avance vers le sud, plus le mouillage est tranquille; mais on doit avoir la précaution de mettre une ancre de toue, parce que le fond est de fange molle. Les bâtimens du pays qui font le commerce de la Syrie, mouillent sur toute la côte du lac Menzaleh.

Boghâz de Rosette.... La bouche de la branche occidentale du Nil prend le nom de *boghâz de Rosette :* cette bouche, ainsi que celle de tous les grands fleuves qui charrient beaucoup d'alluvions, est peu profonde, étroite, difficile, étant fermée par un banc de sable qui n'y laisse que deux passes [1].

Ce banc, qui, dans la crue du fleuve, s'oppose directement au cours des eaux, y cause une agitation et des brisans dont la violence en rend le passage extrêmement dangereux. Il y arrive des accidens fréquens, malgré les soins des pilotes côtiers que le gouvernement y entretient, et qu'on y trouve toujours lorsque le temps le permet, pour indiquer les passes aux germes et autres bâtimens. Ces passes varient sans cesse : tantôt c'est celle de l'est

---

[1] On trouvera les sondes de ces différentes bouches dans l'Atlas qui fait partie du travail général de la Commission d'Égypte.

qui est fréquentée; tantôt, mais plus souvent, c'est celle de l'ouest. On n'y trouve, dans le bas Nil, que quatre à cinq pieds d'eau, et sept à huit dans le temps de la crue : c'est autant au courant qui s'établit au boghâz, qu'à la hauteur d'eau de la crue, qui y est de deux pieds environ, que l'on doit cette profondeur.

Il arrive souvent aux germes qui font le cabotage de Rosette à Alexandrie, et qui tirent cinq à six pieds d'eau, de toucher au boghâz; mais, comme le fond n'est qu'un sable fin et délié, la vitesse de ces germes, dont la voilure latine prend très-bien le vent, leur permet de filer, en labourant, pour ainsi dire, sur ces sables.

Boghâz de Bourlos.... Le boghâz du lac Bourlos a une profondeur d'eau assez constante de neuf à dix pieds : mais la plage, trop exposée aux vents du nord et de l'ouest, est peu accessible aux bâtimens étrangers; ceux du pays qui font le cabotage, y trouvent cependant un bon mouillage à une lieue au nord de ce cap, le plus saillant de la côte d'Égypte.

On compte encore six boghâz secondaires, celui d'Abouqyr dans le lac Ma'dyeh, celui d'Edkou, ceux de Dybeh, de Gemyleh, d'Omm-Fâreg et de Tyneh, ces quatre derniers appartenant au lac Menzaleh. Ces boghâz rappellent les embouchures d'anciennes branches qui n'existent plus; on peut les comparer aux *graux* ou bouches des lacs maritimes sur les côtes du Languedoc.

§. VI. *De la navigation du Nil.*

La navigation du Nil dépend absolument des crues et du décroissement des eaux, qui en déterminent la durée; car elle cesse successivement pour les bateaux d'après leur tirant d'eau, que nous avons indiqué dans le tableau suivant : ceux de la haute Égypte sont généralement plus forts que ceux du Delta.

On a vu que les germes qui font le cabotage d'Alexandrie à Rosette et à Damiette, ne remontent pas le fleuve au-delà de ces deux villes : d'autres bâtimens connus sous le nom de *mâch*, à voile latine, et du port de 60 tonneaux, chargent et déchargent les marchandises dans ces villes, et les transportent au Kaire et jusqu'aux limites de l'Égypte, vers la cataracte. Pendant les derniers temps du décroissement du fleuve, c'est-à-dire pendant quatre à cinq mois de l'année, depuis janvier jusqu'à la fin de juin, le Nil est peu navigable : les bancs de sable y rendent fréquens les échouemens; mais ils sont peu dangereux, à cause de la nature de ces sables, qui sont presque mouvans.

Les vents favorables pour remonter le fleuve pendant cette saison sont également rares ou faibles, de sorte que la navigation est presque nulle : on fait, à défaut du vent, usage de la cordelle pour remonter le fleuve; cet usage y est très-ancien.

Dans le temps de la crue, le fleuve, qui coule à pleines rives et avec rapidité, est bien facile à descendre par le courant seul, quoiqu'alors les vents du nord, qui

soufflent constamment depuis juin jusqu'en septembre,
soient absolument contraires : mais ils sont aussi nécessaires que favorables ; car au moyen de ces vents on peut
souvent, en huit jours et moins, remonter le fleuve,
dont le cours, suivant son développement, est, du Kaire
aux cataractes, de 185 lieues (de 2500 toises). Le trajet de Rosette ou de Damiette au Kaire se fait souvent
en trente-six heures. Le fleuve a, vers cette époque, une
profondeur suffisante pour recevoir des caravelles, espèce
de frégates ; ce qu'on a vu, en 1778, dans la guerre des
beys, dans laquelle Ismâ'yl-bey vint, de Damiette au
Kaire, avec une caravelle de 24 canons.

MÉMOIRE SUR LE CANAL

TABLEAU des bâtimens naviguant sur le Nil, les canaux, les lacs, les côtes maritimes de l'Égypte, et sur la mer Rouge[1].

	NOMS DES BATIMENS EN		NOMBRE.	MATURE et VOILURE.	TIRANT D'EAU.	DIMENSIONS.			PORT EN		MOIS de NAVIGATION.
	ARABE.	FRANÇAIS.				LONGUEUR.	LARGEUR.		ARDEBS.	TONNEAU.	
HAUTE ÉGYPTE.	Merkeb........	Grande kayasse...	10.	2 mâts.	d. p. 7. 0.	d. p. 54. 8.	d. p. 18. 3.		1000.	200.	5.
	F.toukah......	Kayasse 3.......	50.	....	7. 0.	50. 8.	16. 6.		800.	160.	5.
	Nousf-fiioukah.	Demi-kayasse.....	500.	Voile latine....	6. 0.	47. 6.	15. 4.		500.	100.	7.
	F.touk.-soghayrah.	Petite kayasse....	600.	*Id.*	4. 0.	37. 0.	10. 0.		200.	40.	9.
		Les plus petites...	300.	1 mât à v^e. lat^e.	1. 6.	19. 0.	7. 0.		30.	6.	12.
	TOTAL......		1460.								
BASSE ÉGYPTE.	Qangeh-kebyreh..	Grande mâch 4 ..	50.	Voile latine....	4. 6.	50. 6.	13. 9.		300.	60.	7.
	Nousf-qangeh...	Demi-mâch......	50.	2 mâts.........	3. 10.	43. 9.	12. 6.		150.	30.	10.
	Qangeh-soghayrah.	Cange 5.........	60.	1 mât à v^e. lat^e.	1. 6.	40. 6.	12. 5.		40.	8.	12.
	Kebyr-kayase....	Grande kayasse...	600.	2 mâts..........	0. 8.	48. 0.	13. 6.		300.	60.	8.
	Nousf-kayase....	Demi-kayasse....	800.	*Id.*	2. 2.	39. 0.	11. 6.		150.	30.	10 ½.
	Kayase-soghayrah.	Petite kayasse....	1000.	1 mât à v^e. lat^e.	1. 6.	19. 0.	7. 0.		30.	6.	12.
	TOTAL......		2560.								
LES MAR.	Cheryteh.......	Grande germe 6..	....	....	....	....	....		....	....	....
	Mahoun.........	Petite germe.....	....	....	....	....	....		....	....	....
		Mahoun..........										

TABLEAU des bâtimens naviguant sur le Nil, les canaux, les lacs, les côtes maritimes de l'Égypte, et sur la mer Rouge[1].

	NOMS DES BATIMENS EN		NOMBRE	MATURE et VOILURE.	TIRANT D'EAU.	DIMENSIONS.		PORT EN		MOIS de NAVIGATION.
	ARABE.	FRANÇAIS.				LONGUEUR.	LARGEUR.	ARDEBS[2].	TONNEAUX.	
					p. p.	p. p.	p. p.			
HAUTE ÉGYPTE.	Merkeb........	Grande kayasse...	10.	2 mâts.	7. 8.	54. 8.	18. 3.	1000.	200.	5.
	Feloukah.......	Kayasse[3]........	50.	"	7. 0	50. 6.	16. 6.	800.	160.	5.
	Nousf-feloukah..	Demi-kayasse....	50.	Voile latine...	6. 0	47. 8.	15. 4.	500.	100.	7.
	Felouk.-soghayrah.	Petite kayasse...	600.	Id.	4. 6	37. 0	10. 0	200.	40.	9.
		Les plus petites..	300.	1 mât à v°. lat°.	1. 6.	19. 0	7. 0	30.	6.	12.
		TOTAL......	1060.							
BASSE ÉGYPTE.	Qangeh-kebyreh.	Grande mâch[4]...	50.	Voile latine...	4. 6	50. 6.	13. 9.	300.	60.	7.
	Nousf-qangeh...	Demi-mâch.....	50.	2 mâts	3. 10	43. 9.	12. 6.	150.	30.	10.
	Qangeh-soghayrah.	Cange[5].........	60.	1 mât à v°. lat°.	1. 6.	40. 6.	5. 0	40.	8.	12.
	Kebyr-kayâse...	Grande kayasse..	600.	3 mâts.	4. 0	48. 0	13. 0	300.	60.	8.
	Nousf-kayâse...	Demi-kayasse...	800.	Id.	3. 2.	39. 0	11. 6.	150.	30.	10 ½.
	Kayâse-soghayrah.	Petite kayasse...	1000.	1 mât à v°. lat°.	1. 6.	19. 0	7. 0	30.	6.	12.
		TOTAL......	2560.							
CÔTES MAR.	Cheytych.......	Grande germe[6]..								
		Petite germe....								
	Mahoun........	Mahoun........								
		Caravelle.......								
MER ROUGE.	Kayâse.........	Kayasse........		3 mâts........						
	Zàym..........	Zaïme[7]........	30 à 40.		10 à 12.			2000 fardes[9].	400.	
		Caravelle[8]......	12 à 15.	3 mâts.	20.	160.	50.		1200.	

[1] Les données qui manquent dans ce tableau, ont été perdues dans notre correspondance avec M. Le Roy, préfet maritime, qui nous les avait adressées.

[2] L'*ardeb* de grain varie de poids, dans les différentes villes de l'Égypte; il est de 350 à 450 livres, poids de marc.

Le tirant d'eau des bâtimens, tant de la haute que de la basse Égypte, est estimé à plein chargement.

[3] Sous le titre de *kayâse*, les habitans comprennent encore les barques du port de 300 et de 400 ardebs : il n'a pas été possible de distinguer plus qu'on ne l'a fait dans ce tableau, les différentes espèces de ces bâtimens. On nomme encore *kayâse*, tout bâtiment qui n'a pas de chambre.

[4] Les *mâch* sont des bâtimens du Nil, dont la voile latine, d'une ampleur considérable, est fixée à des antennes de 80 à 90 pieds de longueur; ces antennes, fixées elles-mêmes au haut des mâts, ne permettent que très-difficilement leurs manœuvres, en sorte que, dans les nombreuses bordées auxquelles obligent les sinuosités du fleuve pour prendre le vent, les voiles se trouvent appliquées contre les mâts, sans qu'on puisse les carguer ni les amener : aussi, dans les rafales, voit-on fréquemment sur le Nil chavirer quelques-uns de ces bâtimens.

[5] *Cange*, espèce de canot ou chaloupe de forme très-fine, et sans chambre.

[6] Les *germes* sont des bâtimens propres à la navigation des côtes maritimes de l'Égypte, et servent au cabotage des villes d'Alexandrie, de Rosette et de Damiette. Leur forme longue de 50, 60 et 70 pieds, est très-effilée, et en rend la marche très-vite. Ces germes ont deux et trois mâts avec de grandes voiles latines, dont les antennes, fixées au haut de chaque mât, comme dans les *mâch*, ne peuvent amener ; ce qui force les matelots à y monter pour serrer les voiles. Ces bâtimens, de quatre et cinq pieds de tirant d'eau, ne sont pas pontés : outre ce défaut, qui expose les marchandises à être mouillées ou avariées dans les gros temps et dans la saison des pluies, ils ont celui d'être sujets à chavirer par l'ampleur même des voiles.

[7] Les *zaïmes*, bâtimens de la mer Rouge, vont prendre à Mokhà les cafés et produits de l'Arabie ; ils en rapportent à Soueys les marchandises du Bengale, transportées par les Arabes Banians : ces bâtimens font deux voyages par an ; ils sont mal armés, et ont ordinairement trente à quarante hommes d'équipage.

[8] Les *caravelles* (espèce de frégates turkes, du port de 1200 tonneaux) sont armées de 40 à 60 canons; elles ont 200 hommes d'équipage, et reçoivent, en outre, 400 passagers qui font le pèlerinage de la Mekke : ces bâtimens, remplacés aujourd'hui par les zaïmes, ne faisaient qu'un seul voyage par an.

[9] La *farde* de café-mokhà et des ports de l'Yemen pèse quatre quintaux environ; c'est une balle faite en feuilles de dattier.

MER ROUGE.	Kayàse..........	Kayasse..........	.	3 mâts......	.	.	.	.	.
	Zaÿm............	Zaïme 7.........	3o à 4o.	.	10 à 12.	16o.	.	2000 fardes 9.	4oo.
		Caravelle 8......	12 à 15.	3 mâts.......	20.	16o.	5o.	.	1200.

[1] Les données qui manquent dans ce tableau, ont été perdues dans notre correspondance avec M. Le Roy, préfet maritime, qui nous les avait adressées.

[2] L'*ardeb* de grain varie de poids, dans les différentes villes de l'Égypte; il est de 34o à 45o livres, poids de marc.

Le tirant d'eau des bâtimens, tant de la haute que de la basse Égypte, est estimé à plein chargement.

[3] Sous le titre de *kaydse*, les habitans comprennent encore les barques du port de 3oo et de 4oo ardebs : il n'a pas été possible de distinguer plus qu'on ne l'a fait dans ce tableau, les différentes espèces de ces bâtimens. On nomme encore *kaydse*, tout bâtiment qui n'a pas de chambre.

[4] Les *mâch* sont des bâtimens du Nil, dont la voile latine, d'une ampleur considérable, est fixée à des antennes de 8o à 9o pieds de longueur; ces antennes, fixées elles-mêmes au haut des mâts, ne permettent que très-difficilement leurs manœuvres, en sorte que, dans les nombreuses bordées auxquelles obligent les sinuosités du fleuve pour prendre le vent, les voiles se trouvent appliquées contre les mâts, sans qu'on puisse les carguer ni les amener : aussi, dans les rafales, voit-on fréquemment sur le Nil chavirer quelques-uns de ces bâtimens.

[5] *Conge*, espèce de canot ou chaloupe de forme très-fine, et sans chambre.

[6] Les *germes* sont des bâtimens propres à la navigation des côtes maritimes de l'Égypte, et servent au cabotage des villes d'Alexandrie, de Rosette et de Damiette. Leur forme longue de 5o, 6o et 7o pieds, est très-effilée, et en rend la marche très-vite. Ces germes ont deux et trois mâts avec de grandes voiles latines, dont les antennes, fixées au haut de chaque mât, comme dans les *mâch*, ne peuvent amener; ce qui force les matelots à y monter pour serrer les voiles. Ces bâtimens, de quatre à cinq pieds de tirant d'eau, ne sont pas pontés : outre ce défaut, qui expose les marchandises à être mouillées ou avariées dans les gros temps et dans la saison des pluies, ils ont celui d'être sujets à chavirer par l'ampleur même des voiles.

[7] Les *zaïmes*, bâtimens de la mer Rouge, vont prendre à Mokhâ les cafés et produits de l'Arabie; ils en rapportent à Soueys les marchandises du Bengale, transportées par les Arabes Banians : ces bâtimens font deux voyages par an; ils sont mal armés, et ont ordinairement trente à quarante hommes d'équipage.

[8] Les *caravelles* (espèce de frégates turkes, du port de 1200 tonneaux) sont armées de 4o à 6o canons; elles ont 200 hommes d'équipage, et reçoivent, en outre, 4oo passagers qui font le pèlerinage de la Mekke : ces bâtimens, remplacés aujourd'hui par les zaïmes, ne faisaient qu'un seul voyage par an.

[9] La *farde* de café-mokhâ et des ports de l'Yemen pèse quatre quintaux environ; c'est une balle faite en feuilles de dattier.

SECTION TROISIÈME.

CANAL D'ALEXANDRIE,

OU DERNIÈRE PARTIE DU CANAL DES DEUX MERS, DU NIL
A ALEXANDRIE.

Avantages du canal d'Alexandrie. — Description historique de ce canal. — Son état actuel. — De son rétablissement. — Vues générales sur les ports et villes d'Alexandrie. — Résumé général.

§. I. *Avantages du canal d'Alexandrie.*

La ville d'Alexandrie, malgré sa décadence, n'a pas cessé d'être considérée comme une place importante, comme la clef de l'Égypte. Renfermée par les eaux de la Méditerranée et par deux lacs d'eau salée qui en forment une presqu'île, elle ne tient plus à cette province de l'empire ottoman que par une bande étroite de terre qui s'étend sur la côte au sud-ouest jusqu'à la tour des Arabes[1]; privée absolument d'eau douce, elle n'en reçoit que par un canal dérivé du Nil : son existence,

---

[1] Cette presqu'île a 36,000 toises de longueur environ, depuis Abouqyr jusqu'à la tour des Arabes, où elle se rattache au désert de Libye: sa plus grande largeur se trouve immédiatement à l'est d'Alexandrie, où elle est de 1800 toises ; elle n'est que de 400 toises à la tour des Arabes, et de 300 toises seulement à l'ancienne coupure, vers le centre de la rade d'Alexandrie.

qui en dépend, est aussi nécessaire à l'Égypte, que l'Égypte lui est nécessaire.

La conservation du canal qui conduit les eaux du fleuve dans cette ville, est de la plus grande importance; et cette importance est fondée sur les avantages que les possesseurs de l'Égypte retireront toujours de ses deux ports et de sa rade, puisque, sur une étendue de plus de soixante lieues de côtes, Alexandrie et Abouqyr [1] sont les deux seuls points où les vaisseaux peuvent aborder facilement.

La première opération à faire en Égypte est donc le rétablissement de ce canal, que les puissances alliées, les Anglais et les Turks, ont coupé, à l'effet, par le versement des eaux de la mer dans le bassin desséché de l'ancien lac Maréotis, de resserrer les Français bloqués dans Alexandrie [2].

[1] Abouqyr est un cap situé sur la côte au nord-est d'Alexandrie: c'est à ce cap que se termine la côte rocailleuse et calcaire d'Alexandrie; au-delà, la côte d'Égypte, jusqu'à el-A'rych, n'offre plus qu'une plage basse et sablonneuse. La rade, quoiqu'ouverte aux vents du nord et du nord-est, assez fréquens et assez violens sur cette côte, est vaste et d'un bon mouillage; mais elle est peu tenable en hiver. Cette rade est formée par une anse au fond de laquelle on trouve deux communications des lacs d'Edkou et du Ma'dych à la mer: c'est dans cette partie qu'a dû exister l'ancienne bouche Canopique.

[2] Nous tenons d'un officier général de l'armée anglaise, que la coupure du canal fut agitée dans divers conseils de guerre, depuis le 1er jusqu'au 24 germinal an ix (22 mars-14 avril 1801), jour où l'avis des officiers de la marine anglaise, et principalement de l'amiral Keith, l'emporta sur toute autre considération. Cette opération désastreuse, qui vient de submerger l'ancien bassin du Maréotis, est une calamité pour la province de la Baheyreh, puisque les eaux de mer en ont inondé une très-grande étendue, qui, depuis quelques siècles, pouvait être rendue à l'agriculture. Les Anglais, pour opérer la submersion du bassin du Maréotis, avaient fait dans les digues du canal plusieurs brèches ou coupures, qui laissèrent aux eaux de la mer un débouché d'environ trente toises. Après le départ des Français, le grand-seigneur envoya à Alexandrie quelques ingénieurs suédois,

L'ancienne Alexandrie, privée naturellement d'eau douce, en recevait par un canal dérivé de la branche Canopique, près de Schedia. « Quand on sort (dit Strabon, liv. XVII) d'Alexandrie par la porte de Canope, on a, à sa droite, un canal qui communique au lac et conduit à la ville de Canope : par le lac on navigue dans le fleuve, à Canope et à Schedia; mais avant on passe à Éleusine, bourg d'Alexandrie, situé sur le canal même de Canope : un peu au-delà d'Éleusine, est à droite un canal qui conduit à Schedia, éloignée de quatre schœnes d'Alexandrie. »

D'après ce passage, d'Anville en conclut l'existence d'un canal qui, du faubourg d'Alexandrie et du lac Maréotis, se rendait à Canope, en suivant la côte. En effet, on retrouve des vestiges bien sensibles d'un canal dans la partie de cet isthme comprise entre les derniers monticules de décombres, à l'est de la porte de Rosette, et le sol élevé aux abords du Qasr-Qyâssera, ainsi que

avec des ouvriers de choix, suivis de vingt navires chargés de bois, de fer et d'autres matériaux pour refermer ces brèches. Le pacha du Kaire avait reçu l'ordre de leur fournir 80 bourses par mois (environ 70,000 francs) : on y travailla pendant quinze mois, mais sans succès; et le canal resta dans le même état. Les habitans d'Alexandrie durent être extrêmement embarrassés de se pourvoir d'eau; mais on sait que, dans des circonstances semblables, les riches en envoient chercher par mer à Rosette, quand les pauvres se contentent des eaux saumâtres qu'on trouve au-dehors d'Alexandrie, et à l'usage desquelles nos troupes et l'armée anglo-turke ont été réduites dans le siége de cette ville. On voit, dans les Commentaires de César, que son armée fut réduite à la même nécessité.

On lit, dans une petite brochure intitulée *Situation de l'Égypte*, au 1er vendémiaire an 13, page 51 :

« Janib-effendi, nommé par la Porte grand trésorier de l'Égypte, est parvenu, à force d'argent et de travaux, à fermer les coupures faites par les Anglais, et à rétablir le canal d'Alexandrie : dans la grande inondation de 1804, l'eau du Nil, dont cette ville avait été privée depuis deux années, en a de nouveau rempli les citernes. »

sur les rives actuelles du lac Ma'dyeh, qui n'existait pas alors; mais on sait d'ailleurs que le canal qui amenait les eaux du fleuve à Alexandrie, prenait dans la bouche Canopique, aux environs de Schedia, et longeait le lac Maréotis, où il débouchait, dans l'emplacement actuel, sans doute, des lacs salins situés sous les hauteurs du Qasr-Qyâssera, et d'où, reprenant son cours, en tournant, au sud, le faubourg d'Éleusine, il entrait dans Alexandrie. Les historiens ne disent rien sur cette communication du canal de Schedia au lac Maréotis : mais on doit penser qu'elle restait libre et ouverte en tout temps à la navigation de ce lac, dont les eaux, quoique dérivées du Nil par divers canaux, ne devaient pas être également douces pendant toute l'année, et devaient même être plus ou moins saumâtres pendant sept à huit mois [1].

L'ancien canal de Schedia doit avoir existé à peu près dans la partie du canal actuel qui, des marais salins, s'étend jusqu'à Leloha et el-Nechou, villages situés vis-à-vis l'un de l'autre, et qui paraissent occuper l'emplacement de l'ancienne Schedia, éloignée, comme nous

---

[1] On sait que les eaux des différens canaux qui versent dans les eaux salées des lacs maritimes de l'Égypte, tels que ceux de Menzaleh, de Bourlos, d'Edkou, etc., conservent, durant la crue du fleuve, leur douceur à travers ces lacs, et jusques au-delà de leur embouchure à la mer. Cet effet est plus remarquable encore aux bouches des deux grandes branches de Damiette et de Rosette, qui, pendant l'inondation, portent des eaux douces jusqu'à plus d'un mille en mer, par une suite de la vitesse du fleuve, tandis que, dans le bas Nil, au contraire, les eaux de mer refluent dans ces mêmes bouches jusqu'à trois et quatre lieues, et que ces eaux altérées et saumâtres obligent les habitans de Damiette et de Rosette, ainsi que les riverains, d'user d'eau de citerne, ou d'en envoyer chercher à une ou deux lieues au-dessus dans le fleuve.

l'avons dit d'après Strabon, de quatre schœnes d'Alexandrie¹. En effet, suivant les distances données plus bas, on trouve que le développement du canal, depuis el-Nechou jusqu'à la tour saillante, au sud de la porte de Rosette à Alexandrie, est de 25,220 mètres (12,939 toises) : or le schœne, dit d'Anville, égale 3024 toises; il y avait donc d'Alexandrie à Schedia 12,096 toises, distance qui correspond assez à celle que donne la nouvelle carte, si l'on a égard aux sinuosités du canal actuel, qui peuvent donner la différence trouvée. Les hauteurs considérables de décombres sur lesquelles est situé le village d'el-Nechou, indiquent dans cet endroit les restes d'une ancienne ville. La largeur du canal dans cette partie, qui est de 100 à 250 mètres sur une demi-lieue de longueur, atteste encore l'existence d'un vaste bassin, propre à recevoir un grand nombre de bâtimens; ce qui se rapporte parfaitement bien, d'ailleurs, à la description que Strabon donne du commerce de cette ville.

Les Ptolémées apprécièrent de bonne heure les grands avantages qu'ils devaient retirer de la navigation du canal qui amenait les eaux du fleuve à leur ville nais-

---

¹ Schedia (Strabon, l. xvii) était un bourg aussi considérable qu'une ville, ayant des établissemens de marine et des navires dont les plus grands remontaient dans la haute Égypte; il s'y trouvait une douane, où l'on payait un droit sur toutes les marchandises qui devaient entrer dans Alexandrie, ou qui devaient en sortir. Cette ville paraît être la même que *Chérée* ou *Chereu*, dont il est parlé dans S. Athanase et S. Grégoire de Nazianze, et qui était la résidence d'un évêque dans les premiers siècles du christianisme en Égypte.

On voit dans Procope, que le canal de Chérée, qui ne peut être que celui de Schedia, portait de petits bâtimens appelés *diaremi* (dont il semble que l'on a fait le mot *djermes*) du temps de cet historien, qui écrivait sous le règne de Justinien, vers le milieu du sixième siècle.

sante; et l'histoire nous apprend à quel degré de splendeur le commerce avait élevé cette ville sous le règne de ces princes. On doit penser que, sous les Romains et sous les empereurs de Constantinople, ce canal ne perdit rien de ces avantages, puisque l'on voit, par quelques passages des écrits des patriarches et des évêques d'Alexandrie, que la navigation était la même sous les princes arabes : elle cessa et reprit alternativement, suivant l'esprit de ces conquérans; néanmoins les possesseurs de l'Égypte en ont généralement reconnu l'importance.

Dans les premiers mois de sa conquête, le général en chef Bonaparte le considérait comme le premier travail dont on dût s'occuper; le général Kléber, après sa victoire d'Héliopolis, en avait arrêté l'exécution [1]; et le général Menou en avait jugé de même que ses prédécesseurs. En effet, par ce canal de navigation intérieure, les bâtimens de commerce ne sont pas forcés de passer le boghâz étroit et périlleux de Rosette, pour gagner Alexandrie par mer, ni de s'exposer, en temps de guerre, aux entreprises de l'ennemi; par ce canal, les approvisionnemens de vivres, les transports de marchandises, si lents et si dispendieux, deviennent sûrs et faciles :

---

[1] La veille même de sa mort, le général Kléber m'avait communiqué ses vues sur le système des communications militaires et commerciales à établir en Égypte; il désirait particulièrement des routes sur le cours des deux principales branches du Nil, et de Damiette à Rahmânyeh par le Delta. Il me demanda la rédaction de ces projets, dont il avait fixé les bases; les ingénieurs furent en conséquence répartis dans les provinces pour procéder aux opérations préliminaires : mais le canal d'Alexandrie lui ayant paru l'objet le plus pressant, il en avait arrêté l'exécution; le trésor de l'armée, heureusement accru, lui en fournissait les moyens, et il avait fixé provisoirement à 100,000 francs par mois les fonds nécessaires à cette entreprise.

car, quelle que soit la voie que prennent les marchandises des Indes arrivées en Égypte par les ports de la mer Rouge, c'est Alexandrie qui en sera l'entrepôt général, et qui devra les distribuer à toute l'Europe. Cette navigation doit encore augmenter l'activité du commerce, la population, l'étendue d'une province abandonnée, et conséquemment les revenus publics. On peut encore être assuré de rendre à Alexandrie tout son ancien éclat, en rétablissant les communications du canal avec le lac Maréotis et la rade d'Abouqyr par le Ma'dyeh : les avantages dont l'armée anglo-turke a su profiter dans le dernier siége d'Alexandrie, font connaître ceux qu'on peut en tirer dans tous les temps. Ces considérations doivent donc déterminer l'adoption du canal d'Alexandrie comme dernière partie navigable de la communication de la mer Rouge à la Méditerranée.

Ce canal, considéré en conséquence sous tous les rapports d'utilité publique, devra réunir aux avantages d'un canal-aqueduc, ceux de sa navigation, et enfin ceux de l'irrigation des provinces adjacentes.

§. II. *Description historique du canal d'Alexandrie.*

L'histoire, qui manque de détails propres à faire connaître l'origine, la nature des travaux, des réparations et de l'entretien de ce canal, dans son état ancien, en fournit d'assez intéressans pour trouver place dans la description de son état moderne sous les Arabes; nous les devons principalement à Maqryzy. Cet écrivain s'étend beaucoup, dans sa Description géographique de l'Égypte, sur le canal d'Alexandrie; on y trouve les passages suivans [1] :

« Le canal d'Alexandrie porte, dans la plupart des auteurs arabes, le nom de *canal de Cléopâtre*, parce qu'on l'attribue, sans doute, à la reine de ce nom. On y voit encore que cette princesse fit revêtir en marbre ce canal, qu'elle fit conduire jusque dans Alexandrie, où il n'entrait pas avant son règne. Quelques auteurs le nomment improprement *canal de Canope*, sans doute parce qu'une dérivation se terminait près de cette ville, ou qu'il prenait dans la branche Canopique. Mais on doit croire que le canal d'Alexandrie a existé sous un autre nom avant la fondation de cette ville, qui, avant Alexandre, n'était qu'un bourg sous le nom de *Rhacotis;* seulement on l'agrandit, avec le temps, pour servir aux besoins d'une grande population.

« Vers l'an 245 de l'hégyre (859-60 de J.-C.), suivant Maqryzy, Hharéts-êbn-Meskyn, gouverneur de l'Égypte, fit réparer le canal d'Alexandrie. En 259 hég. (872-3), Ahhmed-ben-Thoûloûn fit aussi recreuser ce canal, qui, soixante-dix ans après, en 332 hég. (943-4), ne portait déjà plus l'eau du Nil dans le canton d'Alexandrie; l'eau s'arrêtant à une journée de la ville, les barques ne pouvaient plus y naviguer, et les habitans étaient réduits à boire de l'eau de citerne.

---

[1] M. Langlès, membre de l'Institut, professeur des langues orientales, et conservateur des manuscrits orientaux de la Bibliothèque du roi, a donné, dans un supplément à sa nouvelle édition des Voyages de Norden, d'où nous avons tiré ces détails, des extraits intéressans des meilleurs auteurs arabes : nous conservons dans celui-ci l'orthographe de l'original.

« En 404 de l'hégire (1014-15), le khalife el-Hhâkem-Bàmr îl-lah, si fameux par ses cruautés, employa une somme de 15,000 dynârs (225000 livres environ) pour faire curer ce canal dans toute son étendue. En 662 hég. (1263-1264), el-Melik el-Dâher-Beybars chargea l'émyr (trésorier) A'ly des réparations de ce canal : l'embouchure en était tellement comblée par les sables, qu'Alexandrie manquait d'eau. On commença les travaux à el-Teqtedy, où l'on bâtit une mosquée. Deux ans après, l'émyr A'lem-el-dyn Sandjar-el-Mesroùry, qui en reprit la direction, contraignit indistinctement tout le monde, officiers et soldats, à travailler en personne jusqu'à ce que le lit du canal fût débarrassé des sables qui l'encombraient, depuis el-Teqtedy jusqu'à son embouchure : il se rendit ensuite à Ommdynâr (Bâr-Byâr, suivant quelques manuscrits), où l'on fit couler bas des radiers, sur lesquels on éleva des constructions en maçonnerie. Cependant, loin de circuler pendant toute l'année dans ce canal, l'eau n'y séjournait que deux mois environ, et se retirait aussitôt : les Alexandrins furent réduits à ne boire que de l'eau de citerne.

« En 710 hég. (1310), l'émyr Bedr-el-dyn-Mektoût, gouverneur d'Alexandrie, se rendit près du sulthân el-Nâsser-Mohhammed ben-Qalâoun, qui faisait sa résidence dans le château de la montagne, près du Kaire; il représenta au souverain les avantages qu'il y aurait à nettoyer le canal. Frappé de ces avantages, le sulthân ordonna l'exécution des travaux proposés : en vingt jours, 40000 ouvriers furent rassemblés, et les travaux terminés au mois de redjeb de la même année.

Les habitans de chaque canton furent chargés de creuser une certaine partie de ce canal, qui avait en tout 16000 qassabahs Hhâkemytes (31611 toises)[1], dont 8000 (15805 toises) depuis son embouchure dans le Nil jusqu'à Chembâr, et autant depuis Chembâr jusqu'à Alexandrie. On éprouva dans le travail de grandes difficultés par les eaux, qui firent périr un grand nombre d'ouvriers. Enfin les bâtimens naviguèrent dans ce canal toute l'année, et les habitans d'Alexandrie ne furent plus réduits à ne boire que de l'eau de citerne : en peu de temps, plus de 100000 feddâns situés sur les bords du canal, et qui n'offraient, avant, que des marais infects, furent peuplés et cultivés; plus de mille enclos ou jardins furent arrosés dans Alexandrie. La dépense de ce travail et des constructions s'éleva à 60000 dynârs Messryeh, ou 900,000 livres de France, outre les matériaux que l'on tira d'un ancien édifice situé hors d'Alexandrie, et sans y comprendre le plomb des canaux souterrains qui conduisaient jusqu'à la mer, et que l'on avait retrouvés en creusant le canal. C'est dans cet

---

[1] Le qasabah hàkemyte, verge ou canne royale, est une mesure agraire, que l'on a trouvée de 3^m,99 centimètres de longueur (12 pieds 3 pouces 5 lignes). *Voyez* l'Annuaire du Kaire pour l'an IX (1801), p. 48.

M. Langlès, page 177 de ses Notes du tome III des Voyages de Norden, évalue la canne hâkemyte à 8 coudées de 18 pouces chacune; ce qui fait juste 12 pieds.

On retrouve cette mesure avec plus de précision encore dans les traductions de quelques passages de Chems-el-dyn par M. de Sacy, t. 1, p. 165, des Notices des manuscrits de la Bibliothèque du roi. On y lit que le feddân est de 400 verges hâkemytes de longueur, sur une de largeur, la verge ou canne royale étant de six dhiras et deux tiers, à la mesure du commerce, qui est le pyk-belady du Kaire, valant 0,5775 dix millimètres (21° 4^l). Cette canne ou qassabah de 3^m,85 centimètres (11^{ds} 10° 3^l) est la même que celle qui fut déterminée en Égypte, par Selym, peu d'années après sa conquête, en 1517.

état florissant qu'Abou'l-fédâ, qui le vit au milieu du quatorzième siècle, en fit une description si pompeuse : « Le canal qui conduit les eaux du Nil à Alexandrie, offre un aspect délicieux ; des jardins et des vergers plantés sur ses deux rives en embellissent le cours, etc. »

« L'eau ne cessa de circuler dans le canal pendant tout le cours de l'année, que vers l'an 770 hég. (1368-9); alors elle n'y entra plus qu'à la faveur de la crue du Nil : le canal restait à sec quand le Nil se retirait; la plus grande partie des jardins devint stérile, et tous les villages situés sur ses rives disparurent.

« En 826 hég. (1425), on tenta de recreuser le canal, qui était encombré en partie; l'émyr Djerbâch âl-Kérymy rassembla 875 ouvriers, qui terminèrent les travaux en quatre-vingt-dix jours : l'eau du Nil coula de nouveau jusqu'à Alexandrie, et les bâtimens y naviguèrent; ce qui causa une joie universelle, et d'autant plus grande, que l'on ne fit contribuer à ce travail et aux dépenses que les villages riverains et les propriétaires d'Alexandrie. Les sables ne tardèrent pas à encombrer de nouveau le canal, au point que, dans le quinzième siècle, les bâtimens ne pouvaient y passer que dans le temps de la crue. »

Belon, qui voyageait en Égypte en 1550, dit avoir vu ce canal dans un très-bon état : il paraît que, dans le commencement du dix-septième siècle, ce canal, sujet par la nature de son sol à des réparations et à des entretiens annuels, a toujours perdu de l'état florissant qu'il a eu sous quelques princes ottomans.

On lit dans Chems-el-dyn, écrivain arabe du milieu

du dix-septième siècle, qu'en 980 de l'hégyre (1573), Sinan-pacha, qui, sous Selym II, fit faire des travaux assez considérables, des okels, des mosquées, des bains, des caravanserais, au Kaire et à Boulâq, fit aussi réparer le canal d'Alexandrie.

Nous allons exposer l'état de dépérissement et d'abandon dans lequel les Français l'ont trouvé en 1214 hég. (1799-1800).

§. III. *État actuel du canal d'Alexandrie.*

Le canal d'Alexandrie, qui, selon el-Edryçy (en 1153), et suivant Abou-l-fedâ (en 1383), prenait les eaux du Nil vis-à-vis de Foueh[1], a son embouchure actuelle à quelques lieues au sud, au village de Rahmânyeh, situé sur la rive gauche de la branche de Rosette, sous la latitude approchée d'Alexandrie, et se rend dans cette ville, où il porte les eaux du fleuve.

L'inspection du canal d'Alexandrie dépendait du *kâchef* ou gouverneur de la province de la Baheyreh. A l'arrivée des Français, l'ingénieur Bodart en fit les premières reconnaissances : après la mort de cet ingénieur à Alexandrie, nous confiâmes à MM. Lancret et Chabrol le soin d'achever les opérations nécessaires à la ré-

---

[1] Foueh, ville assez considérable, située sur la rive droite de la branche de Rosette, à une distance de 15000 mètres, *sud*, de Rahmànyeh, et de 39500, *nord*, de Rosette, en suivant le cours du fleuve, a été l'entrepôt des marchandises entre le Kaire et Alexandrie. Elle a cessé de l'être, depuis que l'embouchure du canal d'Alexandrie a été reportée à Rahmànyeh. Le canal ayant cessé lui-même d'être navigable, Rosette a repris tout le commerce de Foueh, où l'on retrouve quelques restes de constructions qui rappellent son ancien état.

daction d'un projet. Ces ingénieurs, ayant terminé le plan de ce canal, dont le capitaine du génie Picot de Moras avait déjà levé une partie, firent sur ce travail un mémoire, qui fut imprimé au Kaire. Nous dirons ce qu'il importe le plus de connaître de ce mémoire, auquel nous renvoyons pour de plus grands détails[1] : à ces premiers renseignemens nous ajouterons ceux qu'ont depuis fournis les ingénieurs Moline et Regnault, qui ont été chargés de l'entretien de ce canal. C'est d'après toutes ces données et la connaissance que nous avons acquise des localités, et surtout d'après les derniers événemens de la guerre, ceux de la rupture du canal et de l'inondation du lac Maréotis, que nous avons rédigé ce mémoire.

Le cours extrêmement sinueux de ce canal fait assez connaître qu'il a été formé, à différentes époques, de diverses parties de canaux des villages par lesquels il passe. On ne sait à quel temps reporter l'époque du comblement de la branche Canopique; mais on voit, par le rapport d'el-Edriçy, que dès 1153 cette branche était déjà fermée, puisque le canal d'Alexandrie avait son embouchure à Foueh. On doit regarder comme l'ancien canal d'Alexandrie, ainsi que nous l'avons déjà dit, la partie inférieure de son cours actuel, depuis Alexandrie jusqu'au village d'el-Nechou, et même jusqu'à 15800 mètres (8106 toises) au-delà, à Birket, village qui doit occuper un des points de l'ancienne branche Canopique : la partie supérieure de Birket jus-

---

[1] *Voyez* Décade égyptienne, tom. II, pages 233-251, ou Mémoires sur l'Égypte, tom. II.

qu'à Rahmânyeh, est l'ouvrage des Arabes. Ce canal, qui traverse les provinces de la Baheyreh et d'Alexandrie, est aujourd'hui dans un très-mauvais état : à sa prise d'eau dans le Nil, et dans la première lieue de son cours, il n'a qu'une largeur de cinq à six mètres; ses digues forment une chaîne continue de dépôts de terres provenant des curemens annuels du canal, et dont l'élévation nuit à la navigation, en empêchant le vent de donner dans les voiles des barques. Au-delà, des parties plus resserrées ou plus sinueuses retardent le cours des eaux, qui trouvent encore des obstacles dans des contre-pentes de son lit. Dans d'autres endroits, des digues basses que l'on aperçoit à peine, et très-distantes les unes des autres, donnent au canal une largeur vague et indéterminée. Ailleurs, traversant une plaine inférieure à son lit, ses rives nues et désertes sont dominées çà et là par des monticules de décombres d'anciennes habitations, témoins irrécusables de la dépopulation d'une province et d'un état florissant qui n'est plus; l'aspect en est plus affreux encore que celui des déserts, par les souvenirs qu'il rappelle. Plus loin, le canal passe entre les deux lacs Ma'dyeh et Maréotis, qui en baignent les digues sur une grande étendue de son cours inférieur, et dont quelques parties faibles, construites en terres légères et sablonneuses, ou en maçonnerie, menacent toujours d'être entamées et emportées par les eaux de la mer. Enfin le canal contourne, au sud, la ville d'Alexandrie, où, après avoir rempli les citernes par les quatre aqueducs souterrains qui en dérivent, il entre dans l'enceinte de la ville, et, sous la forme d'une aiguade, se perd à la mer, dans le port vieux, par le dernier de ces aqueducs.

Le nom des principaux villages par lesquels passe le canal, et les distances qu'il parcourt de l'un à l'autre, sont :

INDICATIONS DU NOM DES VILLAGES.	DISTANCES	
	PARTIELLES.	TOTALES.
1re PARTIE de Rahmânyeh.... à Mahallet-Dâoud..	4700^m	mètres. 47400.
Mahallet-Dâoud. à el-Minyeh [1].....	2500.	
el-Minyeh.... à Samadys [2].......	3500.	
Samadys....... à Senhour........	3700.	
Senhour........ à Yâtes...........	4000.	
Yâtes.......... à Aflàqah........	3500.	
Aflàqah........ à Zaouyet-Ghazâl [3]	450o.	
Zàouyet-Ghazâl. à Qàbyl..........	3600.	
Qâbyl.......... à el-Qerouy......	6900.	
el-Qerouy..... à Birket-el-Gheytâs.	10500.	
2e PARTIE de Birket......... à el-Malefych......	6000.	28001.
el-Malefyeh.... à el-Keryoun......	4500.	
el-Keryoun.... à el-Nechou.......	2760.	
el-Nechou..... à Kafr-Selym......	2700.	
Kafr-Selym.... à el-Beydah.......	1770.	
Beydah........ à Tell-el-Genân....	300.	

[1] A une distance de 250 mètres à l'ouest de Kafr-Mahallet-Dàoud, on trouve les vestiges d'un beau canal qui n'est séparé de celui d'Alexandrie que par la largeur de la digue de sa rive droite : on pense que ces restes appartiennent à l'ancienne branche Canopique, comme le disent, dans leur mémoire, MM. Lancret et Chabrol.

[2] Du village d'el-Minyeh, un canal de dérivation, longe le canal d'Alexandrie, et porte des eaux à Damanhour, petite ville qui occupe l'emplacement de l'ancienne *Hermopolis parva*. (D'Anville, p. 69.)

[3] Un second canal de dérivation, qui prend des eaux dans le grand canal d'Aflàqah, porte les eaux du fleuve, par un cours de 9000 mètres, à Damanhour.

INDICATIONS DU NOM DES VILLAGES.	DISTANCES	
	PARTIELLES.	TOTALES.
Report............	....	mètres. 75500.
3ᵉ PARTIE, de { Tell-el-Genân.. à el-Bouçah........	5900ᵐ	
el-Bouçah..... au 4ᵉ pont [1]........	5400.	
4ᵉ............ au 3ᵉ pont [2]........	4500.	18030.
3ᵉ............ au 2ᵉ pont........	3800.	
2ᵉ............ au 1ᵉʳ pont........	1800.	
1ᵉʳ pont...... à l'enceinte d'Alexᵉ..	6700.	
Longueur totale du canal d'Alexandrie..	....	93530.

[1] El-Bouçah est la partie du canal située à l'extrémité occidentale du lac Ma'dyeh; elle est ainsi nommée par les Arabes, parce qu'il y croît beaucoup de joncs dont on fait des nattes. Il s'y trouve des parties de digues en pierres, sur une longueur de 11000 mètres, et dans l'espace desquelles ont été faites les coupures du canal par les Anglais.

[2] A partir des murs de l'enceinte d'Alexandrie, on trouve, sur un développement de 7530 mètres (3863 toises), quatre ponts, les seuls du canal sur tout son cours. Le premier et le dernier de ces ponts ont été démolis par suite de la guerre. Ceux qui existent sont formés d'une voûte en ogive surbaussée, pour la facilité de la navigation. Leur proximité atteste combien ont été cultivés et habités les environs d'Alexandrie. Dans toute cette partie, le lit du canal est inférieur au niveau de la mer et des eaux du lac Maréotis; mais, au premier pont, on remarquait une contre-pente sensible, faite dans le dessein, sans doute, de ne laisser perdre à la mer, par l'aiguade du port vieux, que le superflu des eaux douces. Cette contre-pente n'existe plus, par les travaux faits dans les derniers temps pour la défense d'Alexandrie. Toute cette partie comprise entre le premier pont et l'enceinte des Arabes, a été creusée; celle qui était souterraine a été mise à ciel ouvert. Un nivellement antérieur a fait connaître que le niveau de la mer était de 0,26 centimètres (9 pouces 7 lignes) plus élevé que le dessus du radier de l'aqueduc souterrain, à son entrée dans la ville. Ce nivellement fait partie d'un travail intéressant et plus considérable, dont s'est occupé l'ingénieur Faye, qui a été constamment chargé des travaux hydrauliques à Alexandrie.

Le développement général du cours de ce canal est de 93530 mètres (47987 toises), faisant vingt lieues de 2400 toises, tandis que la distance directe entre ses points extrêmes n'est que de 72690 mètres (37249 toises), ou quinze lieues et demie; ce qui donne un développement de quatre lieues et demie, en excédant de la distance directe, produit par les sinuosités du canal.

C'est ordinairement du 20 au 30 messidor (du 9 au 19 juillet), que la crue du Nil se fait sentir à Rahmânyeh, tandis qu'elle a lieu au Kaire du 10 au 20 du même mois; ce n'est qu'environ un mois après, c'est-à-dire du 20 au 30 thermidor (du 8 au 18 août), que ce fleuve, qui, à cette époque, a atteint, au meqyâs de Roudah, une hauteur de $5^m,20$ à $5^m,52$ centimètres (16 à 17 pieds) de crue effective, en a déjà une de $2^m,60$ à $2^m,92$ centimètres (8 à 9 pieds environ), à Rahmânyeh, quand l'eau commence à entrer dans le canal : ce n'est donc que lorsque le Nil approche du terme de sa crue, que les eaux y parviennent. Les premières eaux suffisent à peine pour en abreuver les terres desséchées : car le lit du canal, sillonné dans tout son cours de profondes gerçures, produites par la retraite des eaux et par l'exposition des terres, pendant plus de huit mois de l'année, à l'action d'un soleil toujours brûlant, absorbe avec avidité les premières eaux qui s'y répandent; ce qui contribue encore à en ralentir la vitesse.

La différence moyenne des basses eaux du fleuve à Rahmânyeh est de quatre mètres (12^{ds} 3° 9'). L'élévation du lit du canal, à son embouchure au-dessus des basses eaux, est de $2^m,80$ centimètres (8^{ds} 7° 6¹); d'où l'on voit que la hauteur d'eau, dans l'inondation, y est de $1^m,20$ centimètres ($3^{ds}\ 8^o\ 4^l$), que l'on peut prendre pour la profondeur moyenne des eaux du canal, pendant la durée de la navigation.

La pente du canal est donc peu considérable pour un développement de vingt lieues. On voit, dans le mémoire déjà cité des ingénieurs Lancret et Chabrol, que toute sa pente existe presque entièrement dans les huit premières lieues de son cours, c'est-à-dire jusqu'au village d'Aflâqah; sa pente est la même que celle du fleuve de Rahmânyeh au boghâz de Rosette. D'après le Mémoire général du nivellement des deux mers, on sait que la pente du fleuve, depuis le Kaire jusqu'à la mer, est de $5^m,28$ centimètres ($16^{ds}\ 3^o\ 0^l$) dans le bas Nil, et de $12^m,86$ centimètres ($39^{ds}\ 7^o\ 0^l$) dans le haut Nil, telle que l'a donnée la crue de l'an VII (1798), prise pour terme moyen. On en déduit la pente, de Rahmânyeh au boghâz de Rosette, à $1^m,30$ centimètres ($4^{ds}\ 0^o\ 0^l$) dans les basses eaux; ce qui, pour $67,175$ mètres (34465 toises), faisant quinze lieues de distance entre ces deux points du fleuve, donne une pente de $0^{ds}\ 3^o\ 2^l$ par lieue. Mais cette pente augmente avec la crue du fleuve : or, on a dit précédemment que la crue était de $12^{ds}\ 3^o\ 9^l$ à Rahmânyeh, et la pente jusqu'au boghâz, de $4^{ds}\ 0^o\ 0^l$; on a donc pour pente effective et totale, en retranchant de leur somme deux pieds, *maximum* de la crue au boghâz, $14^{ds}\ 3^o\ 9^l$ ($4^m,65$ centimètres) de Rahmânyeh au boghâz, et conséquemment à Alexandrie. Quant à la différence des hautes eaux à Rahmânyeh, et des basses eaux au boghâz de Rosette, on la trouve de $5^m,20$ centimètres ($16^{ds}\,0°\,1^1$), comme on peut s'en assurer par les calculs précédens.

Les observations faites sur le cours des eaux dans le canal, pendant les deux années VII et VIII (1799 et 1800), ont donné les résultats suivans:

1°. Le 2 fructidor an VII (19 août 1799), l'eau du Nil est parvenue dans le canal d'Alexandrie à Rahmânyeh; le 10 (27 août), elle était au village de Senhour, le 18 (4 septembre) à Qâbyl, le 23 (9 septembre) à Birket, le 25 (11 septembre) à Beydah, le 1er jour complémentaire (17 septembre) à Bouçah, le 5e (21 septembre) au second pont; et les 4 et 5 vendémiaire an VIII (26 et 27 septembre 1799), les eaux coulaient dans l'aiguade du port vieux. L'eau du fleuve, dont la crue effective a été de 12 coudées 16 doigts ($21^{ds}\,1°\,4^1$) au meqyâs de Roudah, a donc mis trente-six jours pour arriver de Rahmânyeh à Alexandrie.

2°. L'eau du Nil est parvenue, dans le canal, à sa prise d'eau, le 22 thermidor an VIII (10 août 1800); le 25 elle était à Senhour, le 2 fructidor à Qâbyl, le 10 à Alexandrie; et, deux jours après, les eaux coulaient dans l'aiguade à la mer. Elles n'ont donc mis, dans la crue surabondante de l'an VIII (1799), que dix jours pour arriver à Alexandrie, cette crue extraordinaire ayant été de 14 coudées 17 doigts ($24^{ds}\,6°\,2^1$) au meqyâs de Roudah.

On voit par ces observations, que les eaux du Nil mettent, année commune, vingt-cinq à trente jours pour parcourir vingt lieues. On profite de vingt à vingt-cinq jours au plus, pendant lesquels la hauteur des eaux permet de naviguer, pour transporter les marchandises et les objets d'approvisionnement de la ville d'Alexandrie. Cette courte durée de la navigation du canal est trop insuffisante, sans doute, quand d'ailleurs la hauteur moyenne des eaux, que nous avons dit, plus haut, y être de 3^{ds} 8° au plus, permet, à peine, aux plus faibles barques d'y naviguer. La navigation, dans l'état actuel du canal, y est même si peu considérable, qu'il serait plus avantageux de l'interrompre absolument. En effet, il en coûte beaucoup tous les ans pour introduire dans ce canal une centaine de petites barques qui ne peuvent charger chacune plus de six ardebs de grains, et qui font tout au plus six voyages de Rahmânyeh à Alexandrie; ce qui fait monter à 3600 ardebs environ les transports annuels par cette navigation: or cinq germes qui passeront une seule fois le boghâz de Rosette, en transporteront autant par mer. L'expérience a prouvé qu'une croisière ennemie ne pouvait interrompre absolument le passage aux germes qui font le cabotage de Rosette à Alexandrie; d'où il suit que la navigation actuelle du canal est peu avantageuse. On sera même convaincu qu'elle est nuisible, si l'on considère les frais qu'elle occasione, et la privation d'eau qu'elle cause à plusieurs cantons : en effet, les besoins de l'armée nous ayant forcés, pendant la crue de l'an VIII (1800), qui fut si avantageuse, à maintenir la navigation du canal pendant quarante jours, plusieurs villages n'eurent que le quart de leurs terres arrosé.

C'est à l'abandon de la culture, à la dépopulation des villages, aux incursions des Arabes, et, enfin, au mauvais gouvernement du pays, que l'on peut attribuer la solitude des campagnes de la province de la Baheyreh, qui fut cependant une des plus peuplées et des plus riches de l'Égypte.

Pendant le temps que les besoins d'Alexandrie demandent que les eaux du fleuve lui arrivent directement sans être détournées, le *kâchef* ou lieutenant du bey, qui a le commandement de la Baheyreh, se met en tournée et campe sur différens points du canal, pour s'opposer aux coupures et dérivations anticipées, et veiller au maintien et à la réparation des digues; sa police était si sévère à cet égard, que l'infraction aux ordonnances était punie de mort. Le kâchef, à la tête de sa cavalerie, en venait quelquefois aux prises avec des partis d'Arabes ou de *fellâh*, qui rompaient à main armée les digues des canaux de dérivation; voies de fait, pour lesquelles des villages payaient souvent les Arabes.

Aussitôt que les puisards ou grands réservoirs et les citernes d'Alexandrie sont remplis, le gouverneur en donne avis au kâchef de la Baheyreh, qui se rend par le canal dans la ville; à sa réquisition, le qâdy, les cheykhs et ulemas assemblés lui remettent un vase rempli de l'eau nouvelle, scellé et cacheté du sceau du divan, avec le procès-verbal qui atteste que la ville est suffisamment approvisionnée; cet officier, après en avoir fait l'envoi au cheykh-el-beled du Kaire, fait ensuite publier dans sa province, que les villages peuvent ouvrir les digues de leurs canaux d'irrigation, et remplir leurs citernes[1] :

---

[1] Les villages ne peuvent cependant ouvrir leurs canaux particuliers, que dans un ordre déterminé: les plus éloignés de la prise d'eau

ces saignées font bientôt baisser les eaux du canal, qui reste à sec, en grande partie, près de neuf mois de l'année. On laisse aux propriétaires riverains la permission de cultiver les parties du lit du canal qu'ils veulent mettre en valeur.

Les réparations et curemens annuels se font par les habitans des villages riverains, en proportion de l'étendue du territoire arrosé; ces villages étaient au nombre de trente environ : la dépense en était supportée par les propriétaires, et les travaux étaient exécutés sous la surveillance des préposés du kâchef, qui en avait la direction générale. Ces travaux commençaient quelques jours avant le temps ordinaire de la crue, vers les premiers jours de juin, et duraient trente ou quarante jours. Le kâchef recevait d'Alexandrie une rétribution annuelle assignée sur les douanes de cette ville [1].

Ces travaux étaient toujours assez mal exécutés : ils ne consistaient, du moins depuis long-temps, que dans la fermeture des brèches faites annuellement dans les digues pour les prises d'eau des canaux d'irrigation, et dans l'enlèvement de quelques couches de limon et de

---

générale ont le droit d'ouvrir les premiers, et ainsi de suite en remontant vers le fleuve. On conçoit aisément les motifs de ces réglemens, qui sont communs à toute l'Égypte. Ceux qui concernent les digues transversales de la vallée du Nil, dans la haute Égypte, prescrivent un ordre inverse : ce sont les digues de la partie supérieure de la vallée qui ouvrent les premières, et ainsi de suite en descendant le fleuve.

[1] Mourâd-bey avait fait porter cette rétribution, pour les deux années 1212 et 1213 de l'hégyre (1797-8), à la somme de 18000 piastres, de 40 médins (25778 fr.) pour la première de ces années, et à celle de 22500 piastres (32223 fr.) pour la seconde. Au moyen de ces sommes on aurait pu faire beaucoup de travaux, vu le bas prix des journées d'ouvriers, et le travail gratuit qu'on pouvait encore obtenir d'autorité.

sable que le fleuve et les vents y déposent, principalement vers la partie supérieure du canal; travaux trop superficiels et trop insuffisans, qui en ont amené, avec le temps, le comblement. Une faible partie des fonds destinés à son entretien y était employée, et la plus forte restait toujours entre les mains des préposés, qui en remettaient encore une partie aux intendans qobtes. C'est ainsi que l'entretien annuel des canaux, qui sont, en Égypte, la source de la fertilité et de la salubrité de ce pays, demeure abandonné à l'insouciance et à la cupidité.

§. IV. *Rétablissement du canal d'Alexandrie.*

Avant la nouvelle submersion du Maréotis, les travaux à faire au canal d'Alexandrie semblaient devoir se borner au recreusement de son lit, au redressement de ses parties les plus sinueuses et à l'établissement de quelques ponts, tous ces travaux ayant pour objet de rendre ce canal navigable pendant quatre à cinq mois seulement; mais on reconnaît aisément que l'inondation du Maréotis doit apporter quelques changemens à ces premières vues, et leur donner une plus grande extension. C'est donc d'après ces considérations et l'importance du canal d'Alexandrie, que nous proposons ces principales dispositions.

Le canal d'Alexandrie serait rétabli de manière à y avoir une navigation semblable à celle du canal de Soueys. A cet effet, le canal serait creusé et élargi, les digues en seraient rétablies, les sinuosités les plus fortes redressées, et les pentes déterminées uniformément dans chacune de ses nouvelles parties. Le nouveau cours serait divisé en trois parties distinctes : les deux premières, navigables, formeraient deux biefs de pentes inégales, pour exister sous le régime, l'un de rivière, et l'autre de canal; la troisième ne serait qu'un canal-aqueduc.

1°. La première partie navigable s'étendrait depuis Rahmânyeh jusqu'à Birket, suivant les distances des nouvelles directions, en passant par les villages de Mahallet-Dâoud, Senhour, Yâtes, Aflâqah, Qâbyl, el-Qerouy, et Birket-el-Gheytâs [1].

Cette première partie, de 42050 mètres (21574 toises), depuis Rahmânyeh jusqu'à Birket, aurait une pente totale de $2^m,60$ centimètres ($8^{ds}\ 0°\ 0^l$); ce qui donne une pente de quatre pouces et demi par mille toises. Le lit du canal, à sa prise d'eau à Rahmânyeh, serait déterminé par le radier du pont à y construire; le niveau de ce radier serait établi à $0^m,65$ centimètres ($2^{ds}\ 0°\ 0^l$) au-dessous des plus basses eaux du fleuve à Rahmânyeh; cet étiage serait pris d'après celui du fleuve au Kaire, répondant à trois coudées dix doigts de la colonne du meqyâs; la section du canal, à sa prise d'eau, serait établie invariablement au moyen d'un radier et de deux bajoyers, afin de prévenir l'agrandisse-

[1] Il serait possible que, dans l'exécution, les localités apportassent quelques modifications : il conviendrait aussi de faire communiquer le canal d'Alexandrie, aux environs de Damanhour, avec le canal de Châbour, ou même avec l'ancien canal, qui, passant au pied des pyramides, conduit des eaux de la province de Benysoueyf dans celle de la Baheyreh; mais il faudrait encore que ces anciens canaux fussent recreusés et parfaitement rétablis.

ment du canal et une trop grande déviation du courant principal. C'est pour n'avoir |pas établi cette garantie dans plusieurs canaux de dérivation, que quelques-uns se sont élargis considérablement, et que leur dépense s'est accrue aux dépens des branches principales, comme il est arrivé au canal de Fara'ounyeh, etc.

Cette première partie du canal, que nous appelons *bief de Rahmânyeh*, serait terminée par deux écluses à Birket, dont les radiers seraient établis à $2^m,60$ centimètres ($8^{ds}\ 0°\ 0^l$) au-dessous de celui du pont de Rahmânyeh, ou à $1^m,95$ centimètres ($6^{ds}\ 0°\ 0^l$) au-dessous des eaux de mer, dans cette partie du lac Ma'dyeh. La hauteur de leurs portes serait déterminée de manière à soutenir $3^m,25$ centimètres ($10^{ds}\ 0°\ 0^l$) dans le bas Nil, et $3^m,90$ à $4^m,55$ centimètres (12 à 14^{ds}) dans le haut Nil. L'établissement de ces deux écluses aurait cet avantage, de faire, par celles du canal principal, des retenues propres à alimenter les eaux du bief inférieur, et à y établir un courant pour le nettoyer et l'entretenir, et, par les écluses du canal d'Abouqyr, de faire des chasses pour rendre le bief de Rahmânyeh à un état momentané de rivière, en y laissant courir les eaux : cette dernière écluse aurait encore l'avantage de donner une communication plus directe de ce point dans la rade d'Abouqyr, par le lac Ma'dyeh.

2°. La seconde partie du canal navigable s'étendrait de Birket à Tell-el-Genân, en passant par les villages de el-Keryoun, el-Nechou, Kafr-Selym, el-Beydah, et Tell-el-Genân.

Le second bief, de 25100 mètres (12878 toises)

de longueur, aurait une pente totale et uniforme de $0^m,65$ centimètres ($2^{ds}\ 0^o\ 0^l$) seulement; ce qui donne deux pouces environ par mille toises. Cette partie, que nous nommons *canal* ou *bief des lacs*, serait terminée par une écluse à deux passages, qui, prenant d'un bassin commun, établirait la communication du canal dans le Ma'dyeh et dans le Maréotis; le radier de cette écluse serait fixé à $2^m,60$ centimètres ($8^{ds}\ 0^o\ 0^l$) au-dessous des plus basses eaux de la mer ou des lacs, à Tell-el-Genân. D'après le profil général des pentes, on aurait cette profondeur d'eau dans le bas Nil, et celle de $3^m,90$ à $4^m,55$ centimètres (12 à 14^{ds}) pour le *maximum* des eaux de navigation dans le haut Nil : on obtiendrait cette hauteur par les retenues des écluses du bassin des lacs.

On peut encore insister sur les grands avantages que présente cette communication d'Alexandrie avec les lacs; on a déjà vu, dans l'histoire de ce canal, l'utilité dont elle a été par la navigation du Maréotis dans les ports d'Alexandrie : c'est donc par imitation de l'état de ce lac chez les anciens, et d'après la submersion récente de son bassin, que l'on a conçu le projet de rétablir le canal, et d'en accroître encore les avantages par une communication plus directe, celle du Ma'dyeh avec la rade d'Abouqyr. Cette navigation peut donner un second port à l'Égypte, sur les rives célèbres d'Abouqyr; mais, pour en conserver la rade, on doit surtout éviter de rétablir l'ancienne branche Canopique.

3°. La troisième partie du canal, qui ne serait pas navigable, prendrait du bassin des lacs, et se terminerait à Alexandrie, à la tour saillante, au sud de la porte de Rosette : ce ne serait qu'un canal-aqueduc, destiné seulement à la conduite des eaux potables dans cette ville. Ce canal reprendrait de Tell-el-Genân à el-Bouçah, et se terminerait à Alexandrie.

Cette troisième et dernière partie, de 12920 mètres (6629 toises) aurait une pente totale de 0,65 centimètres (2^{ds} 0° 0^l), du bassin des lacs à Alexandrie; ce qui donne une pente de trois pouces sept lignes par mille toises : le reste du cours du canal actuel serait conservé pour servir aux irrigations des environs d'Alexandrie. Le radier de la prise d'eau de l'aqueduc, dans le bassin éclusé des lacs, serait établi à 2^m,60 centimètres (8^{ds} 0° 0^l) au-dessus des radiers des deux écluses de ce bassin, c'est-à-dire au niveau des eaux de mer ; ce qui détermine celui du radier de ce canal, à son entrée sous les murs de l'enceinte d'Alexandrie, à deux pieds au-dessous des eaux de mer, dans les aiguades de ce port[1].

On voit, par ces dispositions générales, que la navigation du nouveau canal d'Alexandrie se terminerait au bassin des lacs, à une distance de 6629 toises ou trois petites lieues d'Alexandrie; de ce bassin, la navigation

---

[1] L'établissement de la prise d'eau du canal-aqueduc, fixé au niveau des eaux de mer, demandera un nouvel examen ; l'on a trouvé quelques avantages à ne point l'établir plus bas, par la crainte du mélange des eaux douces et des eaux salées dans le bassin des lacs. L'aqueduc aurait en effet une quantité d'eau suffisante sur son radier, si l'on y obtenait, comme on doit l'espérer, une hauteur de quatre pieds : néanmoins il serait peut-être plus avantageux de baisser ce radier à deux pieds au-dessous des eaux de mer, à sa prise d'eau dans le bassin, afin d'obtenir pendant le plus de temps possible un plus grand volume d'eau, qui, après avoir fourni à l'approvisionnement de la ville, servirait à vivifier les environs d'Alexandrie et toute la presqu'île d'Abouqyr, par le rétablissement de l'ancien canal de Canope.

se ferait par les lacs à Abouqyr et à Alexandrie. Le développement des parties du nouveau canal, comparé à la longueur de son cours actuel, serait,

	mètr.
Cours du canal actuel, de Rahmânyeh à Alexandrie	93530.
Les trois parties du nouveau canal seraient, de { Rahmânyeh à Birket...... 45050. / Birket au bassin des lacs... 25100. / bassin des lacs à Alexandrie. 12920. }	80070.
Différence en moins du nouveau canal	13460.

Travaux d'art. .... On construirait trois ponts sur le canal, le premier à Rahmânyeh, le second à Damanhour, et le troisième à Qâbyl, indépendamment de quatre autres, dont deux aux écluses de Birket, et deux à celles du bassin des lacs. Les trois ponts sur le canal auraient chacun trois arches avec radiers, dont une des deux latérales serait occupée par un pont-tournant, destiné au service de la navigation.

Les écluses de Birket et du bassin des lacs seraient défendues par des forts; celles du bassin des lacs seraient renfermées dans un carré bastionné, dont les quatre courtines seraient ouvertes, par le canal de navigation qui se divise en deux branches en débouchant dans les lacs, et par le canal-aqueduc. Les demi-lunes des courtines qui couvriraient les écluses, sous les rapports de défense, auraient encore pour objet de les garantir contre les vagues, en servant de môles; car les eaux de ces lacs participent de l'agitation de la mer.

La prise d'eau du canal-aqueduc dans le bassin des lacs serait fermée par une vanne ou par des poutrelles; l'eau du fleuve, qui serait amenée au pied de la tour saillante de l'enceinte, près de la porte de Rosette, circulerait dans les fossés, que l'on fermerait par un batardeau éclusé, d'une part, à la tour des Romains, dans le port neuf, et, de l'autre, à la grande tour sur la mer, dans le port vieux : c'est à ces débouchés que seraient établies les aiguades des deux ports.

Les diverses prises d'eau nécessaires aux irrigations des campagnes seraient déterminées, quant à leur section et à la hauteur des seuils, d'après la mesure des besoins des terres susceptibles de culture, et par des réglemens particuliers.

§. V. *Vues générales sur les ports et villes d'Alexandrie.*

Les souvenirs que rappelle la ville d'Alexandrie, sont bientôt affaiblis, quand, parcourant l'étendue de ses ports et de son enceinte, on cherche, mais en vain, les monumens de son ancienne splendeur et de sa puissance maritime. Malgré cet état de dépérissement et d'abandon, on retrouve toujours dans son port, le seul des côtes de l'Égypte, les avantages qui déterminèrent le conquérant de l'Asie à en faire la capitale de cette antique contrée. Quoique la rade et les ports d'Alexandrie ne présentent aujourd'hui que peu de ressources à une marine militaire, la superbe position de cette ville la rendra toujours la clef et le rempart de l'Égypte, comme l'histoire rappellera toujours à l'Europe qu'elle fut, dans la voie du commerce de l'Inde, le dépôt des richesses du monde.

Maître à peine de cette place, le général en chef Bonaparte ordonna, au milieu de ses dispositions militaires, d'en lever le plan, et de reconnaître les passes qui donnent accès dans la rade : ces passes furent immédiatement relevées et balisées; des amers établis sur la côte, au sud, ajoutèrent aux moyens d'y arriver plus sûrement de la rade et du large. Cependant, ces passes n'ayant pas présenté, au moins dans les premiers momens, toute la sécurité désirable, nos vaisseaux de guerre furent obligés de mouiller à quatre lieues, à l'est, dans la rade d'Abouqyr. Mais, pour coordonner toutes les dispositions défensives, sous les rapports civils et maritimes, il fallait le plan général de la rade, des deux ports, de l'enceinte fortifiée, et des dehors, dont il convenait d'occuper les hauteurs qui commandent la ville.

Le levé du plan d'Alexandrie et de ses environs devint donc l'objet des premiers travaux des ingénieurs de l'armée, dont le concours était nécessaire pour en accélérer la confection. En conséquence, les opérations de sondes, de topographie et de nivellement, furent effectuées simultanément, les positions respectives des principaux points, liés entre eux par une suite de triangles, ont été rattachées à celle du phare, déterminée par des observations astronomiques [1].

---

[1] Le plan d'Alexandrie (voyez pl. 84) offre dans tous ses détails une très-grande précision. J'en présentai la première réduction à l'échelle de $\frac{1}{2000}$ (le $\frac{1}{2}$ du plan-minute) au général en chef et à l'Institut d'Égypte, avec une notice qui fut imprimée au Kaire (Décade égyptienne, t. II, p. 169-74), le 21 vendémiaire an VII (12 octobre 1798).

Le zèle des ingénieurs civils et militaires a triomphé, dans ce travail, des difficultés des lieux, des circonstances et du climat. Dans le partage des opérations, essentiellement basé sur les rapports respec-

Alexandre construisit sa ville sur une partie basse de la ligne de rochers qui sépare, au sud de l'île du Phare, le lac Maréotis d'avec la mer : les principaux monumens d'Alexandrie ont été élevés sur divers points de cette ligne, dont la largeur paraît à peu près uniforme; ce qui la rend facile à distinguer. On sent combien il est intéressant pour la géologie d'en reconnaître le gisement et l'étendue, puisqu'elle forme, en quelque sorte, le sol primitif et les anciennes limites de la mer. Ces rochers proéminens et les terrains environnans sont couverts de ruines ; on y retrouve encore les traces de

tifs de service de ces divers corps d'ingénieurs, MM. les officiers du génie se sont chargés de l'enceinte des Arabes et des dehors de la place ; ils ont prolongé postérieurement leurs opérations jusques à Abouqyr, à l'est, et jusqu'au Marabout, à l'ouest.

MM. les ingénieurs géographes ont fait la trigonométrie et la topographie de l'intérieur des deux villes, et d'une partie des dehors, en constatant le relief des hauteurs par des nivellemens.

Il restait aux ingénieurs des ponts et chaussées les deux ports, l'île du Phare, et tout le front de la mer; travail auquel ils ont ajouté le plan des aqueducs et canaux souterrains des deux villes, avec l'indication du nombre et de la capacité des citernes et réservoirs de l'ancienne Alexandrie.

Le plan-minute, remis au dépôt de la guerre, répond à l'échelle métrique de 0,100 pour 100 mètres, ou de $\frac{1}{1000}$;

Le plan déposé en double aux ministères de la marine et de l'intérieur, à celle de 0,025 pour 100^m, ou de $\frac{1}{4000}$.

Le plan qui fait partie de l'Atlas de l'Égypte moderne sous le n°. 84, est réduit à l'échelle de 0,010 pour 100^m, ou de $\frac{1}{10000}$.

Enfin, un dernier, faisant partie de l'Atlas, est le plan général des rades, côtes, ports, villes et environs d'Alexandrie, réduit à 004 pour 100^m, ou de $\frac{1}{100000}$. *Voyez* la note suivante.

Les officiers civils et militaires qui ont pris part à ce premier travail, sont MM. Nouet et Quesnot, astronomes; Vinache, Legentil et Tasquin, officiers du génie ; Jomard, Corabœuf, Dertre, Bourgeois, Le Cesne et Dulion, ingénieurs géographes; Faye, Saint-Genis, Chabrol, Thevenot, ingénieurs des ponts et chaussées, que mon collègue M. Girard et moi avons dirigés; et MM. Barré, Vidal et Guien, officiers de marine ; Bodart et Duval, ingénieurs des ponts, pour les sondes de la rade et des ports.

différentes voies, d'un cirque, et d'autres grandes constructions.

Les changemens que la ville et les environs d'Alexandrie ont éprouvés, sont dus à des causes physiques encore agissantes. Les vents régnans portent constamment du côté de l'est l'effort des vagues, qui rongent et détruisent les bancs calcaires sur les bords de la mer; les sables provenant de cette destruction sont déposés vers l'est et le sud-est, sur les différens points de la côte qui leur présente un abri. La même cause a détruit la pointe orientale de l'île de Pharos et l'ancien promontoire de Lochias (le Pharillon) : elle a réduit le port neuf à l'état où il est aujourd'hui; il est difficile d'y reconnaître tous les avantages que les anciens ont vantés et dont ils nous ont laissé la description. L'île d'Antirrhode est rasée, et maintenant cachée sous les eaux, ainsi qu'une partie de l'ancienne ville. Ces établissemens ont disparu à mesure que la mer a détruit le promontoire de Lochias, à l'abri duquel ils existaient; et c'est de leurs débris que s'est formé le grand atterrissement sur lequel la ville moderne est bâtie.

On ne doit pas considérer le plan d'Alexandrie et de son territoire comme ayant servi seulement à l'étude des projets; il doit faciliter encore des recherches que n'ont pas été à portée de faire les voyageurs et les écrivains qui nous ont précédés[1]. Nous allons donner, sur le ré-

[1] Dans un mémoire particulier, qui devait faire partie de celui-ci, et qui paraîtra dans les livraisons suivantes de l'ouvrage de la Commission, M. Gratien Le Père a traité de l'état ancien et moderne d'Alexandrie. L'auteur y a joint le plan général des ports, de la rade, des villes et des environs d'Alexandrie, à l'échelle de 0,004 pour 100 mètres.

tablissement de la ville et des ports d'Alexandrie, des vues générales, basées sur leur état ancien. Ces vues consisteraient dans ces principales dispositions.

On reporterait les établissemens de la ville moderne dans l'enceinte dite *des Arabes*, en reprenant tout le terrain qu'occupait, à l'est, le quartier *Bruchion* de l'ancienne ville; on enleverait, à cet effet, les monticules de décombres, pour en déblayer entièrement l'enceinte : ces décombres seraient transportés dans le lac Maréotis, et utilement employés à former des digues, pour resserrer les limites de la navigation qu'il est important de lui conserver, et pour rendre à l'agriculture l'étendue considérable des terrains récemment envahis par les eaux.

Ayant le plan souterrain de la ville, au moyen duquel on connaît l'emplacement des citernes, leur nombre, leur état et leur capacité, celui des aqueducs, des grands réservoirs et des égouts, on rétablirait les rues dans leurs directions primitives, les plus propres à la salubrité.

On rouvrirait l'ancien canal de communication du lac Maréotis au port vieux, dont la longueur, réduite à 300 toises, n'exige qu'un léger travail. Celui qui existait plus anciennement, vers le centre de la ville moderne, entre les deux ports, serait également rouvert pour faciliter, par le port neuf, la sortie des vaisseaux, que les vents qui règnent assez constamment de la partie du nord-ouest, rendent plus difficile par le port vieux.

On resserrerait l'entrée du port neuf par un môle sur les récifs de la partie de l'est, pour en augmenter la défense au moyen des feux croisés des deux forts. On porterait au large, dans l'intérieur du port neuf, de nouveaux quais, pour faciliter l'approche des navires, et étendre l'espace propre aux établissemens du commerce et de la marine. On fonderait également dans le port vieux des quais d'abordage, à claire-voie, pour laisser les sables apportés du large opérer l'exhaussement de la plage, jusqu'à ce qu'on pût détruire la cause de ces alluvions par des travaux défensifs au pourtour de l'île du Phare.

On construirait, dans les deux ports, des bassins propres aux aiguades, répondant au débouché des fossés de la ville, où devront circuler les eaux douces dérivées du canal-aqueduc d'Alexandrie, et l'on reporterait, par un aqueduc, comme cela était anciennement, des eaux douces dans l'île et le château du Phare.

On déterminerait les passes de la rade par des môles sur lesquels on établirait des batteries pour en défendre l'accès; leur construction serait d'autant plus facile, qu'il existe à proximité des carrières considérables, celles qui bordent, au sud, le bassin de cette rade : on pourrait se promettre encore le creusement de ces passes en détruisant les bancs de roches qui pourraient être accessibles à ce genre de travail, et donner ainsi une entrée facile aux vaisseaux de guerre, qui trouveraient dans la rade un asile assuré.

Enfin on fortifierait Alexandrie, qui redeviendrait la capitale de l'Égypte; on en défendrait les approches par un fort au Qasr-Kiasserah à l'est, et par un autre à l'ouest, sur un ancien canal de communication du lac

Maréotis à la mer, vers le centre de la rade : en rétablissant ce canal, on aurait une barrière et un poste intermédiaires entre la ville et le Marabout, dans la partie la plus resserrée de cette longue et étroite péninsule.

RÉSUMÉ GÉNÉRAL.

Les développemens que nous avons donnés dans le cours de ce mémoire, dont l'objet a fixé depuis long-temps les spéculations politiques de l'Europe ainsi que les recherches des savans, ont pour but essentiel le rétablissement de l'ancien canal des deux mers : pour motiver l'exécution de cette grande entreprise, nous avons exposé et constaté,

1°. Les avantages de la navigation par la mer Rouge, qui rappellerait le commerce de l'Inde à sa route naturelle et primitive;

2°. Les preuves matérielles de la confection du canal des deux mers, déduites de l'étendue des vestiges qu'on en retrouve encore au milieu des déserts de l'isthme;

3°. Les témoignages historiques, qui ne permettent plus de douter que ce canal n'ait été navigable, notamment sous le règne des princes mahométans;

4°. La confiance due aux opérations, qui font connaître l'élévation de la mer Rouge sur la Méditerranée, sans que cette élévation puisse être un obstacle au rétablissement du canal des deux mers, et qu'on ait à craindre aujourd'hui la submersion de la basse Égypte;

5°. La possibilité d'améliorer le port de Soueys et

d'approfondir son chenal jusqu'à la rade, dont le mouillage est susceptible de défense;

6°. L'exagération des dangers de la mer Rouge, dont la navigation, qui ne diffère pas de celle des autres mers pour les Européens, présente des avantages incontestables sur celle du grand Océan pour se rendre dans l'Inde;

7°. L'état des diverses branches du Nil à franchir, depuis la tête du canal, dans la Pélusiaque, jusqu'à Rahmânyeh, dans la branche de Rosette, et dont la navigation établie ferait partie de celle du canal des deux mers;

8°. La nécessité et les moyens de rouvrir le canal d'Alexandrie, qui, indépendamment des avantages qu'il offre à la navigation, rendra à la culture une province envahie par les sables, et en partie submergée, et la protégera contre tous les inconvéniens physiques qui en ont hâté la ruine et l'abandon;

9°. Les vues générales propres à rendre à la ville d'Alexandrie les avantages dont elle a joui, dans les temps de sa splendeur et de sa célébrité;

10°. Enfin, par un article que nous avons reporté dans l'Appendice de ce mémoire (§. I), nous indiquons la dépense générale du canal des deux mers, et les moyens d'y pourvoir par la concession qu'on ferait à une compagnie, de vastes terrains, susceptibles de la plus riche culture, et dont les valeurs lui garantiraient un intérêt considérable de ses avances.

Mais, pour exécuter avec succès des travaux de cette importance, il faut à l'Égypte un gouvernement sage et éclairé; il lui faut un gouvernement stable et réparateur, celui que la France enfin a tenté de lui donner et qui était le but de cette expédition mémorable.

Ce mémoire, consigné dans l'ouvrage de la Commission, monument durable de la gloire du chef de l'expédition d'Égypte, sera pour notre âge et pour la postérité un gage authentique des vues grandes et bienfaisantes qui, au milieu même de ses conquêtes les plus rapides, ont toujours caractérisé le génie créateur du général Bonaparte.

APPENDICE.

La question principale que nous avons traitée dans le cours de ce mémoire, celle du rétablissement du canal des deux mers, nous ayant conduits à considérer divers objets dont la discussion eût détourné l'attention du lecteur, nous avons cru devoir en former un appendice. Ces objets sont,

1°. L'exposé des moyens généraux d'exécution, et l'aperçu de la dépense et du temps nécessaires à la confection du canal des deux mers;

2°. Un essai historique et critique sur la géographie de l'isthme de Soueys;

3°. Un extrait du registre général des opérations de nivellement;

4°. Les traductions des textes de divers auteurs cités dans ce mémoire.

§. I.

EXPOSÉ

DES MOYENS GÉNÉRAUX
D'EXÉCUTION

DU CANAL DES DEUX MERS.

De tous les moyens propres à garantir la confection d'une entreprise aussi importante, celui d'en confier l'intérêt à une compagnie de commerce nous paraît de la plus haute espérance, s'il n'est pas même infaillible. Ce mode d'exécution présente une garantie qu'on ne peut généralement se promettre de l'inconstance des gouvernemens ou des rivalités ministérielles, qui ont si souvent fait échouer ou suspendre les entreprises les plus utiles, quoiqu'elles touchassent à leur fin. On pourrait donc en faire l'objet d'une concession, dont les conditions, d'abord très-avantageuses aux actionnaires, pourraient être modifiées après un laps de temps convenu.

Nous estimons qu'indépendamment des avances ou même de la quotité de fonds que le gouvernement devra donner à la compagnie pour cette opération, et des avantages commerciaux qui feraient encore la base de cette spéculation, il pourra lui concéder, à titre de propriété, 1°. toute la vallée (l'Ouâdy), qui comprend plus de 15,000 arpens susceptibles de culture, sauf à concentrer quelques tribus d'Arabes qui y sont répandues, et auxquelles il suffirait d'abandonner une partie de l'espace qu'elles occupent (ces 15,000 arpens, évalués chacun à 400 livres seulement de valeur foncière, représentent un capital de six millions, dont les intérêts annuels peuvent monter au dixième par la richesse des récoltes); 2°. tous les bords du désert au nord et au sud de la vallée, sans autres limites que celles que l'industrie de cette société pourrait y mettre (il s'y trouve des parties boisées, dont l'exploitation mieux réglée fournirait du charbon, combustible rare et cher en Égypte)[1]; 3°. la pêche du canal et des lacs[2]; 4°. les péages aux écluses pour la navigation, et aux ponts pour les caravanes. Au moyen de ces diverses concessions, nous pensons que les actionnaires retireraient un très-haut intérêt de leurs capitaux. Ces gages sont d'ailleurs de peu de valeur, si on les compare à ceux que présente la vaste étendue des terres qu'on peut rendre à la culture dans les provinces d'Alexandrie, de Rosette, de la Baheyreh, et dans les provinces maritimes du Delta, et que nous avons évaluée à 200,000 arpens. Il n'est pas enfin de spéculation moins hasardée, par la facilité du défrichement des terres actuellement abandonnées, qui n'exigeront pas, comme en Europe, et même en Amé-

---

[1] Nous pensons que des plants de pins et de mélèzes réussiraient parfaitement dans ces lieux.

[2] La pêche du lac Menzaleh rapportait au fisc, avant l'arrivée des Français, plus de 60,000 fr. par an ; celle des autres lacs devait être aussi d'un grand rapport.

rique, des avances considérables pour les mettre en pleine valeur, puisqu'il suffira d'y porter des eaux, dont elles ne sont privées que depuis qu'on a cessé d'entretenir les canaux d'irrigation qui y répandaient autrefois l'abondance et la vie. Cette navigation économisera encore les 500,000 francs que coûte annuellement[1], comme le dit M. de Volney, l'escorte des Arabes *Ouâtat* et *Ayaïdy*, qui font les transports du Kaire à Soueys.

Aperçu de la dépense générale des travaux.

Nos opérations n'ayant donné que des résultats généraux, on reconnaît assez qu'elles ne sont pas suffisantes pour servir à la rédaction des devis estimatifs sur les dimensions particulières, l'ordre et la dépense de chaque partie de ce travail. Il faudrait un supplément de données qui fixassent, pour tous les points du canal où le terrain varie, le relief et l'épaisseur des digues et la profondeur des déblais; il faudrait encore s'éclairer d'expériences locales sur l'extraction, le transport et la main-d'œuvre des divers matériaux.

Cependant, ayant acquis des données comparatives dans nos travaux exécutés au Kaire et sur différens autres points de l'Égypte, nous pouvons, avec ces premiers élémens, offrir des aperçus suffisans pour pouvoir entreprendre ce travail avec confiance, si l'incertitude sur la dépense était le seul motif qui pût en faire suspendre l'exécution.

Nous n'aurons pas égard, dans l'évaluation des dé-

---

[1] Voyage de M. de Volney, tom. 1er, pag. 199.

penses, aux canaux d'arrosage, aux digues, aux écluses et autres petits ouvrages éventuels que nécessiteront les prises d'eau nécessaires à l'agriculture, attendu que ces dépenses restent à la charge des campagnes. Les réquisitions légales qu'on pourrait exercer, seraient encore en déduction des dépenses présumées dans l'aperçu qui suit :

INDICATIONS DES PARTIES ET NATURE DE TRAVAUX.	DÉPENSE	
	PARTIELLE.	TOTALE.
CANAL DE SOUEYS AU NIL. *Travaux de terrassemens.* Le premier bief, de 10,000 toises de longueur, par sa section moyenne, donne 225,000 toises cubes de terrassemens, qui, au prix de 5f, pour fouille, transport à trois relais réduits, épuisemens, frais d'outils, de conduite, coûteront [1], ci......... Une première partie du second bief, de 16.000 toises de longueur, déduction faite des travaux encore	1,125,000f	

[1] On n'a pas cru devoir défalquer les parties existantes de l'ancien canal, qui pourront rentrer dans les nouvelles directions de ce bief, quoiqu'il doive en résulter une réduction dans la dépense.

Le prix de la toise cube d'excavation des terres peut paraître un peu fort; les ouvriers du pays qui ont travaillé au curement du canal d'Alexandrie, ont été payés à raison de 80 parats (2. f. 85 c.) le qasabah carré, sur un dera' de profondeur. Or, le qassabah est une mesure superficielle, qui répond à 4 toises carrées; le dera' est une mesure linéaire de 21 pouces, employée dans l'arpentage et la maçonnerie : d'où l'on voit que le qasabah cube équivaut à $\frac{7}{9}$ de toise cube, ce qui porte le prix de la toise à 68 parats (2 f. 50 c.) : mais cette disposition ne comporte que quelques relais de transports, et ne comprend pas les achats d'outils et autres objets, dont les frais ont souvent doublé le prix des travaux faits en Égypte.

INDICATIONS DES PARTIES ET NATURES DE TRAVAUX.	DÉPENSE	
	PARTIELLE.	TOTALE.
Report..........	1,125,000ᶠ	
existans, vu le profil moyen des vestiges, produira 320,000 toises cubes, qui, évaluées à 5ᶠ, coûteront, ci......................	1,600,000.	6,541,000ᶠ
Une seconde partie du même bief, de 21,200 toises de développement, déduction faite des ⅔ pour ce qui existe des vestiges, produira 636,000 toises qui, au prix de 6ᶠ, eu égard à la nature sablonneuse du sol, coûteront, ci....................	3,816,000.	
Pour curemens et déblais divers aux débouchés du canal dans les lacs amers, une somme de..........	40,000.	
Pour recreusement du troisième bief d'eau de mer sur 11,000 toises de développement, évalué aux ⅓ du cube produit par le profil du nouveau canal, 198,000ᵗᵒⁱˢ, qui, à raison du transport sur les digues, évaluées à 6ᶠ 50 l'une, coûteront, ci...	1,287,000.	1,327,000.
1ᵉʳ TOTAL.....	.....	7,868,000.
Canal de dérivation des lacs amers à la Méditerranée, sous l'ancienne Péluse, à......................	.....	2,500,000.
2ᵉ TOTAL......	.....	10,368,000.
Ouvrages d'art.		
Barrage à la prise d'eau du canal dans la rivière de Moueys, pour en régler la section et la dépense, ci..	100,000.	
Bassin de partage avec écluses et ponts, au confluent du canal du Kaire........................	350,000.	
TOTAL........	450,000.	10,368,000.

INDICATIONS DES PARTIES ET NATURES DE TRAVAUX.	DÉPENSE PARTIELLE.	DÉPENSE TOTALE.
Report..........	450,000ᶠ	10,368,000ᶠ
Ponts sur le canal, au Râs-el-Ouâdy et au Mouqfàr..........	100,000.	
Écluse double, déversoir et pont, près du *Serapeum*..............	400,000.	
Écluse double et pont à l'entrée du bief d'eau de mer dans les lacs.	350,000.	
Écluse de chasse et de navigation, bassin et pont, au débouché du canal dans la mer Rouge, à Soueys..	450,000.	
Digue de Seneykah, sur la route de Belbeys à Sâlehyeh..........	150,000.	
Écluses de chute, à sas, et grand déversoir, à la prise d'eau du canal de dérivation dans les lacs amers...	1,200,000.	5,600,000.
Deux jetées et ouvrages accessoires, au débouché du canal, sous Péluse...................	1,000,000.	
Forts, têtes de ponts, établissemens militaires permanens sur tous ces points et autres intermédiaires de la ligne....................	1,500,000.	
3ᵉ TOTAL......	....	15,968,000.
Frais de campement, transports d'eau et de vivres pendant quatre campagnes....................	400,000.	
Honoraires, frais de conduite et d'opérations..................	300,000.	
Indemnités de terrains.........	300,000.	1,300,000.
Plantations et semis dans les dunes........................	100,000.	
Garde et police militaires......	200,000.	
DÉPENSE du canal de la mer Rouge au Nil et à la Méditerranée......	....	17,268,000.
TOTAL........	....	17,268,000.

INDICATIONS DES PARTIES ET NATURES DE TRAVAUX.	DÉPENSE	
	PARTIELLE.	TOTALE.
Report............	....	17,268,000f
CANAUX DU KAIRE ET DE FARA'OUNYEH.		
Canal du Kaire (de Trajan, ou du Prince des Fidèles)............	4,500,000.	
Canaux de Fara'ounyeh et de Chybyn-el-Koum..................	900,000.	5,932,000.
Travaux divers sur le cours du Nil et à ses bouches dans la mer...	532,000.	
CANAL D'ALEXANDRIE.		
1°. *Terrassemens.*		
La partie du canal de Rahmânyeh à Birket demandera un déblai de 50,000 toises cubes, qui, au prix moyen de 5f o, coûteront........	2,500,000.	
280,000 toises cubes de déblais, de Birket à Tell-el-Genân, à 5f o.....	1,400,000.	
20,000 toises cubes de déblais, du bassin des lacs à Alexandrie, à 5f o...........................	100,000.	
2°. *Ouvrages d'art.*		
Construction de trois ponts à établir sur le bief de Rahmânyeh, évaluée à.......................	500,000.	
Construction de deux écluses à Birket, avec deux ponts-tournans, murs de quai, maisons d'éclusiers, corps-de-garde et autres établissemens...................	800,000.	
Construction des écluses et du bassin des lacs, murs de quai et autres établissemens [1].........	1,000,000.	
TOTAL........	6,300,000.	23,200,000.

[1] On ne comprend pas, dans cet aperçu de dépense, la construction des ouvrages de défense de Birket et du bassin des lacs, non plus que du canal d'Abouqyr, ces travaux devant être considérés comme accessoires au canal principal de la communication du canal des deux mers.

INDICATIONS DES PARTIES ET NATURES DE TRAVAUX.	DÉPENSE	
	PARTIELLE.	TOTALE.
Report..........	6,300,000 f.	23,200,000 f.
Établissemens de vannes, batardeaux, et de trois ponts dormans sur le canal-aqueduc............	60,000.	
Aqueducs ou conduites répondant aux aiguades et citernes dans la ville d'Alexandrie, et autres dépenses imprévues..............	440,000.	
DÉPENSE du canal d'Alexandrie.	6,800,000.	6,800,000.
DÉPENSE GÉNÉRALE du canal des deux mers.... [1]		30,000,000.

Évaluation du temps nécessaire à l'exécution des travaux.

Si l'on suppose qu'il existe en Égypte un gouvernement solidement établi, assez fort pour prévenir les crises toujours renaissantes qu'éprouve ce pays; que ce gouvernement puisse offrir assez de confiance à la compagnie qui ferait l'entreprise de ce grand ouvrage, et qu'il veuille imprimer à l'exécution des travaux toute l'activité convenable, en y faisant concourir les habitans des campagnes dans les rapports de la population et des

---

[1] On observe que cette somme de 30000000 fr., et toutes celles dont elle se compose, seraient susceptibles de beaucoup de réductions, si l'on ne croyait pas devoir apporter dans les constructions un certain luxe d'appareil et de solidité qu'exige l'importance de ce grand ouvrage; mais on n'a pas compris dans cet aperçu les travaux des ports de Boulâq, de Soueys et d'Alexandrie, parce qu'on les considère comme indépendans de ceux du canal.

intérêts locaux; si l'on considère enfin que l'hiver, dont la rigueur suspend en Europe les travaux publics, est au contraire, en Égypte, le temps le plus favorable à leur activité, on estimera que quatre années suffiraient pour l'entière confection du canal. Mais il est aussi d'autres travaux gratuits, sur lesquels on peut compter de la part des *felláh* (les laboureurs et les fermiers), d'après le zèle qu'ils ont manifesté toutes les fois que nous les avons entretenus des projets relatifs aux irrigations.

Nous estimons encore que dix mille ouvriers convenablement répartis sur les différens points du canal de Soueys, de ceux du Kaire et d'Alexandrie, devront suffire à l'exécution des projets, et que la seule ville du Kaire pourrait les fournir, à moins qu'on ne préférât de les prendre dans les provinces où ils seraient disponibles, en suppléant à cette levée par ces hommes oisifs qui encombrent la capitale[1], et que les travaux de l'agriculture réclament impérieusement.

[1] Le luxe des riches du pays consiste essentiellement dans le nombre de leurs domestiques, dont le salaire est très-modique, et dont les services répondent au goût des maîtres pour le repos et la mollesse.

§. II.

ESSAI HISTORIQUE ET CRITIQUE

SUR LA GÉOGRAPHIE

DE L'ISTHME DE SOUEYS.

Une position essentielle et première à rétablir, et à laquelle se rattache toute la topographie de l'isthme, est celle d'*Heroon* ou *Heroopolis*, sur laquelle tant d'auteurs ont été et sont encore partagés : cependant, d'après nos données, nous n'hésitons pas, si toutefois Heroopolis a été la même qu'Heroon, d'en reconnaître et d'en fixer la position aux ruines d'Abou-Keycheyd, sur le bord du canal, vers le centre de l'Ouâdy.

Pococke, pour trancher la difficulté, a imaginé de placer l'Heroon de l'antiquité où les itinéraires l'exigent, et l'Heroopolis vers le golfe à Ageroud. Le docteur Shaw a partagé la même opinion. Mais le site d'Ageroud ne présente aucune ruine, et nous paraît trop élevé pour convenir à des établissemens autres que ceux d'une mansion dont la position est déterminée par les eaux potables qui s'y trouvent; et encore ces eaux, qui n'y existent qu'à une très-grande profondeur, doivent faire présumer que ce puits n'a été ouvert à grands frais que pour satisfaire aux besoins d'une station qui répond à deux journées de l'ancienne Babylone, dans la route d'Arsinoé.

Cependant Strabon dit positivement que la ville d'Heroopolis était située près d'Arsinoé, à l'extrémité du golfe Arabique, distingué sous le nom de *sinus Heroopolites*, du côté qui regarde l'Égypte. Pline, qui exprime encore la chose avec précision, dit, en parlant de ce golfe, *in quo Heroum oppidum est*. Or, dans la position actuelle de la mer, on serait forcé de reporter le site d'Heroopolis vers Soueys; mais d'autres considérations, et la connaissance des localités, vont jeter quelque jour sur la difficulté qu'on trouve à faire concorder ces diverses opinions.

D'Anville, malgré l'autorité de Strabon, n'a pu se défendre cependant de placer Heroon (Heroopolis) vers le lieu où nous croyons devoir en fixer la position. En effet, cette détermination fournit le site respectif de tous les lieux environnans et satisfait aux divers itinéraires : car, quoique ces anciens itinéraires[1] soient reconnus

[1] L'Itinéraire d'Antonin paraît avoir existé du temps de César. La carte dite *de Peutinger*, qui semble tenir à l'Itinéraire par de nombreux rapprochemens, est ainsi appelée du nom de *Conrad Peutinger*, antiquaire, docteur d'Augsbourg, qui en était propriétaire. On attribue communément cette carte, ainsi que l'Itinéraire d'Antonin, à Ammien-Marcellin, qui vivait sous Julien, en 360. Ce célèbre géographe aura sans doute mis la dernière main à des itinéraires incomplets et imparfaits qui existaient avant lui. Suivant d'autres opinions, cette carte appartient au règne de Théodose-le-Grand (vers l'an 393); et c'est de là qu'on l'appelle *Table Théodosienne*. Dicuil, auteur hibernois, sous Charlemagne, dans son traité *de Mensura orbis terræ*, a regardé Théodose 1er comme auteur de l'arpentage de l'empire. L'édition la plus récente a été donnée en 1753, par François-Christ. de Scheyb, et imprimée à Vienne, *in-folio*.

Les éditions de Ptolémée sont nombreuses et très-fautives : celle de Bertius (de 1618), qui paraît la plus complète, n'a pas cependant paru très-exacte à M. Gosselin ; elle

fautifs, en ce qu'ils offrent de fréquentes omissions et des contradictions évidentes, ils n'en sont pas moins des monumens publics, dont, dans beaucoup de cas, l'autorité ne peut être méconnue; les fautes et les lacunes dont ces tableaux sont susceptibles, sont d'ailleurs souvent faciles à découvrir; et quand la position d'un lieu y est donnée par l'intersection de plusieurs communications, elle porte en quelque sorte avec elle-même sa vérification. On doit surtout considérer, dans ces itinéraires, la nomenclature et l'ordre de succession des lieux. D'ailleurs on ne peut pas supposer que les Romains, qui avaient hérité des connaissances des Grecs en Égypte, les eussent perdues absolument; et par cela seul que ces itinéraires sont postérieurs à ceux des Grecs, ils semblent mériter plus de confiance.

La position d'Heroopolis étant invariablement fixée à Abou-Keycheyd, vers les 29° 45′ 50″ de longitude, et 30° 32′ 45″ de latitude, nous prouvons qu'elle satisfait,

1°. Au fait historique cité par Joseph (*Antiq.*, liv. II, chap. 4), qui porte que le fils de Jacob allant au-devant de son père, qui venait du pays de Chanaan et de *Bersabée* (ou du puits du serment), le rencontra sur cette route à Heroopolis[1] : or, il est de la plus grande évi-

---

réunit les itinéraires viables et maritimes des Romains.

[1] M. Gosselin, dans ses recherches sur la géographie ancienne (t. II, pag. 181), combat les motifs de d'Anville, qui, malgré l'autorité des géographes anciens, a cru devoir placer Heroopolis au milieu des terres, à plus de douze lieues de l'extrémité du golfe Arabique. « Quant au passage de Joseph, dit ce savant, il ne peut mériter aucune confiance : le texte hébreu de la Bible ne fait point mention d'Heroopolis; il est dit seulement (*Gen.* cap. XLVI) que le fils de Jacob alla

dence, comme l'observe d'Anville (*Mémoires*, p. 122),
« que la route qui, des environs de Gaza, dont la position de Bersabée était peu distante, conduit en Égypte,
laisse fort à l'écart de sa direction un lieu voisin de
Soueys, et que la caravane de la Mekke trouve sur son
passage en prenant une route très-différente de celle
qui conduit de l'Égypte dans la Palestine : » or, on ne
pense pas que Jacob eût trouvé plus convenable de traverser le désert entre Bersabée et Soueys, que de suivre
la route par Qatyeh, vers Heliopolis;

au-devant de son père et de ses frères, jusque dans la terre de Gozen ou Gessen, que le Pharaon avait abandonnée à cette famille de pasteurs, pour y vivre avec ses troupeaux. Cette terre de Gozen, située vers le milieu de la largeur de l'isthme de Suez, près des marais et des lacs que l'on trouve encore, et qui répandent quelque fertilité dans leurs environs, ne pouvait être alors que très-peu habitée.

« Si les Égyptiens avaient daigné former des établissemens, s'ils avaient eu des villes ou seulement des bourgades à la proximité de ces lieux, auraient-ils souffert que des Arabes pasteurs, qu'ils avaient tous en abomination, vinssent partager leur territoire? (*Gen.* ch. XLVI, v. 34.) Aussi ne les reçut-on point dans l'intérieur de l'Égypte ; et il est si vrai qu'il n'existait aucune ville dans la terre de Gozen, que quand ces Hébreux s'y furent multipliés, les Égyptiens les forcèrent d'en bâtir deux, Pithom et Ramessès. (*Exod.* cap. I, v. II.) »

Mais Pithom, que, dans une version qobte du texte grec, on a traduit par *Heroopolis*, et Ramessès, étaient donc dans la terre de Gessen ; et cette terre de Gessen ou de Ramessès est évidemment l'Ouâdy, qui, dans son étendue, et particulièrement vers les ruines d'Abou-Keycheyd, n'offrait, comme aujourd'hui, que des terrains vagues, envahis par les sables, mais susceptibles de cette culture qui suffit à des peuples pasteurs.

Nous sommes donc autorisés à combattre les objections de M. Gossellin, quoique cette version d'une autre version, réplique ce savant, ne fasse pas autorité contre le texte hébreu, qui ne parle pas d'Heroopolis.

Le général en chef, en l'an IX, (1800), accorda aux grands Terràbins, arabes pasteurs, après leur fuite de Syrie, un asile dans les mêmes lieux ; la crue extraordinaire de cette année, qui avait porté les eaux au-delà même de la vallée, leur permit de semer dans des endroits depuis long-temps incultes, et d'y nourrir par-là plus abondamment leurs troupeaux.

Voyez plus bas, la note remise par M. Gossellin.

2°. A l'authentique version des Septante, faite en Égypte sous les premiers Ptolémées, et dans laquelle on lit un passage non moins concluant : il y est dit que Jacob envoya Juda au-devant de lui, pour rencontrer Joseph près d'Heroopolis, dans le pays de Ramessès; et l'on sait positivement que le pays de Ramessès, qui était le même que le pays de Gessen, où les frères du patriarche Joseph demandèrent à s'établir, ne pouvait être éloigné du nome d'Héliopolis, et que cette considération, qui nous porte nécessairement dans les terres propres à la culture, ne peut absolument convenir aux parages de Soueys, bien qu'il ait pu y exister quelque végétation;

3°. Aux ruines considérables d'Abou-Keycheyd, qui ont tout le caractère d'une ville égyptienne, et au centre desquelles il existe encore un monument égyptien très-remarquable [1];

4°. A l'Itinéraire d'Antonin, qui fournit une route de Babylone à Clysma, dont le développement et la direction nécessitent encore la position d'Heroopolis à Abou-Keycheyd. Cette route est ainsi détaillée dans l'Itinéraire:

---

[1] Ce monument consiste dans un monolithe de granit taillé en forme de fauteuil, sur lequel sont assis, à côté l'un de l'autre, trois personnages égyptiens, sans doute de l'ordre des prêtres, ainsi qu'on le jugera par le costume et les bonnets qu'ils portent. Ce monument est encore dans sa position verticale, et les figures regardent l'orient; elles étaient enterrées jusque sous l'estomac : mais, ayant fait fouiller jusqu'au pied, nous avons été à même de le voir en entier et de le mesurer. Le dossier du fauteuil est particulièrement couvert d'hiéroglyphes, dont il forme un tableau régulier et complet. On voit encore dans ces vestiges beaucoup de blocs mutilés, de grès et de granit, portant des hiéroglyphes, et tous les débris semblables à ceux qu'on trouve à la surface des emplacemens de villes détruites dans la basse Égypte. (*Voyez* le dessin qui en a été fait par M. Févre.)

INDICATIONS DES LIEUX.	DISTANCES.			
	MILLES ROMAINS [1].		TOISES.	MÈTRES.
De { Babylone............ à Heliopolis.......	XII.	12.	9072.	17681,66.
Heliopolis........... à Scenæ veteranorum...	XVIII.	18.	13608.	26523,49.
Scenæ veteranorum.... à Vicus Judæorum....	XII.	12.	9072.	17681,66.
Vicus Judæorum...... à Thou.............	XII.	12.	9072.	17681,66.
Thou.,............. à Heroopolis.........	XXIIII.	24.	18144.	35363,32.
Heroopolis.......... au Serapeum........	XVIII.	18.	13608.	26522,49.
Serapeum........... à Clysma...........	L.	50.	37800.	73693,55.
TOTAUX.........	CXXXXVI.	146.	110,376.	215126,83.

[1] Le mille romain est évalué à 755ᵗ 4ᵈˢ 8° 8ˡ par M. Romé de l'Ile. On l'a calculé dans ces tableaux à raison de 756 toises en compte rond. L'indication des mètres en a été déduite.

Or, si Heroopolis devait répondre à l'emplacement de l'ancienne Arsinoé [1] ou Soueys, comment retrouver les 68 milles que cet itinéraire donne pour la distance d'Heroopolis à Clysma, quand d'ailleurs la position intermédiaire du *Serapeum* correspond si bien aux distances y désignées?

Ptolémée fait conclure qu'Arsinoé (que l'on place généralement vers Soueys) était de 0° 40′ au sud d'Heroopolis. En effet, les ruines d'Abou-Keycheyd sont de 0° 35′ au nord de Soueys; et la distance directe au nord-ouest de Soueys fournit les 0° 40′ en mesure de degré. On avoue cependant que cette considération n'est pas d'un grand poids, attendu les erreurs bien constatées des tables de Ptolémée.

Mais, si l'on se reporte aux temps où le bassin des lacs amers participait encore aux marées du golfe, dont il faisait partie, on verra qu'Heroopolis pouvait être réputée au fond du golfe Arabique; il ne peut même exister de doute à cet égard, puisqu'il est prouvé par les nivellemens, que tout le cours de l'Ouâdy est encore inférieur au niveau de la mer Rouge, et que des digues naturelles ou factices ont pu seules empêcher les eaux de se répandre par cette vallée dans la basse Égypte,

---

[1] Nous avons déjà consenti à considérer le site de Soueys comme pouvant répondre à celui d'Arsinoé; cependant nous croyons que cette ancienne ville a pu exister sur les hauteurs et les ruines qu'on retrouve à l'extrémité du golfe (*voy*. pl. 11), et au pied desquelles la mer remonte encore dans les grandes marées. Nous avons même remarqué sur la plage une cunette qui, se dirigeant vers les vestiges de l'ancien canal, au *nord-ouest*, semble en retracer la tête primitive, que les Arabes auront abandonnée en prolongeant le canal au *sud* vers le port de Qolzoum, près de Soueys.

quand le Nil, par son décroissement, établit une contre-pente. Alors Strabon aurait parlé pour des temps antérieurs; car, à l'époque où il écrivait, les lacs étaient déjà séparés du golfe, puisque Ptolémée-Philadelphe avait achevé le canal qui les rattachait de nouveau à la mer, d'où le canal prit le nom de *rivière de Ptolémée*: mais quoique Strabon soit allé en Égypte, il est possible qu'il se soit trompé, et que Pline ait propagé son erreur.

M. le major Rennell, si profond et si judicieux dans ses discussions, n'a pu concilier les auteurs : il a placé Heroopolis huit lieues seulement au nord-ouest de Soueys, au-dessous du lac amer; et en faisant passer par Ageroud les vestiges du canal, qui en sont distans de 9000 toises à l'est, ce géographe a commis une erreur.

Nous rétablirons encore la position de plusieurs villes anciennes qui ont pu être également réputées voisines du golfe Arabique, pour confirmer avec évidence les motifs de notre assertion sur celle d'Heroopolis.

Les ruines sont tellement multipliées dans la basse Égypte, qu'il est assez difficile d'y rapporter le nom des villes auxquelles elles appartiennent, quand on sait d'ailleurs que d'autres villes s'y sont succédées sous différens noms : mais, pour ce qui concerne les déserts, nous pensons que la situation des lieux de l'antiquité doit se rétablir moins par les ruines que par les endroits où l'on trouve de l'eau. En effet, Ageroud, Byr-Soueys, les sources de Moïse, etc., seront long-temps des points de repère de la géographie ancienne dans cette partie du golfe Arabique; car ils sont moins sujets aux révolutions de la nature, que les cités ne le sont aux révolutions politiques et aux ravages de la guerre.

Les positions d'Atryb, de Bubaste, de Phacusa et de Péluse, sont d'abord celles qui intéressent par leur liaison avec la branche Pélusiaque, dont la dérivation vers la mer Rouge a constitué le canal des Rois. Les tables de Ptolémée fournissent les positions suivantes :

INDICATIONS DES LIEUX		LONGITUDES orientales.	DIFFÉRENCES.	LATITUDES nord.	DIFFÉRENCES.
Positions de....	Atryb...	62° 0′ 0″	1° 6′ 0″	30° 30′ 0″	0° 10′ 0″
	Bubaste.	63. 6. 0.	0. 4. 0.	30. 40. 0.	0. 10. 0.
	Phacusa.	63. 10. 0.	0. 10. 0.	30. 50. 0.	0. 20. 0.
	Péluse...	63. 20. 0.		31. 10. 0.	

Pour faire connaître le peu de confiance que ces tables méritent, nous allons rapporter les résultats dressés d'après notre topographie, et qui, sans être aussi exacts que ceux qui ont été obtenus par les opérations astronomiques, peuvent être admis rigoureusement dans ce nouvel examen.

300   MÉMOIRE SUR LE CANAL

INDICATIONS DES LIEUX.	LONGITUDES.	DIFFÉRENCES à l'est.	LATITUDES.	DIFFÉRENCES au nord.
Positions de { Atryb....	28° 55′ 0″	0° 17′ 0″	30° 28′ 30″	0° 5′ 0″
Bubaste....	29. 12. 0.	0. 17. 0.	30. 33. 30.	0. 12. 15.
Phacusa...	29. 29. 0.	0. 42. 0.	30. 45. 45.	0. 17. 15.
Péluse....	30. 11. 0.		31. 3. 0.	

Si l'on compare, comme on le fait dans le tableau suivant, les colonnes des différences entre elles, on aura la preuve des erreurs qui sont dans les tables de Ptolémée, sans doute accrues par l'inexactitude des copistes[1].

Parallèle des différences des positions.

INDICATIONS DES LIEUX.	DIFFÉRENCES EN LONGITUDE à l'est, d'après		DIFFÉRENCES EN LATITUDE au nord, d'après	
	PTOLÉMÉE.	NOTRE CARTE.	PTOLÉMÉE.	NOTRE CARTE.
Positions de { Atryb....	1° 6′ 0″	0° 17′ 0″	0° 10′ 0″	0° 5′ 0″
Bubaste...	0. 4. 0.	0. 17. 0.	0. 10. 0.	0. 12. 15.
Phacusa...	0. 10. 0.	0. 42. 0.	0. 20. 0.	0. 17. 15.
Péluse.....				

[1] M. Gossellin a reconnu la source des erreurs des tables de Ptolémée, dans la substitution faite avec inexactitude des stades de 500 au degré, proposés par Posidonius, et adoptés par l'école d'Alexandrie, à ceux

Les ruines auxquelles on doit rapporter le site de ces anciennes villes, conservant encore le nom qui leur est propre, il ne peut exister de doute à leur égard.

Or, *Atryb* (Athribis) se retrouve vers l'origine d'une branche du Nil, qui, vu l'importance de cette ancienne ville, que le géographe Ammien-Marcellin mettait au rang des plus considérables de l'Égypte, porte le nom de *branche Atrybitique*.

Bubastis est aussi positivement déterminée, et répond au *Tell-el-Basta*, sur la Pélusiaque ou Bubastique, un peu au-dessus de la prise d'eau du canal des Rois; c'est le *Phi-Beseth* de l'Écriture, rendu par *Bubastis* dans les versions grecque et latine: le nom grec s'est conservé chez les Qobtes sous celui de *Basta*[1].

Phacusa, qui était le chef-lieu d'un nome appelé *Arabia*, dans l'intervalle du Sethroytès au nord, et du Bubastitès au midi, et dont la position est donnée par une indication de Ptolémée, correspond parfaitement aux vestiges appelés *Tell-Fâqous*, qu'on retrouve sur la Pélusiaque. Mais c'est à tort que Strabon dit que c'est à Phacusa qu'était la prise d'eau du canal des Rois; car, si la pente du Nil vers Soueys était déjà insuffisante à dix lieues au-dessus, près de Bubaste, il pouvait

---

de 700 au degré, qui avaient antérieurement servi de module aux navigateurs grecs: l'opération était cependant fort simple, puisqu'elle se bornait à soustraire ⅕ du nombre des stades donnés pour les distances prises dans le sens des latitudes; et cette substitution n'ayant encore porté dans les cartes que sur les longitudes, il en est résulté une configuration très-fautive des périmètres des mers et des continens. M. Gosselin a rectifié ces cartes dans sa Géographie des Grecs analysée (pag. 122), en y rétablissant les justes proportions que Ptolémée avait détruites par une substitution fautive.

[1] La *Bubastis agria* paraît avoir existé avant l'*Onion* des Juifs.

ne pas en exister du tout de Phacusa à la mer Rouge, et il est même probable que la crue ne s'y élève pas au niveau de ses eaux de basse mer : mais Phacusa a pu être un entrepôt du commerce de l'Inde sur la Pélusiaque, qu'on devait remonter pour entrer dans le canal des Rois; et cette circonstance aura causé la méprise de Strabon. D'ailleurs, on ne doit pas perdre de vue que Strabon n'a souvent fait usage que des itinéraires et de quelques positions qu'il regardait comme invariablement déterminées par les géographes anciens. On peut donc apprécier les erreurs des itinéraires, qui résultent des distances, dont quelques-unes ne comportent quelquefois que très-peu de réduction, quand d'autres peuvent en exiger jusqu'à un cinquième et plus, à cause des sinuosités des routes [1], surtout dans la basse Égypte, où les lacs et les canaux occasionent de fréquentes inflexions dans les communications; et quand les distances ont été données en temps (heures de marche), les différences ont dû varier suivant que les marches étaient faciles ou pénibles dans des sables mouvans.

Le rétablissement du site de *Péluse*, qui fut long-temps le rempart et la clef de l'ancienne Égypte (*Sin robur Misraïm*, et *Pelusium robur Ægypti*), ne comporte aucune discussion; car le temps en a conservé les ruines, et la signification de son nom se retrouve dans

---

[1] On reconnaîtrait bientôt l'impossibilité de faire concorder les distances indiquées numériquement par les itinéraires, si l'on voulait, par exemple, construire la carte de la France d'après le livre des postes : non que les distances n'y soient exactement indiquées, mais parce qu'elles ne constatent pas les sinuosités et les inflexions des différentes routes qui communiquent entre les mêmes villes.

celui de *Tyneh*, à l'est et à l'embouchure de la Pélusiaque, conformément aux indications de tous les auteurs. Péluse était, dit Strabon, à vingt stades de la mer : on les retrouve en effet dans la distance actuelle de 15 à 1600 toises de ses vestiges au rivage; distance qui n'aurait pas changé depuis près de 2000 ans.

Nous donnerons encore un exemple des erreurs des tables de Ptolémée dans la comparaison suivante, en nous bornant à ne considérer que les latitudes, que l'Almageste établit ainsi :

INDICATIONS DES LIEUX.	LATITUDES.	DIFFÉRENCES.
Positions de { Heroopolis......	30° 0′ 0″	0° 50′ 0″
Arsinoé.........	29. 10. 0.	
Clysma.........	28. 50. 0.	0. 20. 0.
Totaux......	. . .	1. 10. 0.

Or, si Heroopolis devait être vers Soueys, Arsinoé, que l'on place généralement vers ce port, et Clysma, seraient reculées au sud; savoir :

INDICATIONS DES LIEUX.	DISTANCES.			
	DEGRÉS.	TOISES.	LIEUES.	MILLES ROMAINS.
Positions de { Arsinoé, de.	0° 50′ 0″	47352.	21.	LXIII. 63.
Clysma, de..	0. 20. 0.	18941.	8.	XXV. 25.
Totaux....	1. 10. 0.	66293.	29.	LXXXVIII. 88.

Il suffit de considérer ces résultats, pour en reconnaître l'inexactitude. Ne pouvant donc pas compter sur les tables de Ptolémée, nous chercherons à rétablir et à compléter la géographie ancienne de l'isthme de Soueys d'après les indications textuelles des auteurs et les divers itinéraires; mais, en avouant combien ont été faciles et fréquentes les omissions qu'on peut attribuer à l'emploi des chiffres romains dans ces itinéraires, nous reconnaissons que souvent ces erreurs se vérifient par les distances inverses des lieux du même itinéraire [1].

La route de Babylone à Clysma de l'Itinéraire d'Antonin, déjà produite, fournit sept distances ou mansions dont la somme est de cxxxxvi milles romains. Cette route, qui paraît suivre le développement de l'ancien canal, offre toute l'exactitude d'un itinéraire dans son ensemble et dans ses parties; car elle assigne à chacune des stations la place qui paraît lui convenir encore par d'autres considérations.

En effet, de l'ancienne Babylone d'Égypte [2], dont les vestiges existent au sud du vieux Kaire, à Heliopolis, dont l'emplacement n'est pas moins connu, on compte par l'itinéraire xii. mp., qui répondent à la distance qu'on retrouve entre les ruines de ces deux villes.

La mansion qui suit donne xviii. mp. pour arriver à

---

[1] L'édition latine de l'Itinéraire romain, particulièrement, contient beaucoup de ces omissions, qui se vérifient par l'édition de Bertius, à laquelle nous avons donné la préférence.

[2] On trouve encore au milieu des ruines de l'ancienne Babylone (*Fostât*), aujourd'hui le vieux Kaire, un vieux château appelé *Qasr-el-Chama'*, ou Forteresse des Flambeaux, qui renfermait un ancien pyrée, que Jacuti, cité par Golius (*in Alferg.* p. 152), appelle *Kobbat-Addokhan*, ou Temple de la Fumée (d'Anville, pag. 112). Il y

Scenæ veteranorum, qui paraît avoir été un poste de
vétérans du temps des Romains; distance que d'Anville
a corrigée et réduite¹, pour la faire correspondre au
Birket-el-Hâggy. Or, cette distance de xvIII. MP. coïncide avec el-Menâyr, et rien ne s'oppose à cette appli-
cation².

Le *Vicus Judæorum*, qui suit la mansion précédente,
doit, à raison de xII. MP., avoir été près de l'ancienne
Pharbæthis (aujourd'hui Belbeys), et répondre à des
ruines très-étendues qu'on retrouve à une lieue au sud-est
de Belbeys, le *Vicus Judæorum* ne devant pas être pris
pour le *Castra Judæorum*, situé dans un canton qui
dépendait du nome d'Heliopolis, et où le pontife Onias,
sous le règne de Philometor, éleva un temple dans
lequel les Juifs pratiquèrent, pendant plus de trois
siècles, les cérémonies de leur culte. On sait que les
Juifs, dont la population s'était prodigieusement ac-
crue, occupaient une grande partie de la province Au-
gustamnique. L'*Onion*, ou *Castra Judæorum*, doit cor-

---

existe, en effet, une rotonde composée de six colonnes, de style égyptien, dont l'exécution peut remonter
à l'époque de la conquête de l'Égypte
par Cambyse.

¹ D'Anville se vit autorisé à cette
réduction, pour retrouver les 180
stades qui, suivant Joseph, faisaient
la distance de Memphis à Onion,
et qu'il évalue à vingt-un ou vingt-
deux milles : mais cette donnée est
elle-même inexacte; car elle doit
être portée à trente-trois milles en
ligne directe.

² L'Itinéraire romain présente de
la variation sur la distance d'Heliopolis à *Scenæ veteranorum*; car on
trouve xvIII dans un endroit, et
xIV seulement dans un autre : mais,
si ce n'est pas une erreur de copiste,
on peut encore expliquer cette va-
riante, en admettant deux routes;
l'une, plus directe, dans le bas Nil;
et l'autre qui servait pendant l'inondation, et qui, d'Heliopolis, obli-
geait de tourner le Birket-el-Hâggy,
qui offre un saillant considérable
à l'est; et ces variations existent en
effet entre Heliopolis et el-Menâyr.

respondre aux ruines dites aujourd'hui *Tell-el-Yhoudy* (la colline des Juifs)[1].

Après, vient *Tohum* ou *Thou*, qui, dans l'Itinéraire, est à xii. ʍᴘ. du *Vicus Judæorum;* il doit correspondre à A'bbâçeh. Mais *Tohum*, dans la Notice de l'empire, était un poste militaire; et le site d'A'bbâçeh, qui, à l'entrée de l'Ouâdy, fermait par une levée (la digue de Seneykah, aujourd'hui *Gesr-Soultânyeh* ou la digue des Sultans) le seul point de passage pendant l'inondation de la route de Péluse à Memphis, a toujours dû être considéré militairement.

Le nombre xxiv de la mansion suivante doit faire correspondre à Heroopolis ou Pithom. C'est, en effet, la distance d'A'bbâçeh à Abou-Keycheyd, où nous avons fixé la ville des Héros.

Les xviii. ʍᴘ. qui suivent, portent encore aux ruines que nous avons admises pour celles du *Serapeum*, à la tête des lacs amers, au nord.

Enfin, les l. ʍᴘ. de la dernière mansion peuvent rigoureusement porter, à-la-fois, à Soueys, en tournant au sud le lac amer, et plus directement aux fontaines de Moïse, par le nord du même lac.

En effet, si *Clysma* doit correspondre à Soueys, les l. ʍᴘ. peuvent exister par une route sinueuse, au sud du lac amer. Mais cette fixation, que nous n'admettons pas, serait légèrement fondée sur un rapport de

---

[1] A peu de distance et à l'*ouest* de Tell-el-Yhoudy, sur la lisière du désert, on remarque un site couvert de ruines, et occupé en partie par des Arabes; on y observe des monticules assez considérables de grès noir et de granit, qui se rattachent au Tell-el-Yhoudy par une levée actuellement dégradée.

signification que Golius[1] a remarqué entre le *Qolzoum* de la langue arabe et le *Clysma* de la langue grecque : car l'un signifie *ablution, lavage;* et l'autre désigne une *submersion,* avec la tradition locale que c'est vers cet endroit que l'armée d'un Pharaon a été engloutie sous les eaux du golfe[2].

Si, au contraire, Clysma doit avoir une position différente du site commun au *Patumos* d'Hérodote, au Posidium, à Qolzoum, à *Arsinoé* ou *Cleopatris*, au *Daneon* de Pline, à Soueys, comme le dit positivement Ptolémée, qui le porte à une latitude plus méridionale de 0° 20′ (détermination sans doute exagérée), nous serons disposés à faire correspondre Clysma aux fontaines de Moïse, et nous appuierons cette opinion de l'autorité de la Table théodosienne, qui, plaçant Arsinoé à l'ouest du golfe, et Clysma à l'autre bord, semble encore porter cette dernière ville aux fontaines de Moïse, comme première station de la route du mont Sinaï.

Clysma, placé aux fontaines de Moïse, devait être, comme il est indiqué par le mot *præsidium,* un poste militaire. Enfin, une route qui ne comporte pas autant de sinuosités au nord-nord-est du lac amer, fournit encore les L. MP. de l'Itinéraire, du *Serapeum* à Clysma. Nous ajouterons que c'est plutôt aux fontaines de Moïse qu'à Qolzoum, que les termes *ablution* et *lavage,* dont Golius s'est prévalu, trouveraient leur application, attendu qu'après le passage du bras de mer à Soueys ou

---

[1] *In alferg.* p. 144.
[2] *Voyez* le texte dans l'Appendice, §. IV, n°. XI.

Qolzoum, les Israélites trouvèrent aux fontaines de Moïse les moyens de faire leurs ablutions religieuses. Il serait à désirer que l'on connût mieux la signification du mot grec *Clysma*; et si, comme on le suppose, c'est un terme générique, on pourra admettre plusieurs *Clysma* : mais nous ne croyons dans aucun cas, qu'il convienne de placer Clysma à l'entrée de la vallée de l'Égarement, comme l'ont fait d'Anville, et plus récemment M. le major Rennell, en considération des 0° 20′ au sud données par Ptolémée.

L'Itinéraire fournit une route du *Serapeum* à Péluse par *Thaubastum*, *Sile* et *Magdolum*, de LX MP. En voici les points et les distances intermédiaires :

INDICATIONS DES LIEUX.	DISTANCES.		
	MILLES ROMAINS.	TOISES.	MÈTRES.
De ⎰ Serapeum.... à Thaubastum.	VIII.	8.	6048.	11787,77.
Thaubastum. à Sile........	XXVIII.	28.	21168.	41257,20.
Sile........ à Magdolum..	XII.	12.	9072.	17681,66.
⎱ Magdolum... à Péluse......	XII.	12.	9072	17681,66.
Totaux........	LX.	60.	45360.	88408,29.

On est d'abord surpris de l'inflexion que présente cette communication, qui porte tant à l'ouest et jusqu'à *Sile* ou *Selœ* (Sâlehyeh), quand la route au nord, la plus directe, du *Serapeum* à Péluse, pouvait n'être que de XXXXVIII. MP. Mais si l'on considère que ces itinéraires étaient plus ordinairement assujétis aux étapes et aux mouvemens des troupes, et que les lieux qui y sont désignés, étaient presque tous des postes militaires, on ne sera plus surpris de ce détour ; on le sera moins encore, si l'on considère que cette route directe était plus difficile pour la marche, à cause des sables mouvans et des lagunes qui l'interceptaient.

A une distance de viii. m. environ au nord du *Serapeum*, se trouvent des ruines qui nous paraissent convenir au site de Thaubastum : une conjecture d'Ortelius, qui dit à cet égard, *circa paludes Arabiæ videtur*, est très-heureuse, et convient à cette situation adjacente aux lagunes qui reçoivent un canal dérivé du Nil. En effet, on retrouve encore une dérivation de plus d'un mille, et qui, partant du grand canal, dirigée à l'est sur des ruines, à travers ces lagunes, offre encore de grandes dimensions.

Saint Jérôme, écrivant la vie de saint Hilarion, dit que ce solitaire, étant parti de Babylone, se rendit le troisième jour à un château nommé *Thaubastum*, où Dracontius, évêque d'Hermopolis, était exilé. Cette citation et la précédente sont très-favorables; et si d'Anville les a fait valoir pour motiver le placement de Thaubastum à A'bbâçeh, c'est qu'il ne pouvait connaître toutes les convenances que le site où nous reportons Thaubastum, présente plutôt que celui d'A'bbâçeh : car, si cette position, dont on a dit, *circa paludes Arabiæ*, devait répondre à A'bbâçeh, on ne pourrait pas dire sans inconséquence d'A'bbâçeh ce que d'Anville cite d'un itinéraire de la Palestine, que l'on trouve dans

Sanut[1], *terra est fertilis, et villa abundat omnibus bonis;* ce qui est encore aujourd'hui fondé par rapport au territoire d'A'bbâçeh.

La mansion suivante satisfait dans les xxviii. мp. qui font répondre à *Selœ* ou Sâlehyeh. Mais les xxiv. мp. restans, pour la distance indiquée de *Selœ* à Péluse, par Magdolum, devraient être portés à xxxiv. мp. pour répondre à la vraie distance de ces deux villes; sans pouvoir assigner cependant le site de Magdolum, quoiqu'il existe sur cette direction des ruines auxquelles nous pouvons le rapporter, et qu'on trouve à xii. мp. environ de Péluse; mais la distance de *Selœ* à Magdolum serait alors de xxxii. мp.

Une autre route du même itinéraire, de Péluse à Memphis, y est ainsi détaillée :

INDICATIONS DES LIEUX.	DISTANCES.		
	MILLES ROMAINS.	TOISES.	MÈTRES.
Péluse........ à Daphnæ......	xvi.	16.	12096.	23575,64.
Daphnæ....... à Tacasarta......	xviii.	18.	13603.	26522,49.
Tacasarta...... à Thou.........	xxiv.	24.	18144.	35363,32.
Thou......... à Scenæ veteranorum.	xxvi.	26.	19656.	38329,75.
Scenæ veteranorum. à Heliu........	xiv.	14.	10584.	20628,60.
Heliu......... à Memphis......	xxiv.	24.	18144.	35363,32.
TOTAUX........	cxxii.	122.	92232.	179783,02.

[1] Sanut écrivait, en 1588, sur la géographie de l'Afrique (*Liber se-cretorum fidelium crucis*, lib. III, cap. 12).

La première distance est évidemment fautive, et doit être portée à xxvi au lieu de xvi, pour répondre à celle qui existe entre les vestiges bien connus de Péluse et de *Daphnæ*.

Tacasarta, qui succède à xviii. m̃p. au sud, doit se retrouver sur la frontière, où, d'après la Notice de l'empire, était un poste militaire sous le nom de *Tacaseris*; il répondrait à v. m̃p. environ, dans le sud de *Selæ*.

Enfin, les xxiv. m̃p. qui suivent, font retrouver *Thou* vers A'bbâçeh, où nous l'avons déjà fait répondre dans la route inverse qui précède, de Babylone à Clysma. La suite de l'itinéraire est commune à la route inverse, citée plus haut, de Thou, par Héliopolis et Babylone, vers Memphis.

La plage de Soueys, et la vallée qui fait suite au golfe, vers le lac amer, nous étant bien connues, nous croyons pouvoir indiquer aujourd'hui le lieu où les Israélites, sous la conduite de Moïse, dans leur fuite d'Égypte, dûrent effectuer le passage de la mer Rouge. Cette circonstance tend à confirmer l'opinion de quelques savans, plus récemment émise par Niebuhr, que ce n'a pu être qu'au nord de Soueys; mais sans préciser, comme lui, cet endroit qu'il dit être au Ma'dyeh, près des ruines de Qolzoum, nous croyons que tout l'espace compris entre le fond du golfe et le lac amer, qu'on pouvait considérer comme un isthme submergé avant l'ouverture du canal qui l'occupe, a pu offrir différens points de passage, la mer devant, à cette époque, le couvrir entièrement.

D'ailleurs, en prenant les Israélites dans la terre de

Ramessès, ou dans leur propre canton du *Vicus Judæorum*, et les suivant dans leur marche et dans leurs stations, nous voyons que Moïse, qui connaissait fort bien le désert et le phénomène des marées, a dû suivre la route indiquée par les circonstances; car, pour ne pas déceler l'intention de sa fuite et de sa sortie d'Égypte, en traversant la plage submergée, il devait s'abstenir de marcher au nord, et de tourner les lacs amers, qui pouvaient encore se rattacher à l'Ouâdy-Toumylât par une suite de lagunes marécageuses dues aux crues du Nil[1].

Je n'ai pas cru devoir traiter cette question sans consulter M. Gosselin, qui, après avoir eu communication de cette partie de mon mémoire, m'a remis la note suivante, me laissant la liberté d'en disposer ainsi que je le jugerais convenable. On y verra que, sans partager notre opinion, conforme à celle de d'Anville, ce savant, qui reconnaît d'ailleurs la force de nos motifs déduits des itinéraires, persiste à préférer l'autorité des historiens et des géographes. Nous laissons au lecteur à juger sur cette diversité d'opinions; nous nous sommes seulement permis de faire quelques observations, qu'il nous paraît difficile de détruire.

« Tous les auteurs de l'antiquité qui ont parlé d'Heroopolis, dit M. Gosselin, s'accordent à placer cette ville sur le bord immédiat du golfe Arabique, à son extrémité septentrionale; on peut voir ce qu'avaient écrit à ce sujet Agatarchides, Artémidore, Strabon, Diodore

---

[1] L'ingénieur Dubois, qui nous accompagnait dans notre première opération, a publié, sur cette matière, une notice qui a été l'objet d'un rapport que M. Costaz, notre collègue, a fait à l'Institut d'Égypte.

de Sicile, Ptolémée, Agathémère, etc., et ce que j'en ai dit moi-même dans mes ouvrages.

« D'Anville a cru pouvoir récuser les témoignages de tous ces auteurs, d'après un itinéraire romain qui trace une route depuis Babylone d'Égypte jusqu'à Clysma, en passant par Heroopolis. Voici cet itinéraire :

INDICATIONS DES LIEUX.		DISTANCES.		
		MILLES ROMAINS.	TOISES.	MÈTRES.
Babylonia ..... à Heliu		XII.	9072.	17681,66.
Heliu .... à Scenæ veteranorum.		XVIII.	13608.	26522,49.
Scenæ veteranorum. à Vicus Judæorum.		XII.	9072.	17681,66.
Vicus Judæorum. . à Thou.	78.	XII.	9072.	17681,66.
Thou ...... à Hero.		XXIV.	18144.	35363,32.
Hero. ..... à Sarapiu.		XVIII.	13608.	26522,49.
Sarapiu ...... à Clysma.	63.	L.	37800.	73673,57.
TOTAUX		CXXXVI.	1461.	110376.	215126,85.

« La totalité de ces mesures, depuis Babylone jusqu'à Clysma, est de 146 milles romains, qui, à raison de 75 par degré d'un grand cercle de la terre, représentent 48 lieues 2/3, de 25 au degré.

« Il existe deux routes pour se rendre du vieux Kaire,

---

[1] Dans la traduction du mille romain en toises et en mètres, on a conservé à cette ancienne mesure la valeur la plus généralement avouée, celle de 756 toises, quoique M. Gossellin, dans ses Recherches sur les mesures itinéraires des anciens, pages 63, 64 et 65, l'estime à 760 toises 127/1000. On a négligé la différence qui résulte de ces estimations; elle est de trop peu de valeur dans les distances indiquées.

où était l'ancienne Babylone d'Égypte, sur les bords du golfe Arabique, en passant par Heliopolis; d'Anville s'est trompé dans le choix de ces routes.

« La première suit, dans sa plus grande longueur, les vestiges du canal qui joignait le Nil au golfe arabique. Par cette route, la position d'Heroopolis, distante de Babylone de 78 mille pas (26 lieues), répondrait assez exactement aux ruines d'Abou-Keycheyd; et les 68 mille restans (22 lieues $\frac{2}{3}$) ne porteraient que jusqu'au cap occidental du petit golfe de Suez, vis-à-vis des fontaines de Moïse.

« Cette opinion est celle qu'a suivie d'Anville : elle s'écarte, comme je l'ai dit, du témoignage de tous les anciens, puisqu'il s'est vu forcé,

« 1°. De mettre Heroopolis au milieu de l'isthme de Suez, à plus de seize lieues du golfe Arabique, quoiqu'il soit certain qu'Heroopolis était le port d'où partaient les vaisseaux destinés à parcourir le golfe;

« 2°. De supposer un peu plus de longueur à la seconde partie de l'itinéraire, pour placer Clysma à l'entrée de la vallée de l'Égarement.

« *Clysma* est la même ville que les Arabes ont appelée *Qolzoum*. Ils reconnaissent qu'il a existé deux *Qolzoum*: l'une, dont les ruines se retrouvent encore au nord, près de Suez, était par conséquent à l'extrémité du golfe, tandis que l'autre se trouvait à un degré plus au midi que cette extrémité, comme Ptolémée le dit positivement. La montagne au pied de laquelle cette seconde ville était située, s'appelle encore *Gebel-Qolzoum*, et c'est incontestablement la *Clysma* de l'itinéraire. La se-

DES DEUX MERS.   315

conde route qui conduit de Babylone au golfe Arabique, est beaucoup plus courte que la précédente; elle a toujours dû être préférée, comme elle l'est encore aujourd'hui : on l'appelle, dans le pays, *Darb-el-Hâggy* (la route des pélerins) ; et c'est celle que décrit l'itinéraire.

« Depuis le vieux Kaire, par Heliopolis, Birket-el-Hâggy et Ageroud, jusqu'à Suez, près de laquelle je place Heroopolis, la route[1] est de 32 lieues, qui représentent, à la vérité, 96 mille pas, au lieu de 78 mille que donne l'itinéraire ; mais j'observe que les chiffres de cette route offrent des variantes, et qu'il existe des manuscrits qui portent :

INDICATIONS DES LIEUX.	DISTANCES.		
	MILLES ROMAINS.	TOISES.	MÈTRES.
De Babylonia. . . . . . à Heliu.	XII.	12.	9072.	17681,66.
Heliu. . . . . . . à Scenæ veteranorum.	XXII.	22.	16632.	32416,37.
Scenæ veteranorum. à Vicus Judæorum. .	XXII.	22.	16632.	32416,37.
Vicus Judæorum. . à Thou.	XII.	12.	9072.	17681,66.
Thou. . . . . . . à Hero.	XXIV.	24.	18144.	35362,32.
TOTAUX.	LXXXXII.	92.	69552.	135559,38.

[1] Nous observons que, par cette direction, *Scenæ veteranorum*, *Vicus Judæorum*, et *Thou*, auraient été dans le désert ; ce qu'on ne peut admettre d'après toutes les considérations qu'on a déjà exposées.

Nous observons encore que par une route du même itinéraire, désignée du *Serapeum* à Péluse, il n'est pas nécessaire de passer par Heroopolis, comme celle-ci l'exigerait, si le *Serapeum* était vers el-Tonâreq, au débouché de la vallée de l'Égarement, à moins que ce *Serapeum* ne soit différent de celui de l'autre itinéraire cité par M. Gosscllin. (*Note de l'auteur du mémoire*, L. P.)

« Ce résultat de lxxxxii milles, ou trente lieues $\frac{2}{3}$, ne diffère donc que d'une lieue $\frac{1}{3}$, sur une route qui n'est peut-être point tracée exactement sur la carte que vous m'avez remise : d'ailleurs, cette petite différence est trop peu sensible pour s'y arrêter. Quant aux variantes dont je fais usage, continue M. Gosselin, comme elles sont citées dans l'édition de Wesseling, et que les chiffres des anciens itinéraires ont besoin d'être justifiés et corrigés d'après les reconnaissances positives du terrain, je ne crois pas qu'on puisse faire difficulté d'admettre les distances que je présente.

« Il est donc certain que, d'après les mesures précédentes, Heroopolis pouvait se trouver sur les bords et à l'extrémité du golfe arabique[1]; et comme tous les anciens la placent en cet endroit, il me paraît impossible de la transporter aux ruines d'Abou-Keycheyd.

« En continuant la route indiquée par l'itinéraire, je trouve que les xviii mille pas, ou six lieues, à prendre d'Heroopolis, placent le *Serapeum* à l'entrée de la val-

---

[1] Nous rappellerons notre opinion, que le lac amer a dû anciennement faire partie de la mer Rouge; que, formant alors le fond du golfe, il n'en a été détaché que par les atterrissemens successifs qui ont formé l'isthme de cinq lieues, que Philadelphe fit rouvrir pour y faire le canal dont nous avons retrouvé les vestiges; et comme *Heroon* (la même sans doute que l'*Heroopolis* des Grecs) pouvait être réputée au fond du golfe, dans l'emplacement d'Abou-Keycheyd, près duquel la mer pouvait encore remonter par l'effet des marées, on n'aura pas cessé de répéter, en parlant du golfe, *in quo Heroum oppidum est*; expression qui devient la source d'une grande diversité d'opinions sur la véritable situation d'*Heroopolis*. Enfin nous observons que le silence absolu d'Hérodote sur les lacs amers, quand cet historien est entré dans quelques détails sur la naissance et la direction du canal, vient à l'appui de notre conjecture, que les lacs n'existaient pas du temps des premiers Pharaons, et qu'ils faisaient encore partie du golfe Arabique. (*Nota de l'auteur du mémoire*, L P.)

lée de l'Égarement, et que les autres L mille pas, ou seize lieues $\frac{2}{3}$, conduisent au pied du mont Qolzoum, où était, comme je l'ai dit, l'ancienne *Clysma*. »

Nous avons dit précédemment que M. Gosselin nous avait permis de placer cette note à la suite de notre discussion ; mais persister dans une opinion contraire à celle de ce savant, dont l'autorité est suffisamment établie pour ceux qui connaissent ses recherches profondes en géographie, c'est donner la mesure des doutes et des difficultés que présente l'étude de la géographie ancienne.

§. III.

EXTRAIT

DU JOURNAL HISTORIQUE
ET GÉOLOGIQUE

DU NIVELLEMENT DE L'ISTHME DE SOUEYS,

PAR LE CANAL DES DEUX MERS;

De Soueys sur la mer Rouge, à Tyneh sur la Méditerranée, au Kaire, et aux pyramides de Gyzeh.

STATIONS.		ORDONNÉES DES LIEUX.		NOTES HISTORIQUES ET GÉOLOGIQUES.
N^{os}.	DISTANCES.	PIEDS.	MÈTRES.	
				Ire PARTIE. *De la mer Rouge à la Méditerranée.* §. I. ON a pris dans le nivellement de l'isthme de Soueys, commencé le 12 pluviose an VII (31 janvier 1799), un plan général de comparaison de

STATIONS.		ORDONNÉES DES LIEUX.			NOTES HISTORIQUES ET GÉOLOGIQUES.
N°.	DISTANCES.	PIEDS.		MÈTRES.	
Mer Rouge. { haute.		150. 0. 0.		48,726.	*cent cinquante pieds*, supérieur à la pleine mer du 5 pluviose an VII (24 janvier 1799), repérée à la naissance des vestiges de l'ancien canal, par un piquet planté au niveau de sa laisse, à une distance *nord*, du port de Soueys, de 2,270 mètres, vers le fond du golfe. Toutes les cotes ou ordonnées inscrites au présent journal sont rapportées à ce plan, et donnent les hauteurs respectives du sol de l'isthme, aux lieux désignés.
basse.		155. 6. 0.		50,512.	
Soueys.		144. 3. 9.		46,878.	*Voyez* la carte hydrographique de la basse Égypte (n°. 10), le plan particulier du port de Soueys (n°. 11), et les cartes du grand Atlas dressé au dépôt de la guerre.
mètres.	2270.	150. 0. 0.		48,726.	Report de la pleine mer, à la tête du canal, à 2,270 mètres du port de Soueys.
1er	580.	147. 9. 8.		48,013.	Les distances des stations sont exprimées en *mètres*, comme ayant été prises avec des chaînes métriques. Les résultats du nivellement sont exprimés en *pieds* de France, parce que les règles des mires portaient cette division des anciennes mesures; on les a traduits en mètres.
2.	640.	147. 5. 9.		47,907.	
3.	800.	149. 2. 8.		48,473.	
4.	800.	147. 11. 0.		48,049.	
5.	800.	149. 1. 2.		48,433.	[1] Pour déterminer à Soueys la pleine mer du 5 pluviose, on l'a rapportée au plan supérieur de la tablette (de gauche), pratiquée dans le portail de la maison de la marine, face *nord*, à Soueys. Cette tablette ayant été trouvée, de cinq pieds huit pouces trois lignes, supérieure à cette marée, on a 144^{ds} 3° 9' pour ordonnée de ce point de repère. Entre les stations n°^{s} 6 et 7, passe le chemin des caravanes, du Kaire à
6.	1200.	150. 8. 11.		48,967.	
7.	800.	150. 9. 9.		48,990.	
8.	800.	151. 0. 8.		49,069.	
9.	1076.	151. 11. 6.		49,362.	
10.	1200.	152. 11. 6.		49,687.	
TOTAL.	8696.				

STATIONS.		ORDONNÉES DES LIEUX.		NOTES HISTORIQUES ET GÉOLOGIQUES.
N°ˢ.	DISTANCES.	PIEDS.	MÈTRES.	
Report.	8696.			la Mekke, par le château d'Age-roud.
11.	1200.	154. 2. 0.	50,079.	On trouve, au commencement de la station n°. 11, des vestiges de maçonnerie sur la digue *ouest* du canal. Le relief des digues, qui, dès leur naissance (de la 1ʳᵉ à la 8ᵉ station), n'a pas progressivement plus de 1, 2, 3 et 4 pieds de hauteur, prend en cette partie 8 à 10 pieds; la surface des digues, ainsi que celle du sol environnant, est couverte de gypse ou sulfate de chaux.
12.	800.	155. 8. 2.	50,571.	
13.	800.	155. 5. 11.	50,510.	
14.	880.	155. 1. 0.	50,377.	A la station n°. 14, la largeur du canal est de 40 mètres mesurés, et la hauteur des digues de 4 à 5 mètres. Le sulfate de chaux est très-abondant à la surface des digues et du désert.
15.	800.	155. 5. 5.	50,496.	A la station n°. 15, on remarque, dans le canal et aux environs, des traces d'une végétation assez abondante, produite par des eaux pluviales qu'y amènent des ravines de la partie de l'*ouest*.
16.	800.	156. 2. 3.	50,736.	Dans l'intervalle de la station n°. 16, on trouve des arbrisseaux et une abondante végétation. La largeur du canal, dans cette partie, est de 50 mètres mesurés; l'encaissement, qui en est profond, est bordé de digues de 5, 6 et 7 mètres de hauteur, recouvertes de gypse et de cailloux. On a fait une fouille de 5 pieds de profondeur dans le milieu du lit du canal; on en a retiré un sable gras, argileux, salin et très-humide.
17.	800.	155. 4. 9.	50,479.	Des ravines considérables d'eau pluviale affluent de l'*ouest* dans le canal, dont la largeur se réduit, aux stations n°ˢ. 17, 18 et 19, à 24 mètres mesurés.
18.	360.	156. 10. 8.	50,964.	
19.	880.	158. 1. 5.	51,363.	
TOTAL.	16016.			

STATIONS.		ORDONNÉES DES LIEUX.			NOTES HISTORIQUES ET GÉOLOGIQUES.
Nos.	DISTANCES.	PIEDS.		MÈTRES.	
Report.	16016.				
20.	920.	159. 8.	9.	51,886.	Dans les intervalles des stations nos. 20 et 21, les digues du canal sont presque entièrement effacées; mais la végétation qu'on y trouve, en indique aisément les traces. On a fait, au point de la station n°. 21, une fouille de 4 à 5 pieds de profondeur au milieu du lit du canal; on en a retiré du gypse qui s'y trouve par bancs, et une terre glaise mêlée d'un sable assez compacte et d'une humidité saline. Dans les intervalles des stations nos. 23, 24 et 25, la végétation est très-abondante; les digues y conservent une hauteur de 6, 8 et 10 pieds. Près et à l'*est des digues*, on trouve des restes de constructions, et le désert y est couvert de cailloux. Au point extrême de la station n°. 26, on trouve une espèce d'îlot dans le milieu du canal, dont les traces sont entièrement effacées; le canal débouche dans une partie basse du désert, où le nivellement fait voir que la mer Rouge porterait 15 pieds de hauteur d'eau, si l'on en rétablissait la communication avec cette mer. C'est dans cet endroit qu'a dû commencer le canal que Ptolémée II fit ouvrir des lacs amers au golfe Arabique, au fond duquel était bâtie la ville d'*Arsinoé*, ou *Cleopatris*. C'est vers ce même point que, le 10 nivose an VII (30 décembre 1798), le général en chef Bonaparte, accompagné de M. Monge, et des généraux Berthier, Caffarelli, etc., termina la première reconnaissance du canal, et d'où, à la nuit, il se dirigea vers la caravane qui, de Soueys,
21.	1200.	159. 11.	6.	51,960.	
22.	800.	159. 8.	7.	51,882.	
23.	800.	157. 10.	7.	51,286.	
24.	780.	159. 7.	2.	51,843.	
25.	340.	161. 9.	1.	52,545.	
26.	800.	165. 3.	0.	53,680.	
1er TOT.	21656.	.	.	.	
TOTAL.	21656.	.	.	.	

STATIONS.		ORDONNÉES DES LIEUX.			NOTES HISTORIQUES ET GÉOLOGIQUES.
N°s.	DISTANCES.	PIEDS.		MÈTRES.	
Report.	21656.				se rendait à Belbeys. *Voyez* le Courrier d'Égypte, n°. 24. La longueur des vestiges du canal est de 21656 mètres mesurés. L'extrémité *nord* se trouve à une distance de 23926 mètres du port de Soueys.
.	2300.	.	.	.	
					§. II.
30.	240.	165.	4. 3.	53,714.	Le désert, dans les intervalles des stations n°s. 27 à 34, n'offre qu'un sol aride, couvert de gravier, de petits coquillages et d'un sable ferme. Dans la ligne n°. 35, on trouve de la végétation et quelques arbrisseaux.
.	2750.	.	.	.	
35.	600.	177.	1. 10.	57,546.	
.	2340.	.	.	.	
40.	600.	180.	4. 4.	58,588.	Au point extrême de la ligne n°. 40, on trouve un banc de grès jaunâtre, d'une espèce très-dure. Le sol n'est formé, au *nord*, que de cette espèce de grès. Nous dressâmes nos tentes dans cet endroit, où nous passâmes la troisième nuit, le 14 pluviose an VII (2 février 1799) : deux épais buissons nous fournirent amplement, ainsi qu'à notre escorte, des moyens de nous chauffer ; car, bien que les journées soient très-chaudes en Égypte, et surtout au sein des déserts, les nuits y sont fraîches, humides, et même très-froides en hiver. Cependant le plus grand degré de froid, observé au thermomètre de Réaumur, n'a pas dépassé deux degrés au-dessous du zéro de glace ; ce qui n'a eu lieu, pendant tout cet hiver, que de trois à cinq heures du matin. De ce point, M. Gratien Le Père, suivi d'un sapeur, poussa une reconnaissance des lieux jusqu'à 5,000 pas au *nord-nord-est*, pour y rechercher les traces du canal. Il n'y trouva
.	2760.	.	.	.	
TOTAL.	33246.	.	.	.	

STATIONS.		ORDONNÉES DES LIEUX.			NOTES HISTORIQUES ET GÉOLOGIQUES.
N°S.	DISTANCES.	PIEDS.		MÈTRES.	
Report.	33246.				qu'un sol d'un grès jaunâtre, rocailleux, et qui semble avoir été travaillé par les eaux. S'étant aperçu que le sol s'élevait de plus en plus, cet ingénieur revint nous rejoindre dans la marche de nos opérations du 15 au matin.
					Le désert, dans les lignes des stations n°. 41 à 46, sur 3180 mètres, n'est formé que d'un sable mêlé de gravier et de petits coquillages.
45.	420.	177. 1.	4	57,533.	A l'extrémité de la station n°. 45, on trouve un épais buisson, et un autre dans la ligne n°. 46 à 47.
	2360.	. .	.	.	La ligne *nord-est sud-ouest* (n°. 47 à 60), dirigée sur un pic très-élevé de la montagne, comprend, dans une seule direction, 8,020 mètres de longueur.
50.	800.	180. 5.	4	58,615.	Dans les intervalles des stations n°. 52 à 60, suivant une distance de 4,620 mètres, le désert offre un sol remarquable par de nombreuses cristallisations de sels de différentes espèces. Ces cristaux, qui se trouvent
	2720.	. .	.	.	en relief sur le terrain, présentent l'aspect d'un bois coupé à 2 et 3 pieds de terre; on s'y méprend à une demi-lieue de distance. Ces sels contiennent peu de sel marin pur, du natron en petite quantité, et du sulfate de chaux en abondance.
55.	400.	191. 10.	1.	62,317.	La configuration particulière de ces masses salines indique, d'une manière irrécusable, en cette partie du désert, un long séjour des eaux de mer, que les filtrations et les évaporations auront fait disparaître, après que les atterrissemens en auront
	2800.	. .	.	.	interrompu la communication avec le golfe Arabique. La surface de ce sol, inférieur de 40 à 50 pieds à la
TOTAL.	42746.	. .	.	.	

STATIONS.		ORDONNÉES DES LIEUX.			NOTES HISTORIQUES ET GÉOLOGIQUES.
Nos.	DISTANCES.	PIEDS.		MÈTRES.	
Report.	42746.				mer Rouge, ne doit laisser aucun doute sur la position, en cette partie, des *lacs amers*, que Strabon, Pline et d'autres historiens placent dans l'isthme de Soueys, entre le Nil et la mer Rouge.
60.	800.	181.	10.	1. 59,069.	Le désert, à 5 ou 600 mètres au *nord* de la ligne n°. 60, est dominé par un banc très-étendu, courant au *sud-ouest*, élevé de 6 à 8 pieds au-dessus du sol sablonneux et humide qui l'environne de toutes parts. Ce banc est un plateau salin, épais, et recouvrant des cavités de 6, 8 à 12 pieds, au fond desquelles on aperçoit, à travers des crevasses à la surface, une eau limpide, que nous trouvâmes extrêmement salée et amère. Ces plateaux salins, que l'on croit d'espèce gypseuse, offrent le spectacle parfait de la débâcle d'une rivière qui, couverte de glaçons brisés, les aurait charriés et déposés sur une plage aride et sablonneuse : le passage de ces lieux est très-dangereux. La nature et la constitution de ce sol mériteraient un examen plus particulier, et l'œil exercé d'un chimiste.
.	1480.	.	.	.	
63.	760.	179.	4.	7. 58,270.	Le 15 pluviose an VII (3 février 1799), le manque absolu d'eau nous força d'abandonner l'opération. On planta trois piquets de repère au point extrême de la station n°. 63 : le lendemain 16, nous marchâmes sur *Abou-Nechâbeh*, où nous n'arrivâmes que le 17, en dix heures de marche.
2° TOT.	45786.				
					Abou-Nechâbeh, que la carte écrit *Abou-el-Cheykh*, est un santon desservi par un cheykh arabe, qui y vit avec sa famille : il est situé
TOTAL.	45786.	.	.	.	

STATIONS.		ORDONNÉES DES LIEUX.			NOTES HISTORIQUES ET GÉOLOGIQUES.
N°ˢ.	DISTANCES.	PIEDS.		MÈTRES.	
Report.	45,786.				sur le bord *sud* de la vallée des *Toumyldt*, près d'une dune de sable très-élevée et que l'on voit de très-loin. De son sommet on aperçoit, au *sud*, la montagne à pic près de laquelle nous quittâmes l'opération du nivellement, et qui en est distante de dix heures de marche. La position de ce lieu a été déterminée, par l'astronome M. Nouet, à 29° 32′ 1″ de longitude, et à 30° 31′ 10″ de latitude. Cette première partie du nivellement (du n°. 1 à 63), de 45,786 mètres de longueur, a été faite du 12 au 15 pluviose an VII (du 31 janvier au 3 février 1799), par les ingénieurs *Gratien Le Père*, *Saint-Genis* et *Dubois*, présent l'ingénieur en chef *Le Père*. §. III. L'opération du nivellement, abandonnée le 15 pluviose an VII (3 février 1799), a été reprise du 8 au 25 vendémiaire an VIII (du 30 septembre au 17 octobre 1799). Cette partie, qui prend du point de repère dans le bassin des lacs amers (n°. 64), jusqu'au Mouqfâr (n°. 208), est de 51,331 mètres de longueur. L'opération a été faite du Mouqfâr au point de repère : mais, pour donner au journal du nivellement une marche suivie, de la mer Rouge à la Méditerranée, on a pris la contre-marche; ce qui, en rétablissant dans ce journal un ordre que ne comportent pas les difficultés des opérations dans le désert, ne change rien à l'exactitude des calculs.
64.	240.	174.	3. 3.	56,610.	
	480.				
Total.	46506.				

MÉMOIRE SUR LE CANAL

STATIONS.		ORDONNÉES DES LIEUX.		NOTES HISTORIQUES ET GÉOLOGIQUES.
Nos.	DISTANCES.	PIEDS.	MÈTRES.	
Report.	46506.	. . .	.	Dans l'intervalle des stations n°s. 67 et 68, on remarque, à la surface du désert, les traces des rives du lac. Elles sont aussi sensibles que les laisses ordinaires des rivages de la mer, que l'on reconnaît à des amas de coquillages, de gravier et de cailloux roulés. Le bassin des lacs amers a dû former, en effet, un bras de mer dans cette partie de l'isthme. On doit remarquer que le nivellement en indique d'une manière assez précise le niveau, puisque les ordonnées des deux stations entre lesquelles on retrouve ces laisses, doivent nécessairement donner, dans leur intervalle, celle de 150^{ds} 0° 0^l, qui est l'ordonnée du niveau de la mer Rouge. L'ordonnée 31^{ds} 8° 5^l (n°. 89) appartient au pied de la montagne à pic qui domine les lacs amers. Le pied de cette montagne est donc élevé de 120 pieds environ au-dessus de la mer Rouge. La distance de ce point aux rives du lac, au *nord* (n°s. 67 et 68), est de 4046 mètres. On retrouve, dans l'intervalle des stations n°s. 112 et 113, des sables mouvans et humides, qui environnent les bancs salins dont le bassin des lacs est rempli : il est dangereux d'y passer à cheval, à dromadaire ; les Arabes même évitent de les passer à pied. Quelques-uns de nos chameaux ont failli y périr. Nous avons éprouvé les plus grandes difficultés dans ce passage. L'ordonnée 204^{ds} 3° 2^l (n°. 119) appartient au point le plus bas des lacs, dans la ligne du nivellement. On doit voir que la mer Rouge y
67.	240.	152. 4. 4.	49,493.	
68.	180	145. 9. 8.	47,363.	
.	960.	. . .	.	
75.	160.	108. 2. 3.	35,143.	
.	640.	. . .	.	
80.	160.	87. 0. 10.	28,283.	
.	1040.	. . .	.	
89.	306.	31. 8. 5.	10,298.	
.	1940.	. . .	.	
100.	120.	82. 2. 1.	26,693.	
.	3500.	. . .	.	
112.	400.	177. 8. 4.	57,722.	
113.	400.	179. 3. 10	58,250.	
.	2000.	. . .	.	
119.	600.	204. 3. 2.	66,353.	
.	14190	. . .	.	
TOTAL.	73942.	. . .	.	

STATIONS.		ORDONNÉES DES LIEUX.		NOTES HISTORIQUES ET GÉOLOGIQUES.
N°s.	DISTANCES.	PIEDS.	MÈTRES.	
Report.	73942.			aurait 54 pieds, et la Méditerranée 23 à 24 pieds de hauteur d'eau, si l'on venait à y reporter les eaux de ces mers.
152.	580.	156. 9. 0.	50,918.	Entre les stations n°s. 152 et 153, on retrouve les limites des lacs, dont l'étendue *nord* et *sud*, dans la ligne du nivellement (de la 68e à la 153e station), comprend 27,796 mètres. On y voit les laisses des eaux de mer, semblables à celles observées et rapportées (n°s. 67 et 68).
153.	320.	150. 8. 6.	48,956.	
	1880.			
157.	400.	151. 11. 4.	49,357.	Près de la station n°. 157, on trouve un tertre couvert de fragmens de grès, de granit et autres pierres. On y reconnaît très bien les restes d'un édifice de forme circulaire : le diamètre de ce monticule peut avoir de 140 à 150 toises. Nous pensons que ces ruines appartiennent à un temple de *Sérapis* que quelques auteurs placent dans ces lieux, et que nous avons désigné sous le nom de *Serapeum*. Une espèce de vallée, dessinée par une petite chaîne de dunes à la droite, se prolonge vers 2000 mètres environ de longueur, dans une direction *nord-ouest*. Au-delà on retrouve les vestiges du canal parfaitement marqués.
3e TOT..	77122.			
	660.			
159.	200.	152. 6. 7.	49,554.	Les vestiges du canal offrent, dans une seule direction *sud-est*, *nord-ouest*, de 5000 mètres de longueur, un encaissement profond et des digues très-bien conservées. Les vestiges s'étendent de la station n°. 159 à la station n°. 175 ; ce qui comprend 6200 mètres de longueur.
	1860.			
164.	800.	151. 11. 10.	49,371.	L'ordonnée 151ds 11° 10¹ de la station n°. 164 appartient à un lieu que les Arabes nomment *Henâdy-el-Cheykh*. Toute cette partie du dé-
TOTAL.	80642.			

STATIONS.		ORDONNÉES DES LIEUX.			NOTES HISTORIQUES ET GÉOLOGIQUES.
N°s.	DISTANCES.	PIEDS.			MÈTRES.
Report.	80642.	.	.	.	.
.	3360.	.	.	.	.
171.	620.	161.	9.	6.	525,56.
.	1320.	.	.	.	.
175.	240.	162.	7.	1.	52,815.
180.	4740. 260.	167.	2.	1.	54,304.
.	1495.	.	.	.	.
195.	400.	169.	11.	8.	55,213.
.	1040.	.	.	.	.
200.	320.	164.	6.	9.	53,456.
.	1140.	.	.	.	.
205.	180.	158.	1.	5.	51,363.
Total.	95757.	.	.	.	.

sert est très-boisée; les eaux de l'inondation du Nil la couvraient le 1er frimaire an IX (22 novembre 1800).

A la station n° 171, on trouve une dérivation du canal, se dirigeant à l'*est*, vers un monticule de ruines qui en est distant de 2,000 mètres environ.

A la station n° 175, les traces du canal sont perdues jusqu'à Saba'h-byâr, distant au *nord-ouest* de 6,700 mètres environ. Une chaîne de dunes à gauche semble dessiner l'ancienne direction du canal. L'inondation de l'an IX (1800) a porté dans cette partie, des eaux qui y formaient une rivière.

L'ordonnée 169^{ds} 11° 8¹ (station n° 195) appartient à un lieu que les Arabes nomment *Saba'h-byâr* (les sept Puits). On y trouve, en effet, quelques sources d'eau saumâtre. Cette dénomination doit être très-ancienne; ce nombre septénaire le fait présumer.

On comprend sous le nom de *vallée de Saba'h-byâr* toute la partie entre le Cheykh-Henâdy et la digue transversale qui termine la vallée des *Toumylât*. Cette vallée, extrêmement boisée, garantie au *sud* par une chaîne continue de dunes plus ou moins élevées, offre beaucoup de traces de culture sur les bords de l'ancien canal, dont la cunette conserve çà et là des eaux de pluie pendant plusieurs mois de l'année. Elle est très-fréquentée par quelques tribus d'Arabes qui y font paître leurs bestiaux.

Il y avait plus de trente ans que

STATIONS.		ORDONNÉES DES LIEUX.		NOTES HISTORIQUES ET GÉOLOGIQUES.
N°s.	DISTANCES.	PIEDS.	MÈTRES.	
Report.	95757.	.	.	le Nil, dont l'inondation de 1800 porta des eaux jusqu'au Cheykh-Henâdy, n'avait couvert cette vallée, qui est, à n'en pas douter, la terre de *Gessen* de la Genèse, et qu'un Pharaon, Ramessès, donna à la tribu des Arabes pasteurs, dont Jacob était le *cheykh* (ou le chef).
.	760.	.	.	La tribu des grands Terrâbins, Arabes de la Syrie, après notre expédition en ce pays, obtint du général en chef Kléber la permission d'habiter cette partie de l'isthme.
208.	600.	157. 6. 2.	51,166.	L'ordonnée 157ds 6° 2¹ (n°. 208) est prise sur un bloc de granit, à l'angle *nord-est* des ruines d'un bâtiment situé sur le bord du canal, dont le fond a été trouvé, par une opération particulière, de 8ds 4° 0¹ plus bas; ce qui lui assigne l'ordonnée de 165ds 2° 10¹. Les eaux de l'inondation y avaient, le 1er. frimaire an IX (22 novembre 1800), une hauteur de cinq pieds. A quelques pas de là, un gué laissait le seul passage qu'il y eût pour se rendre de Belbeys à Sâlehyeh, la route ordinaire par Karaym étant sous les eaux. Ce détour par le désert augmentait de trois heures la marche des caravanes de Belbeys à Sâlehyeh. Nous avons donné à ce lieu, couvert de quelques ruines peu intéressantes, le nom de *Mouqfâr*, nom que les Arabes nous ont répété; *Mouqfâr be-kimân* (caché par les sables); ce qui se rapporte assez bien à l'état de ces ruines. Nous avons conservé à ce lieu ce nom, qui n'en est peut-être qu'une qualification. Mouqfâr, situé au nord et près
4e TOT..	97117.	.	.	

21.

STATIONS.		ORDONNÉES DES LIEUX.		NOTES HISTORIQUES ET GÉOLOGIQUES.
N°s.	DISTANCES.	PIEDS.	MÈTRES.	
Report.	97117.			des bords du canal, paraît avoir été un poste militaire ou une douane : on y trouve toutes les fondations d'un vaste bâtiment de forme carrée, de 40 à 50 mètres de face, bâti en briques crues ; les dispositions intérieures renferment des chambres à la manière des *okels* ou magasins des commerçans des villes d'Égypte.
				Cette partie du nivellement, qui comprend, du n°. 64 à 208, une distance de 51331 mètres, a été faite, du 16 au 21 vendémiaire an VIII (du 8 au 13 octobre 1799), par les ingénieurs *Fèvre*, *Dubois*, *Favier* et *Duchanoy*, présent l'ingénieur en chef *Le Père*.

§. IV.

208.	...	.	.	Le nivellement de cette dernière partie de l'isthme a été repris le 28 brumaire an VIII (19 novembre 1799). Le point de départ prend du repère (station n°. 208) sur la pierre de granit, angle *nord-est*, du bâtiment ruiné à Mouqfâr, et se termine à Tyneh, près de l'ancienne Péluse.
.	3760.	.	.	
218.	480.	170. 2. 8.	55,295.	L'ordonnée 170^{ds} 2° 8^l (n°. 218) est prise sur le sol près d'un des puits de Saba'h-byâr, situé à une distance de 4040 mètres, à l'*est* du Mouqfâr : ce point a déjà été déterminé. *Voyez* la station n°. 195.
.	5825.	.	.	
230.	640.	153. 0. 0.	49,700.	
.	3160.	.	.	La petite différence donnée par les résultats des deux opérations, provient, sans doute, de ce que le même point du sol n'aura pas été parfaitement reconnu et pris dans la dernière.
240.	560.	134. 7. 1.	43,720.	
.	3920.	.	.	
247.	640.	159. 9. 8.	51,911.	C'est au point extrême de la station n°. 247, à une distance de
TOTAL	116102.	.	.	

STATIONS.		ORDONNÉES DES LIEUX.		NOTES HISTORIQUES ET GÉOLOGIQUES.
Nos.	DISTANCES.	PIEDS.	MÈTRES.	
Report.	116102.			14745 mètres au *nord* de Saba'h-byâr, que le nivellement de l'isthme a été terminé, le 15 frimaire (6 décembre). Des circonstances difficiles ont forcé d'abandonner et de reprendre diverses fois le cours de cette opération, qui a été faite, en cette partie, de Byr-el-Doueydàr (n°. 312), à ce point du désert (n°. 248), près et à l'*est* du Ràs-el-Moyeh. On a rétabli dans le journal l'ordre convenable à la marche continue d'une mer à l'autre.
	8720.			Nous étions en ce point du désert, le 28 brumaire (19 novembre), lorsqu'ayant nos tentes dressées, nous aperçûmes, au soleil couchant, un corps de cavalerie qui se portait vers nous : nous avions à craindre l'ennemi, que l'on disait devoir arriver par Soueys, d'où, depuis quelques jours, nous entendions du canon. Notre escorte, forte de soixante-douze hommes de la 13°. demi-brigade, était déjà sous les armes ; mais, sur le *qui-vive*, nous reconnûmes un détachement de dragons français qui, depuis deux jours, était à notre recherche, et qui ne trouva notre marche que par les traces de nos
260.	720.	172. 10. 4.	56,152.	opérations marquées sur les sables du désert. Instruit des attaques de nos avant-postes à el-A'rych par l'armée du grand-vizir, le général en chef Kléber avait adressé au général Lagrange, à Belbeys, l'ordre de rappeler les ingénieurs. Le lendemain 29, nous partîmes à trois heures de la nuit pour Belbeys, où nous arrivâmes en seize heures de marche forcée. Après y avoir passé quelques jours, nous en repartîmes le 6 frimaire (27 novembre).
Total.	125542.			

STATIONS.		ORDONNÉES DES LIEUX.			NOTES HISTORIQUES ET GÉOLOGIQUES.
Nos.	DISTANCES.	PIEDS.		MÈTRES.	
Report.	125542.				Le 8, nous reprîmes l'opération au point de repère que nous avions laissé (station n°. 247). Nous avions fait, cette journée, une longueur de 6280 mètres de nivellement, lorsqu'une erreur d'opération nous força d'en regarder le travail comme non avenu. Nous campâmes à peu de distance des puits d'*Abou-el-Rouq*, au milieu d'un sol bas, couvert d'arbrisseaux et de petites dunes, sujet en partie aux inondations du lac, dont le Râs-el-Moyeh (tête ou pointe des lacs) n'est éloigné que de 2000 mètres environ, à l'*ouest*. Le lendemain, notre guide arabe nous ayant détournés, à dessein sans doute, des puits que nous cherchions, et qu'il feignit de ne pas reconnaître, nous fûmes obligés d'abandonner l'opération, et de marcher sur Byr-el-Doueydâr, où nous arrivâmes le 10 frimaire (1er décembre.). Après y avoir fait de l'eau, nous reprîmes, le jour même, le nivellement en opérant sur Tyneh. De retour le 13 à Byr-el-Doueydâr, nous y reprîmes le point de la station n°. 312, d'où nous nous dirigeâmes sur les puits d'Abou-el-Rouq, où les traces de nos opérations, marquées sur les sables, nous ramenèrent aisément, et pour la troisième fois, au point de repère de la station n°. 247.
	4660.				
267.	680.	174. 6. 7.		56,700.	L'ordonnée n°. 267 est prise sur le sol uni des lagunes qui font partie des lacs dans les crues. Ces parties marécageuses et salines sont couvertes d'arbrisseaux, de broussailles, de gazons et de plantes marines.
268.	640.				
269.	240.	179. 5. 5.		58,293.	L'ordonnée n°. 269 est prise à la surface des eaux des lacs situés au
TOTAL.	131762.				

STATIONS.		ORDONNÉES DES LIEUX.			NOTES HISTORIQUES ET GÉOLOGIQUES.
N°^{s}.	DISTANCES.	PIEDS.		MÈTRES.	
Report.	131762.	.	.	.	*sud* de la route de Sàlehyeh à Qa-
.	17600.	.	.	.	tyeh, par el-Qantarah. Toutes ces parties des bords des lacs offrent l'aspect d'un bois taillis.
297.	600.	151. 9. 2.		49,299.	L'ordonnée n°. 297 est prise au point d'intersection des deux routes de Sàlehyeh à Qatyeh; la première par el-Qantarah, à l'*ouest* des lacs; et la seconde, en les contournant à l'*est*, par le Ràs-el-Moyeh. Cette dernière a été suivie par l'artillerie française dans l'expédition de Syrie.
.	7560.	.	.	.	La partie de cette route de Sàlehyeb au Ràs-el-Moyeh, est moins bonne que celle du Ràs à Byr-el-Doueydâr, dont le sol est bas, sablonneux et assez ferme.
					Toutes les cotes du nivellement comprises entre les stations n°^{s}. 297-312 appartiennent au sol de la route de Sàlehyeh à Qatyeh, depuis le point de jonction des deux routes jusqu'à Byr-el-Doueydâr, sur une longueur de 9160 mètres (4700 toises). Le sol en est également ferme à la marche.
312.	600.	169. 11. 0.		55,195.	L'ordonnée n°. 312 est prise sur une pierre angulaire du puits de Byr-el-Doueydâr. Ce lieu, situé sur la route de Sàlehyeh à Qatyeh, est planté de dattiers, et a des sources et un puits d'eau saumâtre, mais potable. Byr-el-Doueydâr est à
.	5520.	.	.	.	douze heures de marche de Sàle-hyeh, et à quatre de Qatych, à une distance de 3240 mètres (1662 toises); à l'*ouest* on trouve les lagunes du lac Menzaleh; le désert environnant est couvert de dunes et d'arbrisseaux.
320.	600.	171. 5. 1.		55,685.	L'ordonnée n°. 320 est prise au pied d'un monticule de ruines que
TOTAL.	164642.	.	.	.	

STATIONS.		ORDONNÉES DES LIEUX.			NOTES HISTORIQUES ET GÉOLOGIQUES.
N°⁵.	DISTANCES.	PIEDS.		MÈTRES.	
Report.	164642.				les Arabes nomment *Tell-el-Her*. On trouve sur cette hauteur les restes d'une bâtisse considérable, en briques rouges d'une forte épaisseur. On aperçoit, au *nord-ouest*, le château de Tyneh, et au *nord* les ruines de Péluse, distantes de 8300 mètres (4258 toises) : le sol adjacent est couvert de débris de granit, de marbre, de verre, et de restes de puits, de citernes et autres constructions ; tout y annonce les ruines d'une petite ville qui devait être située sur les bords du lac Menzaleh. Ce château-fort et celui de Tyneh (de construction arabe), ont probablement été élevés sous le règne de Motouakkel, vers le milieu du neuvième siècle. C'est à ce prince que l'Égypte a dû la construction de presque tous les forts et châteaux qui ont été ruinés, trois à quatre cents ans après, dans les guerres des croisades.
	3500.				
327.	600.	177.	1. 6.	57,537.	A mi-distance des deux stations n°⁵. 326 et 327, commence la plaine saline de Péluse. Cette plaine vaste, et unie comme la surface des eaux d'un lac tranquille, dont elle offre une parfaite image, est formée d'un sable humide et gras à la marche. Toutes les parties n'en sont pas également fermes ; car il en est de fangeuses et de mouvantes, dans lesquelles il serait dangereux de s'engager. Du sein de cette plaine s'élèvent les ruines de l'ancienne Péluse, que l'illusion du mirage fait paraître comme une île : la longueur de la plaine est de 4640 mètres (2379 toises), des bords du lac à ces dernières ruines, dans la ligne directe
	3400.				
Total.	172142.				

STATIONS.		ORDONNÉES DES LIEUX.			NOTES HISTORIQUES ET GÉOLOGIQUES.
N°ˢ.	DISTANCES.	PIEDS.		MÈTRES.	
Report.	172142.				de notre marche de Tell-el-Her à Péluse.
333.	800.	176. 8. 9.		57,409.	A mi-distance des stations n°ˢ. 333 et 334 commencent les ruines de l'ancienne Péluse, qui s'étendent, de l'*ouest* à l'*est*, sur 2760 mètres (1416 toises) de longueur. Près de leur extrémité occidentale passe l'ancienne branche Pélusiaque, qui les longe au nord, et va se jeter à la mer, à une demi-lieue au-delà.
.	2360.	.	.	.	
337.	800.	176. 6. 0.		57,334.	Les ruines de Péluse, que les Arabes nomment aujourd'hui *Tell-el-Faddah* (colline d'argent), parce que l'on y trouve fréquemment des pièces de monnaie, consistent dans une chaîne de hauteurs couvertes de pierres, de briques, de fragments de grès, de granit, de marbre, de verre, etc. On y trouve les restes d'une enceinte considérable, bâtie en briques rouges; une porte de ville, au *nord*, est presque entièrement conservée: cette bâtisse porte tout le caractère des constructions romaines. On trouve çà et là des fragmens de colonnes et autres restes de monumens. Du sommet et de l'extrémité occidentale de ces ruines, on aperçoit, à l'*ouest*, le château de Tyneh, qui en est distant de 2850 mètres; et à une distance de 2500 à 2600 mètres de leur extrémité orientale, au *nord-est*, de nouvelles ruines où M. le général d'artillerie Andréossy fixe la position de *el-Faramá*, ville arabe.
.	1280.	.	.	.	
340.	480.	176. 11. 7.		57,485.	
341.	560.	177. 11. 2.		57,799.	
342.	160.	180. 6. 0.		58,634.	L'ordonnée 180ᵈˢ 6° 0¹ (n°. 342) appartient à la laisse de basse mer, et celle 179ᵈˢ 5° 0¹ à la laisse de haute mer à Tyneh, bouche de l'ancienne branche Pélusiaque, sur la
.	.	179. 5. 0.		58,282.	
5ᵉ TOT.	178582.	.	.	.	

STATIONS		ORDONNÉES DES LIEUX.		NOTES HISTORIQUES ET GÉOLOGIQUES.
N°s.	DISTANCES.	PIEDS.	MÈTRES.	
Report.	178582.			Méditerranée; ces points sont à une distance de 2400 mètres (1231 toises) au *nord* de l'extrémité orientale des ruines de Péluse.
Report.	2250.			Distance de Soueys à la naissance des vestiges du canal au fond du golfe, de 2250 mètres (par report).
6ᵉ TOT..	180852.			Distance totale de Soueys à Tyneh, par la ligne du nivellement de l'isthme.
				Le nivellement de cette dernière partie, qui, de la station n°. 209 à la station n°. 342, du Mouqfàr à Tyneh, comprend 81465 mètres par la ligne des opérations, a été fait du 28 brumaire au 15 frimaire an 8 (du 19 novembre au 6 décembre 1799), par les ingénieurs *Gratien Le Père*, *Saint-Genis*, *Chabrol*, présent l'ingénieur en chef *Le Père*.
				Résultat de la différence du niveau des deux mers.
REPORTS {		180. 6. 0.	58,634.	Méditerranée. Basse mer à Tyneh.
		150. 0. 0.	48,726.	Mer Rouge... Haute mer de vive-eau, à Soueys.
		30. 6. 0.	9,908.	Mer rouge supérieure à la Méditerranée.
				Différence des réfractions.
Stat. d' {		avant.....	0ᵈ,8545.	Sur le nombre de 342 stations du nivellement de la Mer rouge à la Méditerranée, 69 seulement ont été prises à des distances inégales de coups de niveau : le résultat des différences du niveau apparent au niveau vrai et à la réfraction terrestre, calculées d'après les tables de cor-
		arrière....	0,7080.	
		différence..	0,1465.	

STATIONS.		ORDONNÉES DES LIEUX.			NOTES HISTORIQUES ET GÉOLOGIQUES.
N°s.	DISTANCES. *Distances en pas ordinaires.*	PIEDS.		MÈTRES.	
208.	. .	157. 6. 2.		51,166.	rection, donne en parties décimales du pied, 0^d,1465, 0^d 1° 9^l,09; différence qui n'a point été portée dans le calcul des ordonnées, comme étant de trop peu de valeur dans une opération de cette étendue. IIe PARTIE. *Nivellement du Mouqfâr au Kaire.* §. V. Le nivellement de cette partie de Soueys au Kaire, par l'ancien canal, reprend au Mouqfâr, et passe par Abou-Keycheyd, le Râs-el-Ouâdy, la vallée des *Toumylât*, par Belbeys, le canal d'Abou-Mueggy jusqu'à sa prise d'eau dans le Nil, au village de Beyçous, remonte le fleuve jusques au-delà de Boulâq, et a été rattaché à la colonne du meqyâs, à la pointe *sud* de l'île de Roudah : son résultat donne la pente du fleuve, du Kaire à la Méditerranée. Toutes les distances des stations sont exprimées en *pas ordinaires.* Plusieurs expériences ont fait connaître que 65 pas donnaient 50 mètres (environ 25 toises). On ne s'est presque servi que du niveau d'eau ; ce qui a multiplié le nombre des stations et prolongé la durée de l'opération.
343.	130.	157. 11. 2.		51,302.	Toutes les stations n°. 343 à 363 sont prises, partie le long des vestiges du canal, et partie sur la digue *nord*. Les stations n°s. 364 et 366 sont prises dans le fond du canal. On peut remarquer qu'à mesure qu'on remonte la vallée vers Bel-
.	2793.	.		.	
365.	.	137. 168. 11. 8.		54,889.	
TOTAL.	3060.	.		.	

É. M. XI.

MÉMOIRE SUR LE CANAL

STATIONS.		ORDONNÉES DES LIEUX.			NOTES HISTORIQUES ET GÉOLOGIQUES.
N°*.	DISTANCES.	PIEDS.		MÈTRES.	
Report.	3060.				beys, le sol a une pente inverse de celle que devrait avoir la vallée, puisque les ordonnées font voir que l'on descend continuellement depuis le Mouqfàr. Toutes les stations n°. 367 à 379 sont prises sur la digue *nord* du canal. Les stations n°*. 380-1-2 et 383 sont prises dans le canal. On remarque une descente continue à mesure que l'on remonte la vallée. Les stations n°. 384 à 390 sont prises en suivant les traces *sud* du canal. L'ordonnée de la station n°. 385 répond à un lieu dit *Kafr-Sâlehyeh*, situé sur les bords du canal, où l'on trouve quelques misérables huttes en terre qui servent de refuge aux habitans de Sâlehyeh, lorsqu'ils sont inquiétés par les Mamlouks. Les ordonnées des stations n°*. 391 et 392 appartiennent à la rive *sud* du canal, derrière les huttes d'un village abandonné, qu'on nomme *Douâr-Abou-Sahryg*. Celles des stations n°*. 393-398 suivent la même rive *sud* du canal; et celles n°*. 399-412 en reprennent la digue *nord*. Les ordonnées n°. 411 à 416 sont prises le long des ruines considérables d'une ville que les Arabes nomment *Abou-Keycheyd*, et que nous croyons appartenir à l'ancienne Héroopolis. Parmi des décombres informes, des fragmens de granit, de marbre, de verre, et quelques restes de bâtisses en briques crues et cuites, on trouve un monolithe de granit rouge, qui offre trois figures égyptiennes, un peu plus grandes que nature, assises les unes à côté des autres, sur un grand et même
	130.				
367.	97.	162. 1. 1.		52,653.	
	1430.				
379.	115.	160. 2. 0.		52,028.	
	650.				
385.	130.	168. 11. 5.		54,882.	
1ᵉʳ TOT.	5612.				
	756.				
391.	130.	169. 1. 5.		54,936.	
392.	130.	169. 1. 1.		54,927.	
	2291.				
2° TOT.	8919.				
411.	130.	169. 11. 4.		54,205.	
412.	130.	169. 7. 6.		55,101.	
413.	130.	171. 4. 1.		55,658.	
TOTAL.	9309.				

STATIONS.		ORDONNÉES DES LIEUX.		NOTES HISTORIQUES ET GÉOLOGIQUES.
N°S.	DISTANCES.	PIEDS.	MÈTRES.	
Report.	9309.			
414.	130.	168. 0. 6.	55,586.	fauteuil à dossier élevé au-dessus de tête ; elles représentent une prêtresse égyptienne ayant à ses côtés deux prêtres, tous trois revêtus des bonnets de leur ministère. Le dos ainsi que les côtés de ce fauteuil à bras sont couverts de caractères hiéroglyphiques. (*Voyez* la carte hydrographique, n°. 10, et le dessin de ce monolithe, donné par M. *Fèvre*.)
415.	130.	172. 2. 5.	55,938.	Les ordonnées des stations n°s. 413 et 414 sont prises sur les traces de culture que l'on trouve entre les ruines et les dunes au *sud* d'Abou-Keycheyd. Celle de la station n°. 415 est prise dans une partie du canal qui va se perdre dans les dunes. On remarque toujours que la déclivité du sol augmente de plus en plus.
	1129.			De la station n°. 415 à celle n°. 425, le nivellement suit la chaîne continue des dunes élevées qui se prolongent des ruines d'Abou-Keycheyd jusqu'à plus de deux lieues au *sud-ouest* d'Abou-el-Cheykh (*Abou-Nechabeh*).
425.	130	174. 0. 3.	56,529.	De la station n°. 425 à celle n°. 472, les traces du canal sont perdues sous la chaîne des dunes, au pied de laquelle on trouve seulement des traces d'une culture abandonnée.
	3250.			Toute la partie de l'Ouâdy depuis Saba'h-byâr jusqu'au Mouqfâr et au Râs-el-Ouâdy, est extrêmement boisée. Les arbres qu'on y trouve, sont le *tamaris*, l'*acacia*, le *mimosa nilotica*, qui produit la gomme arabique, etc.
451.	130.	180. 1. 7.	58,51½.	L'ordonnée n°. 451 répond à très-peu près à celle de la Méditerranée à Tyneh, n°. 342. Le sol se maintient, à un ou deux pieds près, au
TOTAL.	14208.			

STATIONS.		ORDONNÉES DES LIEUX.			NOTES HISTORIQUES ET GÉOLOGIQUES.
N°s.	DISTANCES.	PIEDS.		MÈTRES.	
Report.	14208.				même niveau, jusque vers le village de Râourny (station n°. 554), sur une longueur de 42188 pas (32450 mètres environ).
.	2600.	.	.	.	L'inondation extraordinaire de l'an IX (1800) a dû jeter dans toute cette partie une hauteur de 20 à 25 pieds d'eau. Cette assertion est si vraie, que MM. *Le Père* et *Chabrol* ont remarqué, dans leur dernière reconnaissance de ces lieux, que la ligne d'eau atteignait presque généralement la cime des palmiers de la vallée.
472.	130.	175. 2. 2.		56,905.	L'ordonnée n°. 472 appartient au sol d'un lieu nommé *Torbet-Yhoudy*. De cette station à celle n°. 478, le nivellement suit la digue *nord* du canal. De nombreux et épais buissons ont forcé de suivre cette ligne à quelques pas de la digue.
:	4600.	.	.	.	De la station n°. 473 à celle n°. 648, le nivellement a été fait avec le niveau à bulle d'air. Cet espace comprend 76634 pas (58900 mètres environ).
485.	80.	170. 0. 5.		55,234.	L'ordonnée de la station n°. 485 est prise sur une coupure d'une grande digue qui barre la vallée, et qui interrompt le canal, dont les traces ne se retrouvent plus au *sud* de ce barrage : cette digue, élevée de 25 à 30 pieds, faite sans doute de main d'homme, a dû avoir pour but de retenir les eaux d'inondation, quand elles couvrent la partie supérieure de l'Ouâdy.
3e TOT..	21618.				
.	5612.	.	.	.	De la station n°. 486 à celle n°. 498, les traces du canal sont perdues; mais on trouve, en suivant la chaîne des dunes, des puits dont les eaux
TOTAL.	27230.	.	.	.	

STATIONS.		ORDONNÉES DES LIEUX.		NOTES HISTORIQUES ET GÉOLOGIQUES.
N°⁵.	DISTANCES.	PIEDS.	MÈTRES.	
Report.	27230			sont potables, et des traces d'une culture abandonnée.
500.	600	179. 0. 3.	58,153.	Les ordonnées des stations n°. 500 à 504 sont prises dans un lieu planté de palmiers, que les Arabes *Toumylát*, qui habitent et cultivent toute cette vallée, nomment *Rás-el-Ouâdy* (tête de la vallée). Au milieu de cette partie, on trouve un monticule sur lequel on remarque
.	950.	. . .	.	les restes d'une enceinte en briques crues, et çà et là, des fragmens de grès, de granit, et autres traces d'une petite ville abandonnée. Ce monticule, élevé de 20 à 25 pieds, devait former une île dans le temps où cette vallée était inondée.
503.	600	183. 2. 8.	59,518.	La station n°. 503 est prise dans le canal, près d'un puits qui donne à cet endroit le nom de *Byr-Rás-el-Ouâdy* (puits de la tête de la vallée). De cette station, le nivellement va directement à *Salsalamout*.
.	3600.	. . .	.	
510.	600	181. 1. 11.	58,848.	*Salsalamout*, village, n°. 510. On retrouve au pied de la colline qui forme, au *nord*, la vallée des Arabes *Toumylát*, le canal, qui offre en cette partie de belles dimensions. Les ordonnées intermédiaires répondent aux points les plus bas de la vallée, inférieure au niveau de la Méditerranée d'un à deux pieds, sur plus de 4000 pas de longueur.
.	7100.	. . .	.	L'*Ouâdy-Toumylát*, vallée habitée par les Arabes de ce nom, s'étend depuis la digue transversale au *sud* d'Abou-Keycheyd, jusqu'au village d'A'bbâçeh; ce qui comporte une longueur de près de 14000 toises, sur une largeur moyenne de
Total.	40680.	. . .	.	

STATIONS.		ORDONNÉES DES LIEUX.			NOTES HISTORIQUES ET GÉOLOGIQUES.
N°°.	DISTANCES.	PIEDS.		MÈTRES.	
Report.	4o680.				1000 environ. Cette vallée, aussi susceptible de culture que le Delta, est fermée, à A'bbàçeh, par une digue qui empêche les eaux, dans les inondations ordinaires, de la couvrir annuellement : ce n'est que dans les inondations extraordinaires qu'elle les reçoit par la submersion naturelle de cette digue ; ce qui arrive tous les cinq à six ans. Un grand nombre de puits, dont l'eau est assez abondante, et bonne presque partout, quoique légèrement saumâtre, offre des moyens de suppléer aux canaux d'irrigation dont cette vallée est privée.
523.	600.	171. 8.	7.	55,780.	*Matardât* (station n°. 523), situé sur les digues du canal, au pied du revers de la colline, côté *nord* de la vallée. Ce hameau se trouve à 2000 mètres environ au *nord* du santon Abou-el-Cheykh. De la station n°. 523 à celle n°. 524, le nivellement suit la digue *sud* de l'ancien canal, qui va de Salsalamout à A'bbàçeh, ce qui comprend 6080 pas.
4° TOT..	41280.				
	3700.				
530.	600.	169. 11. 4.		55,205.	*El-hâgg Nea'treh*, hameau situé sur les digues du canal, côté *nord* de la vallée (station n°. 530).
	2180.				
536.	400.	176. 6. 5.		57,345.	*Chéryf-el-Toumylât* (n°. 536), hameau situé sur la digue du canal, près duquel on trouve, au *sud*, une hauteur de ruines que les Arabes nomment *Tell-el-Kebyr* (station n°. 537). *Tell* (colline) est un nom que les Arabes donnent, en général, à toutes les hauteurs de décombres des anciennes villes.
537.	300.	179. 8. 7.		58,378.	
	1030.				De la station n°. 538 à celle n°. 554, le nivellement traverse la vallée de Tell-el-Kebyr à Râourny. On peut
TOTAL.	58490.				

STATIONS.		ORDONNÉES DES LIEUX.				NOTES HISTORIQUES ET GÉOLOGIQUES.
N°s.	DISTANCES	PIEDS.			MÈTRES.	
Report.	58490.					remarquer par les ordonnées, quoique non portées ici, que le niveau de son sol est toujours inférieur à la Méditerranée.
561.	400.	169.	6.	7.	55,076.	*Rdourny* (station n°. 561) est un petit village situé sur la lisière du désert, et au *nord* d'une forêt de palmiers, qui s'étend jusqu'auprès de Belbeys. Ce village est à 3000 mètres environ au *sud-ouest* du village d'A'bbâçeh. A une distance de 200 mètres, à l'*ouest*, on trouve une hauteur de ruines d'une ancienne ville.
	6800.					De la station n°. 555 à celle n°. 597, sur une longueur de 16900 pas (6500 toises environ), le nivellement longe une forêt de palmiers sur la lisière du désert.
579.	00. 8300.	156.	9.	7.	50,934.	*Sentah*, village sur la lisière du désert, à l'entrée de la forêt de palmiers, au *nord* de Belbeys (station n°. 579).
595.	600. 2360.	161.	3.	2.	52,385.	L'ordonnée n°. 595 appartient au chemin, au *sud* de la forêt, sur la route de Belbeys à Sàlehyeh par Qorayn, que la carte écrit *Karáyni*.
610.	130.	167.	3.	4.	54,338.	*Qantara-el-Kharâyb*, pont situé sur une dérivation du canal de l'Abou-Meneggy, qui conserve en cette partie de belles digues avec revêtement en maçonnerie de briques cuites. L'ordonnée de ce point appartient à la surface de l'eau sous ce pont, le jour de l'opération. De la station n°. 611, le nivellement suit le canal de l'Abou-Meneggy jusqu'à el-Menâyr (n°. 731).
	1676.					
624.	130.	159.	6.	4	51,821	*Belbeys*. L'ordonnée (n°. 624) est prise sur la digue du canal de l'Abou-Meneggy, qui passe près et à
5° TOT..	79286.					

STATIONS.		ORDONNÉES DES LIEUX.			NOTES HISTORIQUES ET GÉOLOGIQUES.
N°s.	DISTANCES.	PIEDS.		MÈTRES.	
Report.	79286.				l'*ouest* de Belbeys. Les digues du canal, dont les dimensions sont très-grandes, sont revêtues en maçonnerie de briques rouges dans diverses parties; on y remarque plusieurs ponceaux qui les traversent.
.	14460.	.	.	.	
651.	130.	166.	1. 7.	53,966.	*Zaoudmel*, village, dont l'ordonnée (n°. 651) est prise à la surface de l'eau du canal de l'Abou-Meneggy.
	11360.				
731.	130.	155.	7. 3.	50,546.	L'ordonnée (station n°. 731) est prise sur le bord d'un puits près et au *sud* du village d'*el-Menâyr*. On peut remarquer par l'ordonnée, que c'est seulement aux environs de ce village que le sol, dans toute la partie du cours du nivellement, commence à se relever au-dessus du niveau des eaux de la mer Rouge; et par l'ordonnée n°. 753, que le sol redescend au niveau de cette mer.
732.	130.	156.	2. 6.	50,742.	
.	2600.	.	.	.	
753.	130.	149.	9. 2.	48,049.	
	2860.				
6° TOT..	111086.	.	.	.	
776.	130.	144.	10. 8.	47,065.	L'ordonnée des stations n°s. 776-781 est prise près de *Kereçân*, le long des ruines considérables que les Arabes nomment *Tell-el-Yhoudy* (*Tell-Yhoudyeh*, ou colline des Juifs). Le sol est couvert, en cet endroit, de monticules de décombres de briques crues et autres débris de constructions et de poterie. Ces ruines appartiennent sans doute à la ville d'*Onion*, que Ptolémée-Philometor donna pour asile au grand-prêtre des Juifs, Onias, et dont il est parlé dans l'Écriture.
777.	130.	147.	9. 11.	48,020.	
	390.				
781.	130.	142.	6. 1.	46,292.	
	780.				
788.	130.	145.	10. 1.	47,375.	*Kafr-Choubâk*, village (station n°. 788).
	390.				*Mourgh*, village (station n°. 792). L'ordonnée est prise à la surface des eaux du canal de l'Abou-Meneggy.
792.	130.	154.	6. 4.	50,197.	
	1000.				*Koum-el-Haoueh*. L'ordonnée est prise à la surface de l'eau du canal de l'Abou-Meneggy (station n°. 804).
804.	130.	154.	2. 7.	50,095.	
.	2910.	.	.	.	
TOTAL.	117336.	.	.	.	

DES DEUX MERS.

STATIONS.		ORDONNÉES DES LIEUX.			NOTES HISTORIQUES ET GÉOLOGIQUES.
Nos.	DISTANCES.	PIEDS.		MÈTRES.	
Report.	117336.				
836.	.	156. 11.	3.	50,979.	*Beyçous*, village situé à 600 mètres environ au *nord* de la prise
837.	130.	149. 3.	0.	48,482.	d'eau du canal de l'Abou-Meneggy dans le Nil, et à 9000 mètres de
.	6630.	.		.	Boulâq. On remarque, près de cette embouchure, un pont en maçonnerie de brique sur le canal. L'ordon-
7ᵉ TOT..	124096.	.		.	née 156ᵈˢ 11° 3¹ (n°. 836) est celle de la surface des eaux du Nil, le 13 frimaire an VIII (4 décembre 1799).
889.	200.	144. 4.	5.	46.896.	*Boulâq* (station n°. 889), ville
890.	400.	146. 1.	2.	47,458.	située sur le Nil, à l'*ouest* du Kaire, peut être considérée comme le port
891.	400.	147. 2.	0.	47,805.	et le faubourg de cette capitale, dont elle n'est séparée que par une plaine de 13 à 1400 mètres.
892.	550.	144. 8.	5.	47,005.	Le nivellement des stations nᵒˢ. 889-914, qui a été fait avec un niveau à bulle d'air, passe dans la plaine à l'*est* de Boulâq, et vient reprendre
893.	400.	143. 3.	5.	46,544.	les bords du Nil, à celle n°. 901, vis-à-vis la pointe *nord* de l'île de Roudah.
894.	400.	141. 8.	6.	46,033.	L'ordonnée intermédiaire des stations nᵒˢ. 894 et 895 est prise sur la
895.	400.	142. 2.	8.	46,199.	levée faite par les ingénieurs français, sur 1500 mètres de longueur, et qui communiquait du quartier-général à l'extrémité *sud* de Bou-
8ᵉ TOT..	126846.	.		.	lâq; la station n°. 895 est prise au *sud* de *Boulâq*, dont l'étendue *nord*
.	1925.	.		.	et *sud* est de 2750 pas.
901.	400.	146. 0.	4.	47,435.	La ligne du nivellement des stations nᵒˢ. 902-914, sur 3040 pas de longueur, suit la rive orientale de
.	1200.	.		.	l'île de Roudah, et se termine sur le chapiteau de la colonne du meqyàs.
					Pente du Nil, du meqyás à Beyçous.
905.	400.	142. 5.	2.	46,267.	Le 13 frimaire an VIII (4 décembre 1799), le Nil, marquant 9 cou-
TOTAL.	130771.	.		.	

STATIONS.		ORDONNÉES DES LIEUX.		NOTES HISTORIQUES ET GÉOLOGIQUES.
N°s.	DISTANCES.	PIEDS.	MÈTRES.	
Report.	130771.	.	.	dées 16 doigts à la colonne, donnait pour ordonnée à la hauteur des eaux de ce jour............ 153^{ds} 9° 9^l L'ordonnée des eaux du Nil, prise à *Beyçous* (station n°. 836), a été trouvée, le même jour, de................ 156. 11. 3. Différence donnant une pente de........ 3^{ds} 1° 6^l
	1540.	.	.	
910.	80.	130. 9. 2	41,477.	Cette différence de 3^{ds} 1° 6^l trouvée le 4 décembre 1799, entre la pointe *sud* de l'île de *Roudah* et le village de *Beyçous*, à la prise d'eau du canal de l'Abou-Meneggy, sur une longueur de 16200 mètres (8312 toises), suivant le cours du fleuve, indique une pente de 4 à 5 pouces par mille toises; pente qui varie essentiellement comme l'état du fleuve, mais qu'on peut lui assigner pour pente moyenne.
	210.	.	.	
914.	10.	141. 3. 11.	45,908.	L'ordonnée 141^{ds} 3° 11^l de la dernière station (n°. 914) est prise sur le chapiteau de la colonne du *meqyâs*. Les subdivisions en coudée de la colonne que nous avons mesurée avec précision, ont servi à déterminer les ordonnées de ses parties. Cette deuxième partie du nivellement, du mouqfâr (station n°. 343) au meqyâs de l'île de Roudah (n° 914), de 132611 pas (51000 toises) de longueur, a été faite par les ingénieurs *Févre*, *Devilliers*, *Duchanoy* et *Alibert*. Cette opération, commencée le 26 brumaire (17 novembre), a été terminée le 15 frimaire an VIII (6 décembre 1799).
TOTAL.	132611.	.	.	

STATIONS.		ORDONNÉES DES LIEUX.		NOTES HISTORIQUES ET GÉOLOGIQUES.
Nos.	DISTANCES.	PIEDS.	MÈTRES.	
		143. 3. 1.	46,535.	Ordonnée de la xvie coudée de la colonne du meqyâs.
		154. 7. 9.	50,235.	Id... des eaux du Nil au meqyâs, le 23 frimaire an vii (14 décembre 1799).
		169. 11. 1.	52,274.	Id... de la 1re coudée au point zéro de la colonne.

Pente du Nil, du meqyâs à la Méditerranée.

		180. 6. 0.	58,633.	Ordonnée de la basse mer à Tyneh (station n°. 342).
		164. 2. 9.	53,348.	Id... des basses eaux ou étiage du Nil, à 3 coudées 10 doigts (5^{ds} 8° 4') de la colonne.
		16. 3. 3.	5,285.	Pente du Nil, du meqyâs au boghâz de Damiette, sur 272500 mètres (140839 toises), distance mesurée suivant le cours du Nil.
		180. 6. 0.	58,633.	Report de l'ordonnée de basse mer à Tyneh.
		140. 10. 9	45,768.	Ordonnée de l'inondation de l'an vii (septembre 1798), à 17 coudées 10 doigts du point zéro de la colonne au meqyâs.
		39. 7. 3.	12,865.	Pente du Nil dans les hautes eaux de l'inondation de l'an vii (1798).

IIIe PARTIE.

Nivellement de la vallée du Nil, du meqyâs à la grande pyramide de Gyzeh.

§. VI.

Cette dernière partie du nivellement reprend du meqyâs situé à la pointe *sud* de l'île de Roudah, tra-

STATIONS.		ORDONNÉES DES LIEUX.		NOTES HISTORIQUES ET GÉOLOGIQUES.
N°s.	DISTANCES	PIEDS.	MÈTRES.	
				verse la vallée du Nil, et se termine à l'angle ou arête *nord-est* de la grande pyramide de Gyzeh. Ce nivellement doit servir à faire connaître, par la suite des temps, les changemens du fleuve dans le terme de ses crues, dans l'exhaussement de son lit, et dans celui de la vallée, à la latitude des pyramides. Les ordonnées sont rapportées au même *plan horizontal*, pris pour point de comparaison dans le nivellement du sol de l'isthme. Les distances sont exprimées en *pas ordinaires*, dont 65 donnent 50 mètres ou 25 toises environ.
914.	. . .	141. 3. 11.	45,908.	Ordonnée sur le chapiteau de la colonne du *meqyâs*.
		143. 3. 1.	46,535.	*Id*... de la xvie coudée de *id*.
		169. 11. 1.	52,274.	*Id*... de la 1re coudée inférieure au point *zéro* de *id*.
	Pas ord.	154. 7. 9.	50,235.	Hauteur des eaux du Nil, le 22 frimaire an 8 (13 décembre 1799).
		154. 11. 1.	50,325.	Hauteur des eaux du Nil, le 2 nivose an 8 (23 décembre 1799).
915.	100.	142. 8. 8.	46,362.	*Gyzeh*. Ordonnée des bords du Nil (n°. 915), prise à l'extrémité *sud* de l'enceinte fortifiée de ce village.
6.	800.	139. 10. 4.	45,432.	
7.	800.	140. 4. 10.	45,608.	
8.	800.	139. 10. 4.	45,432.	
9.	800.	140. 9. 6.	45,735.	
920.	800.	140. 7. 2.	45,671.	*Kouneyçah*. Ordonnée (n°. 920), prise sur un ponteau en briques cuites, bâti sur le canal qui passe au pied de ce village.
1er TOT.	4100.			
921.	100.	142. 3. 6.	46,222.	
2.	800.	142. 7. 0.	46,316.	
3.	800.	144. 1. 3.	46,811.	
4.	700.	148. 1. 8.	48,221.	
925.	400.	150. 9. 5.	48,981.	*Talbyeh*. Ordonnée (n°. 925), prise à la ligne d'eau du canal qui passe près et à l'*est* de ce village.
2e TOT.	6900.			
TOTAL.	6900.	. . .		

STATIONS.		ORDONNÉES DES LIEUX.		NOTES HISTORIQUES ET GÉOLOGIQUES.
N°ˢ.	DISTANCES.	PIEDS.	MÈTRES.	
Report.	6900.			On remarquera que les eaux de ce canal, qui sont supérieures de 4 pieds à celles du grand bras du Nil, à Gyzeh (*voyez* l'ordonnée n°. 914), sont encore de 9 pouces plus basses que celles de la mer Rouge (de haute mer).
926.	400.	142. 2. 4.	46,190.	
7.	600.	142. 1. 0.	46,154.	
8.	400.	146. 4. 10.	47,557.	
9.	660.	146. 1. 9	47,474.	
930.	660.	143. 10. 8.	46,741.	
931.	644.	147. 4. 3.	47,866.	Ordonnée (n°. 931) des eaux du canal qui longe la lisière du désert, à une distance de 10264 pas des bords du Nil (à Gyzeh), et à 2300 du Sphinx.
3ᵉ TOT..	10264.			
2.	100.	140. 7. 8.	45,685.	La culture de la vallée cesse en cet endroit, où commencent les sables de la chaîne calcaire de la Libye (station n°. 932).
3.	100.	142. 2. 11.	46,206.	
4.	100.	139. 10. 10.	45,446.	
935.	100.	139. 5. 0.	45,164.	
6.	100.	140. 5. 7.	45,628.	On voit que la partie cultivée de la vallée, de Gyzeh aux pyramides, par les villages de Kouneyçeh et de Talbyeh, est de 10264 pas (3950 toises environ).
7.	100.	140. 11. 5.	45,787.	
8.	100.	141. 0. 5.	45,814.	
9.	100.	140. 4. 5.	45,597.	
940.	100.	142. 0. 6.	46,262.	
1.	100.	141. 6. 5.	46,100.	
2.	100.	140. 1. 11.	45,529.	
3.	100.	141. 3. 10.	45,906.	
4.	100.	140. 3. 8.	45,577.	
945.	100.	140. 5. 4.	45,622.	On trouve en cet endroit (n°. 945) des débris de pierres calcaires et numismales dont les pyramides ont été construites. On y trouve encore des fragments de grès, de granit et de marbre.
4ᵉ TOT..	1166 4			
946.	100.	141. 6. 11.	45,985.	
7.	100.	139. 7. 9.	42,439.	
8.	100.	134. 7. 7.	43,733.	
9.	100.	128. 5. 10.	41,737.	
950.	100.	119. 6. 5.	38,829.	
1.	100.	112. 9. 9.	36,625.	
2.	100.	108. 5. 10.	35,240.	
3.	100.	102. 2. 1.	33,190.	Sol au pied du *Sphinx* (n°. 954). On a déterminé par une opération particulière l'ordonnée du dessous du menton du Sphinx à 89ᵈˢ 10° 7ˡ. La distance des bords du Nil au
954.	100.	95. 1. 4.	30,896.	
5ᵉ TOT..	12564.			

STATIONS.		ORDONNÉES DES LIEUX.		NOTES HISTORIQUES ET GÉOLOGIQUES.
N.ºˢ	DISTANCES.	PIEDS.	MÈTRES.	
				Sphinx est de 12564 pas (4833 toises environ).
955.	60.	89. 1. 2.	28,942.	
	240.	. . .	.	
960.	40.	53. 0. 5.	17,228.	
	150	. . .	.	
965.	100.	16. 4. 3.	5,312.	Sol (station n.º 965) à l'angle ou arête *sud-est* de la grande pyramide, dont la distance aux bords du Nil (à Gyzeh) est de 13154 pas.
.	Pas. 590.	. . .	.	Pietro della Valle la porte à 12000 pas. M. Grobert, officier d'artillerie, de l'expédition d'Égypte, qui a écrit sur les pyramides, indique cette même distance de 16000 pas. Mais ces différences varient essentiellement, comme les marches, que nulle route ne détermine assez dans la plaine ou vallée, ainsi que dans toute l'Égypte en général.
966.	.	13. 1. 3.	4,257.	Les trois ordonnées des stations n.ºˢ 966, 967 et 968, sont prises le long de la base orientale de la plus grande et la plus au *nord* des pyramides.
967.	Pas.290.	13. 4. 0.	4,331.	
968.	.	10. 4. 10.	3,379.	Sol à l'angle ou arête *nord-est* de la grande pyramide; c'est ce point que l'astronome M. Nouet a pris pour déterminer la hauteur de la pyramide.
id.	.	6. 10. 10.	2,242.	Ordonnée du dessus du rocher taillé en première assise, formant, à l'angle *nord-est*, la base de la pyramide.
.	.	41. 8. 2.	13,539.	*Hauteur* de l'arête supérieure de la plate-bande qui couvre le couloir ou entrée de la grande pyramide, au-dessus du rocher taillé en première assise, dont l'ordonnée est $6^{dt}\ 10^{o}\ 10^{l}$ (station n.º 968).

STATIONS.		ORDONNÉES DES LIEUX.		NOTES HISTORIQUES ET GÉOLOGIQUES.
N°^{s}.	DISTANCES.	PIEDS.	MÈTRES.	
				D'après les recherches de MM. Le-Père, architecte, et Contelle, chef de brigade, les points du rocher qui a servi de base à la première assise inférieure du revêtement en pierre calcaire de la pyramide, ont été retrouvés aux angles *nord-est* et *nord-ouest*. Le premier de ces points est de 3^{ds} 6° 0^l inférieur au-dessus du même rocher taillé en première assise. Cette troisième et dernière partie du nivellement a été faite les 25 frimaire et 2 nivose an 8 (16 et 23 décembre 1799); savoir, de la vallée à la montagne libyque (avec un niveau à bulle d'air), par les ingénieurs *Gratien Le Père*, *Saint-Genis* et *Chabrol*, et de la lisière du désert à la pyramide, par les ingénieurs *Févre* et *Jollois*. *Fait et rédigé, pour extrait conforme aux journaux particuliers des ingénieurs des ponts et chaussées.* Paris, avril 1802. Gratien LE PÈRE.

§. IV.

TRADUCTIONS

DES TEXTES DES AUTEURS

ANCIENS ET MODERNES,

SUR LE CANAL DE LA MER ROUGE,

AU NIL ET A LA MÉDITERRANÉE.

I. Hérodote (*Euterpe*, liv. II)[1].

Nécos, fils de Psammitichus, entreprit le premier de creuser le canal qui conduit à la mer Érythrée; Darius le fit continuer. Ce canal a de longueur quatre journées de navigation, et assez de largeur pour que deux trirèmes puissent y voguer de front. L'eau dont il est rempli vient du Nil, et y entre un peu au-dessus de Bubastis : ce canal aboutit à la mer Érythrée, près de Patumos, ville d'Arabie.

On commença à le creuser dans cette partie de la plaine d'Égypte qui est du côté de l'Arabie. La montagne qui s'étend vers Memphis, et dans laquelle sont les carrières, est au-dessus de cette plaine, et lui est contiguë. Ce canal commence donc au pied de la montagne : il va d'abord, pendant un long espace, d'occident en

---

[1] Traduction de M. Larcher (Paris, 1802, in-8°), tome II, §. 158, pag. 132.

orient; il passe ensuite par les ouvertures de cette montagne, et se porte au midi dans le golfe d'Arabie.

Pour aller de la mer septentrionale à la mer australe, qu'on appelle aussi mer *Érythrée*, on prend par le mont Casius, qui sépare l'Égypte de la Syrie : c'est le plus court. De cette montagne au golfe Arabique, il n'y a que mille stades; mais le canal est d'autant plus long, qu'il fait plus de détours. Sous le règne de Nécos, cent vingt mille hommes périrent en le creusant. Ce prince fit discontinuer l'ouvrage, sur la réponse d'un oracle qui l'avertit qu'il travaillait pour le barbare, etc.

II. Diodore de Sicile (liv. 1, §. 1)[1].

On a fait un canal de communication qui va du golfe Pélusiaque dans la mer Rouge. Nécos, fils de Psammitichus, l'a commencé : Darius, roi de Perse, en continua le travail; mais il l'interrompit ensuite, sur l'avis de quelques ingénieurs, qui lui dirent qu'en ouvrant les terres il inonderait l'Égypte, qu'ils avaient trouvée plus basse que la mer Rouge.

Ptolémée II ne laissa pas d'achever l'entreprise; mais il fit mettre dans l'endroit le plus favorable du canal, des barrières ou des écluses très-ingénieusement construites, qu'on ouvre quand on veut passer, et qu'on referme ensuite très-promptement. C'est pour cela que cette partie du canal qui se jette à la mer, à l'endroit où est bâtie la ville d'Arsinoé, prend le nom de *fleuve de Ptolémée*.

III. Strabon (liv. XVII).

On dit qu'il existe, au-dessus de Péluse en Arabie, quelques autres lacs et canaux, dans les mêmes parties hors du Delta : vers l'un de ces lacs, se trouve la préfecture Séthréitique, une des dix que l'on compte dans le Delta. Deux autres canaux se rendent dans ces lacs : l'un se jette dans la mer Rouge ou golfe Arabique, à Arsinoé, ville que quelques-uns appellent *Cleopatris*, et coule à travers ces lacs, dont les eaux, qui étaient amères, sont deve-

[1] Traduction de l'abbé Terrasson (Paris, 1737, in-12), liv. 1ᵉʳ, p. 68.

nues douces par la communication du fleuve au canal. Aujourd'hui ces lacs produisent de bons poissons et abondent en oiseaux aquatiques.

Le canal a d'abord été creusé par Sésostris, avant la guerre de Troie. Quelques auteurs pensent qu'il fut seulement commencé par Psammitichus fils, la mort l'ayant surpris ; qu'ensuite Darius le continua, et que ce prince abandonna ce travail presque achevé, parce qu'on lui avait persuadé, à tort, que la mer Rouge était plus élevée que l'Égypte, et qu'en conséquence, si l'on venait à couper l'isthme, la mer couvrirait ce pays. Les Ptolémées, qui le firent couper, firent construire un *euripe* (barrière fermée), qui permettait une navigation facile du canal intérieur dans la mer, et de la mer dans le canal. Quant au niveau des eaux, on en a parlé dans les premiers commentaires.

Près d'Arsinoé on trouve la ville des Héros et celle de Cleopatris, à l'extrémité du golfe Arabique, vers l'Égypte, ainsi que des ports, des habitations, et plusieurs canaux et des lacs qui leur sont contigus ; on y trouve encore la ville de Phagroriopolis, dans la préfecture de ce nom. L'origine du canal qui se jette dans la mer Rouge, est au bourg de *Phacusa*, auquel est adjacent celui de Philon : le canal a cent coudées de largeur ; sa profondeur, celle qu'il faut aux plus grands bâtimens. Ces lieux sont situés vers la tête du Delta, où est la ville de Bubaste, dans la préfecture de ce nom : au-dessus est le canton d'Heliopolis, où est située la ville du Soleil, renfermée dans des digues élevées.

J. Paulmier, un des commentateurs de Strabon, dit que cette opinion et celle de Pline, qui suit cet article, sont les mêmes : « car, ajoute encore Paulmier, si l'on n'eût pas trouvé la mer Rouge plus élevée, on n'aurait pas eu lieu de craindre que l'eau du fleuve fût gâtée. En effet, les eaux des fleuves qui coulent sur un terrain qui est plus bas, ne peuvent pas être gâtées, puisqu'elles sont plus élevées, et qu'en se jetant dans la mer, elles en repoussent les eaux. Mais si la mer Rouge eût coulé par ce canal dans le Nil, il est bien évident que la mer aurait été plus élevée que le Nil. Au reste, les paroles de Strabon ont pu induire en erreur quelques savans, qui ont pensé que cet écrivain avait compris lui-même qu'il était faux que les eaux de la mer Rouge fussent supérieures au sol de l'Égypte. C'est ce qu'il semble, en effet, à la première lecture, que Strabon ait voulu dire : mais, en y réfléchissant bien, il paraît que l'on n'en doit pas tirer cette conséquence ; car il était faux, comme Strabon le dit, qu'il fût impossible de creuser l'isthme sans opérer l'inondation de l'Égypte, dont le sol est plus bas ; et c'est ce que prouve ce géographe, en ce que les Ptolémées obtinrent ce résultat. Mais de quelle manière ? dira-t-on : par le moyen d'un euripe fermé. Mais on n'aurait pas eu besoin d'un euripe fermé, si la mer n'eût pas été plus élevée ; l'isthme pouvait donc être creusé sans danger, et le canal pouvait jeter les eaux du Nil dans la mer Rouge, qui était plus basse. On ne devrait donc pas s'en rapporter à Strabon, lui qui ne visita jamais ces lieux, comme on l'apprend clairement dans la relation de son voyage en Égypte, si cet auteur avait conçu la chose autrement, contre le sentiment des ingénieurs à qui Darius confia ce travail, et qui, après avoir reconnu la nature de cette partie de l'Égypte, et avoir pris exactement le niveau des eaux de la mer Rouge, furent contraints d'abandonner un travail utile et glorieux ; car on ne connaissait pas encore les machines des euripes fermés, par le moyen desquels les bâtimens montent et descendent aisément d'un canal inférieur dans un canal supérieur, et réciproquement. C'est une machine aujourd'hui très-connue : on peut en voir un grand nombre dans la Belgique [1]. »

IV. Pline (liv. vi, chap. 29).

Du canal... Après le golfe Élanitique il y a un autre golfe que les Arabes appellent *Æant,* sur lequel est située la ville des Héros... On trouve ensuite le port de *Daneon,* d'où sort un canal navigable qui conduit au Nil, en parcourant, de ce port jusque dans le Delta, l'espace de LXII. MP. (62000 pas, ou 46872 toises) ; ce qui est la distance qu'il y a entre le fleuve et la mer Rouge. Sésostris, le premier, en conçut anciennement le projet ; Darius,

---

[1] *Voyez* la traduction latine de Strabon, par G. Xylander, avec des notes de Casaubon, édition grecque et latine d'Almeloveen ; Amsterdam, 1707 ; liv. XVII. (Traduction française des auteurs du mémoire.)

roi des Perses, eut aussi le même dessein; ensuite Ptolémée II fit creuser ce canal, en lui donnant cent pieds au moins de largeur, trente de profondeur[1], et XXXVII. №. 19. (37500 pas, ou 28350 toises, ou quatorze petites lieues) de longueur, jusqu'aux sources amères, où l'on s'arrêta, par la crainte d'inonder le pays, la mer Rouge ayant été trouvée, en cet endroit, supérieure de trois coudées au sol de l'Égypte. Quelques auteurs en donnent une autre raison: suivant eux, l'on craignit de gâter, par cette communication, les eaux du Nil, fleuve qui, seul, en Égypte, donne des eaux potables. G. L. P.

V. M. LE BEAU (*Histoire du Bas-Empire*, tom. XII, liv. LIX, pag. 490).

La côte de Farmâ n'était éloignée de la mer Rouge que de 70 milles (52920 toises). Cet intervalle étant une plaine très-unie, et peu élevée au-dessus du niveau des deux mers, Amrou forma le projet de les joindre par un canal qu'il aurait rempli par les eaux du Nil; mais, Omar s'y étant opposé, dans la crainte d'ouvrir aux vaisseaux chrétiens l'entrée de l'Arabie, Amrou tourna ses vues d'un autre côté. Il y avait un ancien canal, nommé *Trajanus amnis*, qu'Adrien avait fait conduire, du Nil, près de Babylone, jusqu'à *Pharbœthus*, aujourd'hui Belbeys; il rencontrait en cet endroit un autre canal commencé par Nécos, et continué par Darius fils d'Hystaspe, et qui allait se décharger avec lui dans une lagune d'eau salée, au sortir de laquelle Ptolémée-Philadelphe avait fait construire un large fossé qui conduisait les eaux jusqu'à la ville d'Arsinoé ou Cleopatris, à la pointe du golfe où est aujourd'hui Suez.

Tout ce canal, comblé par les sables, était devenu inutile du temps de la fameuse Cléopâtre. Amrou ne fut point arrêté par l'ancien préjugé, qui, supposant les eaux de la mer Rouge plus hautes que le sol de l'Égypte, faisait craindre de leur ouvrir un

---

[1] Quelques éditions marquent 40 pieds, le nombre de 30 étant déjà exagéré pour le canal proprement dit; car on ne doit pas parler de la profondeur qu'on trouvait dans les lacs amers, qui faisaient partie de la navigation du canal, de la mer Rouge au Nil.

passage; il fit nettoyer ce canal, et le rendit navigable pour transporter en Arabie les blés de l'Égypte; c'est ce qu'on nomme maintenant le *Khalidj*, qui passe au travers du Kaire : mais il ne conduit que jusqu'à la lagune que l'on nomme *le lac de Scheïb* (dans la carte de d'Anville); le reste, jusqu'à la mer Rouge, est entièrement comblé, quoiqu'on en distingue quelques vestiges.

VI. M. DE TOTT (*Mémoires sur les Turcs*, part. III et IV).

Le sultan Mustapha traita avec un grand intérêt le projet de la jonction des deux mers par l'isthme de Suez; il voulut même ajouter aux connaissances que j'avais à cet égard, celles des différens commissaires qui avaient été en Égypte; et l'on verra, dans la quatrième partie de ces mémoires, que si Mustapha avait assez vécu pour entreprendre ce travail, il eût trouvé, dans le local, des facilités qui l'auraient mis à même d'opérer la plus grande révolution dont la politique soit susceptible.... Ce sultan, dont l'esprit commençait à s'éclairer, m'a fait faire un travail sur cet objet important, dont il réservait l'exécution à la paix.

Dans les différens travaux qui ont illustré l'ancienne Égypte, le canal de communication entre la mer Rouge et la Méditerranée mériterait la première place, si les efforts du génie en faveur de l'utilité publique étaient secondés par les générations destinées à en jouir, et si les fondemens du bien social pouvaient acquérir la même solidité que les préjugés qui tendent à le détruire.

Voilà cependant l'abrégé de l'histoire, elle n'offre que ce tableau ; c'est celui de toutes les nations, celui de tous les siècles. Sans ces continuelles destructions..., la position la plus heureuse aurait dicté des lois immuables, et le canal de la mer Rouge eût été constamment la base du droit public des nations.

Les opinions les moins fondées, mais qui prévalent presque toujours sur les observations les mieux faites, ont établi assez généralement des doutes sur l'existence de ce canal; on en a nié jusqu'à la possibilité : cependant Diodore de Sicile en atteste l'existence; et quoi qu'on puisse penser de cet auteur, rien n'autorise à rejeter les faits dont il a été le témoin. Voici comme il s'explique dans son Histoire universelle:

« On a fait un canal, etc. » *Voyez* plus haut, p. 353, n°. II, le passage cité de cet auteur.

Il est démontré par ce passage, que les écluses servaient encore du temps de Diodore de Sicile : on retrouve aujourd'hui le radier sur lequel elles étaient établies ; et ce monument a été découvert près de Suez, à l'entrée du canal, qui existe encore, et qu'un léger travail rendrait navigable sans y employer d'écluses et sans menacer l'Égypte d'inondation. Rien ne peut en effet justifier la crainte des ingénieurs de Darius, lors même que leurs nivellemens eussent été pris au moment des plus hautes marées. Il n'est pas moins important d'observer que toute cette partie de l'isthme offre le terrain le plus favorable aux excavations, dans le petit espace de douze lieues qui sépare le golfe Arabique des bras du Nil, qui s'en rapproche, et se jette ensuite dans la Méditerranée à Tyneh.

VII. *Canal de Trajan*.... Extrait d'ALFERGAN, p. 151-6[1].

Le fleuve Trajan, qui passait à la *Babylone* d'Égypte, comme le dit en termes précis Ptolémée, est le même que celui qui fut appelé *le canal du Prince des Fidèles*, et qui coule le long de Fostât : car O'mar, comme il est dit dans l'Histoire de la guerre d'Égypte, ordonna que ce canal, alors comblé par les sables, fût rouvert, à l'effet de faire transporter des vivres à Médyne et à la Mekke, qui étaient désolées par la famine.

Le traducteur d'Alfergan ajoute que Maqryzy dit, entre autres choses, dans ses Commentaires sur l'Égypte :

« Le nom du prince qui, pour la seconde fois, fit creuser ce canal, est l'empereur Adrien, soit que ce prince ait fait achever ce canal commencé sous les auspices de Trajan, soit qu'il en ait

---

[1] Alfergan, astronome et géographe arabe, dont l'ouvrage a été traduit en latin par J. Golius, et imprimé à Amsterdam en 1669, in-4°, vivait en 199 de l'hégyre (828 de J.-C.). Ce fut en 247 hég. (861 de J.-C.) qu'Alfergan fut chargé de faire les réparations du meqyâs, qu'il exécuta par ordre du khalife Motouakkel, successeur d'Al-Mâmoun.

été seul l'auteur ou le restaurateur : ce qui paraît plus vraisemblable, si, en effet, Adrien a fait faire en Égypte de plus grands travaux que Trajan, et qu'il en ait pris le nom comme son fils adoptif ; ce que l'on apprend par diverses inscriptions en pierres gravées. Rien n'empêche donc que le canal de Trajan ne soit effectivement celui d'Adrien ; mais l'auteur arabe ajoute que ce canal avait été creusé pour la seconde fois, puisqu'il dit un peu plus haut qu'il avait été fait d'abord par les anciens rois d'Égypte, du temps d'Abraham [1]. » G. L. P.

VIII. *Canal du Prince des Fidèles*...... Extrait de Schems-eddin [2].

Le canal du Kaire doit son origine à un ancien roi d'Égypte, nommé *Tarsis ben Malia* : ce fut sous son règne qu'Abraham vint en Égypte. Ce canal venait jusqu'à la ville de Kolzom, en passant près de Suès, et les eaux du Nil se déchargeaient en ce lieu dans la mer salée. Les vaisseaux chargés de grains descendaient par ce canal dans le golfe Arabique, jusqu'au port de Jamboa, où ils déchargeaient leurs marchandises pour la Mecque et pour Médine. Omar fit nettoyer et recreuser ce canal, et on le nomma, depuis

[1] Thouthys (Thot), le premier des Pharaons d'Égypte, régnait du temps d'Abraham, selon les Annales orientales. On lui attribue l'exécution de ce canal (2800 ans avant Jésus-Christ).

[2] Schems-eddin, auteur arabe, qui vivait en 1650, a écrit une histoire détaillée de l'Égypte. Le passage cité est extrait de son chapitre XIV, sur les *ponts et canaux*.

Le chapitre XV traite du Nil et des antiquités de l'Égypte.

Le chapitre XVI traite des nilomètres ou *meqyás* construits dans divers lieux de l'Égypte ; mais il ne donne aucune description de ces monumens.

Le chapitre XIX, §. 15, contient seulement la description de la cérémonie de la fête du Nil ; on y parle des figures de terre que le peuple nomme *a'rouseh* ou fiancées, et que l'on pare avec soin.

Le chapitre XX et dernier parle d'Alexandrie, de son origine, de ses révolutions, de son phare et autres monumens : on y trouve répétées toutes les fables que les historiens arabes racontent de cette ville.

Notices et Extraits des manuscrits de la Bibliothèque du roi, tome 1er, p. 269. Traduction de M. de Sacy.

Nota. On observe que l'orthographe des mots arabes varie dans les articles VII, VIII, IX, X, XI et XII. On a cru devoir suivre celle des différens auteurs cités dans ces articles.

ce temps, *Khalidj-Emir-almoumenin* (canal du Prince des Fidèles)[1]. Il demeura en cet état pendant cent cinquante ans, jusqu'au règne du khalife Abbasside Abou-djafar almansor (en 159 de l'hégyre = 775 de J.-C.), qui fit fermer l'embouchure de ce canal dans la mer de Kolzom ; il n'en resta que ce que l'on voit encore aujourd'hui : on lui donne maintenant les noms de *Khalidj hakémy*, *Khalidj allouloua*, *Khalidj almorakham*, et plusieurs autres encore.

IX. *Canal du Prince des Fidèles*... Extrait d'EL-MAQRYZY [2].

Ce canal est situé hors de la ville de Fosthâth, et passe à l'occident du Caire. Il a été creusé par un ancien roi d'Égypte, pour Hadjâr (Agar), mère d'Ismay'l, lorsqu'elle demeurait à la Mekke. Dans la suite des temps, il fut creusé une seconde fois par un des rois grecs qui régnèrent en Égypte après la mort d'Alexandre.

Lorsque le Très-haut accorda l'islamisme aux hommes, et que A'mroù ben êl-A'ss fit la conquête de l'Égypte, ce général, d'après l'ordre de O'mar ben âl-Khaththâb, prince des fidèles, s'occupa de faire recreuser le canal, dans l'année de la mortalité. Il le conduisit jusqu'à la mer de Qolzoum, d'où les vaisseaux se rendaient dans le Hhedjâz, l'Yémen et l'Inde. On y passa jusqu'à l'époque où Mohhammed ben A'bdoûllah ben Hhaçan ben êl-Hhocéïn ben A'ly ben Aby-thâleb se révolta dans la ville du Prophète (Médyne) contre Aboù-dja'far A'bdoûllah ben Mohhammed âl-Manssoûr, alors khalife de l'I'râq [3]. Ce souverain écrivit à son lieutenant en Égypte, pour lui ordonner de combler le canal de Qolzoum, afin que l'on ne s'en servît point pour transporter des

---

[1] Maçoudy observe que le premier khalife auquel on donna le nom, pour la première fois, d'*Emyr-almoumenyn*, fut O'mar. On voit que le canal qu'il fit recreuser, prit le surnom de ce khalife.

[2] Maqryzy, né au Kaire en 760 de l'hégyre environ (1359 de J.-C.), auteur arabe le plus estimé par sa Géographie et son Histoire de l'É-gypte, écrivait en 839 de l'hégyre (1435-6 de J.-C.). Les extraits de ce géographe sont dus à M. Langlès. *Voyez* pages 15, 19, 27, de sa traduction.

[3] Al-Manssoùr, second khalife A'bàcyde, régnait en 150 de l'hégyre (767 de J.-C.). Le canal aurait donc été navigable pendant cent cinquante années lunaires.

provisions à Médyne. Cet ordre fut exécuté, et toute communication interrompue avec la mer de Qolzoum ; les choses sont restées dans l'état où nous les voyons maintenant.

Ce canal se nommait originairement *le canal de Messr*, ou de Fosthâth (*Khalydje-êl-Qâhirah*). Quand le général Djaùher fonda la ville du Caire sur le bord oriental de ce canal, on le nomma *canal du Caire*. Il fut aussi désigné sous le nom de *canal du Prince des Fidèles* (Khalydje emyr êl-Mouminin), c'est-à-dire de O'mar ben âl-Khaththâb, qui le fit recreuser. Aujourd'hui le peuple le nomme *le canal de Hhâkem* (êl-Khalydje êl-Hhâkémy), parce que, suivant une opinion vulgaire, mais mal fondée, Hhâkem, dit-on, le fit recreuser : ce qui est de toute fausseté ; car ce canal existait bien des années avant Hhâkem bâmrillah âboù A'ly Manssoùr. On le nomme encore *le canal des Perles* (Khalydje-êl-Loùloùah).

X. *Histoire du creusement du canal.*

Ebn-A'bdoûl-Hhokm raconte, d'après A'bdoûllah ben Ssâlehh, que l'on éprouva une disette cruelle à Médyne, sous le khalifat du prince des fidèles, O'mar ben âl-Khaththâb, dans l'année de la mortalité[1]. O'mar écrivit alors à A'mroù ben êl-A'ss, qui était en Égypte, et lui expédia un ordre ainsi conçu :

« De la part du serviteur de Dieu, O'mar, prince des fidèles, à A'mroù ben êl-A'ss, salut sur toi. J'en jure par ma vie, ô A'mroù, tandis que toi et les tiens vous vivez dans l'abondance, vous ne vous embarrassez point si moi et les miens nous périssons de besoin. Viens à notre secours, viens ; Dieu te le rendra. » Voici la réponse :

« Au serviteur de Dieu, O'mar, prince des fidèles, de la part de A'mroù ben êl-A'ss. Je vais à ton secours, j'y vais ; je t'expédie un convoi de bêtes de somme, dont la première sera déjà arrivée

---

[1] Aboûlfédà se contente de dire qu'il y eut une affreuse disette à Médyne et dans tout le Hhedjâz, l'an 18 de l'hégyre (639 de l'ère vulgaire). O'mar écrivit aux principales villes pour avoir du secours. Un nommé *Aboù-O'béïdah* expédia de la Syrie un convoi de 4000 chameaux chargés de vivres, etc.

chez toi quand la dernière sera encore chez moi. Que le salut et la miséricorde de Dieu soient sur toi ! »

En effet, le convoi que A'mroù envoya, était si nombreux, que la première bête de somme était déjà entrée dans Médyne avant que la dernière fût sortie de Messr ; et elles marchaient pourtant à la suite l'une de l'autre. L'arrivée de ce convoi répandit l'abondance parmi les habitans ; chaque maison de Médyne eut une bête de somme avec sa charge de comestibles, suivant la répartition qui fut faite par A'bdoûl-Rahhman ebn A'oùf, êl-Zobéïr ben êl-A'oûâm , et Sa'd ben âby Oùqâs, qui furent chargés par O'mar de faire cette distribution. On mangea les comestibles accommodés avec la graisse des bêtes qui les avaient apportés ; leur cuir servit à faire des chaussures : chacun employa comme il voulut les sacs qui contenaient les comestibles ; on en fit des vêtemens et autres objets semblables : et voilà de quelle manière Dieu rendit l'abondance à la ville de son prophète. O'mar ne manqua pas de lui en rendre les plus vives actions de grâces ; il écrivit ensuite à A'mroù de venir le trouver , et d'amener avec lui plusieurs habitans de l'Égypte. Ils s'empressèrent de se rendre aux ordres du khalife.

« A'mroù, lui dit-il, le Très-haut a livré l'Égypte aux musulmans : ce pays abonde en biens et en comestibles de toute espèce ; je veux profiter de l'occasion que Dieu me présente lui-même de procurer l'abondance aux habitans des deux villes sacrées, et des vivres à tous les musulmans. Il faut creuser un canal depuis le Nil jusqu'à la mer : il nous facilitera le transport des provisions à la Mekke et à Médyne , qui serait long et difficile si l'on n'employait que des bêtes de somme ; et nos vues ne seraient jamais remplies. Concerte-toi donc avec ceux que tu as amenés , sur les moyens d'exécuter ce projet. »

A'mroù ne perdit point de temps ; il communiqua l'idée de O'mar aux Égyptiens, qui en furent désespérés. « Nous craignons bien , dirent-ils, que ce ne soit un grand malheur pour l'Égypte : tâche donc d'exagérer aux yeux du prince des fidèles les difficultés de cette entreprise, et dis-lui que cela ne se peut pas et ne sera pas ; car nous ne connaissons aucun moyen d'exécution. »

A'mroù alla donc reporter cette réponse à O'mar, qui se mit à rire dès qu'il l'aperçut, et s'écria : J'en jure par celui qui tient ma vie entre ses mains ; je t'ai bien observé, A'mroù, ainsi que tes compagnons, quand tu leur as communiqué mes ordres pour creuser le canal : cela leur a déplu ; ils ont dit : *Une pareille opération pourrait causer le plus grand tort aux habitans de l'Égypte ; fais en sorte d'en exagérer les difficultés aux yeux du prince des fidèles, et dis-lui que cela n'est point possible et ne sera pas, parce que nous n'avons aucun moyen d'exécution.* »

Frappé d'étonnement de ce que le khalife lui disait, A'mroù s'écria : « Par Dieu, tu dis vrai, prince des fidèles ; la chose s'est passée comme tu viens de la raconter. » O'mar ajouta : « Occupe-toi donc sérieusement d'exécuter mon projet, et avise aux moyens, de manière que l'année ne se passe pas avant que tout soit terminé. »

A'mroù s'en retourna, et rassembla autant d'ouvriers qu'il en avait besoin. On creusa donc dans le voisinage de Fosthâth, un canal que l'on nomma *canal du Prince des Fidèles*. Il le conduisit depuis le Nil jusqu'à la mer ; et en effet, l'année n'était pas encore écoulée lorsque les vaisseaux purent y naviguer, et porter les vivres nécessaires à la Mekke et à Médyne ; et tel fut le bienfait que Dieu accorda aux deux villes sacrées. On s'en servit pour le transport des vivres, jusqu'après la mort de O'mar ben A'bdoûl-A'zyz. Les gouverneurs d'Égypte le desséchèrent ; on cessa de s'en servir, le sable l'encombra ; la communication fut tellement coupée, qu'il finissait à la Queue du Crocodile, dans le canton du château de Qolzoum.

On raconte que O'mar ben âl-Khaththâb dit à A'mroù, quand celui-ci vint le voir à son retour de l'Égypte : « A'mroù, les Arabes croient que je leur porte malheur ; ils ont déjà manqué de tuer mon cheval : tu sais ce qui lui est arrivé. De toutes mes provinces dont Dieu puisse se servir pour soulager les habitans du Hhedjâz, celle sur laquelle j'espère le plus, c'est la tienne : fais en sorte d'imaginer un moyen quelconque d'adoucir leur sort, jusqu'à ce que Dieu lui-même vienne à leur secours. »

« Que veux-tu, prince des fidèles ? lui répondit A'mroù ; je sais qu'avant l'islamisme, des vaisseaux amenaient chez nous des marchandises de l'Égypte. Depuis que nous avons fait la conquête de ce pays, cette communication est interrompue ; le canal est en—

combré, et les marchands en ont abandonné la navigation. Veux-tu que j'ordonne de le faire creuser, afin d'y faire passer des vaisseaux chargés de provisions pour le Hhedjâz? je vais m'en occuper. — Eh bien, répondit O'mar, fais ce que tu dis. » En quittant le prince des fidèles, A'mrou alla trouver les grands de l'Égypte, qui étaient des Qobtes; ils se récrièrent en disant : « Qu'as-tu proposé? Que Dieu bénisse l'émyr! Comment! tu tirerais toutes les provisions d'un pays qui t'appartient, pour les porter dans le Hhedjâz, de manière que tu ruinerais l'Égypte? Fais donc en sorte d'exagérer les difficultés de cette entreprise. » En donnant à A'mroù son audience de congé, O'mar lui dit : « Songe au canal, et n'oublie pas de le faire creuser. — Mais il est comblé, répliqua A'mroù; et il en coûterait des sommes considérables pour le faire recreuser. — J'en jure par celui qui tient mon ame entre ses mains, s'écrie O'mar, je ne te crois pas; car, en me quittant, tu as fait part de mon projet à des Égyptiens qui t'en ont exagéré les difficultés, parce qu'il leur déplaît : mais je te punirai si tu ne creuses ce canal, et que tu n'y fasses point circuler les vaisseaux. »

« Mais, prince des fidèles, reprit A'mroù, songe que si les habitans du Hhedjâz trouvent l'abondance sous le climat salutaire de leur patrie, ils ne voudront plus faire la guerre. — Je changerai cela en richesses que l'on portera par mer aux habitans de la Mekke et de Médyne. » A'mroù fit donc creuser le canal, les vaisseaux y circulèrent, et il mourut.

O'mar ben âl-Khaththâb écrivit à A'mroù ben êl-A'ss une lettre ainsi conçue :

« Au rebelle fils du rebelle. Tandis que toi et tes compagnons vous vous engraissez, vous ne vous inquiétez point si moi et les miens nous maigrissons. Donne-nous donc du secours; au secours! — Je suis à toi, répondit A'mroù; je t'envoie un convoi de bêtes de somme, dont la première sera chez toi quand la dernière ne sera pas encore partie : j'espère en outre trouver un moyen de transport par mer. » Mais A'mroù ne tarda pas à se repentir d'avoir donné cette dernière idée, parce qu'on lui fit observer qu'il était possible de dévaster l'Égypte et de la transférer à Médyne. Aussitôt il écrivit qu'il avait réfléchi sur le transport par mer, et qu'il y trouvait des difficultés insurmontables. O'mar lui répondit : « J'ai reçu la lettre par laquelle tu cherches à éluder l'exécution du projet contenu dans la précédente. J'en jure par le Tout-puissant, ou tu l'exécuteras, ou je te chasserai par les oreilles, et j'en enverrai un qui l'exécutera. » A'mroù vit bien qu'il avait désobéi à O'mar, et il s'occupa à l'instant même du canal. O'mar lui enjoignit de ne pas négliger de lui envoyer de tous les comestibles, des vêtemens, des lentilles, des ognons et des bestiaux ; en un mot, de tout ce qui se trouvait en Égypte.

A'mroù confia la direction du canal à un Qobte, qui lui dit : « Veux-tu que je te conduise dans un endroit où les vaisseaux pourront passer et se rendre à la Mekke et à Médyne ? décharge-moi de l'impôt, ainsi que toute ma famille. » A'mroù y consentit, et en écrivit à O'mar, qui l'approuva.

Al-Qodha'ï, en parlant de ce canal, dit que O'mar ben âl-Khaththâb ordonna à A'mroù ben él-A'ss, en l'année de la mortalité, de creuser le canal que l'on nomme *canal du Prince des Fidèles*, et qui est dans la dépendance de Fosthâth. Il le conduisit depuis le Nil jusqu'à Qolzoum. En moins d'un an les vaisseaux y passèrent, et portèrent toutes les provisions que l'on désirait, à Médyne et à la Mekke ; et ce fut un bienfait signalé que Dieu accorda aux habitans de ces deux villes sacrées : on le nomma *canal du Prince des Fidèles*.

Al-Kendy, dans son ouvrage *Aldjend-âl-Moghréby*, dit que ce canal fut creusé en l'an 23 de l'hégyre (643-4 de J.-C.)[1], et terminé en six mois, de manière que le septième les vaisseaux y passèrent et purent se rendre dans le Hhedjâz.

A'bdoûl-A'zyz ben Meroùân bâtit un pont sur ce canal, lorsqu'il était gouverneur de l'Égypte, et l'on y navigua jusqu'au temps d'A'bdoûl-A'zyz. Les gouverneurs de l'Égypte négligèrent de l'entretenir ; on l'abandonna ; les sables l'encombrèrent au point que la communication fut entièrement coupée ; et il se terminait à la Queue du Crocodile, dans le canton des marais de Qolzoum.

Suivant Ebn Qadyr, ce fut Aboù-dja'far âl-Manssoûr qui fit

---

[1] Tous les auteurs, excepté celui-ci, dit le traducteur, s'accordent à dire que ce canal fut creusé en l'année de la mortalité, qui était la 18ᵉ de l'hégyre (639 de J.-C.).

combler le canal lorsque Mohhammed ben A'bdoûllah ben-Hhaçan se révolta contre lui à Médyne ; il voulut lui couper les vivres, et ce canal est resté comblé jusqu'à présent.

Êl-Belâdery raconte ainsi cet événement[1] : « Mohhammed ben A'bdoûllah s'étant révolté contre Aboù-dja'far âl-Manssoùr, ce khalife fit aussitôt écrire en Égypte pour que l'on cessât d'envoyer des provisions aux habitans des deux villes sacrées, parce qu'ils se laisseraient conduire avec docilité, dès qu'on leur couperait les vivres du côté de l'Égypte. »

Ebn êl-Théoùyr, après avoir décrit la cavalcade du khalife, à l'occasion de l'ouverture du canal, ajoute que c'est ce même canal que fit creuser A'mroù ben êl-A'ss, quand il était gouverneur de l'Égypte, sous le khalifat de O'mar : il commençait à la mer d'eau douce (le Nil) de Fosthâth, capitale de l'Égypte, et se terminait à Qolzoùm, sur les bords de la mer salée (la mer Rouge). Dans le temps de la crue du Nil, il fallait cinq journées aux bâtimens de ce fleuve pour apporter aux habitans du Hhedjâz les provisions chargées en Égypte.

XI. *Êl-Qolzoum*.... Extrait de divers auteurs arabes.

Qolzoum était, dit Aboùlfédâ[2], une petite ville située sur le bord de la mer de l'Yémen, du côté de l'Égypte ; c'est de cette ville que la mer a pris le nom de *Qolzoum*. Fara'oùn a été submergé dans son voisinage ; elle est située sur le bras occidental. La mer de Qolzoum se prolonge du nord au midi, et se termine par deux bras à son extrémité méridionale : l'un de ces bras est à l'orient, l'autre à l'occident. Eïleh est bâtie sur le bras oriental, et Qolzoum sur le bras occidental. Sur le cap qui s'avance dans la mer, entre Qolzoum et Eïleh, est situé le *Thoùr* (le mont Sinaï) : il entre dans la mer du côté du midi. Entre Qolzoum et le Caire, on compte près de trois journées (environ 25 lieues).

Le même géographe, en parlant de Qolzoum au commence-

---

[1] Le comblement du canal fut effectué du côté de Qolzoum, en 145 de l'hégyre (762 de J.-C.), suivant Êl-Makyn, et en 150 (767 de J.-C.), suivant Ben-Ayâs.

[2] *Voyez* la traduction de cet auteur, par M. Langlès, page 31.

ment de son Traité des mers, dit encore : « Qolzoum est une petite ville située sur le rivage septentrional de cette mer » (la mer de Qolzoum), vers 54° 15′ 0″ ou 56° 30′ 0″ de longitude, et 28° 20′ 0″ de latitude.

El-Qolzoum, dit Ben-Ayâs [1], était une petite ville située sur le rivage de la mer de l'Yémen, à l'extrémité de cette mer, du côté de l'Égypte ; on la place au nombre des nomes de cette dernière contrée, et la mer de Qolzoum lui doit son nom. C'est dans son voisinage que Fara'oùn a été englouti dans les flots. Entre cette ville et la capitale de l'Égypte, on compte trois journées de marche ; elle est maintenant ruinée, et l'emplacement qu'elle occupait se nomme *Suez*, vis-à-vis de A'djeroùd. On ne voyait pas, dans la ville de Qolzoum, d'arbres, d'eau, ni de champs cultivés ; on y apportait de l'eau de très-loin : c'était l'entrepôt de l'Égypte et de la Syrie ; on y faisait des cargaisons pour le Hhedjâz et l'Yémen. Entre Qolzoum et Târân, il n'y a ni province, ni ville ; c'est une plantation de palmiers, où viennent se reposer des pêcheurs et autres de Târan et de Djebylân jusqu'à Eïleh.

Suivant Ebn èl-Théoùyr, une grande partie de la ville de Qolzoum subsistait encore de son temps ; c'était un point de reconnaissance pour les voyageurs qui allaient de l'Égypte en Hhedjâz : c'était autrefois un des ports de l'Égypte. « J'ai vu, dit-il, dans les registres de dépense du château, quelque chose de relatif au traitement des employés ; savoir, du gouverneur, du juge, du dâ'h (aumônier), de la garnison cantonnée dans la ville pour la garder, des mosquées paroissiales, des chapelles : car c'était une ville riche et bien peuplée. »

Suivant Al-Mecyhhy, à l'article *des événemens de l'année* 387 (997 *de J.-C.*), sous le règne du prince des fidèles El-Hhâkembâmr-Illah, au mois de ramadhân, ce khalife remit aux habitans de Qolzoum l'impôt qu'il percevait sur les vaisseaux.

Ebn Khordadyeh assure que les marchands qui s'embarquaient sur la mer de l'occident, venaient aborder à El-Faramâ, et faisaient transporter leurs marchandises sur des bêtes de somme jus-

---

[1] *Notices et Extraits des manuscrits de la Bibliothèque royale*, tom. II, pag. 35-36.

qu'à Qolzoum : ces deux villes sont éloignées de vingt-cinq *farsangs* l'une de l'autre. Ils s'embarquaient ensuite à Qolzoum pour se rendre à Djiddah, d'où ils passaient dans le Sind, dans l'Inde et à la Chine. Pour aller de Qolzoum à Eïleh, qui en est éloignée de six stations, on traverse la plaine et le désert, après avoir fait une provision d'eau pour cette traversée. De Qolzoum à la mer de Roùm (la Méditerranée), on compte trois stations.

M. Gossellin, observe M. Langlès, a parfaitement expliqué un passage de l'auteur, cité par Gagnier, et que ce dernier, et même d'Anville, avaient regardé comme obscur, pour ne pas dire contradictoire. Selon Maqryzy, Suez était bâtie sur le lieu que Qolzoum avait occupé ; et suivant Kalkachendy, Qolzoum était placée au midi de Suez. « Mais il est visible, dit M. Gossellin[1], que ces auteurs parlent de deux villes différentes, et qu'il est question des deux *Qolzoum* de Ben êl-Ouardy : l'une, la moins ancienne, est celle dont les ruines existent près de Suez, et ont été vues par M. Niebuhr ; l'emplacement de l'autre nous est indiqué au pied d'une montagne qui conserve encore le nom de *Qolzoum*, et que sa distance d'Heroopolis met en position correspondante avec la forteresse de *Clysma* de Ptolémée. »

S'il m'est permis d'ajouter de nouvelles preuves, poursuit le même orientaliste, à celles que M. Gossellin a si bien developpées pour démontrer l'existence de deux villes différentes, portant toutes deux le nom de *Qolzoum*, je citerai le témoignage formel du rédacteur anonyme d'une excellente compilation géographique arabe, dont on trouvera en note la traduction[2] ; j'observerai en outre que Ben-Ayâs, qui écrivait en 923 de l'hégyre (1516), dit, dans son Histoire du canal d'Égypte, que les vaisseaux abordaient à Suez. Il paraît que, dès cette époque, les écrivains arabes avaient substitué le nom de *Suez* à celui de *Qolzoum*, quoique ce ne soit pas la même ville.

Êl-Qaldzem signifie *malheur, oppression* : c'est de ce mot qu'est dérivé, selon Maqryzy, le nom de la mer de Qolzoum, parce

[1] Recherches sur la géographie des anciens, etc., t. II, p. 185-186.

[2] « Il y avait autrefois deux villes nommées *Qolzoum*, fort considéra-

qu'elle est resserrée entre deux montagnes ; et lorsque l'Égypte était elle-même renfermée entre deux mers, l'une était la mer de Qolzoum à l'est, l'autre la mer de Roùm au nord. La mer de Qolzoum pénétrait alors dans l'intérieur de l'Égypte. Cette mer se nomme ainsi dans le voisinage de l'Égypte, parce que sur son rivage occidental, à l'est de l'Égypte, il y avait une ville nommée *Qolzoum*, laquelle est maintenant ruinée.

Qolzoum, ville, suivant A'bd-el-Rachyd el-Bakouy[1], dépendante anciennement de l'Égypte, et actuellement ruinée, sur le bord de la mer de Qolzoum, à laquelle elle donne son nom, était située au pied de *Gebel-Tour* (montagne de Tor). C'est de cette ville que partait le canal que A'mroù fit creuser jusques au Kaire, par l'ordre du khalife O'mar. Ce canal, destiné à transporter les grains de l'Égypte à Yathrib el-Achraf, l'illustre Médyne, est actuellement comblé par les sables ; on lui donne le nom de *Khalyg Emyr el-Moumenyn* (canal du prince des fidèles).

Soueys (Soués), petit endroit sur le bord de la mer de Qolzoum, dans un terrain de pierres et de roches ; ce qui lui a fait donner le surnom d'*el-Hagar* (pierreux) : on y entretient un commerce habituel avec *Geddah*, située dans l'Arabie.

XII. *El-Faramâ.*

Faramah, dit A'bd-el-Rachyd el-Bakony, ville assez considérable, dont les Arabes sont les fondateurs, est située un peu à l'orient de Péluse, près du mont *Qasyoùn* (Casius) ; la langue de terre qui sépare les deux mers, n'a en cet endroit que vingt-trois heures de chemin, et c'est là que A'mroù voulut la couper pour effectuer la jonction des deux mers : cette ville est actuellement ruinée.

A El-Faramâ, dit Aboùlfédâ[2], la mer Méditerranée est si voi-

bles, et qui ont été détruites depuis qu'elles ont passé sous la domination des Arabes. »

[1] A'bd-el-Rachyd, auteur arabe, vivait en 815 de l'hégyre (1412 de J.-C.). *Voyez* Décade égyptienne, tome 1ᵉʳ, pages 276-93, traduction de M. Marcel, directeur de l'Imprimerie royale.

[2] Aboùlfédâ, prince syrien, his-

sine de la mer de Qolzoum (mer Rouge), qu'elles ne sont séparées que par un espace de soixante-dix milles : A'mrou ben êl-A'ss se proposait de creuser cet espace dans un endroit qu'on nomme maintenant *la Queue de l'Éléphant;* mais il en fut empêché par O'mar, qui craignit que les pélerins de la Mekke ne fussent pillés par les Grecs.

torien et géographe arabe, vivait de 753 à 794 de l'hégyre (1342-83 de J.-C.). Traduction de Maqryzy, par M. Langlès, page 27.

MÉMOIRE

SUR LES ANCIENNES LIMITES

DE LA MER ROUGE,

Par M. DU BOIS-AYMÉ,

Membre de la Commission des sciences et arts d'Égypte.

L'extrémité septentrionale de la mer Rouge est à six ou sept mille mètres au nord de Soueys : au-delà est un vaste bassin qui se termine à environ soixante mille mètres au nord de cette ville; sa plus grande largeur est de douze à quinze mille mètres, et il se rétrécit beaucoup vers le sud. (*Voyez* la carte.)

Ce bassin, que j'ai traversé plusieurs fois, indique par son aspect que la mer y a séjourné : on y trouve des couches de sel marin, qui, dans quelques endroits, forment des espèces de voûtes; le terrain résonnait alors sous nos pas, et l'on apercevait à travers de petites crevasses, et à une profondeur de quatre à cinq mètres, de l'eau, que nous reconnûmes avoir la même saveur que celle de la mer : ailleurs c'est un terrain boueux et des flaques d'eau salée. Dans les lieux sablonneux, si l'on creuse seulement de douze à quinze décimètres, on trouve de l'eau salée au-dessous d'une couche d'argile et de vase. Le terrain est couvert de coquilles, et il est très-inférieur à la mer Rouge[1] : il n'en est séparé que par un banc de sable de quatre à cinq mille mètres de largeur, sur une hauteur qui excède rarement un mètre au-dessus des eaux du golfe. Enfin l'on aperçoit, sur les collines qui l'entourent, une ligne formée de débris de végétaux marins, parfaitement semblable à la trace que la haute mer laisse sur le rivage; et ce qui est très-remarquable, c'est que cette ligne se trouve de niveau avec la marée haute du golfe Arabique.

Il me paraît donc évident que tout ce terrain a été couvert autrefois par les eaux de la mer. Un banc de sable se sera formé un peu au-dessus de Soueys, vers l'endroit le plus resserré de la mer; différentes causes l'auront accru insensiblement, et il aura suffi d'une tempête pour l'élever au-dessus du niveau ordinaire des eaux : les vents qui charrient les sables du désert, l'auront bientôt augmenté, et l'extrémité nord de la mer Rouge aura formé un lac qui se sera depuis desséché par l'évaporation[2].

Il est difficile, et peut-être même impossible, de fixer l'époque précise de cet événement; mais il est certainement bien postérieur au règne d'Adrien : et si l'on a cru reconnaître les vestiges d'un canal auprès de Soueys, ils ne peuvent appartenir qu'à celui que firent ouvrir les khalifes après qu'ils eurent soumis l'Égypte; car celui des anciens, celui dont parlent Hérodote, Strabon,

[1] La différence est de 12 à 15 mètres dans plusieurs endroits.
[2] Depuis l'expédition des Portugais dans la mer Rouge, sous la conduite de Castro, en 1541, la baie de Soueys s'est ensablée considérable-

Pline, etc., se terminait à l'extrémité nord du bassin que je viens de décrire.

Lorsque j'émis le premier cette opinion sur les anciennes limites de la mer Rouge, dans un mémoire que je lus à l'Institut d'Égypte[1], elle fut assez généralement combattue par les ingénieurs qui avaient, ainsi que moi, coopéré au nivellement de l'isthme de Soueys; mais la plupart d'entre eux l'ont adoptée depuis, et leur suffrage a changé pour moi en certitude ce que je n'avais d'abord énoncé que comme une probabilité.

Aux preuves que j'ai déduites de la constitution physique de l'isthme de Soueys, j'ajouterai le témoignage des historiens et des géographes les plus célèbres de l'antiquité.

Hérodote rapporte (liv. II, chap. 58) que du mont Casius à la mer Erythrée il y a mille stades, c'est-à-dire cent mille mètres, en prenant l'évaluation très-approximative de cent mètres par stade[2].

Le mont Casius était, selon Strabon (liv. XVI), une montagne de sable avancée dans la mer Méditerranée. L'Itinéraire d'Antonin le place à quarante milles de Péluse, et c'est précisément à cette distance des ruines de Péluse que l'on trouve une haute dune de sable qui s'avance dans la mer, où elle forme un petit cap nommé *Râs-el-Kaçaroun*; on ne peut pas douter que ce ne soit là

ment; et l'on peut prédire que la mer sera encore repoussée vers le sud.

[1] Ce mémoire avait pour titre : *Du passage de la mer Rouge par les Israélites, et de quelques autres miracles rapportés par Moïse*. Il a été imprimé, avec quelques changemens, dans le tome IV des Mém. sur l'Égypte, réimprimés chez Didot.

[2] Cet accord de la longueur du petit stade avec notre division décimale du quart du méridien terrestre, est une chose remarquable.

l'ancien mont Casius : or, de ce point aux anciennes limites que la mer Rouge a eues, selon moi, on trouve cent mille mètres; ce qui s'accorde parfaitement avec les mille stades d'Hérodote.

On objectera peut-être qu'Hérodote dit ailleurs (liv. IV, chap. 41) que de la mer Méditerranée à la mer Érythrée il y a mille stades ou cent mille orgyies; que cette évaluation du stade en orgyies fait voir qu'Hérodote voulait parler du stade olympique, qui équivalait à peu près à cent quatre-vingt-cinq mètres, et non du stade astronomique de cent mètres, et qu'alors, au lieu de cent mille mètres entre le mont Casius et le golfe Arabique, il y en avait cent quatre-vingt-cinq mille.

Mais cette dernière distance reculerait de près de soixante mille mètres vers le sud l'extrémité actuelle de la mer Rouge : cette mer se serait donc depuis portée au nord de toute cette quantité, tandis que l'aspect des lieux prouve au contraire qu'elle s'est retirée vers le sud, en abandonnant un vaste bassin; qu'elle le remplirait de nouveau, si l'on enlevait seulement quatre à cinq mille mètres cubes de sable, et qu'alors elle ne se trouverait plus qu'à mille petits stades du mont Casius.

D'un autre côté, l'on est certain qu'Hérodote, dans sa description de l'Égypte, s'est toujours servi du petit stade. Est-il vraisemblable que cet historien ait employé une autre mesure pour l'isthme seulement, lorsque la distance qui en résulte se trouve autant en opposition avec les observations géologiques que l'autre supposition y est conforme? Il me semble qu'il n'est pas difficile de concevoir qu'Hérodote, après avoir donné, dans le second livre de son Histoire, mille stades pour la largeur de l'isthme, a pu se tromper sur la nature du stade qu'il avait en vue dans ce premier moment, lorsque, venant à parler de nouveau de cet isthme dans le IVᵉ livre, il ne fait en quelque sorte que répéter ce qu'il avait dit précédemment : il savait que cette distance était de mille stades ; et c'est une faute d'attention bien facile à commettre, qui lui aura fait égaler cette longueur à cent mille orgyies. On sait qu'Hérodote a commis une erreur à peu près semblable, en comparant la distance de Pise à Athènes avec celle d'Héliopolis à la Méditerranée. Au reste, toutes ces explications deviennent inutiles, si l'on adopte cette opinion, qui me paraît fondée, que le petit stade se divisait, comme le stade olympique, en cent parties égales, qui prenaient aussi le nom d'*orgyies*. Le témoignage d'Hérodote confirme donc ce que j'ai dit sur les anciennes limites de la mer Rouge.

Pline nous apprend (liv. VI, chap. 27) que le canal projeté par Sésostris pour joindre le Nil à la mer Rouge avait soixante-deux milles[1] de long, et que c'était alors la plus courte distance entre le Nil et le golfe Arabique. Il paraît certain que ce canal était dérivé du Nil un peu au-dessus de Bubaste (Hérodote, liv. II, chap. 58), où ce fleuve fait effectivement un coude vers l'est : or, de ce point à l'extrémité du golfe, il y a maintenant en ligne droite quatre-vingt-dix milles, tandis qu'en suivant les légères sinuosités de la vallée de Saba'h-byâr et s'arrêtant aux anciennes limites de la mer Rouge, on retrouve les soixante-deux milles de Pline.

[1] Le mille vaut 756 toises, ou 1473ᵐ,47.

Nous allons encore réunir quelques autres preuves.

La vallée de Saba'h-byâr, appelée *Ouâdy* par les Arabes, est vers le parallèle boréal de 30° 31′ 10″; son origine est à deux myriamètres environ de Belbeys: sa direction est de l'ouest à l'est. Le Nil, dans ses grandes crues, y pénètre quelquefois. Dans tous les temps, on y trouve de l'eau douce, en creusant de douze à quinze décimètres. Le terrain est de même nature et a le même aspect que celui de l'Égypte : mais, comme il est couvert moins souvent par le Nil, la couche de terre végétale déposée par ce fleuve a moins d'épaisseur; elle n'a guère que trois décimètres. Au-dessous est une argile légère, mêlée de sable. Le canal qui y conduit les eaux du Nil, est creusé dans une étendue d'environ un myriamètre et demi, sur le revers du coteau qui borde la vallée au nord; ce qui donne beaucoup de facilité aux habitans pour la dérivation des eaux nécessaires à la culture : mais il se passe quelquefois plusieurs années sans que le Nil parvienne à une assez grande hauteur pour fournir de l'eau à ce canal, et l'on se sert alors des puits pour arroser. A l'entrée de la vallée est le village d'A'bbâçeh, auprès duquel il y a un lac que les Arabes nomment *Birket el-Fergeh* ou *Birket el-Hâggy el-Qadym:* ce dernier nom, qui signifie *ancien lac des Pélerins*, peut faire présumer que, dans les premiers temps du pélerinage de la Mekke, la grande caravane, qui passe actuellement par Ageroud, suivait la vallée de Saba'h-byâr pour contourner le fond du golfe, parce qu'il s'étendait alors bien plus au nord qu'aujourd'hui, ou parce que le banc de sable qui avait formé récemment un lac de la partie septentrionale de la mer, n'offrait point encore un passage commode. A deux myriamètres d'A'bbâçeh, le canal est interrompu; c'est là que se termine l'Ouâdy-Toumylât : ce nom lui vient de la tribu des Arabes *Toumylât* qui habitent cette contrée. La vallée de Saba'h-byâr s'étend encore à deux myriamètres à l'est; et c'est à peu près au milieu de cette partie de la vallée que l'on trouve un vaste amas de décombres qui annonce l'emplacement d'une ancienne ville; les Arabes appellent ce lieu *Aboû-Keycheyd*. Au sommet d'un monticule formé de ces décombres, il existe un gros bloc de granit, sur lequel sont sculptées en relief trois divinités égyptiennes, qui représentent, je crois, Osiris, Isis et Horus; elles sont de grandeur humaine, et assises à côté l'une de l'autre : le derrière du bloc et les autres parties planes sont couverts d'hiéroglyphes. (*Voyez* le dessin qui a été recueilli par M. Févre, et qui se trouve parmi les antiquités du Delta.) On trouve aussi sur les décombres un grand nombre de fragmens de grès rouge siliceux, semblable à celui de la montagne rouge qui est près du Kaire; des hiéroglyphes sont sculptés sur la plupart d'entre eux.

Plusieurs considérations portent à croire que ces ruines ont appartenu à l'ancienne ville d'Heroopolis.

Flavius Josephe (liv. II, chap. 4) dit que Jacob étant parti de Bersabée, son fils, ministre du Pharaon, vint au-devant de lui jusqu'à Heroopolis. Les Septante ont interprété de la même manière le verset 28 du chapitre XLVI de la Genèse, quoique dans le texte hébreu il ne soit pas question d'Heroopolis, mais seulement de la terre de Gessen. Cette version fut faite en Égypte environ un demi-siècle après la conquête d'Alexandre : ainsi l'on doit ajouter quelque croyance aux détails géographiques qu'elle contient. La ville d'Heroopolis, au temps des Septante, était donc située dans la terre de Gessen, à l'endroit où la tradition plaçait la rencontre de Joseph avec sa famille : ainsi elle était sur le chemin qui conduisait de Bersabée, ou des environs de Gaza, à Memphis, c'est-à-dire fort éloignée de la position actuelle de la mer Rouge. Cependant le nom de *golfe Heroopolite* que les anciens donnaient à cette extrémité de la mer Érythrée, prouve qu'Heroopolis était sur ses bords [1] : Pline et Strabon le disent formellement; et lorsque ce dernier parle de l'étendue de la mer Rouge, c'est toujours Heroopolis qui en détermine l'extrémité nord.

Cette apparente contradiction disparaît en supposant la mer remplissant le bassin dont j'ai parlé; et les ruines d'Abou-Keycheyd, se trouvant alors sur la route de Memphis à Gaza, et peu éloignées du rivage de la mer, paraissent convenir à l'emplacement d'Heroopolis. D'Anville, qui ne connaissait pas les ruines d'Abou-Keycheyd, et qui ignorait que la mer se fût autant reculée vers le sud, a cependant placé Heroopolis vers le même point.

Heroopolis paraît être la ville qui est désignée dans la Bible sous le nom de *Pithom;* il existe une version qobte du texte grec, où l'on a traduit *Heroopolis* par

---

[1] C'est ainsi que la ville de Qolzoum, qui existait aux environs de Soueys, a donné à cette partie de la mer le nom de *Bahr-el-Qolzoum* (mer de Qolzoum), qu'elle porte actuellement; et les Arabes commencent même déjà à la nommer *Bahr-el-Soueys*.

Pithom. Plusieurs savans, entraînés par l'analogie qu'ils ont trouvée entre *Pithom* et *Patumos*, ont pensé que ces deux noms désignaient aussi la même ville. Il est certain que les Grecs altéraient considérablement les noms des pays étrangers, en leur donnant presque toujours une terminaison grecque. D'ailleurs Hérodote rapporte que le canal qui conduisait les eaux du Nil à la mer Rouge, aboutissait à cette mer près de Patumos; et nous avons vu qu'Heroopolis était à peu de distance des terres que la mer a abandonnées.

La ville de Clysma était sur la rive occidentale de la mer Rouge, et à soixante-huit milles d'Heroopolis, suivant l'Itinéraire d'Antonin : cette distance nous conduit à l'entrée de la vallée de l'Égarement, c'est-à-dire à un tiers de degré environ au sud de Soueys, tandis que Ptolémée place Clysma à un degré au sud de l'extrémité du golfe. Je sais bien qu'il ne faut pas s'attacher trop rigoureusement aux déterminations géographiques de Ptolémée, qui, en réduisant des mesures itinéraires en degrés, n'a fait souvent qu'augmenter les erreurs et les rendre plus dangereuses, en leur donnant une apparence d'exactitude astronomique; mais il est impossible néanmoins d'admettre une erreur de quarante minutes entre des points aussi voisins, et placés, pour ainsi dire, sous le même méridien : c'est pourtant la faute qu'aurait faite Ptolémée, si la mer eût été autrefois contenue dans les limites qu'elle a maintenant; au lieu que, si l'on admet que de son temps elle s'étendait au nord, de la quantité que j'ai précédemment déterminée, l'erreur n'est plus que de douze à treize minutes, approximation assez grande dans une discussion de cette nature.

Quant aux lacs amers, on aurait tort de croire qu'ils occupaient le bassin qui est au nord de Soueys; car, outre les preuves que j'ai apportées pour démontrer que la mer les remplissait autrefois, Pline dit positivement que le canal dérivé du Nil avait trente-sept milles et demi jusqu'aux lacs amers. Ce canal ayant, d'après les plus grandes probabilités, son origine au-dessus de Bubaste, on voit que les lacs amers devaient commencer un peu à l'ouest d'Heroopolis : il existe en effet, entre ce point et l'ancienne extrémité du golfe, c'est-à-dire sur une étendue d'environ trois myriamètres, plusieurs lacs qui reçoivent les eaux du Nil dans les grandes inondations.

On voit, par les différens passages que je viens de rapporter, que les auteurs anciens confirment ce que le seul aspect des lieux m'avait indiqué; et il me semble que cet accord forme une probabilité égale à tout ce qu'en histoire on appelle certitude.

La connaissance des anciennes limites de la mer Rouge servira nécessairement à fixer, d'une manière plus précise qu'on n'avait pu le faire jusqu'à ce jour, la position des villes qui existaient autrefois sur les bords du golfe, et que les géographes modernes ont été forcés d'accumuler aux environs de Soueys, pendant que l'on retrouve auprès du terrain que la mer a abandonné, les ruines de plusieurs villes; et, ce qu'il est essentiel d'observer, elles sont toutes au-dessus du niveau des plus hautes marées du golfe Arabique. Je citerai, par exemple, celle qui est à l'extrémité nord du bassin : nous y avons trouvé plusieurs blocs de granit qui ont appartenu à un bâtiment circulaire de quatre mètres de diamètre environ; ce que l'on reconnaît à la forme d'une moulure taillée sur une de ces pierres. On rencontre près de là un grand nombre de fragmens de granit, de grès et de pierre calcaire, qui indiquent l'emplacement d'une ancienne ville; et il me semble que ce doit être celle de Cléopatris : elle était, selon Strabon (liv. xvii), dans la partie la plus reculée du golfe Arabique; et il dit dans le livre précédent, que le canal dérivé du Nil aboutissait à la mer auprès de cette ville. En suivant le côté occidental du bassin, on rencontre encore, entre les ruines dont je viens de parler et Soueys, les débris d'un ancien monument sur lequel étaient sculptés des caractères persépolitains.

MÉMOIRE

SUR LA VILLE DE QOÇEYR

ET SES ENVIRONS,

ET SUR LES PEUPLES NOMADES

QUI HABITENT

CETTE PARTIE DE L'ANCIENNE TROGLODYTIQUE,

Par M. DU BOIS-AYMÉ,

MEMBRE DE LA COMMISSION DES SCIENCES ET ARTS D'ÉGYPTE.

La ville de Qoçeyr est située sur les bords de la mer Rouge, à 26° 7′ 51″ de latitude boréale, et à 31° 44′ 15″ de longitude; elle est bâtie près du rivage, sur une plage sablonneuse : sa plus grande longueur est de deux cent cinquante mètres, sur cent cinquante de largeur.

Les maisons sont basses, et construites assez généralement en briques crues. Voici quelle en est la distribution la plus ordinaire : une grande cour; au-dessus de la porte, un petit pavillon carré à un étage, terminé par une terrasse; et au rez-de-chaussée, une ou deux chambres étroites, adossées au mur de clôture. La cour sert de magasin; ce qui est sans inconvénient dans un pays où il pleut rarement.

Aucune maison n'est pourvue de citerne. L'eau dont les gens riches font usage, vient d'une fontaine appelée *Derfâoueh*, qui est à huit ou neuf lieues de la ville. Cette eau est assez bonne; elle se vend à Qoçeyr vingt à trente paras[1] l'outre, du poids d'environ vingt kilogrammes. A quatre ou cinq lieues se trouve une autre fontaine dont l'eau est moins bonne. Enfin, à peu de distance, au sud-ouest de la ville, les Français avaient creusé un puits d'un mètre de profondeur dans le lit desséché d'un torrent : l'eau n'était point salée, mais fade et extrêmement lourde; ce qu'on doit attribuer à la quantité de sulfate de chaux qu'elle tient en dissolution. Ce puits pouvait, chaque jour, fournir de l'eau à six cents hommes.

Les minarets des mosquées sont bien moins élevés qu'en Égypte; ce qui donne à Qoçeyr un aspect différent des villes égyptiennes.

Le château est derrière la ville et la domine entièrement; il est construit sur un plateau élevé de sulfate calcaire, recouvert de cailloux roulés, qui se réunit à une suite de collines formées entièrement de cailloux roulés de différentes roches. Ces collines terminent vers la mer la chaîne de hautes montagnes qui borde l'horizon à l'ouest.

Ce château consistait, à l'époque de l'arrivée des Français, en un losange flanqué de quatre tours; ses murs avaient vingt-six à trente décimètres d'épaisseur, bâtis en pierre calcaire. Il ne renfermait que peu de lo-

---

[1] *Pârah*, ou *meydy* (medin), petite pièce de monnaie qui vaut environ neuf deniers.

gement, et un puits entièrement creusé dans le gypse (sulfate de chaux), dont l'eau, extrêmement lourde et saumâtre, pouvait servir à peine pour les animaux. Hors du château, et à cent pas de la face sud-ouest, il y a une ancienne citerne revêtue en brique, qui peut contenir quatre cent cinquante mètres cubes d'eau : elle est placée dans un fond où viennent aboutir plusieurs ravins qui descendent des collines environnantes; de sorte que, dans la saison des pluies, elle se remplit naturellement. De l'autre côté du fort, il y avait une mosquée et plusieurs santons ou tombeaux, que les Français ont démolis.

La ville n'est habitée que par des marchands d'Égypte et d'Arabie, qui s'en vont lorsque leurs affaires sont terminées : ainsi elle n'a point d'habitans proprement dits. Les cheykhs de la ville sont eux-mêmes des marchands d'Yanbo', qui ont affermé du gouvernement égyptien une partie des droits de douane.

Les environs de Qoçeyr sont tout-à-fait déserts; et, à l'exception de quelques coloquintes, encore fort rares, on n'aperçoit aucune espèce de végétation. Le terrain est sablonneux; mais, en approchant de la mer, on trouve des couches d'argile à quelques décimètres au-dessous du sable.

Le port est entièrement ouvert au vent d'est; il est abrité à l'ouest par le rivage, et au nord par un banc de madrépores et de coraux, qui s'avance de deux cent cinquante mètres dans la mer. Ce banc est coupé à pic, et les bâtimens viennent s'y amarrer; c'est en quelque sorte un quai naturel, que les polypes ont construit en cet endroit : mais, à marée haute, il est recouvert d'environ trois décimètres d'eau ; et, à marée basse, sa surface est si raboteuse, que l'on n'y marche qu'avec beaucoup de peine. Il est étonnant que les habitans n'aient pas songé à l'élever un peu pour y construire leur ville; les marchandises s'embarqueraient et se débarqueraient alors facilement; tandis qu'actuellement, comme la mer diminue de profondeur à mesure qu'on approche de la ville, on est obligé de les transporter dans des canots, qui ne peuvent s'avancer à plus de huit ou dix mètres de la plage, et il faut que des hommes se mettent dans l'eau pour prendre les ballots sur leurs épaules.

Le fond est de sable et d'assez bonne tenue; mais, comme la plupart des bâtimens arabes ont de mauvais câbles de lin, ou même de palmier[1], qui sont bien moins forts que ceux de chanvre, il arrive quelquefois dans le port des accidens que n'éprouveraient point des bâtimens mieux gréés.

Le port forme à l'ouest une courbe concave, bordée de récifs de madrépores, et se termine à un banc de même nature, qui s'avance, à l'est, de près de cinq cents mètres dans la mer. A mille mètres environ de ce rocher, en suivant la côte, on en rencontre un autre de douze cents mètres de long, également en madrépores. Ces bancs sont couverts, à marée haute, par la mer; la plage, qui a été fort basse jusque-là, commence à s'élever, et présente bientôt des collines de cailloux roulés.

La position du port de Qoçeyr, à l'entrée de plusieurs

[1] C'est avec le réseau filamenteux qui garnit la base des feuilles du palmier, que l'on fabrique ces cordes.

SUR LA VILLE DE QOÇEYR.

vallées qui débouchent en Égypte, a dû nécessairement le faire choisir de tout temps pour l'entrepôt du commerce de la haute Égypte avec l'Arabie. L'Égypte y envoie actuellement du blé, de la farine, des fèves, de l'orge, de l'huile et d'autres denrées; et l'Arabie, du café, du poivre, des gommes, des mousselines et quelques étoffes de l'Inde[1].

Durant mon séjour à Qoçeyr, depuis le commencement de prairial an VII jusqu'au milieu de thermidor (depuis le milieu de mai 1799 jusqu'au commencement d'août), le vent a presque toujours été nord-nord-est, et il est entré dans le port cinquante bâtimens : les plus gros, au nombre de neuf ou dix, étaient de Geddah; cinq ou six appartenaient aux Arabes de la côte; le reste était d'Yanbo'. Ces bâtimens ne sont point pontés : dans leurs voyages, ils suivent constamment la côte; et lorsque le vent est trop fort, ils s'abritent dans de petites anses : ils ne se tiennent en pleine mer que pour la traverser.

On nomme ici la mer Rouge *Bahr el-Mâlh;* à Soueys, on la nomme *Bahr el-Qolzoum.* La plus forte marée que j'aie observée à Qoçeyr, est de huit décimètres, et elle n'est ordinairement que de cinq, tandis qu'à Soueys elle est d'environ deux mètres.

On trouve le long de la côte une grande quantité d'éponges, de coraux, et de coquilles nuancées des plus belles couleurs. Elle est aussi fort poissonneuse : j'en puis donner une idée par la manière dont les soldats

[1] *Voyez*, pour de plus grands détails, le Mémoire sur le commerce de la haute Égypte avec l'Arabie.

français y faisaient la pêche; ils ne se servaient ni d'hameçons ni de filets; ils prenaient les poissons avec la main, après les avoir tués à coups de sabre ou de bâton.

Cette côte est habitée par des tribus de pêcheurs; ils avaient sur le bord de la mer, au nord du château, un camp, qu'ils abandonnèrent à notre approche. Chaque petite cabane était couverte d'une écaille de tortue. Ces peuples ne vivent guère que de poissons; ils les prennent avec des filets, ou les harponnent à coups de lance; ils en font sécher au soleil une grande quantité, qu'ils viennent échanger à Qoçeyr contre quelques objets qui leur sont nécessaires. Ces poissons secs servent à l'approvisionnement des bâtimens. N'est-il pas remarquable de trouver dans les écrits des anciens [1], que la côte occidentale de la mer Rouge était habitée par des peuples nomades et ichthyophages, et qu'il existait un peuple chélonophage [2], ou mangeur de tortues, qui en employait les écailles à couvrir ses cabanes? Ainsi donc ces faibles tribus ont franchi les siècles avec leurs coutumes, leur indépendance, tandis que tant de nations puissantes ont vu changer totalement leur gouvernement, leurs usages, et que d'autres n'existent même plus pour nous que dans les annales des historiens. Mais l'étonnement que peuvent faire naître ces réflexions, doit cesser bientôt : la misère, en effet, n'excite point l'envie; les pays fertiles verront de nouveaux maîtres, et les sables du désert ap-

---

[1] Ptolémée, livre IV; Strabon, liv. XVI; Pausanias, liv. I; Diodore de Sicile, liv. XXXIII; Pline, liv. VI.

[2] Diodore de Sicile place les Chélonophages dans de petites îles voisines des côtes de l'Éthiopie, et Pline rapporte qu'on en trouvait auprès du golfe Persique.

partiendront encore aux derniers descendans de ses premiers possesseurs.

Il est encore un peuple qui, par sa ressemblance avec les anciens Troglodytes, mérite que l'on entre ici dans quelques détails sur ses mœurs et ses usages; ce sont les *A'bâbdeh*, tribu nomade qui occupe les montagnes situées à l'orient du Nil, au sud de la vallée de Qoçeyr, pays connu autrefois sous le nom de *Troglodytique*.

Cette tribu possède encore plusieurs villages sur la rive droite du Nil : les principaux sont, Darâoueh, Cheykh-A'mer et Redesyeh.

Tous les marchands qui font le commerce de Qoçeyr, donnent aux *A'bâbdeh* vingt-trois medins par chameau chargé, et une petite mesure [1] de blé, de fèves, de farine ou d'orge, selon la charge du chameau. Ils prennent aussi en nature le vingtième des moutons, chèvres, poules, et autres objets d'approvisionnement de ce genre qui arrivent à Qoçeyr; le camp qu'ils avaient aux environs de cette ville, était destiné à empêcher toute espèce de fraude de la part des marchands. Les *A'bâbdeh*, moyennant cette rétribution, sont obligés de veiller à la sûreté de la route, et d'escorter les caravanes; mais ils ne répondent pas des accidens, surtout de ceux qui peuvent résulter de la rencontre des Arabes *Antouny*, qui s'étendent jusqu'aux déserts de l'isthme de Soueys, où on les nomme *Houáytât*. Il existe depuis un temps immémorial une guerre continuelle entre ces deux tribus.

A certaines époques, lorsque le blé et les autres denrées données par les marchands forment des amas con-

---

[1] Un vingt-quatrième d'ardeb.

sidérables au milieu du camp, le nombre des *A'bâbdeh* augmente, et l'on procède au partage. Je n'ai pu prendre aucun renseignement certain sur la manière dont il se fait; mais comme cette distribution donne souvent lieu à des rixes, on peut présumer que la bonne foi n'y préside pas toujours.

Les *A'bâbdeh* ont fort peu de chevaux, et ils ne montent que des dromadaires[1]. Cet animal ne diffère du chameau que par sa taille, qui est beaucoup plus svelte, et par sa légèreté à la course. Les selles dont ils se servent pour leurs dromadaires, ne ressemblent point à celles qui sont en usage en Égypte; elles sont formées de différentes pièces de bois cousues ensemble avec des lanières de cuir. Elles ne sont point rembourrées; et cependant on s'y trouve fort commodément, parce que le bois est creusé de façon à présenter une surface concave qui empêche que le corps ne porte sur un seul point: par-dessus, on étend assez ordinairement une peau de mouton. Sur ces selles, on ne se tient point enfourché comme à cheval, mais assis, les jambes en avant, posées ou croisées sur le cou du dromadaire.

Les *A'bâbdeh* élèvent une quantité considérable de chameaux : ils en vendent, ils en louent pour les caravanes; et c'est, je crois, la partie la plus considérable de leurs revenus. Ils récoltent dans leurs montagnes une grande quantité de séné et de gomme arabique; ils y exploitent du natron, de l'alun, et quelques autres substances minérales. Si l'on joint à cela quelques esclaves qu'ils amènent de l'Abyssinie, l'on aura une idée des

[1] Le dromadaire des naturalistes.

principaux objets que les *A'bâbdeh* viennent échanger dans les marchés de la haute Égypte contre les grains, les étoffes et les ustensiles de différens genres dont ils ont besoin.

Les *A'bâbdeh* sont mahométans ; mais le pays qu'ils habitent, et la vie active qu'ils mènent continuellement, les empêchent de suivre scrupuleusement tous les préceptes de cette religion.

Ce peuple se glorifie d'être guerrier : lorsqu'on demande à un A'bâbdeh, *Qui es-tu ?* il répond, *soldat*, avec l'accent de la fierté. Tous ceux à qui j'ai entendu faire cette question, ont toujours répondu de même.

Les *A'bâbdeh* prétendent pouvoir mettre deux mille hommes sous les armes : cette évaluation est peut-être trop forte ; on doit au moins le soupçonner, d'après le penchant qu'ont naturellement tous les hommes à exagérer les forces de leur nation.

Leur manière de voyager leur permet de parcourir un pays désert très-étendu ; ils font jusqu'à cent lieues en quatre jours : chaque homme, monté sur un dromadaire, porte avec lui trois outres ; elles sont attachées le long de la selle, l'une pleine de fèves, l'autre d'eau, et la plus petite de farine. Équipés de la sorte, ils se réunissent quelquefois, et vont à cent ou cent cinquante lieues à travers le désert, attaquer une tribu avec laquelle ils sont en guerre, ou attendre le passage d'une caravane qu'ils veulent piller.

Les *A'bâbdeh* diffèrent entièrement, par leurs mœurs, leur langage, leur costume, leur constitution physique, des tribus arabes qui, comme eux, occupent les déserts qui environnent l'Égypte. Les Arabes sont blancs, se rasent la tête, portent le turban, sont vêtus, ont des armes à feu, des lances de quatre à cinq mètres, des sabres très-courbes, etc. Les *A'bâbdeh* sont noirs; mais leurs traits ont beaucoup de ressemblance avec ceux des Européens. Ils ont les cheveux naturellement bouclés, mais point laineux; ils les portent assez longs, et ne se couvrent jamais la tête. Ils n'ont, pour tout vêtement, qu'un morceau de toile qu'ils attachent au-dessus des hanches, et qui ne passe pas le milieu des cuisses.

Exposés presque nus à un soleil brûlant, c'est sans doute pour diminuer son action et conserver la souplesse de leur peau, qu'ils s'enduisent tout le corps de graisse; ils en mettent même une telle quantité sur leur tête, qu'avant qu'elle soit entièrement fondue, on croirait qu'ils se sont poudrés à la manière des Européens. Les cheykhs seuls mettent quelquefois un turban et une chemise de toile, qui leur sert en même temps de robe.

Ils n'ont point d'armes à feu : chaque homme est armé de deux lances de seize à dix-huit décimètres de long, d'un sabre droit à deux tranchans, et d'un petit couteau courbe attaché au bras gauche; il a pour arme défensive un bouclier rond en peau d'éléphant, de six à sept décimètres de diamètre.

Les *A'bâbdeh* connaissent la langue arabe; mais ils en ont une autre qui leur est propre. Ils descendent probablement des peuples errans qui possédaient autrefois cette contrée, et dont les anciens écrivains nous ont conservé le souvenir[1]. Les Troglodytes, selon eux,

[1] Strabon, liv. xvi; Diodore de Sicile, liv. iii.

portaient pour armes des boucliers de cuir arrondis et
des lances; ils étaient nus, à l'exception des cuisses et
des reins; et la circoncision était en usage chez eux. Enfin
ils avaient une manière d'inhumer les morts qui leur
était particulière; on jetait des pierres sur le cadavre
jusqu'à ce qu'il en fût entièrement couvert. Cette coutume est encore pratiquée aujourd'hui par les *A'bâbdeh*.
En effet, on me fit remarquer dans la vallée de Qoçeyr
plusieurs tas de cailloux qui étaient les tombeaux de
quelques *A'bâbdeh* tués dans un combat. A trois lieues
de Qoçeyr, je vis encore au milieu de la route un monceau de pierres; ces pierres recouvraient, m'a-t-on dit,
le corps d'un riche marchand assassiné par les Arabes.

Diodore de Sicile, qui écrivait il y a dix-huit siècles,
semble craindre que l'on ne prenne pour des fables ce
qu'il raconte des Troglodytes; et nous venons de les retrouver sur le même sol, avec le même costume, les
mêmes armes, et la plupart de leurs anciens usages. Il
est singulier de pouvoir ainsi, après tant de siècles,
attester la véracité d'un historien.

On ne voyait aucune tente dans le camp que les *A'bâbdeh* avaient auprès de Qoçeyr. Pendant le jour, lorsque
la chaleur est excessive, l'A'bâbdeh pose à terre la selle
de son dromadaire; il dresse vis à vis, à une certaine
distance, une pierre d'égale hauteur; il pose sur ces
deux supports son sabre et ses lances; par-dessus, il
étend une peau de mouton, et voilà sa maison construite : à la vérité, elle n'a guère que quatre à cinq décimètres de haut, et il ne peut y être que couché. D'autres se mettaient aussi à l'abri du soleil dans de petites

grottes qu'ils avaient creusées sur le penchant de la montagne. Je n'ai point vu de femmes dans ce camp; et il est assez probable que, dans ceux où il s'en trouve, les cabanes et les tentes sont un peu plus spacieuses que les abris dont je viens de parler.

La curiosité m'a conduit souvent chez ces *A'bâbdeh*, et j'y ai toujours été bien reçu. J'étais le seul Français qui les voyais habituellement; ils me regardèrent bientôt comme un de leurs amis, et je fus plusieurs fois témoin de leurs amusemens.

Leur danse n'a aucun rapport avec la danse lascive des Égyptiens; elle est toujours l'image des combats. Les danseurs sont armés de la lance ou de l'épée et du bouclier, et ils exécutent, en s'attaquant, plusieurs pas avec force et légèreté. L'adresse consiste à défendre son bouclier; celui qui le laisse frapper, est vaincu. Souvent un danseur s'élance vers un des spectateurs; il lui pose la pointe de l'épée sur la poitrine, en poussant un grand cri, auquel celui-ci doit répondre, *A'bâbdeh*: alors il s'en éloigne, et recommence à danser.

Leur musique n'a point la tristesse et la monotonie de celle des Égyptiens. Le même homme est musicien et poëte : ses chants sont à la louange des braves, ou à la gloire de sa tribu; quelquefois aussi il est question d'amour. Assis autour de lui, on l'écoute en silence : il chante en s'accompagnant d'une espèce de mandoline; et l'on voit la gaieté, la terreur, la pitié ou la colère, se peindre tour à tour sur la figure des spectateurs.

Les vallées que l'on peut suivre pour se rendre de Qoçeyr en Égypte, sont, si l'on en croit les *A'bâbdeh*, au nombre de six ou sept. Celle que j'ai parcourue deux fois, a environ quarante lieues de développement, depuis Qoçeyr jusqu'à Byr-Anbâr.

On trouve d'abord, à deux lieues de Qoçeyr, le petit ruisseau de Lambâgeh[1]; l'eau en est très-limpide, mais lourde et d'un goût désagréable; les Arabes prétendent qu'elle est très-malsaine, et ils ne s'en servent que pour leurs chameaux; cependant j'en ai bu, ainsi que plusieurs Français, sans en avoir été incommodé. Sur les bords de ce ruisseau, l'on voit quelques palmiers et un peu de verdure; une multitude d'oiseaux, et surtout des pigeons sauvages, y ont fixé leurs demeures; ils habitent le creux des rochers, et vivent des graines que perdent les caravanes.

Dans un pays fertile, Lambâgeh ne serait rien : mais, au milieu de la solitude et de l'aridité des montagnes, un ruisseau, quelques arbres et quelques êtres vivans suffisent pour en faire un lieu enchanté; et cette expression ne paraîtra certainement pas exagérée à ceux qui s'y sont reposés en traversant ce désert. Malheureusement le ruisseau se perd dans les sables, à peu de distance de sa source : dans la saison des pluies seulement, il devient quelquefois un torrent considérable, qui se jette dans la mer auprès de Qoçeyr.

A quatorze lieues de cette petite *oasis,* on trouve les fontaines appelées *el-Adout :* ce sont des trous creusés dans le sable sous des bancs inclinés de schiste. A cinq

---

[1] Avant d'arriver à Lambâgeh, on aperçoit sur la droite les carrières d'où l'on a tiré les pierres qui ont servi à la construction du château de Qoçeyr.

quarts de lieue plus loin, on rencontre une fontaine semblable, nommée *el-Ahmar*. On aperçoit çà et là quelques acacias (*mimosa Nilotica Lin.*). J'en ai compté une vingtaine dans toute l'étendue de la vallée.

D'el-Ahmar à la *Gytah*[1] nous avons mis treize heures et demie; c'est là que se réunissent toutes les autres vallées. Les puits de la *Gytah* sont fort larges, et revêtus en briques; une rampe permet aux animaux de descendre jusqu'à la surface de l'eau, qui n'est qu'à un mètre du sol. On aperçoit auprès des puits quelques restes de constructions anciennes, et un petit caravanseray qui sert à abriter les voyageurs.

Depuis Qoçeyr jusqu'à une lieue environ avant la *Gytah*, nous fûmes toujours entre de hautes montagnes arides de pierre calcaire, de schiste, de brèche, de granit, de grès[2], etc., peu éloignées les unes des autres ; il existe même quelques défilés qui n'ont pas plus de douze à quinze mètres de large, et où des blocs de rocher obstruent tellement la route, que deux chameaux chargés ont de la peine à y passer de front : mais, à la *Gytah*, la vallée commence à devenir fort large, et forme bientôt une vaste plaine de sable, qui se termine vers l'Égypte par une chaîne de petites collines de sable et de cailloux roulés.

Quelques lieues après la *Gytah*, nous aperçûmes au loin le terrain cultivé. Combien l'Égypte, que naguère je trouvais si triste, s'était embellie pour moi ! ces bois de palmiers, dont l'ombre presque insensible m'avait

---

[1] Ou *la Guitta*.
[2] *Voyez*, pour de plus grands détails minéralogiques, le mémoire de M. Rozière.

tant de fois fait regretter les forêts de ma patrie, me paraissaient le séjour de la fraîcheur : et le Nil ! pourrai-je peindre ce que j'éprouvai à sa vue, au sortir du désert que j'habitais depuis trois mois ! Le khamsyn [1] soufflait alors par rafales brûlantes ; mais cette eau douce, objet de nos vœux, semblait en diminuer les effets malfaisans. L'espérance d'un bien prochain diminuait le mal présent ; fatigués, altérés, affamés, l'imagination nous donnait déjà le repos, l'eau du Nil et les fruits. Nous pressâmes nos dromadaires : depuis Qoçeyr, nous avions marché presque continuellement ; les plus longues haltes avaient été de deux heures : mais hommes et dromadaires avaient oublié leurs fatigues, et nous arrivâmes promptement à Byr-Anbâr.

Byr-Anbâr est un petit village qui se trouve sur la limite du désert et du terrain cultivé ; il est à environ cinq quarts de lieue au nord de l'ancienne ville de Coptos, à une demi-lieue du Nil, et à huit ou neuf lieues de la *Gytah*. Ce village appartient à la tribu arabe des *A'zâyzy* : on y trouve des puits dont l'eau est fort bonne dans le temps des hautes eaux du Nil ; mais, à l'époque des basses eaux, elle a un goût désagréable d'hydrogène sulfuré, qui provient sans doute de la malpropreté des puits.

---

[1] *Khamsyn*, vent brûlant, appelé, dans le désert, *semoum* (empoisonné). Les animaux qui s'y trouvent exposés, souffrent beaucoup, et quelquefois même meurent subitement : les bouffées de chaleur qu'on ressent par intervalles, peuvent se comparer à celles qui émanent d'une fournaise ardente. Une poussière extrêmement subtile et brûlante est enlevée à une grande hauteur ; elle obscurcit l'éclat du soleil, et donne à l'atmosphère une teinte livide de pourpre et de jaune : cette poussière pénètre à travers tous les vêtemens, et dessèche la peau. Malheur à ceux que ces trombes rencontrent dans le désert !

De Byr-Anbâr à Qéné, petite ville située sur les bords du Nil, nous avons mis quatre heures; c'est le rendez-vous le plus ordinaire des caravanes qui font le commerce de Qoçeyr : ce fut le terme de mon voyage.

La vallée que je viens de décrire, est celle que fréquentent habituellement les pélerins de la Mekke et les marchands qui font le commerce de l'Arabie. MM. Bruce et Browne, voyageurs anglais, en ont fait connaître deux autres; mais la plus remarquable de toutes est celle qu'a suivie M. Bachelu, officier du génie. Elle est au nord de celle dont j'ai parlé; on y trouve plusieurs monumens anciens, distans les uns des autres d'environ quatre lieues : ce sont des espèces de stations fortifiées, construites sur un plan uniforme; elles consistent encore en une grande cour carrée, fermée de hautes murailles flanquées de tours. On retrouve dans l'intérieur quelques vestiges des logemens qui y existaient autrefois. Au milieu de la cour est un puits très-large, avec une rampe par laquelle les animaux pouvaient descendre pour s'abreuver. Ces puits sont en partie comblés; mais, en les creusant un peu, il est probable que l'on y trouverait de l'eau.

Celle de ces stations que l'on rencontre d'abord en partant d'Égypte, est à quatre lieues au-delà des puits de la *Gytah*, qui était certainement autrefois la première station fortifiée de cette route. On en compte six ou sept jusqu'à Qoçeyr : la dernière en est éloignée d'environ six lieues. Dans les endroits où la vallée se divise en plusieurs branches, un cube de maçonnerie est placé dans celle que l'on doit suivre. Vers le milieu du che-

SUR LA VILLE DE QOÇEYR.

min, on s'élève par une pente assez douce, et, après être arrivé au sommet de la montagne, on descend dans la vallée, qui se prolonge ensuite, sans aucune autre interruption, jusqu'au ruisseau de Lambâgeh, où elle rejoint celle que j'ai précédemment décrite.

Strabon parle d'une route qui allait de Coptos à Myos-hormos, ville située sur les bords de la mer Rouge, et dont le port était fort considérable. Strabon ajoute[1] que cette route était très-fréquentée ; que, dans les premiers temps, on emportait l'eau nécessaire pour le voyage, et qu'on se dirigeait en observant les étoiles ; mais qu'ensuite on avait creusé des puits et fait des citernes pour conserver l'eau des pluies. Ce chemin était de six ou sept journées de marche.

Dans plusieurs ouvrages on rapporte ce passage de Strabon, en l'appliquant à la route de Coptos à Bérénice : on peut s'assurer, en lisant attentivement cet ancien voyageur, que c'est celle de Coptos à Myos-hormos qu'il décrit dans l'endroit cité.

D'Anville, qui a discuté parfaitement tout ce que les anciens écrivains rapportent sur la position de Myos-

---

[1] Ἀλλὰ νῦν ἡ Κοπῆος, καὶ ὁ Μυὸς ὅρμος, εὐδοκιμεῖ, καὶ χρῶνται τοῖς τόποις τούτοις. Πρότερον μὲν οὖν ἐνυκτοπόρουν πρὸς τὰ ἄστρα βλέποντες οἱ καμηλέμποροι, καὶ καθάπερ οἱ πλέοντες ὡδευον, κομίζοντες καὶ ὕδωρ· νυνὶ δὲ καὶ ὑδρεῖα κατεσκευάκασιν, ὀρύξαντες πολὺ βάθος καὶ ἐκ τῶν οὐρανίων, καίπερ ὄντων σπανίων, ὅμως δεξαμενὰς πεποίηνται. Ἡ δ' ὁδός ἐστιν ἓξ ἢ ἑπτὰ ἡμερῶν.
Sed Coptus et Muris-statio nunc excellunt, iisque omnes utuntur. Initio camelis vecti per noctem iter agebant, astra observantes, quemadmodum nautæ, et aquam secum portabant: nunc terrâ in profundum effossâ aquarum copiam paraverunt, et pluviis, quanquam raræ sint, cisternas fecerunt. Iter est sex septemve dierum. (Strabonis Rerum geographicarum libri XVII, cum versione Gulielmi Xylandri; Lutetiæ Parisiorum, typis regiis, 1620, in-fol.; lib. XVII, pag. 815.)

hormos, a cru devoir placer cette ville à vingt lieues environ au nord de Qoçeyr, où il paraît certain qu'il existe un port très-considérable.

En adoptant cette opinion, la vallée où l'on trouve des stations fortifiées, pourrait être une partie de l'ancienne route dont parle Strabon; elle conduisait les caravanes à cinq ou six lieues de Qoçeyr, où l'on a trouvé la dernière station fortifiée; et là, changeant de direction, on se portait vers le nord jusqu'à Myos-hormos. En effet, s'il avait existé à travers les montagnes une route à peu près directe de Coptos à Myos-hormos, elle n'eût pas été de six à sept jours de marche; car actuellement les caravanes ne mettent que trois jours et demi pour aller de Qéné à Qoçeyr, et il n'en aurait fallu que quatre à cinq pour aller directement de Coptos à Myos-hormos.

Cette route, qui était restée inconnue jusqu'à l'époque de l'expédition des Français en Égypte, présente un grand intérêt, en ce qu'elle servira nécessairement à déterminer d'une manière plus exacte qu'on n'avait pu le faire encore, les ports de la mer Rouge que fréquentaient les anciens.

MÉMOIRE
SUR L'ART DE FAIRE ÉCLORE
LES
POULETS EN ÉGYPTE

PAR LE MOYEN DES FOURS,

Par MM. { ROZIÈRE, Ingénieur des mines, et ROUYER, Pharmacien.

Sed inventum ut ova, in calido loco imposita paleis, igne modico foverentur, homine versante pariter die ac nocte; et statuto die illinc erumpere fœtus.
Plin. *Hist. nat.* lib. x, cap. 55.

I. *Notice historique sur l'incubation artificielle.*

Il est peu de personnes qui n'aient entendu parler de l'art de faire éclore à la fois des milliers de poulets sans le secours de l'incubation naturelle, en substituant à la chaleur des poules une température à peu près semblable, produite artificiellement dans des espèces de fours ou d'étuves. C'est une des pratiques les plus singulières que l'on retrouve dans l'antiquité. Elle était devenue un art important chez les anciens Égyptiens; et chez les modernes, c'est encore aujourd'hui le seul procédé employé pour se procurer des poulets. Indépendamment des facilités qu'offre le climat pour faire réussir l'incubation artificielle, il est vraisemblable que ce qui a dû d'abord diriger les recherches des Égyptiens vers cette opération, est le peu de succès des soins que l'on se donne chez eux pour faire couver les oiseaux domestiques; et l'on conçoit encore pourquoi elle a été imaginée en Égypte plutôt qu'ailleurs, quand on songe combien les colléges des anciens prêtres avaient soigneusement étudié tout ce qui avait quelque rapport avec les besoins de la vie, et combien ils attachaient d'importance à se procurer les alimens qu'ils jugeaient les plus salubres. Nous devons remarquer cependant que cet art n'est pas tout-à-fait particulier à l'Égypte. Les Chinois, qu'on a voulu, à la vérité, faire instruire par une colonie d'Égyptiens, le pratiquent également et de temps immémorial; mais leurs fours et leurs procédés sont très-différens.

Les Romains avaient aussi découvert le principe de l'incubation artificielle; mais il est plus que douteux qu'ils l'aient jamais pratiquée en grand. Pline nous apprend que des dames romaines avaient quelquefois la patience de faire éclore un œuf en le portant constamment dans leur sein, et qu'elles tiraient de là un augure sur le sexe des enfans dont elles étaient enceintes. Il décrit ailleurs, avec sa concision ordinaire, le procédé des fours, mais sans indiquer le pays où il se pratiquait. Il est singulier que cet écrivain, si instruit d'ailleurs des usages de l'Égypte, ait pu ignorer l'origine de celui-ci.

Diodore de Sicile, qui voyageait dans cette contrée sous les derniers Ptolémées, fait mention de l'incubation artificielle comme d'un art depuis long-temps en usage. A la manière dont il en parle, on peut juger que dès cette époque les Égyptiens enveloppaient cette opération de beaucoup de mystère : aussi ce passage n'a-t-il nullement été entendu par les traducteurs. L'abbé Terrasson fait dire à Diodore[1] : « Au lieu de laisser couver les œufs par les oiseaux mêmes qui les ont pondus, ils ont la patience de les faire éclore en les échauffant dans leurs mains. » Cette circonstance forme un sens tout-à-fait absurde, mais qui ne se trouve point dans le texte[2]. L'expression χειρυργῶντες, employée par Diodore, ne signifie point du tout qu'ils les échauffaient dans leurs mains; elle offre un sens analogue à une expression fort juste employée par Pline dans le même cas, *homine versante*. Il paraît par des passages de Diodore et de quelques autres écrivains, que, dans ces temps reculés, ce n'était point spécialement les œufs de poules, mais les œufs d'oies, que l'on soumettait à ces procédés : la chair de ces oiseaux était une de celles que préféraient les prêtres, pendant les époques où il ne se manifestait aucune maladie épidémique; et voilà pourquoi l'on s'attachait tant à les multiplier. Ces témoignages sont confirmés par les monumens anciens, où l'on voit ces oiseaux figurés en mille endroits, surtout dans les bas-reliefs qui représentent des offrandes faites aux divinités.

[1] Liv. 1ᵉʳ, page 160.
[2] Οὐ γὰρ ἐπωάζουσι διὰ τῶν ὀρνίθων, ἀλλ' αὐτοὶ παραδόξως χειρουργοῦντες τῇ συνέσει καὶ φιλοτεχνίᾳ τῆς φυσικῆς ἐνεργείας οὐκ ἀπολείπονται. *Non enim aves incubare sinunt; sed suis ipsi manibus (quod mirum est) fœtus excludunt, et sic efficacitati naturali ingenio et arte nihil concedunt.* Diod. Sicul. *Bibl. hist.* lib. 1, pag. 67. (Rhodom. 1504.)

Mais, en admettant l'antiquité de l'incubation artificielle, doit-on croire que les procédés fussent les mêmes autrefois qu'aujourd'hui? C'est une question curieuse à plusieurs égards, et qui reste encore à résoudre.

« Les prêtres, dit-on, attachés trop opiniâtrément aux anciennes observations recueillies sur la manière dont les œufs d'autruches et de crocodiles déposés dans le sable viennent à éclore, ne s'étaient pas même mis en peine de faire des recherches ultérieures[1]. » On croit qu'ils s'étaient bornés à imaginer un procédé analogue; et il est généralement reçu parmi les personnes qui ont étudié les usages de l'ancienne Égypte, qu'au lieu d'employer des fours échauffés par le feu, ils enterraient les œufs dans le fumier, dont la chaleur naturelle suffisait pour les faire éclore. Le fait, s'il était vrai, serait fort singulier, car la vapeur du fumier est mortelle pour le germe des œufs; et l'incubation opérée par ce moyen, loin d'être une invention plus simple, exige des précautions qu'il n'est pas naturel d'imaginer de prime-abord : on sait assez dans quelle multitude de tentatives cette singulière idée a entraîné Réaumur, qui s'était obstiné à vouloir faire éclore des poulets dans le fumier, à l'imitation des prêtres égyptiens. Ce physicien si attentif et si ingénieux a consacré un volume à décrire les expériences infructueuses qu'il a d'abord faites; et il n'a obtenu quelque succès, qu'après être parvenu à interdire très-exactement toute communication entre les œufs et la vapeur qui s'exhale du fumier.

---

[1] M. de Pauw, Recherches philosophiques sur les Égyptiens, tom. 1ᵉʳ, pag. 204.

DE FAIRE ÉCLORE LES POULETS. 405

M. de Pauw, qui a relevé avec beaucoup de justesse plusieurs fausses opinions sur les usages de l'ancienne Égypte, avait cependant adopté celle-ci : ses raisons méritent d'être examinées; on saura par-là à quoi s'en tenir sur cette question.

« Il y a lieu d'être surpris, dit ce critique[1], que les anciens prêtres de l'Égypte, qui avaient d'ailleurs des connaissances assez étendues sur une infinité de choses, aient manqué de sagacité en un point essentiel : ils n'avaient pas découvert la méthode des fours, et ne paraissaient pas même en avoir soupçonné la possibilité, comme il est aisé de le démontrer.

« Aristote, le plus ancien auteur qui ait parlé de la manière de faire éclore les œufs en Égypte, dit qu'on n'employait que la chaleur du fumier. Antigone, qui vivait plusieurs siècles après Aristote, dit la même chose. Pline, qui écrivait après Antigone, dit la même chose, et a traduit, mot pour mot, les expressions d'Aristote. Enfin l'empereur Adrien, qui avait parcouru toute l'Égypte, et examiné ses singularités avec attention, s'exprime en ces termes, dans sa lettre à Servien, en parlant des Égyptiens : *Ils font éclore leurs poulets d'une manière que j'aurais honte de vous conter (pudet dicere).*

« Tous ces témoignages réunis prouvent que la méthode des fours a été inconnue dans ce pays jusqu'à l'an 133 de notre ère, et peut-être long-temps encore après; car j'ignore quand et comment on est parvenu à la découvrir. »

Ce témoignage d'Adrien est, comme on voit, très-

[1] Recherches philosophiques sur les Égyptiens, tome 1ᵉʳ, page 202.

insignifiant; le reste semble plus positif : mais, en examinant un passage de Pline négligé par M. de Pauw, on verra que cet auteur dit précisément le contraire de ce qu'on établit ici sur son autorité. Voyez *Hist. nat.* l. x, cap. 55. « Les œufs étaient mis sur de la paille dans une étuve dont la température était entretenue à l'aide d'un feu modéré, jusqu'au moment où les poulets venaient à éclore; et pendant tout ce temps un ouvrier s'occupait nuit et jour à les retourner. » Voilà littéralement ce que dit Pline, dont j'ai rapporté le texte en tête de ce mémoire; c'est la meilleure définition que l'on puisse donner, en si peu de mots, du procédé usité encore aujourd'hui. L'expression *igne modico* écarte toute équivoque; et la circonstance d'un ouvrier occupé jour et nuit à retourner les œufs, est un trait qui peint parfaitement le travail en usage par le procédé des fours. Encore bien que Pline ne marque point la source où il a puisé ces renseignemens, il est impossible de croire qu'il ait décrit autre chose que ce qui se pratiquait en Égypte, puisque, de l'aveu même de M. de Pauw, de tous les peuples connus des Romains, les Égyptiens sont les seuls chez lesquels l'incubation artificielle ait été en usage.

Aristote[1] ne s'exprime pas, à beaucoup près, d'une manière aussi exacte; et je conviens que ce philosophe a réellement cru, ainsi que ses compilateurs, que le procédé consistait à faire éclore les œufs par la chaleur qui se dégage naturellement du fumier. La cause de cette méprise sera facile à saisir dès que l'on connaîtra

---

[1] *Historia animalium*, lib. vi, cap. 2.

les détails de l'opération, puisque non-seulement les œufs sont posés dans l'étuve sur un lit de paille ou de fumier, mais que le combustible qui sert à entretenir la chaleur dont on a besoin, n'est encore lui-même que du fumier, c'est-à-dire de la fiente d'animaux mêlée d'un peu de paille hachée. Comme l'Égypte est un pays dépourvu de bois, on y a fait usage, dans tous les temps, de ce combustible, qui, d'ailleurs, ne donnant qu'une chaleur très-modérée et facile à graduer, convient parfaitement pour l'opération dont il s'agit. Nous n'hésiterons donc point à regarder comme un fait bien constant, que le procédé de l'incubation, tel qu'on le pratique aujourd'hui, a été en usage en Égypte de toute antiquité. Les cheykhs et les hommes les plus instruits du Kaire, d'accord avec les auteurs arabes des différens âges, nous apprennent qu'il n'a jamais cessé d'être pratiqué, soit dans la haute soit dans la basse Égypte. Si un manuscrit du temps des khalifes en restreint la pratique au seul village de Behermes dans le Delta [1], c'est par une méprise qu'il est facile d'expliquer. Les Beherméens sont encore aujourd'hui très-renommés pour la conduite des fours à poulets; on les appelle, pour ce travail, de plusieurs provinces [2]. Mais c'est tout au plus

---

[1] Bebermes, aujourd'hui Berenbâl, situé près de Fouch. On lit dans un manuscrit arabe, communiqué par le cheykh Ibrahym, lecteur de la grande mosquée du Kaire, que *les Beherméens ont hérité de la science des infidèles; comme eux, ils savent faire éclore les œufs des poules et de beaucoup d'autres oiseaux.*

[2] « Dans le Sa'yd, où il y a moins de fours à poulets que dans la basse Égypte, ce sont les chrétiens de Beblâou qui sont en possession de les conduire. Ce village, situé à quelques lieues au-dessous de Menfalout, aujourd'hui presque ruiné, était encore, il y a trente ou quarante ans, une bourgade considérable qui en renfermait une grande quantité.

l'industrie qui était héréditaire chez eux ; les fours ont été de tout temps très-multipliés dans tout le pays. L'inexactitude des écrivains arabes sur ces sortes de faits est telle, qu'on ne peut guère douter qu'ils n'aient confondu ces deux circonstances.

II. *Description des fours.*

Chacun des établissemens destinés à faire éclore les poulets porte le nom de *ma'mal farroug* : il est composé d'un nombre de fours variable depuis quatre jusqu'à trente ; mais ces fours sont toujours rangés sur deux lignes parallèles, entre lesquelles règne un corridor étroit. Le *ma'mal*, construit en briques cuites ou simplement séchées au soleil, est toujours très-bien clos. Il a pour fenêtres plusieurs petits trous circulaires percés dans la voûte du corridor, et pour porte une espèce de guichet précédé de plusieurs petites chambres bien closes : voilà sa disposition générale. Rien de plus simple que la construction des fours : ce sont autant de petites cellules hautes d'environ trois mètres (neuf à dix pieds), à peu près aussi longues, et larges de deux mètres et demi. Elles sont coupées en deux étages, vers le milieu et quelquefois vers le tiers de leur hauteur, par un plancher recouvert en briques, et percé dans son milieu d'un trou assez grand pour qu'un homme puisse

Depuis cette époque, les conducteurs des fours se sont dispersés dans l'Égypte supérieure, et se sont établis à Girgeh, à Farchout, à Babgourah, à Esné, et presque partout ; voilà ce que j'ai recueilli sur les lieux. Il n'est pas probable que les chrétiens de Beblâou aient appris leurs procédés de ceux de Behermes.» *Note communiquée par M. Jomard.*

passer d'un étage dans l'autre. Chaque petite chambre a sa porte sur le corridor, à peu près de mêmes dimensions que le trou du plancher, et qui sert à un pareil usage. D'autres ouvertures dans les cloisons latérales mettent en communication tous les fours qui sont d'un même côté du corridor. Enfin la voûte qui recouvre chaque four, est percée d'une ouverture étroite, pour laisser échapper la fumée. Comme les chambres inférieures sont destinées à recevoir les œufs, le feu se place sur le sol des chambres supérieures, où l'on a pratiqué, pour le recevoir, deux petites tranchées peu profondes, et quelquefois quatre, près des parois. Un rebord de deux pouces de saillie environne le trou du plancher, et garantit les œufs de la chute des cendres et des matières enflammées[1].

L'une des pièces qui sont à l'entrée du *ma'mal*, sert de logement au principal ouvrier et à son aide, qui ne s'éloignent jamais tant que dure l'opération. Une autre est destinée à allumer le combustible, que l'on a grand soin de ne porter dans les fours que quand il est à demi consumé, afin qu'il ne puisse donner aucune vapeur malsaine. Ce combustible, nommé *gelleh*, est composé de fiente de chameau et de paille hachée, pétries en forme de mottes, et donne, comme je l'ai déjà indiqué, une chaleur très-douce, qu'il est facile de graduer à volonté.

[1] Voyez pl. 1, fig. 11, 12, 13, de la Collection des arts et métiers (*É. M.*, vol. II), et pl. II, fig. 1, 2, 3.

III. *Conduite de l'opération.*

L'époque où l'on ouvre les *ma'mal* dans la haute Égypte, répond aux premiers jours de février. On commence toujours plus tard dans le Delta, dont le ciel est moins chaud. Comme l'incubation dure vingt-un jours, ce n'est que vers le commencement de mars que les poulets sont éclos. L'expérience a prouvé qu'à cette époque seulement la température convient assez aux poulets naissans, pour qu'ils puissent exister sans des soins particuliers. Les chaleurs excessives de l'été leur sont également nuisibles : aussi ne fait-on en général que trois opérations successives, ou quatre au plus, dans chaque établissement.

Nombre de voyageurs modernes ont décrit les procédés de l'incubation; mais ils se contredisent presque tous, parce qu'ils ont pris pour autant de règles invariables chaque pratique particulière dont ils ont eu connaissance dans l'établissement qu'ils ont visité, faute d'avoir saisi quelles relations pouvaient avoir toutes ces pratiques avec certaines circonstances sujettes à varier.

Chaque four sert à faire éclore trois à quatre mille œufs. La manière de les distribuer dans les commencemens de l'opération, varie un peu. Au lieu de les répartir partout uniformément, on laisse quelquefois certains fours tout-à-fait vides. Il est inutile d'ajouter qu'on rejette avec soin tous les œufs qui n'ont point été fécondés, ou qui sont gâtés, lesquels nuiraient beaucoup au succès de l'opération; ceux qu'on place dans les fours, ont été examinés auparavant par l'ouvrier, puis enregistrés par l'écrivain chargé de l'administration de l'établissement, qui, à la fin de l'opération, doit rendre à chaque particulier un nombre de poulets proportionnel au nombre d'œufs que celui-ci a fourni.

Ces œufs forment, dans chaque four, plusieurs lits posés les uns sur les autres, et dont le dernier repose sur une natte, des étoupes, ou de la paille sèche : les émanations d'un fumier humide nuiraient beaucoup au succès de l'opération.

Le feu ne s'allume d'abord que dans environ un tiers des fours, choisis à des intervalles à peu près égaux. Quatre à cinq jours après, on l'allume dans quelques-uns de ceux qui restent, et quelques jours après dans d'autres, ayant soin, à mesure qu'on allume de nouveaux fours, de laisser éteindre les premiers allumés : nous expliquerons plus loin les motifs de cette pratique. Le feu se renouvelle trois fois par jour, quelquefois quatre : on l'augmente un peu vers la nuit. Deux ou trois fois par jour, l'ouvrier entre dans les chambres inférieures pour retourner les œufs, les changer de place, et les éloigner tour-à-tour des endroits les plus échauffés ; c'est là son principal travail. Vers le huitième jour, il les examine tous à la lueur d'une lampe, et sépare ceux qui n'ont pas été fécondés. (En disposant les œufs, il a ménagé un vide au milieu, dans lequel il se place en descendant par le plancher de la chambre supérieure.)

Nous avons trouvé, sur plusieurs de ces points, beaucoup de variations. Les unes sont purement arbitraires, il serait fastidieux de s'y arrêter ; les autres tiennent aux différences de l'époque où se fait l'opération, et aux variations de la température, quelquefois à l'exposition particulière du *ma'mal*, mais surtout au nombre de fours très-différens qu'il renferme. Il suffira de présenter les choses de manière à ce qu'on puisse juger de l'influence de ces diverses circonstances, en s'occupant seulement des conditions qui sont essentielles au succès de l'opération.

Première condition. Il a été constaté par des observations thermométriques, que la température habituelle des chambres où sont placés les œufs, est, à fort peu de chose près, de 32° (thermomètre de Réaumur); ce qui est précisément le degré de chaleur de l'incubation naturelle : les variations ne s'étendent que de 31 à 33°; mais elles sont bien plus considérables dans le corridor et dans les chambres supérieures. La température est toujours moindre de 32° dans ce premier endroit, et beaucoup plus élevée dans le second, pendant tout le temps du moins que le feu y reste allumé, et même quelques jours seulement après qu'il a été éteint.

Les Égyptiens ne connaissant pas le thermomètre, l'ouvrier y supplée par un tact que l'extrême habitude a rendu très-sûr : voilà pourquoi les conducteurs de fours, qui ne prennent jamais pour aides que leurs enfans ou leurs parens, ne peuvent être supplantés dans cette branche d'industrie par les autres Égyptiens, et qu'elle reste comme un secret entre les mains d'un certain nombre de familles. Il faut une très-longue pratique pour diriger un *ma'mal* ; mais, avec le secours du thermomètre, la principale difficulté deviendrait à peu près nulle.

Seconde condition. Une autre condition, regardée comme importante, est de laisser éteindre le feu un peu avant la fin de l'opération, soit qu'on redoute pour les poulets naissans quelques émanations du combustible, surtout l'acide carbonique qui remplirait les chambres inférieures; soit qu'on n'ait d'autre but que d'étaler davantage les œufs, dont on distribue alors une partie dans les chambres supérieures : il résulte de là qu'il est nécessaire d'échauffer assez la maçonnerie des fours dans la première partie de l'opération, pour que la seule chaleur de leurs parois puisse entretenir les œufs pendant le reste du temps à la température de 32°.

C'est pour concilier cette condition avec la précédente, que l'ouvrier laisse quelquefois certains fours vides, afin de pouvoir les échauffer à sa volonté en commençant l'opération; c'est aussi ce qui l'engage à ne pas allumer à la fois tous les fours, à distribuer d'une manière uniforme ceux qu'il allume ensemble, à en diminuer le nombre de plus en plus, à diminuer l'intensité et la durée du feu dans ceux qu'il allume les derniers, afin que la température soit à peu près égale dans tous, lorsqu'on vient à le cesser tout-à-fait.

Le feu éteint, on ne se hâte point de porter les œufs dans les chambres supérieures ; on attend plusieurs jours. Les voyageurs fixent ce délai, les uns à quatre jours, les autres à six, les autres à huit : la vérité est qu'il n'y a rien de général, sinon d'attendre que ces chambres, et surtout leur plancher, soient suffisamment refroidis. Alors on bouche les ouvertures extérieures des fours, non pas complètement d'abord, mais peu à peu, à mesure que la masse du bâtiment se refroidit, et qu'il devient nécessaire d'y concentrer davantage la chaleur pour obtenir la température de 32°.

Le nombre des œufs que peut contenir un *ma'mal*, ne se complète quelquefois qu'à deux ou trois époques différentes; ce sont alors autant d'opérations distinctes que l'on conduit ensemble : et les choses se continuent ainsi jusqu'à la fin de la saison; ce qui entraîne, dans les procédés, de légères modifications.

Dès qu'un *ma'mal* est ouvert, tous les habitans des environs y portent les œufs qu'ils ont alors; et après l'opération, on leur rend environ cinquante poulets pour chaque cent d'œufs : le reste appartient au propriétaire du *ma'mal*[1]. On compte ordinairement sur un cinquième d'œufs stériles. Assez souvent le nombre n'en est que d'un sixième; et il est rare qu'il excède un tiers, à moins qu'il n'y ait de la faute de l'ouvrier : aussi l'oblige-t-on ordinairement à rendre un nombre de poulets égal au moins aux deux tiers des œufs qu'il a reçus.

Il n'est pas rare qu'il vienne à éclore quelques poulets dès le vingtième jour, c'est-à-dire un jour plus tôt que par l'incubation naturelle. Dans l'espace de vingt-quatre

---

[1] « Ce n'est pas toujours en nature que l'on paye les maîtres des fours. A *Darout el-Cheryf*, village situé à l'embouchure du *Bahr Youçef*, j'ai visité un de ces établissemens, où l'on m'a rapporté que les *fellâh* payaient un médin pour vingt ou trente œufs, suivant les années. Ce profit, quoique inférieur à celui qui provient de l'abandon d'un tiers des œufs, est encore fort considérable. Ces sortes de manufactures sont certainement les plus lucratives de toutes celles de l'Égypte. » En rapportant cette observation que je dois à M. Jomard, j'observerai que ce mode de paiement ne peut convenir qu'aux plus grands établissemens; car, dans un *ma'mal* de huit à dix fours, il donnerait un produit bien inférieur aux dépenses courantes.

heures, on voit paraître jusqu'à soixante mille poulets dans un seul établissement. On leur jette pour nourriture un peu de farine mêlée de pain émietté.

La plupart des relations rapportent qu'à cause de l'immense quantité de poulets qu'on obtient alors dans les établissemens, on prend le parti de les vendre au boisseau ou *roba'*, qui est le quart d'une certaine mesure de capacité. Cette pratique singulière m'a été confirmée par plusieurs personnes qui m'ont assuré l'avoir vue de leurs propres yeux. Il se trouve toujours, dans chaque mesure, quelques poulets étouffés; mais cette méthode convient à l'indolence des Égyptiens en cela qu'elle dispense d'établir des prix différens pour les poulets qu'ils ont nourris pendant quelques jours, la même mesure en contenant alors un moindre nombre. La seule chose que je puisse, à cet égard, donner comme certaine, c'est que cette méthode n'est point d'un usage général : dans les établissemens que j'ai visités, on compte les poulets, on ne les mesure point. Le cent de poulets nouvellement éclos se vend, prix moyen, quatre-vingts médins (un peu moins de trois francs de notre monnaie).

On estime le nombre des *ma'mal* de toute l'Égypte à deux cents. Le P. Sicard le porte à trois cent quatre-vingt-six, d'après les renseignemens de l'agha ou du cheykh de Behermes; mais ce nombre est beaucoup exagéré. Réaumur a évalué la quantité annuelle des poulets qui naissent dans les fours de l'Égypte, à plus de quatre-vingt-douze millions. Il y a plusieurs erreurs dans cette estimation. On ne doit compter, pour terme moyen, que dix fours par chaque *ma'mal;* le nombre des couvées d'un four ne saurait être de plus de quatre par an : ce qui donne annuellement quarante fois trois mille œufs pour chaque *ma'mal*, ou cent vingt mille; et, en supposant les deux cents *ma'mal* en activité, le nombre total ne peut être que de vingt-quatre millions.

Rozière.

Nota. Les observations générales qui précèdent sont surtout destinées à faire concevoir l'esprit de la méthode des Égyptiens : dans celles qui vont suivre, on trouvera des détails circonstanciés, tirés d'observations faites dans les fours du Kaire, et propres à éclaircir certaines difficultés de pratique. On a laissé subsister plusieurs répétitions, soit parce que les mêmes objets y sont envisagés sous un rapport différent, soit parce qu'elles sont nécessaires à l'intelligence des autres détails.

Description particulière *de plusieurs fours à poulets observés au Kaire, et des procédés que l'on y met en usage.*

Les Égyptiens nomment *ma'mal-el-katakyt* ou *el-farroug* (fabrique à poulets), le local qui contient les fours et les pièces particulières où l'on fait éclore les œufs. Le bâtiment principal[1] est un carré plus ou moins long, dont l'intérieur est coupé dans toute sa longueur par un corridor qui sépare deux rangées de petites pièces, dont le nombre varie depuis deux jusqu'à douze de chaque côté. Chaque pièce est à double étage. La pièce

---

[1] Ces bâtimens sont presque toujours placés dans des masures, et se trouvent généralement adossés contre des monticules de sables ou de décombres; ce qui a fait dire à plusieurs voyageurs qu'ils sont enterrés.

inférieure, qu'on peut nommer *couvoir,* parce qu'elle contient les œufs pendant le temps de l'incubation, a environ huit pieds de long sur six de large; elle n'a qu'une petite porte, qui donne sur le corridor. La pièce supérieure, que je nommerai *four,* parce que sa voûte ressemble à celle d'un four, et que c'est dans cette pièce que l'on place le feu, est à peu près de la même grandeur que celle qui est au-dessous; elle a aussi une porte sur le corridor : on y remarque de plus une ouverture à sa voûte, qu'on ferme et qu'on ouvre à volonté; deux fenêtres latérales, toujours ouvertes, qui communiquent avec les fours voisins; enfin, au centre de son plancher, une assez grande ouverture circulaire, autour de laquelle on a pratiqué une large rigole pour y placer de la braise allumée, dont la chaleur se répand par l'ouverture ci-dessus dans la pièce inférieure.

Avant d'arriver dans l'intérieur de ce bâtiment, on trouve trois ou quatre pièces particulières, dont la première sert de logement à ceux qui sont chargés du service des fours; dans la seconde, on convertit en braise ardente des mottes et autres combustibles qui doivent servir à échauffer les fours; la troisième est destinée à recevoir les poussins, quelques heures après qu'ils sont éclos.

Les fours à poulets de l'Égypte ne sont en activité que pendant deux ou trois mois de l'année. Dans le Sa'yd, c'est ordinairement vers la fin du mois de janvier qu'on les ouvre; au Kaire et dans le Delta, on ne commence que dans les premiers jours du mois de mars.

A cette époque, le propriétaire de chaque établissement engage à son service deux ou trois de ces hommes qui savent conduire les couvées. Tandis que les uns s'occupent de la réparation du bâtiment où ils doivent opérer, les autres reçoivent les œufs qu'on apporte des villages voisins ; ils inscrivent la quantité des œufs reçus, ainsi que le nom de ceux qui les confient, contractant par-là l'obligation de rendre un certain nombre de poussins[1].

Lorsqu'on a amassé une quantité convenable d'œufs pour commencer une première couvée, on procède de la manière suivante. On n'emploie jamais la totalité des couvoirs pour la même couvée, mais seulement la moitié de ceux que contient le bâtiment : s'il y en a six de chaque côté, on ne met d'abord des œufs que dans le premier, dans le troisième, dans le cinquième, dans le septième, dans le neuvième et dans le onzième. On les place sur un lit de poussière et de paille hachée; on en met jusqu'à trois l'un sur l'autre. Chacun des couvoirs peut en contenir quatre à cinq mille, lorsqu'ils sont complètement garnis. Après avoir inscrit sur chacun des couvoirs le jour où l'on a commencé l'opération, on apporte dans les rigoles des six fours qui sont au-dessus, de la braise allumée, provenant des diverses matières combustibles ainsi réduites, pour cet effet, dans une des chambres dont il a été parlé. Quelques momens après, on ferme les ouvertures des voûtes, ensuite les portes des fours et des couvoirs : on laisse ainsi cette braise se consumer lentement. On la renouvelle deux

---

[1] C'est ordinairement les deux tiers du nombre des œufs qui ont été confiés ; le reste appartient aux propriétaires des fours.

DE FAIRE ÉCLORE LES POULETS. 419

fois par jour, et autant pendant la nuit : on répète cette opération pendant dix jours consécutifs, ayant le soin, à chaque fois, d'ouvrir un instant les trous des voûtes et les portes des couvoirs, tant pour renouveler l'air de l'intérieur du bâtiment, que pour diminuer la première impression de la chaleur, qui pourrait nuire aux œufs. Dans les intervalles, on visite les œufs placés dans les couvoirs; on les retourne; on rapporte au second et au troisième lit ceux qui étaient au premier. Ainsi, renouveler le feu quatre à cinq fois dans les vingt-quatre heures, visiter et retourner les œufs une ou deux fois par jour, c'est à quoi se borne le travail des dix premiers jours.

Le onzième jour, les travaux sont doublés : on dispose une seconde couvée avec les œufs qu'on a eu soin d'amasser; on les place, avec les précautions indiquées pour la précédente, dans les six autres couvoirs qui se trouvent entre ceux de la première couvée : ce travail doit être terminé en moins de trois heures. Lorsque les six autres couvoirs sont suffisamment pourvus, on apporte de suite la braise allumée dans les rigoles des fours qui sont au-dessus; on continue le feu pendant dix jours de suite, comme cela s'est fait pour la première couvée, ayant à chaque fois la même précaution d'ouvrir un moment les trous des voûtes et les portes des couvoirs : pendant ce temps, on a aussi pour les œufs les mêmes soins qu'on a eus pour ceux de la première couvée.

Dès l'instant qu'on a placé du feu dans les fours de la seconde couvée, on cesse d'en mettre dans ceux de la première, qui se trouvent suffisamment échauffés par la chaleur des fours voisins. On ne cesse pas pour cela de s'occuper des œufs de cette première couvée, qui exigent d'autant plus de soins, qu'ils approchent de l'instant où il en doit sortir des poussins : on transporte une partie de ces œufs sur le plancher des fours, un jour après qu'on a retiré le feu. Les œufs de cette couvée se trouvant alors moins entassés, on les retourne avec plus de facilité; on les visite plusieurs fois par jour, pour en séparer ceux que l'on croit gâtés.

Le vingtième jour, on commence déjà à trouver plusieurs poussins : le vingt-unième jour, on en voit éclore un très-grand nombre. On facilite quelquefois la sortie de ceux qui ne peuvent briser entièrement leur coquille. On conserve encore, un jour ou deux, le reste des œufs qui peuvent donner des poussins tardifs. On place les plus faibles dans le corridor qui sépare les couvoirs; on porte les plus forts dans la chambre destinée à les recevoir, où ils ne restent qu'environ un jour. C'est dans ce lieu qu'on les prend pour les donner à ceux qui ont fourni les œufs, ou bien pour les vendre.

Aussitôt que la première couvée est sortie, on s'occupe d'en préparer une troisième : on place aussitôt des œufs dans les six couvoirs devenus libres; on répète pour cette troisième couvée ce qu'on a fait pour la première et pour la seconde, pendant les dix premiers jours des travaux.

On fait également pour la deuxième couvée, pendant les dix derniers jours, ce qui s'est pratiqué pour celle dont les poussins sont sortis des couvoirs, et ainsi de suite.

On continue cette manœuvre pour toutes les couvées qui se succèdent de dix jours en dix jours, en procédant ainsi pendant l'espace de trois mois, temps ordinaire des couvées; on voit sortir, tous les dix à douze jours, de chacun des établissemens en activité, une couvée de plusieurs milliers de poussins. La perte des œufs, pendant le temps des couvées, est peu considérable; elle se monte rarement au-delà d'un sixième des œufs, et l'on ne voit jamais manquer une couvée entière.

Ces sortes d'établissemens sont très-multipliés en Égypte : on en compte un pour douze à quinze villages, et souvent plusieurs dans une même ville. Le P. Sicard en comptait près de quatre cents, chacun d'eux faisant éclore, selon lui, deux cent quarante mille poulets; ce qui faisait près de cent millions de poulets que, de son temps, l'on faisait éclore, chaque année, en Égypte. On peut raisonnablement réduire ce nombre à moins d'un tiers. Il y a encore environ deux cents fours à poulets en activité dans toute l'Égypte, et chacun d'eux fait éclore à peu près cent quarante mille poulets. Outre ceux-ci, dans quelques villages isolés, et principalement dans plusieurs tribus arabes, on laisse couver quelques poulets, quoique ce dernier moyen, comme cela a dû être observé, ne soit ni certain, ni avantageux en Égypte[1].

---

[1] On a cru trouver l'origine de l'incubation artificielle dans l'exemple des œufs d'autruche et de crocodile abandonnés dans le désert et sur le rivage du Nil, et que la chaleur seule des sables fait éclore : mais, si l'on fait attention que l'incubation des poules réussit rarement en Égypte, et que, dans la saison brûlante où elles commencent à couver, elles abandonnent presque aussitôt leurs œufs pour se livrer de nouveau à l'amour, on est bien plus porté à croire que les prêtres de l'ancienne Égypte, qui avaient des connaissances sur tous les arts, ont

Les succès constans de ces opérations ne sont pas seulement dus à la bonté du climat de l'Égypte, comme le pensent les détracteurs de la méthode des Égyptiens; l'industrie particulière de ceux qui dirigent les couvées, y contribue beaucoup plus. Une longue expérience leur fait connaître, en entrant dans les fours, s'il faut renouveler le feu, ou attendre quelques momens de plus; et ils savent obtenir la température qui convient aux diverses époques de l'incubation. Par leurs procédés, ils produisent à la fois, et par le même moyen, différens degrés de température en différens points du bâtiment où se trouvent les couvoirs et les fours. Pendant la durée des couvées, j'ai constamment trouvé, dans plusieurs fours à poulets du Kaire, une température presque toujours égale, et ne variant jamais de plus de deux degrés, quoique différente dans chaque espèce de pièce : par exemple, dans les couvoirs, pendant les dix premiers jours de l'incubation, la température était (selon le thermomètre de Réaumur) de 32 à 33 degrés au-dessus de 0, et pendant les dix derniers jours, de 28, 29, 29 $\frac{1}{2}$; dans les fours, à l'instant où l'on mettait le feu, de 37, 38, 39 degrés, et quatre heures après, de 32, 33, 33 $\frac{1}{2}$. (*Voyez* les deux tableaux ci-après.)

dû chercher quelques moyens de remédier à ce défaut de fécondité, et ont employé l'incubation artificielle pour faire éclore en abondance les œufs des poules, et obtenir une plus grande quantité de poulets, dans lesquels ils trouvaient un aliment délicat et léger; ces mêmes prêtres, voulant ensuite profiter de cette découverte, pour montrer que tout prospérait sous leurs mains, en ont fait une science mystérieuse, et ne l'ont transmise que comme un secret, qui, même aujourd'hui, n'est encore bien connu en Égypte que de quelques particuliers.

TABLEAU DES DEGRÉS DE CHALEUR OBSERVÉS DANS LES FOURS A POULETS DE L'ÉGYPTE.

Première suite d'expériences faites au Kaire, dans un four situé dans le quartier dit Setty-Zeynab.

Thermomètre de Réaumur, degrés au-dessus de o.

DATES.		AU DEHORS.	CHAMBRES AVANCÉES.	CORRIDOR.	COUVOIRS.		FOURS.			OBSERVATION.
					PENDANT les dix premiers jours de l'incubation.	PENDANT les dix derniers jours de l'incubation.	INSTANT où l'on met le feu.	QUATRE heures après qu'on a placé du feu.	PENDANT les dix derniers jours, lorsqu'on ne met plus de feu.	
FLORÉAL, GERM., an VIII.	25.	19.	21.	26.	33.	29 $\frac{1}{2}$.	36.	34 $\frac{1}{4}$.	30.	Tandis qu'il reste des œufs dans les fours pendant les dix derniers jours de l'incubation, on continue toujours à apporter du feu dans les fours voisins, quoiqu'il ne se trouve pas d'œufs dans les couvoirs au-dessous.
	26.	21 $\frac{1}{2}$.	22.	26.	33.	30.	37.	34.	32.	
	27.	20.	21 $\frac{1}{2}$.	25 $\frac{1}{2}$.	32 $\frac{1}{2}$.	30.	36 $\frac{1}{2}$.	34.	32.	
	28.	19 $\frac{1}{2}$.	21.	25 $\frac{1}{2}$.	32.	29.	37 $\frac{1}{2}$.	33 $\frac{1}{2}$.	30.	
	29.	22.	22.	26.	33.	30.	38.	33.	31 $\frac{1}{2}$.	
	30.	25.	23.	25.	31 $\frac{1}{2}$.	29 $\frac{1}{2}$.	37.	32.	31.	
	1.	21 $\frac{1}{2}$.	22.	26 $\frac{1}{2}$.	32 $\frac{1}{2}$.	29.	36 $\frac{1}{2}$.	34.	32.	
	2.	23.	23 $\frac{1}{2}$.	26.	33.	29.	37 $\frac{1}{2}$.	34.	32 $\frac{1}{2}$.	
	3.	25.	23.	25.	33.	29 $\frac{1}{2}$.	37.	32 $\frac{1}{2}$.	32.	
	4.	22 $\frac{1}{2}$.	22.	25 $\frac{3}{4}$.	32.	30.	36.	33.	31 $\frac{1}{2}$.	

Deuxième suite d'expériences faites au Kaire, dans un four à poulets situé dans le quartier dit Bâb el Nasr.

	DATES.	AU DEHORS.	CHAMBRES AVANCÉES.	CORRIDOR.	COUVOIRS.		FOURS.	
					PENDANT les dix premiers jours de l'incubation.	PENDANT les dix derniers jours de l'incubation.	SAVANT où l'on met le feu.	PENDANT les dix derniers jours, lorsqu'on ne met plus de feu.
PRAIRIAL, an IX.	6.	22.	23.	26.	32 ½.	30.	37.	30.
	7.	25.	24.	27.	33.	29 ½.	37 ½.	32.
	8.	23.	24 ½.	25 ½.	32.	29.	36 ½.	31.
	9.	19.	20.	25 ½.	33.	30.	37.	29 ½.
	10.	20 ½.	22.	27.	33 ½.	29.	38.	30.
	11.	23.	24.	26.	32.	29.	36 ½.	31.
	12.	25.	24.	25 ½.	32.	28 ½.	37.	30.
	13.	26.	24 ½.	25.	31 ½.	29.	37.	30.
	14.	26 ½.	25.	26.	32.	30.	36.	31.
	15.	26.	24.	25 ½.	31.	29.	37 ½.	31 ½.

DE FAIRE ÉCLORE LES POULETS.

Les Égyptiens n'excellent pas seulement dans l'art de faire éclore les œufs, ils savent aussi élever les poulets sans le secours des poules. Ce soin ne regarde plus ceux qui dirigent les couvées; il est confié à quelques femmes dans les maisons des particuliers. Elles n'en élèvent jamais plus de trois ou quatre cents à-la-fois, et souvent beaucoup moins. Ce n'est qu'au bout de quinze ou vingt jours, lorsque ceux-ci peuvent se passer des premiers soins, qu'elles vont en chercher une nouvelle quantité dans les couvoirs.

Pendant le jour, on les laisse sur un terrain sec, exposé au soleil et couvert de déblais. On leur donne pour nourriture, du blé, du riz et du millet concassés, et de l'eau pour seule boisson. A l'approche de la nuit, on les ramène dans l'intérieur des maisons, où on les tient enfermés dans des espèces de fours de terre, afin de les mettre à l'abri des fraîcheurs de la nuit, et de les garantir de la poursuite de différens animaux qui pourraient les détruire : ils exigent ces soins particuliers pendant environ un mois; après ce temps on les laisse courir avec les poules.

Malgré l'opinion contraire de plusieurs voyageurs, la chair des poules et des poulets ainsi élevés est tendre et succulente. Les Égyptiens s'en nourrissent avec délices, et n'ont aucune préférence pour ceux qui proviennent de l'incubation des poules. A la vérité, les poulets sont rarement gras[1]; les poules sont petites, et les œufs moins gros que la plupart de ceux des poules d'Europe:

---

[1] On n'engraisse jamais les poulets en Égypte; on n'y chaponne pas les petits coqs. On y mange toute espèce de volaille dans l'état naturel.

mais cela vient plutôt de l'espèce ou de la variété particulière des poules de l'Égypte, que des moyens employés pour les faire éclore.

Lorsque l'on examine tous les avantages que les Égyptiens retirent de leurs fours à poulets, on regrette de ne point trouver cet art établi en Europe, et principalement en France, où il serait presque aussi praticable qu'en Égypte [1].

Avec quelques soins, il sera toujours facile de faire

---

[1] Les voyageurs qui ont visité les fours à poulets de l'Égypte, et qui en ont vu sortir de nombreuses couvées, ne doutent pas que cette méthode ne puisse également réussir dans tous les pays; mais personne ne s'est appliqué à bien examiner ces sortes d'établissemens, et à en recueillir exactement les procédés. Les voyageurs ne les ont jamais vus qu'une fois, et, le plus souvent, lorsqu'ils n'étaient pas en activité : aussi la plupart n'ont recueilli que des renseignemens inexacts, insuffisans, et pris au hasard.

Quelques voyageurs, tels que Wesling, Niebuhr et Norden, ont assez bien décrit les fours qui servent à faire éclore les œufs. Ces trois auteurs, auxquels on peut réunir Thévenot et le P. Sicard, rapportent aussi d'une manière assez conforme à la vérité, la méthode générale d'opérer; mais, en parlant des détails qu'exige le soin des fours pendant la durée des couvées, ils ont commis une quantité d'erreurs qui leur sont communes avec beaucoup de voyageurs. C'est à la plupart de ces erreurs qu'il serait permis d'attribuer aujourd'hui le peu de succès de tous les essais faits en Europe pour y pratiquer cet art, et surtout le découragement de ceux qui, à différentes époques, ont fait les plus grands efforts pour l'établir en France. Réaumur était un de ceux qui réunissaient le plus de moyens pour y réussir. Ses expériences étaient aussi ingénieuses que la méthode décrite dans son ouvrage est savante (*voyez* l'Art de faire éclore les œufs, par Réaumur) : mais ceux qui lui avaient appris celle des Égyptiens, lui ont laissé ignorer beaucoup de détails qui pouvaient être utiles à ses recherches, et lui assurer des résultats plus avantageux.

Pour bien connaître cet art, il fallait non-seulement examiner la construction du bâtiment principal, et la distribution des couvoirs et des fours particuliers, mais encore s'assurer de l'époque à laquelle on commence à opérer, voir travailler chaque jour ceux qui sont chargés de la direction des fours, connaître, à l'aide d'un thermomètre, le degré de chaleur qu'ils y entretiennent pendant le temps des couvées; il fallait suivre à plusieurs époques, et dans des fours différens, une se-

éclore des œufs par l'incubation artificielle. L'éducation des poussins présente seule plus ou moins de difficultés, selon le climat et la saison. Mais l'industrie des Européens ne surmonte-t-elle pas tous les jours des difficultés semblables, en naturalisant dans nos climats des plantes et des animaux étrangers?

Pour parvenir à faire éclore des œufs par l'incubation artificielle, et à élever les poussins sans le secours des poules, il serait, en quelque sorte, nécessaire de se conformer à la méthode simple et industrieuse des Égyptiens : il faudrait surtout renoncer à ces grands établissemens, où l'on espérait faire éclore et élever en même temps plusieurs milliers de poulets.

ROUYER.

conde et une troisième couvée. C'est à l'aide de ce plan d'observation que je suis parvenu à recueillir ce que j'ai rapporté sur les fours à poulets de l'Égypte.

NOTICE

SUR LES MÉDICAMENS USUELS

DES ÉGYPTIENS,

Par M. ROUYER,

Membre de la Commission des sciences et des arts d'Égypte.

Les naturels de l'Égypte font usage d'un petit nombre de médicamens. Ils ne reconnaissent que trois espèces de maladies : ils attribuent les unes à l'abondance de la bile, les autres au froid subit, d'autres enfin à la grande chaleur. Ils n'admettent également que trois sortes de médicamens, les purgatifs, les échauffans, et les rafraîchissans, qui, divisés en trois classes correspondantes à celles des maladies, indiquent de suite l'usage de chacun d'eux.

Les Égyptiens n'emploient que des drogues simples. Les réduire en poudre, les mêler avec du sucre, ou les incorporer dans du miel, sont les préparations ordinaires de toutes les substances médicinales qu'ils doivent prendre intérieurement. Ils ont rarement recours aux médicamens plus composés. Leurs manuscrits pharmaceutiques n'en indiquent presque aucun, quoiqu'on y trouve beaucoup de recettes tirées des principaux auteurs arabes, auxquels nous devons un grand nombre de compositions officinales.

Leur science médicale ne conserve plus que quelques débris de celle des peuples qui les ont précédés. En Égypte, il en est aujourd'hui des nombreux médicamens des Arabes, comme des arts et des monumens anciens; on n'y trouve plus que des ruines à peine reconnaissables; le temps, l'ignorance et les préjugés les ont également détruits. On n'y recueille plus l'opium thébaïque[1], autrefois si estimé, et si vanté encore de nos jours dans beaucoup de pharmacies. Le suc d'acacia[2], dont les Égyptiens ont fait long-temps usage, qu'eux seuls préparaient pour l'Asie et pour l'Europe, ne se trouve plus parmi leurs médicamens, ni dans le commerce. Il en est de même de beaucoup d'autres substances très-usitées autrefois, et qu'ils n'emploient plus dans leur pratique médicale.

Les Égyptiens, devenus apathiques et indolens, ont laissé perdre insensiblement un grand nombre de leurs médicamens; et ils n'en conserveraient aucun, si le commerce qu'ils font de ces sortes de substances[3] ne

---

[1] *Akhmym* اخميم, petite ville de la haute Égypte, est le seul endroit où quelques chrétiens qobtes retirent de la plante entière du pavot (*papaver somniferum*, Linn.) un extrait de peu de qualité, qui ne sert qu'aux habitans de cette province, et qu'on porte rarement jusqu'au Kaire.

[2] En Égypte, on recueille encore avec soin les siliques de l'acacia (*mimosa Nilotica*, Linn.), non pour en tirer, comme autrefois, le suc d'acacia, mais pour les employer entières dans différens arts.

[3] Il se fait en Égypte un commerce considérable de drogues simples, qui y sont apportées des Indes, de l'intérieur de l'Afrique et de l'Asie, pour les envoyer en Europe. Lorsque les médicamens apportés de France pour le service des hôpitaux de l'armée furent totalement consommés, M. Boudet, membre de

leur en rappelait souvent l'usage et les propriétés. La
plupart de ces prosélytes de l'islamisme, persuadés
que tout est prédestiné, croient peu à l'efficacité des
médicamens et aux autres moyens curatifs. Lorsqu'ils
ont rempli les préceptes qui leur ordonnent la propreté
et la sobriété, s'il leur survient une maladie, ils la regardent comme envoyée de Dieu; ils la supportent avec
courage et sans murmure : souvent même ils n'ont recours aux médicamens que lorsque ceux-ci ne peuvent
plus s'opposer aux progrès du mal. Ces idées de fata-
lisme, dont presque tout le peuple est imbu, n'ont pas
peu contribué à faire rétrograder la science médicale,
ou au moins à en arrêter les progrès, dans ces mêmes
contrées qui l'ont vue naître.

Les médicamens dont les Égyptiens ont conservé
l'usage, sont presque tous tirés des végétaux; ils emploient très-peu de substances minérales, et se servent
rarement de matières animales. Le plus communément,
chacun connaît le remède qui lui convient, et ne con-
sulte de médecin que pour les maladies graves et pour
des cas extraordinaires. C'est toujours chez les marchands droguistes, qui sont très-nombreux au Kaire et
dans toutes les villes de l'Égypte, que les naturels du
pays vont chercher les médicamens dont ils ont besoin.
Ils les préparent eux-mêmes, à l'instant où ils doivent
s'en servir. Ils emploient rarement l'infusion pour obtenir les vertus des plantes médicinales; ils préfèrent de

l'Institut d'Égypte, et pharmacien en chef de l'expédition, forma, au grand Kaire, une pharmacie centrale, dont je fus chargé; je trouvai alors dans les magasins du pays les drogues nécessaires pour assurer le ser-
vice courant des hôpitaux, et même
pour plus d'une année d'avance.

les prendre entières, ayant une espèce de dégoût pour tous les médicamens liquides. Le tamarin est presque le seul médicament qu'ils prennent en infusion; et c'est le plus souvent comme liqueur rafraîchissante, ainsi que plusieurs autres sorbets[1] dont ils font un usage plus particulier en santé. Dans les maladies, l'eau du Nil leur paraît préférable à toutes les boissons composées.

Leurs purgatifs sont ordinairement solides; ils les préparent avec des pulpes de tamarin, de casse ou de myrobolans, dans lesquelles ils font entrer des poudres de racine de jalap, de feuilles de séné, des graines de ricin et des résines. Quelques-uns se purgent en prenant une potion faite dans une coupe d'antimoine[2], où ils laissent séjourner de l'eau acidulée de suc de citron.

Les habitans des campagnes font aussi usage d'un purgatif liquide qu'ils préparent avec le fruit entier d'une coloquinte: après y avoir pratiqué une ouverture, ils la remplissent de lait ou d'eau; ces liqueurs acquièrent en peu de temps les propriétés de ce fruit. Les Égyptiens ont souvent recours aux purgatifs, et choisissent les plus violens. La gomme-gutte, l'aloès, l'euphorbe, la scammonée, le jalap, sont ceux auxquels ils donnent la préférence. Le séné, la casse, le tamarin et les myrobolans seuls seraient insuffisans.

Les émétiques sont peu employés; les musulmans ont une si grande aversion pour le vomissement, qu'ils

---

[1] Les Égyptiens préparent plusieurs espèces de sorbets, tels que ceux de réglisse, de caroube, de limon; ils en font à la rose, à la violette, à la fleur d'orange, aux pistaches, aux amandes, et beaucoup d'autres avec divers parfums agréables.

[2] J'ai trouvé au grand Kaire plusieurs de ces coupes chez les parti-

consentent difficilement à le provoquer. Leur répugnance pour les lavemens est presque égale; ils n'en font usage que dans les cas les plus urgens : ils les composent d'huile, de lait, et de décoctions animales.

Les préparations mercurielles, si multipliées dans la médecine de l'Europe, sont presque toutes inconnues en Égypte. On y traite les maladies vénériennes par les purgatifs et par les sudorifiques; ces derniers, en y joignant l'usage fréquent des bains de vapeurs, sont employés avec succès. S'il arrive que la maladie y résiste, on a recours aux purgatifs, qu'on réitère à fortes doses, pendant quinze, vingt et quelquefois trente jours de suite, jusqu'à ce que. le malade soit tout-à-fait épuisé. Cet état d'affaiblissement est considéré comme un symptôme favorable et indiquant une prochaine guérison. Dans toutes les espèces de gonorrhées, on fait usage de rafraîchissans et d'astringens.

Les décoctions, dont les Égyptiens se servent rarement comme remèdes internes, sont souvent employées pour déterger les plaies et les ulcères, qu'ils pansent ensuite avec des toiles sèches, préalablement préparées dans le produit de ces décoctions.

Les collyres dont ils font usage sont très-nombreux, et tous sous forme sèche. Ils se composent de poudres dessiccatives, de sels naturels ou factices, et de toiles qui ont séjourné dans des liqueurs astringentes. Quelques-uns sont apportés au Kaire tout préparés; ce sont des espèces de trochisques composés de sels métalliques, de

---

culiers aisés; elles viennent toutes de Constantinople, où l'on en fait un grand usage.

substances terreuses et alcalines. Il y en a d'une multitude de formes, et qui varient aussi par leur couleur. Ces compositions se font à la Mekke, où les pélerins les achètent pour les revendre à leur retour, ou en faire usage s'ils sont surpris de l'ophthalmie pendant leur voyage.

Les Égyptiens attribuent à d'autres collyres la propriété merveilleuse de préserver de l'ophthalmie. Ces derniers, ne s'appliquant que très-légèrement sur les paupières, ne m'ont paru avoir d'autre propriété que celle de les teindre en noir, agrément qui plaît beaucoup aux naturels de l'Égypte. Je ne parlerai pas d'une infinité de remèdes superstitieux dont ils préconisent les vertus, qu'ils emploient souvent, et auxquels il serait difficile de les faire renoncer : je dirai seulement que là, comme ailleurs, on ne voit que les esprits faibles et les ignorans ajouter foi à ces espèces de productions du fanatisme et du charlatanisme.

Les odontalgiques sont presque inconnus en Égypte. Sans le secours de ces nombreux médicamens, devenus indispensables aux habitans de l'Europe, les Égyptiens conservent leurs dents très-blanches; ce qui paraît être dû à l'habitude de se laver aux heures d'ablution et après les repas, à la qualité des fruits qui font leur principale nourriture, et plus encore à l'eau du Nil, leur unique boisson.

Outre les médicamens simples que les Égyptiens emploient dans les maladies, ils ont encore un nombre prodigieux de préparations qu'on pourrait regarder comme médicinales, mais dont ils ne font usage que dans l'état de santé : les unes sont propres à procurer une ivresse agréable et à exciter aux plaisirs; les autres ont la propriété de donner beaucoup d'embonpoint; d'autres, enfin, sont destinées à embellir la peau et toutes les parties du corps. On trouve parmi ces différentes compositions un plus grand nombre de préparations chimiques et officinales que parmi leurs médicamens.

1°. Les drogues et les compositions dont les habitans de l'Égypte se servent dans l'intention de se procurer des jouissances réelles ou idéales, sont des opiats connus dans le pays sous les noms de *berch*[1], de *dyâsmouk*[2], de *bernâouy*[3], et beaucoup d'autres semblables. Ces opiats sont composés d'ellébore, de feuilles de chanvre, d'opium et de substances fortement aromatiques. C'est surtout avec de l'opium et les feuilles de chanvre qu'ils possèdent le secret de préparer des compositions merveilleuses, propres à procurer, pendant le sommeil, diverses jouissances imaginaires et telle espèce de rêve qu'on désire. Le mélange de l'ellébore et des feuilles de chanvre cause une ivresse plus ou moins longue, quelquefois dangereuse, mais ordinairement gaie et délicieuse. Toutes ces préparations, dont les habitans des villes et des campagnes font une grande consommation, ne se trouvent pas chez les droguistes, comme les médicamens simples; on les débite dans des boutiques particulières, qui sont très-multipliées dans toutes les villes de l'Égypte.

Ceux qui composent ces drogues se nomment *Ma'-*

[3] برناوى   [1] برش

[2] دياسموك

goungy[1], du mot arabe *ma'goun*[2], qui signifie *électuaire*, ou *composition officinale*. Les Qobtes et les Juifs font presque seuls cette espèce de commerce; ce qui porte à croire que l'usage de ces opiats est très-ancien, et remonte à un temps antérieur à celui des Arabes. Le *philonium* et la *thériaque* des Égyptiens se trouvent aussi au nombre de ces compositions, et ne se prennent également que dans l'état de santé. Les riches, et généralement les personnes aisées, font un fréquent usage du *philonium*. Cette substance m'a paru n'être autre chose que l'opium du commerce, purifié et aromatisé. Ils le prennent à la dose de plusieurs grains; ils le jugent propre à réparer les forces, à dissiper la mélancolie, à donner de la confiance et du courage. C'est aussi dans cette intention que les ouvriers et les pauvres font usage du *berch* et du *bernâouy*. Ces espèces de drogues exhilarantes sont pour les Orientaux ce que les liqueurs fermentées sont pour les Européens.

La thériaque, qu'ils nomment *touryâq el-kebyr*[3], est à peu près la même que celle qui se trouve décrite dans nos pharmacopées, sous le nom de *thériaque d'Andromaque*: elle n'en diffère que de quelques articles, et contient seulement des excitans plus actifs. Prosper Alpin, qui a décrit les médicamens des Égyptiens, dit que leur thériaque est la même que celle d'Andromaque, à laquelle ils ont fait quelques changemens. Je serais plutôt porté à croire que la thériaque des Égyptiens, telle qu'ils la préparent encore aujourd'hui, n'a

[1] معجونجى
[2] معجون
[3] ترياق الكبير

DES ÉGYPTIENS. 437

point été altérée; qu'elle est très-ancienne, et que c'est de cette composition qu'Andromaque a tiré sa thériaque, devenue ensuite si célèbre, à laquelle il a eu soin d'ajouter quelques substances, et de retrancher celles dont le trop grand usage eût été nuisible dans tout autre climat que celui de l'Égypte.

Les Égyptiens font un grand secret de la composition de leur thériaque, dont ils se croient les seuls possesseurs. Je ne suis parvenu qu'avec beaucoup de peine à en obtenir la recette de celui qui la prépare : elle diffère peu de celle que Prosper Alpin avoue lui-même n'avoir obtenue qu'avec beaucoup de difficulté, et qu'on trouve à la suite de ses Observations médicales sur l'Égypte.

Cette thériaque passe pour avoir de grandes vertus; il s'en fait un commerce considérable au Kaire, où on la prépare : on en porte à la Mekke, dans toute l'Asie, à Constantinople et en Barbarie. Le cheykh des marchands d'opiats a seul le droit de préparer la thériaque. On la renouvelle tous les ans : elle se fait publiquement, en présence du médecin du pâchâ de Constantinople, résidant au Kaire, du cheykh des droguistes, et des principaux de la ville[1]. Lorsqu'elle est confectionnée, on la dépose au *Máristán*[2], édifice national, destiné à recevoir les fous, les vieillards et les malades indigens. Le produit de la vente de ce médicament est employé

---

[1] C'est sans doute d'après cette coutume, très-ancienne en Égypte, que la préparation de la thériaque est ensuite devenue solennelle dans plusieurs contrées de l'Europe, comme on le voit encore en Italie, en Allemagne, et au collège de pharmacie à Paris.

[2] مارستان

à l'entretien de cet établissement public. Le local où l'on prépare la thériaque, m'a paru avoir servi autrefois de laboratoire où l'on confectionnait un plus grand nombre de médicamens. On y remarque encore plusieurs vaisseaux semblables à ceux dont on se sert en Europe pour les grandes opérations de chimie et de pharmacie. « Ces vaisseaux, disent les Égyptiens, ont servi à nos aïeux, qui préparaient des médicamens plus efficaces que ceux dont nous nous servons aujourd'hui. »

2°. Les nombreuses préparations dont les habitans de l'Égypte font usage dans l'intention d'acquérir de l'embonpoint, sont principalement recherchées par les riches et par les habitans aisés des villes : ils attachent un grand prix à ces sortes de compositions, qui ont toutes pour base des substances mucilagineuses et féculentes, des fruits charnus, des semences huileuses, et quelquefois des matières animales. Les femmes, pour lesquelles l'excès d'embonpoint est une perfection de beauté, en font un grand usage. Les hommes y ont aussi recours : mais ils y mêlent toujours des excitans et beaucoup d'autres drogues semblables, qu'ils recherchent avec une extrême avidité; tant l'influence du climat, et peut-être aussi celle de leur éducation, les rend insatiables de voluptés et de jouissances. Ces sortes de drogues se préparent comme les médicamens, et se prennent préférablement dans les bains. Il s'en fait une si grande consommation au Kaire et dans toutes les villes de l'Égypte, que les substances qui entrent dans leur composition font la partie la plus considérable du commerce des droguistes du pays : aussi leurs magasins en sont abondamment fournis; et l'on peut dire, à ce sujet, qu'il leur arrive plus souvent de vendre des drogues capables de détériorer la santé que des médicamens propres à la rétablir.

3°. Les Égyptiens emploient une infinité de cosmétiques, qu'ils composent eux-mêmes, et qu'ils n'obtiennent que par des procédés longs et pénibles ; tandis qu'ils évitent avec soin tous les procédés difficiles, quand ils préparent des médicamens. Parmi leurs cosmétiques, on distingue ceux qui sont destinés à blanchir et à adoucir la peau, à lui donner de la souplesse ou à la resserrer ; ceux qui doivent faire croître ou faire tomber les poils ; enfin, ceux qui servent à teindre la peau, les cheveux et la barbe. Ces compositions se font ordinairement avec des huiles douces, des graisses de différens animaux, des résines odorantes, des savons alcalins et métalliques.

Les essences et les parfums sont très-estimés des Égyptiens. Leurs parfumeurs préparent des eaux de plantes aromatiques et de différentes fleurs, les baumes, des huiles essentielles, des pommades, et plusieurs autres cosmétiques dont le sexe fait usage pour la toilette. Ils composent aussi diverses sortes de pastilles odoriférantes, qu'on brûle dans les mosquées, autour des tombeaux, dans les maisons des riches, mais qui sont particulièrement destinées à parfumer les appartemens des femmes.

L'embaumement, cet art religieux qui prit naissance en Égypte, qui y fut pratiqué pendant une longue suite de siècles, y est aujourd'hui inconnu. Les Égyptiens modernes, n'ayant pas conservé la coutume d'embaumer leurs morts, ont négligé tout ce que la tradition aurait pu leur apprendre sur les embaumemens des anciens. Lorsque je ferai l'histoire des momies que j'ai vues dans plusieurs endroits de l'Égypte, j'indiquerai leur préparation présumée; j'y ajouterai ce que les Égyptiens croient savoir sur cet ancien usage, et ce qu'en rapportent plusieurs manuscrits arabes qui m'ont été communiqués par des cheykhs du Kaire.

Ces détails sur les médicamens usuels des Égyptiens diffèrent des récits des voyageurs qui ont traité de la matière médicale de l'Égypte. Ils ont confondu les médicamens des Européens qui restent momentanément en Égypte, avec ceux des naturels du pays. La plupart n'ayant habité que le quartier des Francs, n'ayant vu et fréquenté que les chrétiens qui y demeurent, ont été induits en erreur, et ont décrit les habitudes et la manière de vivre de ceux-ci pour celles des musulmans.

On trouve, à la vérité, au Kaire (dans le quartier des Francs), trois pharmacies montées à peu près sur le pied de celles d'Europe. L'une est dirigée par des Grecs, et les deux autres appartiennent à des Vénitiens qui habitent depuis long-temps en Égypte. Ces trois pharmacies ne servent qu'aux Européens qui demeurent au Kaire et aux chrétiens de l'Asie qui y sont établis pour leur commerce : les musulmans, les Qobtes, les Juifs nés dans le pays, n'y ont recours que lorsqu'ils consultent des médecins étrangers, qui formulent comme en Europe, et les forcent de s'adresser dans les pharmacies tenues par les Européens, qu'on désigne en Égypte sous le nom de *Francs*.

C'est dans une de ces pharmacies que Forskal a composé un catalogue intitulé *Materia medica ex officinâ pharmaceuticâ Kahiræ descripta* : c'est sans doute pour cette raison qu'il a compris dans ce précis de matière médicale un grand nombre de médicamens simples et composés dont l'usage est inconnu aux Égyptiens, et qu'il en a omis quelques-uns qu'ils emploient journellement.

M'étant proposé de ne parler que des médicamens usuels des naturels de l'Égypte, pour ne pas répéter beaucoup de choses déjà dites par ceux qui ont écrit sur ce sujet, j'ajouterai seulement à cette notice une liste des principales drogues simples que les Égyptiens emploient plus particulièrement.

CATALOGUE

Des drogues simples dont les Égyptiens font habituellement usage comme médicamens, et de celles qui entrent dans la composition des électuaires vulgairement appelés Berch.

I. ABSINTHE (grande), *artemisia arborescens*, Linn.; en arabe, *chébé*[1]. Réduite en poudre, on la prend en substance dans l'hydropisie et dans les fièvres intermittentes; elle est regardée comme spécifique contre les vers.

On la cultive en Égypte.

II. ABSINTHE (petite), *artemisia Judaïca*, Linn.; en arabe, *chié*[2]. Cette plante est employée dans les mêmes cas que la précédente. On en brûle dans toutes les habitations pour purifier et pour renouveler l'air : les Égyptiens regardent cette fumigation comme le préservatif d'un grand nombre de maladies. C'est à cette espèce de parfum, mêlée avec les bois d'aloès et de kafal, qu'il faut attribuer cette odeur particulière qu'en Égypte on trouve dans toutes les maisons, et principalement dans celles des musulmans; odeur qui est inhérente aux appartemens, qui s'attache aux meubles et même aux vêtemens.

Les Arabes apportent la petite absinthe du désert : il s'en fait une grande consommation en Égypte.

III. ALOÈS (bois), *excœcaria agallocha*, Linn.; en arabe, *alouàse*[3]. Ce bois est usité comme parfum; mêlé avec le tabac

---

[1] *Chybeh*, شيبة. *Nota.* On a conservé dans le texte l'orthographe des noms recueillis par l'auteur, et l'on a tâché de les rectifier dans les notes.

[2] *Chyheh*, شيح.

[3] *Alouch*, عود.

à fumer, il en corrige l'âcreté, et rend sa fumée moins désagréable.

Il vient des Indes.

IV. ALOÈS (suc), *aloe perfoliata*, Linn.; en arabe, *sabbre-soccotri*[1]. Cette résine sert de purgatif dans les maladies dartreuses et vénériennes; elle entre aussi dans la composition de plusieurs opiats toniques.

On l'apporte de l'Inde.

V. AMBRE GRIS, *ambra ambrosiaca*, Linn.; en arabe, *amber*[2]. Les Égyptiens regardent cette substance comme aphrodisiaque; ils la font entrer dans les pilules et les opiats échauffans. L'ambre est aussi très-recherché comme parfum.

Il vient des Indes.

VI. ANACARDE, *anacardium occidentale*, Linn.; en arabe, *beladair*[3]. Les femmes mangent ce fruit nutritif et échauffant. On le fait légèrement rôtir, afin de le priver de son âcreté.

Il est apporté en Égypte par le commerce de l'Europe.

VII. ANIS VERTS, *pimpinella anisum*, Linn.; en arabe, *iansoune*[4]. On en donne aux enfans dans les coliques, et aux femmes nouvellement accouchées, mais principalement à celles qui ne doivent point allaiter leurs enfans.

On en récolte en Égypte.

VIII. ASSA-FŒTIDA, *ferula assa-fœtida*, Linn., en arabe, *antite*[5]. Les femmes en font usage à l'approche des règles et des couches.

Cette résine vient de l'Asie.

IX. BADIANE, *illicium anisatum*, Linn.; en arabe, *habb eloué*[6]. Cette semence est regardée comme cordiale et aphrodisiaque. Les

[1] *Sabr*, صبر ; *soqotry*, سقطرى.
[2] *A'nbar*, عنبر.
[3] *Beláder*, بلادر.
[4] *Yányçoun*, يانيسون.
[5] *Haltyt*, حلتيت.
[6] *Habb heldoueh*, حبّ حلاوة.

Égyptiens en mettent dans le café : ils en font aussi un sorbet. La badiane entre dans plusieurs électuaires.

On l'apporte de la Chine.

x. BAIES DE LAURIER, *laurus nobilis*, Linn.; en arabe, *habb el-gard*[1]. Elles entrent dans les opiats narcotiques et enivrans.

Elles viennent d'Europe.

xi. BAUME DE COPAHU, *copaïfera officinalis*, Linn. ; en arabe, *denn dinafe*[2]. On le donne intérieurement aux enfans nouvellement circoncis.

Il vient des Indes.

xii. BAUME DE LA MEKKE, *amyris opobalsamum*, Linn.; en arabe, *denn bellessane*[3]. Ce baume, très-estimé des Égyptiens, est employé comme cordial et vulnéraire, à la dose de quelques gouttes dans le café.

Il vient de l'Arabie : les pélerins qui viennent de la Mekke, l'apportent au Kaire.

xiii. BENJOIN, *croton benzoe*, Linn. ; en arabe, *djaoui*[4]. On en fait usage comme parfum et comme cosmétique.

Il vient des Indes.

xiv. BOL D'ARMÉNIE ; en arabe, *tinn Armat, tinn Roumi*[5]. On s'en sert comme astringent et antivénéneux; mêlé dans du suc de citron, ou du vinaigre (acide acéteux), on en couvre la peau dans les affections dartreuses et dans toutes les éruptions cutanées. Il entre dans la grande thériaque et dans plusieurs opiats.

On l'apporte des îles de l'Archipel et de Constantinople.

xv. CACHOU, *mimosa catechu*, Linn., en arabe, *cad Indi*[6]. Ce

---

[1] *Habb el-ghâr*, حبّ الغار.
[2] *Dehn dynâf*, دهن ديناف.
[3] *Dehn beleçân*, دهن بلسان.
[4] *Gdouy*, جاوى.
[5] *Tyn Armeny*, طين ارمنى ; *tyn Roumy*, طين رومى.
[6] *Kády Hendy*, كادى هندى.

suc extractif entre dans plusieurs poudres astringentes et stomachiques. On le mâche seul pour corriger la mauvaise haleine.

Il vient des Indes.

XVI. CAMOMILLE, *anthemis nobilis*, Linn.; en arabe, *babounic*[1]. Cette fleur, dont on fait usage, est stomachique, fébrifuge et antispasmodique.

On l'apporte d'Europe.

XVII. CAMPHRE, *laurus camphora*, Linn.; en arabe, *cafour*[2]. Les Égyptiens l'emploient comme tonique et aphrodisiaque. Il entre dans plusieurs électuaires comme échauffant.

Il vient de l'Inde.

XVIII. CANNELLE, *laurus cinnamomum*, Linn.; en arabe, *kerfé*[3]. Elle est souvent employée comme cordiale et aphrodisiaque; on la donne pour arrêter le vomissement. Elle entre dans la grande thériaque, dans les électuaires échauffans et dans le *berch*.

Elle vient des Indes.

Les Égyptiens estiment beaucoup l'eau distillée de cannelle; ils en font un grand usage; ils en prennent dans le café; ils en mêlent avec plusieurs sortes de sorbets.

On l'apporte au Kaire dans des flacons de verre.

Il paraît qu'on la prépare dans quelques ports de la mer des Indes.

Elle vient par la mer Rouge.

XIX. CARDAMOME, *amomum cardamomum*, Linn., en arabe, *habb bahanne*[4]. Ce fruit est stimulant et échauffant. Les Égyptiens en mâchent continuellement: ils en mettent dans le café; ils en font un sorbet qui se prend chaud, comme on prend le punch en Europe. Le cardamome entre dans plusieurs électuaires.

On l'apporte des Indes.

XX. CASCARILLE, *croton cascarilla*, Linn.; en arabe, *kedré am-*

---

[1] *Bâbouneg*, بابونج.
[2] *Kâfour*, كافور.
[3] *Qerfeh*, قرفه.
[4] *Habb hamâmâ*, حبّ حامامَا.

bar[1]. On emploie cette écorce dans la fièvre opiniâtre et dans la dysenterie. Souvent elle sert de parfum.

Elle vient de l'Amérique méridionale.

XXI. CASSE, *cassia fistula*, Linn.; en arabe, *criar chambar*[2]. On fait avec ce fruit une conserve qui sert d'excipient à quelques poudres purgatives. Quelquefois on la donne comme laxatif aux femmes en couche.

On récolte une assez grande quantité de casse dans la basse Égypte.

XXII. CASSIA LIGNEA, *laurus cassia*, Linn.; en arabe, *sclica*[3]. Ce bois est employé comme sudorifique et fébrifuge : on le donne dans la fièvre à l'instant du frisson. Il entre dans les électuaires toniques et échauffans.

On l'apporte de l'Inde.

XXIII. CENTAURÉE (petite), *gentiana centaureum*, Linn.; en arabe, *kantarioune*[4]. Cette plante est regardée comme spécifique contre toutes les fièvres. On la donne aussi dans les coliques venteuses et dans les palpitations de cœur.

La petite centaurée est naturelle en Égypte.

XXIV. CHANVRE, *cannabis sativa*, Linn.; en arabe, *hachiche*[5]. Le chanvre, selon les Égyptiens, est la plante par excellence, non pour les avantages qu'on en tire en Europe et dans beaucoup d'autres pays, mais à cause des singulières propriétés qu'ils lui attribuent. Celui qu'on cultive en Égypte, est enivrant et narcotique. On se sert des feuilles et des sommités de cette plante, qu'il faut cueillir avant leur maturité : dans cet état, on en fait une conserve qui sert à composer le *berch*, le *dyâsmouk*, le *berndouy*. Les feuilles de chanvre réduites en poudre et incorporées dans du miel, ou délayées dans de l'eau, font la base du *berch* des pauvres. Ceux-ci s'enivrent encore en fumant le chanvre seul, ou mêlé avec

---

[1] *Gedr a'nbary*, جدر عنبرى.   [4] *Qantaryoun*, قنطريون.

[2] *Khyâr chenber*, خيار شنبر.   [5] *Hachych*, حشيش.

[3] *Slykhah*, سليخة.

le tabac : on en fait une grande consommation en Égypte, où on ne le cultive que pour cet usage.

Le chanvre d'Égypte est-il le même que celui d'Europe? doit-il ses propriétés à la culture ou au climat?

XXV. Clous de Girofle, *caryophyllus aromaticus*, Linn.; en arabe, *coroumfel*[1]. Ce fruit est usité comme stomachique et aphrodisiaque. Il entre dans les électuaires échauffans et dans plusieurs sorbets. Les femmes en mâchent souvent, et quelques-unes en font des colliers.

Le girofle est apporté de l'Inde.

XXVI. Coloquinte, *cucumis colocynthis*, Linn.; en arabe, *handal*[2]. On emploie la coloquinte comme vermifuge et antisiphilitique. Les habitans des campagnes et les Arabes s'en servent comme purgatif.

Elle vient en Égypte et en Arabie.

XXVII. Curcuma, *curcuma longa*, Linn.; en arabe, *courcoume*[3]. La racine du curcuma est considérée comme spécifique contre la jaunisse. Elle entre dans plusieurs électuaires toniques.

On l'apporte des Indes.

XXVIII. Djebel-Inde[4], semence très-fine, jaunâtre, sans odeur et d'une saveur âcre. Elle est émétique à la dose de trente à trente-six grains. Les Égyptiens, qui ne connaissent point l'usage du *tartrite de potasse antimonié*, ni celui de l'ipécacuanha, emploient quelquefois cette semence comme vomitif.

Elle est apportée de l'Inde : on ne la trouve pas parmi les drogues dont on fait usage en Europe.

XXIX. Échar[5], racine rougeâtre, de la grosseur du doigt, mucilagineuse et d'une saveur légèrement aromatique. Elle est souvent employée dans la dysenterie et dans les fleurs blanches : on la

---

[1] *Qorounfel*, قرنفل.
[2] *Hantal*, حنظل.
[3] *Kourkoum*, كركم.
[4] *Gebel Hendy*, جبل هندى.
[5] *Échár*, اشار.

mêle quelquefois avec les poudres purgatives, pour en corriger l'amertume et pour en diminuer l'activité.

Cette racine vient de l'Inde : elle ne se trouve pas dans les médicamens usités en Europe.

XXX. AÈCHE EL-NAUNE[1], racine charnue, jaunâtre, découpée par quartiers, sans odeur, d'une saveur alcaline : on l'emploie dans les rétentions d'urine et dans l'hydropisie. Elle sert aussi à divers usages domestiques : par exemple, les Égyptiens l'emploient pour se laver les mains avant et après les repas, et pour enlever des étoffes les taches produites par des corps gras.

Cette racine est apportée de la Syrie : elle n'est pas usitée en Europe.

XXXI. ELLÉBORE, *helleborus niger*, Linn.; en arabe, *sour naham*[2]. Cette racine est regardée comme propre à dissiper la mélancolie, à donner du courage et de la confiance. Elle entre dans les opiats enivrans, et particulièrement dans le *berch*.

On l'apporte d'Europe.

XXXII. EUPHORBE, *euphorbia officinalis*, Linn.; en arabe, *forfioune*[3]. Cette résine sert de purgatif dans la jaunisse et dans les maladies vénériennes.

Elle vient de la Barbarie.

XXXIII. GAÏAC, *guaiacum officinale*, Linn.; en arabe, *kachab élembié*[4]. Les râpures de ce bois servent à calmer la douleur des dents et à fortifier les gencives.

Il est apporté par les marchands d'Europe, qui le reçoivent d'Amérique.

XXXIV. GALANGA, *maranta galanga*, Linn.; en arabe, *coulinganne*[5]. On emploie cette racine comme stomachique et aphrodisiaque. Elle entre dans plusieurs électuaires.

Le galanga vient des Indes.

[1] *A'ych el-noun*, عيش النون.
[2] *Sour-nahân*, سور نحان.
[3] *Farfyoun*, فرفيون.
[4] *Khachab el-anbyd*, خشب الانبيا.
[5] *Khoulingân*, خولنجان.

DES ÉGYPTIENS.

XXXV. GALBANUM, *bubon galbanum*, Linn.; en arabe, *ganaouachak*[1]. Les femmes l'emploient en fumigation dans les maladies hystériques et contre les violens maux de tête.

Cette résine vient de l'Éthiopie.

XXXVI. GENTIANE, *gentiana lutea*, Linn.; en arabe, *gintianne*[2]. Cette racine est estimée tonique et fébrifuge. Elle fait la base de presque toutes les poudres composées, dont les Égyptiens font usage dans plusieurs maladies.

On l'apporte d'Europe.

XXXVII. GINGEMBRE, *amomum zinziber*, Linn.; en arabe, *zinsebid*[3]. Cette racine est un des principaux échauffans et aphrodisiaques usités. Le gingembre entre dans la grande thériaque, dans le *berch* et dans le *berndouy*.

Il vient des Indes orientales.

XXXVIII. GOMME ADRAGANTE, *astragalus tragacantha*, Linn.; en arabe, *ketiré béda*[4]. On donne cette substance dans les empoisonnemens, dans la rétention d'urine et dans la gonorrhée. On l'emploie aussi extérieurement dans l'ophthalmic.

On l'apporte d'Europe.

XXXIX. GOMMEGUTTE, *cambogia gutta*, Linn.; en arabe, *roubraoune*[5]. Cette résine est employée comme purgatif dans les maladies vénériennes.

Elle vient de la Perse et de l'Inde.

XL. GOMME AMMONIAQUE, *gummi resina*, *ammoniacum;* en arabe, *calak*[6] Les femmes en prennent intérieurement comme emménagogue.

Elle vient de la Barbarie.

XLI. GOMME ARABIQUE, *mimosa Nilotica*, Linn.; en arabe,

[1] *Qanâouâcheq*, قناواشق.
[2] *Gentyânâ*, جنتيانا.
[3] *Zengebyl*, زنجبيل.
[4] *Ketyrâ beydâ*, كتيرا بيضا.
[5] *Roubb râouend*, ربّ راوند.
[6] *Qalaq*, قلق.

sambr Arabi[1]. Les Égyptiens en font usage dans les affections de poitrine, dans la diarrhée et dans la gonorrhée. Ils l'emploient aussi extérieurement dans l'ophthalmie.

Elle vient de l'Arabie. Celle qu'on récolte en Égypte et dans l'Éthiopie, est rouge, et ne sert que dans les arts.

XLII. GRENADE, *punica granatum*, Linn.; en arabe, *roummanne*[2]. On fait usage de ce fruit dans la fièvre et dans la dysenterie. Son écorce est employée extérieurement comme antiseptique.

Ce fruit est très-commun en Égypte.

XLIII. HABBANIL[3], semence noirâtre, triangulaire, dure et presque cornée, grisâtre intérieurement. Elle est hydragogue. Les nègres qui sont en Égypte, n'emploient que cette semence pour se purger.

On l'apporte de l'Éthiopie.

XLIV. HABB EL-HAZIS[4], *cyperus esculentus*, Linn.; racine ayant la forme de petits tubercules grisâtres, charnus, d'une saveur douce et agréable. Elle est pectorale et nutritive. Les femmes en mangent dans l'intention d'acquérir de l'embonpoint.

La plante dont on tire cette racine, croît dans la basse Égypte.

XLV. HENNÉ[5], *lausonia inermis*, Linn. Les naturels du pays se servent des feuilles de cet arbrisseau, qui croît communément en Égypte, pour se teindre en rouge le dedans des mains, la plante des pieds, les ongles, la barbe et les cheveux. On retire aussi des fleurs une eau distillée, d'une odeur agréable. Les femmes l'estiment beaucoup, et en font usage pour laver et adoucir la peau.

XLVI. HERMODACTE, *iris tuberosa*, Linn.; en arabe, *camiré*[6]. Les femmes mangent cette racine dans l'intention d'acquérir beaucoup d'embonpoint. On la fait légèrement rôtir pour lui enlever son âcreté et la priver de sa vertu purgative.

Les hermodactes viennent de la Syrie.

---

[1] *Samgh A'raby*, صمغ عربي.   [4] *Habb el-a'zyz*, حبّ العزيز.
[2] *Roummân*, رمّان.   [5] *Hennâ*, حنّا.
[3] *Habb elnyl*, حبّ النّيل.   [6] *Khamyreh*, خميره.

DES ÉGYPTIENS. 451

XLVII. JUSQUIAME, *hyoscyamus albus*, Linn.; en arabe, *birz bing*[1]. On ne se sert que des semences de cette plante. Elles sont narcotiques et propres à donner des vertiges. Elles entrent dans les opiats enivrans.

On en récolte en Égypte.

XLVIII. KAFAL, *amyris kafal*, Forskal; en arabe, *kafal*[2]. Ce bois est très-estimé comme parfum : on en brûle dans les mosquées. On le mêle aussi avec la petite absinthe pour parfumer les appartemens.

Il vient de l'Arabie.

XLIX. LABDANUM, *cistus Creticus*, Linn.; en arabe, *laden*[3]. Cette résine, gluante et d'une odeur agréable, est très-estimée des habitans de l'Égypte. Ils en font des pastilles odoriférantes : ils en portent souvent à la main pour respirer le parfum qu'elle exhale. Ils la regardent comme spécifique contre la peste.

On l'apporte de Constantinople et des îles de la Grèce.

L. LABÉMOUR[4], racine grisâtre, coupée par quartiers, ressemblante à la bryone, d'une saveur âcre et amère. Elle est astringente et légèrement purgative. Les Égyptiens en font souvent usage. Ils la prennent en substance, délayée dans de l'eau ou incorporée dans du miel. Ils attribuent à ce mélange les mêmes propriétés qu'à la thériaque; ce qui lui a fait donner le nom de *thériaque des pauvres*. Cette racine n'est pas usitée en Europe.

Elle vient de la Syrie.

LI. MASTIC, *pistacia lentiscus*, Linn.; en arabe, *mistic*[5]. Les femmes mâchent cette résine pour se blanchir les dents et pour rendre leur haleine agréable. Les Égyptiens font une grande consommation de cette substance pour parfumer les vases de terre destinés à rafraîchir l'eau qui doit leur servir de boisson. La fumée qui résulte de la combustion de cette résine, laisse, dans ces vases

---

[1] *Berz beng*, بِرْز بِنْج.
[2] *Qafal*, قَفَل.
[3] *Láden*, لَادَن.
[4] *Labb el-mourr*, لَبّ المُرّ.
[5] *Mastiká*, مَصْطَكَى.

perméables, une odeur très-agréable, qu'ils conservent long-temps et qu'ils communiquent à l'eau.

On apporte le mastic de Constantinople.

LII. MAHALEB[1], *prunus mahaleb*, Linn. Cette petite amande du noyau d'une cerise sauvage est très-estimée des Égyptiens. Ils la regardent comme un médicament précieux; ils l'emploient dans un grand nombre de maladies, comme béchique et carminatif.

On l'apporte d'Europe.

LIII. MOUATE[2], racine blanchâtre, mucilagineuse, charnue, et d'une odeur aromatique. Elle est nutritive et aphrodisiaque. On la prend en substance, ou l'on en fait un sorbet qui doit se boire chaud.

Cette racine vient des Indes.

LIV. MUSCADE, *myristica moschata*, Linn.; en arabe, *goz el-tibe*[3]. Ce fruit s'emploie comme cordial et aphrodisiaque; il entre dans plusieurs électuaires.

On l'apporte de l'Inde.

LV. MYROBOLANS, *phyllanthus emblica*, Linn.; en arabe, *helileg*, *eablé*, *indéchiry*[4]. Les habitans de l'Égypte font également usage des cinq espèces de myrobolans qui se trouvent dans le commerce. Ils en font entrer dans presque toutes leurs compositions médicinales.

On les apporte de l'Inde.

LVI. MYRRHE; en arabe, *mour*[5]. Cette résine est tonique et vulnéraire. Les femmes en font toujours usage à la suite de leurs couches. Elle entre dans plusieurs poudres propres à blanchir les dents.

Elle vient de l'Éthiopie.

LVII. NARD INDIEN, *andropogon nardus*, Linn.; en arabe, *sem-*

---

[1] *Mahleb*, محلب.
[2] *Moghát*, مغات.
[3] *Gouz el-tyb*, جوز الطيب.
[4] *Halyleg*, هليلج; *kábly*, كابلى; *Hendy cha'yry*, هندى شعيرى.
[5] *Mourr*, مرّ.

bel Indi[1]. Cette racine est céphalique et stomachique. Elle entre dans la composition de la grande thériaque et dans les opiats échauffans.

Elle vient de l'Inde.

LVIII. NÉNUPHAR, *nymphæa alba*, Linn.; en arabe, *nouphar*[2]. Cette racine est employée dans l'esquinancie, dans la fièvre maligne et dans la gonorrhée. Les femmes en font un sorbet qu'elles prennent comme calmant et antiaphrodisiaque.

On l'apporte d'Europe.

LIX. OGNON, *allium cepa*, Linn.; en arabe, *basal*[3]. Cette plante bulbeuse, qui fut long-temps en vénération chez les Égyptiens, offre aussi un médicament très-recherché par les habitans de ce pays. Ses semences, parvenues à leur maturité, sont cordiales et aphrodisiaques. Ils les font entrer dans les électuaires échauffans et narcotiques.

On en récolte abondamment en Égypte.

LX. OLIBAN, *juniperus lycia*, Linn.; en arabe, *lébanne*[4]. Cette substance résineuse est employée comme astringente et détersive. On la donne dans le crachemen de sang, dans les fleurs blanches et dans la gonorrhée.

On l'apporte de l'Arabie.

LXI. OPIUM, *papaver somniferum*, Linn.; en arabe, *afiounne*[5]. Les Égyptiens font souvent usage de l'opium, quoiqu'ils en abusent moins que la plupart des habitans de l'Asie. Ils ne le considèrent pas comme médicament, mais comme une substance propre à leur procurer, dans l'état de santé, quelques instans de repos et d'ivresse. L'opium le plus sec et le plus dur est celui dont ils font choix, comme le plus résineux: ils l'aromatisent avec le musc, avec les huiles essentielles de cannelle et de girofle. C'est avec l'opium ainsi préparé qu'ils composent divers opiats enivrans

---

[1] *Senboul Hendy*, سنبل هندى.
[2] *Noufar*, نوفر.
[3] *Baçal*, بصل.
[4] *Lebân*, لبان.
[5] *Afyoun*, افيون.

et narcotiques, dont les riches font usage. Quelquefois l'opium se prend seul à la dose de trois ou quatre grains, qu'on réitère, au besoin, plusieurs fois dans le jour : c'est ainsi que les habitans paisibles en usent dans l'intention de dissiper l'ennui et la mélancolie, ou pour provoquer le repos; et les gens de guerre, dans l'espoir d'acquérir plus de confiance, de la force et du courage.

L'opium qu'on prépare aujourd'hui en Égypte, est de mauvaise qualité et à vil prix : il ne sert qu'aux *felláh* [1] et aux Arabes. L'opium du commerce est le plus estimé.

Il vient de la Natolie et de l'Asie mineure.

LXII. PISTACHE, *pistacia vera*, Linn.; en arabe, *festouq* [2]. Ce fruit, agréable au goût, est regardé comme nourrissant et aphrodisiaque. On en fait un sorbet que les femmes préparent elles-mêmes.

Les pistaches viennent de la Syrie.

LXIII. POIVRE, *piper nigrum*, Linn.; en arabe, *felfel* [3]. Outre son usage fréquent dans la préparation des alimens, il entre dans la composition des opiats échauffans et aphrodisiaques.

Il vient de l'Inde.

LXIV. POIVRE D'ÉTHIOPIE, *piper Æthiopicum*; en arabe, *cambé* [4]. Silique noirâtre, de la grosseur d'une plume d'oie, recourbée, contenant depuis deux jusqu'à cinq petites fèves rougeâtres et luisantes. Cette espèce de gousse est très-aromatique et d'une saveur âcre et brûlante. Les riches la préfèrent aux autres épices pour assaisonner leurs alimens. Les *Mahaguines*, qui préparent le *berch* et les électuaires, regardent le poivre d'Éthiopie comme la base de ces compositions enivrantes.

On l'apporte de l'Éthiopie, et principalement de Darfour et de Sennar. Cette espèce de poivre est peu connue en Europe.

LXV. POIVRE DE LA JAMAÏQUE, *myrtus pimenta*, Linn.; en

---

[1] *Felláh*, فلّاح.

[2] *Fistouq*, فستق.

[3] *Felfel*, فلفل.

[4] *Kenbeh*, كنبه.

DES ÉGYPTIENS.   455

arabe, *habb habachie*[1]. Ce fruit entre comme échauffant dans le *berch* et dans plusieurs opiats.

Il vient des Indes.

LXVI. POIVRE LONG, *piper longum*, Linn.; en arabe, *erck dahab*[2]. On attribue à ce fruit les mêmes propriétés qu'aux trois précédens.

On l'apporte de l'Inde.

LXVII. RHUBARBE, *rheum palmatum*, Linn.; en arabe, *raoune*[3]. Les Égyptiens estiment beaucoup la rhubarbe : ils l'emploient comme stomachique, astringente et vermifuge. C'est le seul médicament qu'on ose donner aux enfans, presque toujours faibles et languissans durant les trois ou quatre premières années de leur vie.

La rhubarbe vient de la Chine.

LXVIII. RICIN, *ricinus communis*, Linn.; en arabe, *habb charua*[4]. On se sert des semences de cette plante, comme purgatif, dans la fièvre, dans l'hydropisie et dans la gonorrhée.

On cultive le ricin en Égypte.

LXIX. RITÉ[5], petit fruit triangulaire, charnu, jaunâtre, d'une saveur alcaline. On en fait usage dans la jaunisse et dans les rétentions d'urine.

Ce fruit, dont on ne se sert pas en Europe, vient des Indes.

LXX. SAFRAN, *crocus sativus*, Linn.; en arabe, *zafranne*[6]. On emploie le safran dans la colique, dans le vomissement, et extérieurement dans l'ophthalmie.

Il vient d'Europe.

LXXI. SALSEPAREILLE, *smilax salsaparilla*, Linn.; en arabe, *œche-bé*[7]. La salsepareille est presque toujours employée dans les

[1] *Habb habachy*, حبّ حبشى.
[2] *E'rq dahab*, عرق ذهب.
[3] *Ráouend*, راوند.
[4] *Habb kharou'*, حبّ خروع.
[5] *Ryteh*, ريته.
[6] *Zaʾfáran*, زعفران.
[7] *O'chbeh*, عشبه.

456   SUR LES MÉDICAMENS USUELS

maladies vénériennes et dartreuses. Les Égyptiens la préfèrent à tous les autres antisiphilitiques.

On l'apporte d'Europe. Celle qui vient de la Barbarie, est la plus estimée.

LXXII. SAMBR ESNOBAR [1], résine rougeâtre, assez semblable à la myrrhe, d'une saveur amère, mais peu odorante. On s'en sert pour arrêter l'hémorragie qui survient ordinairement à la suite de la circoncision.

Cette résine, qu'on ne trouve pas parmi les drogues usitées en Europe, est apportée au Kaire par les caravanes qui viennent de l'Éthiopie.

LXXIII. SANTAL, *santalum album*, Linn.; en arabe, *sandal abiate*[2]. Ce bois n'est usité que dans les rhumatismes et dans la goutte; mais il sert communément de parfum.

On l'apporte de l'Inde.

LXXIV. SASSAFRAS, *laurus sassafras*, Linn.; en arabe, *sassafra*[3]. Ce bois est quelquefois usité dans les maladies vénériennes.

Il est apporté en Égypte par les Européens.

LXXV. SCHISME[4], *cassia absus*, Linn. Petite semence noirâtre, aplatie, lisse et dure, sans saveur, sans odeur. Réduite en poudre, on s'en sert extérieurement dans l'ophthalmie.

Elle vient de l'Éthiopie.

LXXVI. SÉNÉ (feuilles et follicules), *cassia senna*, Linn.; en arabe, *senna Saydy*[5]. Cette espèce, qui est le séné à feuilles obtuses, se trouve communément dans les magasins des droguistes de l'Égypte. On l'emploie en substance comme purgatif, contre

---

[1] *Samgh el-senaouber*, صمغ الصنوبر.
[2] *Sandal abyad*, صندل أبيض.
[3] *Sâsâfrâs*, ساسافراس.
[4] *Tchichm*, چشم.
[5] *Senâ Sa'ydy*, سنا صعيدى.

les vers, dans les maladies vénériennes et dans les maladies dartreuses. Il croît dans le désert qui entoure l'Égypte. Il diffère du séné à feuilles aiguës, *cassia acutifolia*, Delile. Cette seconde espèce, la plus estimée des Européens, croît sur les confins de l'Égypte, au-dessus de Syène.

Les Arabes de cette contrée vont le chercher dans le désert, et l'apportent dans les entrepôts de ceux qui ont affermé le commerce de ce médicament précieux. Il vient aussi de l'Éthiopie une espèce de séné semblable à ce dernier. On les mêle pour être portés en Europe.

LXXVII. SÉSAME, *sesamum orientale*, Linn.; en arabe, *semsem*[1]. Lorsqu'on a retiré l'huile des semences de sésame, on prépare, avec les gâteaux nouvellement sortis de la presse, une pâte que les femmes mangent avec délices, la regardant comme la substance la plus propre à donner beaucoup d'embonpoint.

On cultive le sésame en Égypte.

LXXVIII. SQUINE, *smilax China*, Linn.; en arabe, *kachab Chiné*[2]. Cette racine est recommandée dans les maladies vénériennes invétérées.

Elle vient de la Chine.

LXXIX. STORAX, *styrax officinale*, Linn., en arabe, *miasalé*[3]. On l'emploie en fumigation pour calmer les violentes douleurs de tête et les oppressions de poitrine : on s'en sert aussi comme parfum.

Il vient de la Syrie.

LXXX. TAMARIN, *tamarindus Indica*, Linn.; en arabe, *tamar Indi*[4]. Les Égyptiens emploient le tamarin comme rafraîchissant. Ils préparent, avec celui qui est nouveau, une conserve très-agréable.

On trouve au Kaire deux espèces de tamarin, dont l'une vient de l'Éthiopie, et l'autre des environs de la Mekke. Le tamarin

---

[1] *Semsem*, سمسم.
[2] *Khachab Syny*, خشب صيني.
[3] *Maya'h sáyleh*, ميعه سايله.
[4] *Tamar Hendy*, تمر هندى.

d'Éthiopie est en petits pains ronds, noirâtres, d'une saveur acide et agréable : celui de l'Arabie est en masse enfermée dans des paniers de feuilles de dattier ; il est rougeâtre et d'une saveur acerbe : il est moins estimé que le premier.

LXXXI. ZÉDOAIRE, *Kœmferia rotunda*, Linn.; en arabe, *zaraoune*[1]. Cette racine est regardée comme stomachique et aphrodisiaque. On la prend en substance, incorporée dans du miel.

La zédoaire vient des Indes orientales.

Je pourrais parler de beaucoup d'autres substances médicinales, qu'on trouvera décrites dans Prosper Alpin, ou indiquées dans la *Matière médicale* de Forskal : mais aujourd'hui les naturels de l'Égypte ont rarement recours à cette grande variété de médicamens. L'emploi superstitieux qu'ils font aussi de quelques drogues, n'offre pas assez d'intérêt pour qu'il soit nécessaire de les décrire en particulier. Il serait superflu d'entrer dans des détails au sujet des racines, des feuilles et autres productions végétales, que l'on fait quelquefois brûler en présence des malades pour en tirer des présages.

Les drogues de l'Asie, qui arrivent par la mer Rouge, et qui restent plus ou moins long-temps déposées dans les magasins de Soueys et de Qoçeyr, sont généralement de très-bonne qualité, telles que l'assa-fœtida, l'encens, la gomme arabique, le cachou, et les autres productions tirées des Indes. Plusieurs articles fournis par le sol même de l'Égypte sont négligés, parce qu'on les recueille sans précaution. La gomme qui est produite par le *mimosa Nilotica* d'Égypte, ne peut servir

---

[1] *Zernebeh*, زرنبه.

que dans les manufactures, et après avoir été nettoyée, tandis que celle d'Arabie, qui est recueillie avec soin, est aussi plus recherchée. Les améliorations que l'Égypte est susceptible de recevoir, s'appliquent à toutes les branches d'art, de commerce et d'industrie.

Le choix des espèces de médicamens retrace faiblement l'ancienne science des Arabes. Les doses convenables et les circonstances appropriées pour les remèdes sont ignorées. On verrait au Kaire et dans les autres villes un moins grand nombre de malades réduits à un état incurable, sans l'abus de diverses drogues. L'usage fréquent de l'opium et des électuaires enivrans, composés de chanvre et d'aromates, affaiblit considérablement le corps, qui n'éprouve de calme qu'en proportion de l'agitation qui est d'abord occasionée par ces médicamens. Il est assez ordinaire de rencontrer au Kaire, dans les rues habitées par les droguistes, un grand nombre de personnes qui achètent, sur l'avis des vendeurs, les drogues qu'ils pensent pouvoir leur être salutaires. Il y a des cheykhs qui veillent à ce qu'il ne se débite pas de drogues détériorées. Plus un médicament est prompt et actif, plus les Égyptiens le croient propre à produire la guérison du mal. Ils emploient la coloquinte et la gomme gutte comme purgatifs, et la violence de ces remèdes les expose à des vomissemens qu'ils redoutent, et à des douleurs intestinales difficiles à apaiser; tandis qu'ils ne font communément usage du séné que comme laxatif, en le mêlant par petite quantité dans des infusions presque sans vertu et très-désagréables au goût.

Les bienfaits et les réglemens d'un gouvernement éclairé ne manqueraient pas de contribuer en Égypte à la conservation d'une population nombreuse : les secours de la chirurgie et de la médecine, et les soins donnés à des malheureux, ont fait respecter les Français, qui s'étaient occupés, pendant l'expédition, de former des hôpitaux pour la classe indigente.

MÉMOIRE
SUR LE SYSTÈME D'IMPOSITION
TERRITORIALE
ET SUR L'ADMINISTRATION DES PROVINCES
DE L'ÉGYPTE,

DANS LES DERNIÈRES ANNÉES DU GOUVERNEMENT DES MAMLOUKS [1];

Par feu Michel-Ange LANCRET.

Le gouvernement des Mamlouks [2] formera dans l'histoire un article si bizarre, qu'il me semble intéressant d'en recueillir tous les traits, et d'en conserver avec soin la mémoire, comme les naturalistes conservent, au milieu des belles productions de la nature, ses écarts les plus singuliers.

Parmi les voyageurs modernes qui nous ont précédés en Égypte, aucun ne s'est occupé du système de propriété et de l'administration des campagnes : ces objets, qu'il était difficile d'étudier à l'époque où ils

---

[1] Lu à l'Institut d'Égypte, le 1ᵉʳ frimaire an IX (22 novembre 1800). *Voyez* la dernière note de ce mémoire.

[2] مماليك

visitaient ce pays, forment, dans tous les états, une partie essentielle du gouvernement, et méritent d'être connus.

Le général Caffarelli avait réuni sur ce sujet un grand nombre de renseignemens; il aimait ce genre de considérations, et personne ne pouvait saisir avec plus de facilité que lui les détails de la législation et la chaîne qui les lie tous : mais il a péri, et avec lui la plupart des connaissances qu'il avait rassemblées. Quelques notes que l'on a trouvées dans ses papiers, touchant cet objet, font regretter qu'il n'ait pas complété son travail. Je suis loin d'espérer de pouvoir y suppléer; mais j'essaierai du moins d'offrir des renseignemens utiles à ceux qui voudront l'entreprendre.

Avant d'entrer en matière, je ferai quelques réflexions générales sur la difficulté de remonter à l'origine de la plupart des usages consacrés en Égypte.

Parmi les nations qui ont été souvent subjuguées, il y en a peu qui puissent compter autant de maîtres que la nation égyptienne; mais, en revanche, il n'en est aucune qui, par l'ascendant de son caractère et de ses mœurs, ait remporté autant de triomphes sur ses propres vainqueurs, et qui ait offert à leurs innovations une résistance plus forte et plus constante. Aussi retrouvons-nous encore aujourd'hui quelques restes de ses antiques usages, de ses longues habitudes, qui se sont conservés jusqu'à nous, au mépris des siècles, des religions et des conquérans. J'en puis apporter différens exemples.

Plusieurs habiles critiques ont révoqué en doute le

culte des ognons attribué aux Égyptiens ; quelques-uns même l'ont nié totalement[1]. On peut croire, en effet, que les anciens voyageurs qui en ont parlé, se soient trompés, et qu'ils aient pris pour le culte de cette racine, les réjouissances qui en accompagnaient la récolte, à peu près comme si l'on prenait pour le culte des raisins ou des blés, les fêtes champêtres qui ont ordinairement lieu en France après les vendanges et les moissons.

A présent encore, les jours employés à tirer les ognons de la terre sont regardés comme des fêtes, dans quelques parties de l'Égypte moderne. C'est à *Rahmâ-nyeh*[2] que j'en ai été témoin : son territoire est le seul de la province de *Bahyreh*[3], et même des provinces environnantes, où la culture des ognons se fasse avec étendue; et ils jouissent d'une si grande réputation, qu'à la Mekke même, les marchands de légumes prétendent vendre des ognons de Rahmânyeh. C'est vers le commencement du mois de juin que les cultivateurs en font la récolte; elle dure cinq jours, et ce sont cinq jours de fêtes. Les habitans des villages environnans arrivent en grand nombre au lieu du travail : les uns viennent y faire des provisions; d'autres y apportent quelques marchandises, et principalement des gâteaux, des dattes sèches et du *chorbeh*[4]. J'ignore si, dans le reste de l'Égypte, cette récolte est accompagnée des mêmes circonstances; toutefois il me semble qu'on peut, sans forcer la vraisemblance, rapporter l'origine de cette pratique à une pareille fête, anciennement plus impor-

[1] Entre autres, M. de Pauw. [3] بحيره
[2] رحمانيه [4] شربه

tante et plus répandue, et que des voyageurs, trop enclins à voir en Égypte des choses extraordinaires, auront prise pour un véritable culte.

Mais voici un fait plus remarquable, et dont l'origine est moins équivoque; c'est l'usage où sont les femmes égyptiennes de quelques cantons de déchirer leurs vêtemens et de se couvrir de poussière, lorsqu'elles veulent exprimer une grande affliction[1]. Or on sait que chez les Hébreux, dont les coutumes étaient tout-à-fait égyptiennes, c'étaient là précisément les témoignages d'une extrême douleur.

Enfin les peintures qui sont dans les grottes d'*Elethyia* et dans celles de la vallée de Thèbes, nous ont fait connaître la parfaite ressemblance qui existe entre certains meubles, certains arts du peuple ancien, et ceux du peuple moderne; la charrue, la roue inclinée du potier, la jarre de terre rouge et son support à quatre pieds, sont aujourd'hui ce qu'ils étaient au temps de la splendeur de Thèbes, et sans doute encore bien avant cette époque.

Ces rapprochemens, que l'on pourrait multiplier davantage, me paraissent suffisans pour faire croire que l'origine de plusieurs des coutumes et des institutions actuelles remonte à des temps très-reculés, et restera peut-être à jamais inconnue. Mais une époque plus rapprochée donne une seconde origine à ces institutions; c'est celle de Selym 1er[2]. Il est remarquable, en effet,

---

[1] Plusieurs personnes de la Commission des sciences et arts ont été, ainsi que moi, témoins de ce fait à Louqsor.

[2] سليم

que toutes les recherches qu'on tente de faire sur l'origine des divers établissemens de l'Égypte, ne remontent presque jamais au-delà de Selym, à qui la tradition populaire attribue toutes les lois qui régissent actuellement l'Égypte. Cependant M. Fourier a fait voir que Selym n'avait fait aucune de ces lois, et que même il n'avait pas pu les faire; il a prouvé que tous les établissemens que l'on croit être de Selym, sont de son successeur Solymân 1er[1], et des pâchâs[2] qui gouvernaient l'Égypte pour lui; enfin il a expliqué ce qui avait donné naissance à cette tradition populaire, en faisant voir que Solymân avait toujours agi au nom de Selym son père, dont les victoires avaient laissé de profonds souvenirs dans l'esprit du peuple égyptien.

M. Fourier, en continuant ses lectures sur les révolutions de l'Égypte et sur les mœurs de ses diverses classes d'habitans, fera connaître ce qu'il a recueilli touchant l'origine de l'administration des terres, confiée presque toute entière aux soins des Qobtes; il donnera l'aperçu général de la condition des *felláh*[3] et du système de propriété. Le but que je me propose, c'est de prendre cette partie de son tableau, et de la développer avec tout le soin qu'elle exige. J'arrive donc à l'exposition du système de propriété territoriale.

Je ne considérerai d'abord les Mamlouks que comme de simples propriétaires; nous verrons ensuite les impositions qu'ils prélevaient comme gouvernans[4].

1 سليمان

2 پاشا

3 فلّاح

4 Je dois prévenir que, mon in-

1°. *Des différentes manières dont les terres sont possédées; des titres de propriété, et des impositions principales.*

Il y a en Égypte trois sortes de propriétaires de biens territoriaux : les *fellâh*, ou paysans; les *moultezim* [1], ou seigneurs [2]; enfin les mosquées, et les possesseurs d'*ouaqf* [3].

La plupart des *fellâh* d'un village sont possesseurs de terres; ils en sont les véritables propriétaires, dans ce sens qu'ils peuvent les donner ou les vendre à d'autres *fellâh* [4], et qu'ils les transmettent comme un héritage à leurs enfans. Cependant, quelles que soient les mutations qu'elles éprouvent, elles demeurent à perpétuité grevées d'une taxe; et celui à qui elle est payée, porte le nom de *moultezim* ou seigneur. Il est effectivement le maître de ces terres, puisqu'il peut augmenter ou diminuer les impositions qu'elles lui payent [5], puisqu'il peut les donner ou les vendre à d'autres *moultezim*, et qu'elles deviennent, après lui, le bien de ses enfans; et enfin, puisqu'il les réunit à son bien propre, si le fellâh pos-

---

tention étant de faire connaître l'état des choses tel qu'il était avant l'arrivée des Français en Égypte, je supposerai, dans tout ce qui va suivre, que les diverses lois et usages subsistent encore dans leur entier.

[1] ملتزم

[2] Le mot de *tenancier*, adopté par M. Silvestre de Sacy, est plus conforme au sens du mot arabe.

[3] وقف

[4] Les *fellâh* vendent très-rarement leurs terres, parce qu'elles ont en général peu de valeur, attendu qu'un fellâh qui a les moyens de cultiver, obtient des terres sans les acheter : cependant il est bien certain qu'ils ont le droit de les vendre; cela n'est pas sans exemple.

[5] Ces augmentations ne sont peut-être que des vols; mais ces vols sont exercés depuis si long-temps, que le droit de les commettre n'est plus contesté.

DE L'ÉGYPTE. 467

sesseur vient à mourir sans héritiers : circonstance qui n'a pas lieu pour les autres parties de la propriété du fellâh; car, dans le cas où il vient à mourir sans héritiers, sa maison, ses meubles et ses troupeaux sont pris par le fisc, et non par le moultezim.

Lorsqu'un moultezim vient à mourir, ses enfans, pour avoir le droit d'hériter de ses biens, doivent en obtenir l'agrément du pâchâ : cet agrément s'obtient en lui payant une taxe déterminée, regardée par les Turks comme une espèce de rachat de la terre, qui, sans cela, retournerait de droit au fisc.

Si un propriétaire meurt sans enfans et sans avoir testé, ses biens sont pris par le fisc; mais s'il a fait un testament, ce testament est exécuté, à la charge par les légataires, quels qu'ils soient, de payer la taxe au pâchâ.

Je n'ai dit ici sur les héritages que ce qu'il était nécessaire d'en faire connaître pour savoir à quels titres on acquiert la propriété. J'aurai occasion de revenir sur le même objet, en parlant des fonctions des *effendy*[1].

Lorsqu'un fellâh se trouve être trop pauvre pour cultiver la totalité de ses terres, il en engage une partie pour une certaine somme d'argent, qui lui sert à cultiver la portion qu'il a gardée. Cet engagement cesse, et sa terre lui est rendue, aussitôt qu'il peut rembourser la somme qui lui a été donnée. On appelle cette espèce d'hypothèque, *kharouqah*[2].

Le moultezim ne peut ôter au fellâh la terre qu'il cultive, à moins qu'il ne soit constaté que celui-ci ne

[2] خروقه   [1] افندى

30.

peut la cultiver, et par conséquent payer les impôts; mais le fellâh conserve la faculté d'y rentrer, lorsqu'il a acquis les moyens de tenir ses engagemens [1]. Les *fellâh* jouissent d'ailleurs de toute liberté sur le genre de culture qu'ils veulent donner à leurs terres : ils peuvent les ensemencer en blé, en riz, en dourah, selon qu'il leur plaît; et pourvu qu'ils payent la taxe au moultezim, celui-ci n'a rien à exiger d'eux.

La taxe que les terres des *fellâh* doivent payer au moultezim, est le *mâl el-hourr* [2], ou droit libre. Elle est toujours plus forte que le *myry* [3], et c'est sur elle que cet impôt du grand-seigneur est prélevé. Ce qui reste après l'acquittement de ce droit, appartient aux *moultezim*, et porte le nom de *fâyz* [4], ou profit.

Le myry a été établi par Selym, ou plutôt par son successeur, suivant l'observation que j'ai déjà faite. Il paraît que, lorsqu'après la conquête de l'Égypte par les Turks, on voulut établir l'impôt territorial pour les sultans de Constantinople, on trouva que les registres des contributions avaient été brûlés : il fallut alors avoir recours aux connaissances que les *Ogâqlu tchâouchyeh* [5] avaient sur cet objet; et ce fut d'après cela que l'on répartit le myry, non par *feddân* [6] de terres, mais par villages : ensuite les *moultezim* partagèrent entre eux cette charge, selon l'étendue de leurs possessions. C'est cette première répartition du myry sur les villages, qui

---

[1] Cela dépend beaucoup de la volonté particulière du moultezim.
[2] مال الحرّ
[3] ميري
[4] فايض
[5] اوجاقلو چاوشیه
[6] فدّان

DE L'ÉGYPTE.

subsiste encore aujourd'hui ; elle fut faite si inégalement, que, pour cinquante medins de mâl el-hourr, le nombre correspondant du myry varie depuis deux jusqu'à vingt medins.

Solymân établit aussi dans la haute Égypte le myry en denrées, pour subvenir à la nourriture de la milice des *Ogâqlu*, qu'il venait de réorganiser.

J'aurais encore d'autres détails à donner sur la perception et l'emploi du myry ; mais ce n'est pas ici le lieu de les placer : il sera plus convenable de le faire lorsque je parlerai de l'administration particulière qui a le myry pour objet.

Le mâl el-hourr est établi par un ancien usage du pays, que les sultans de Constantinople ont laissé subsister, et qu'ils ont confirmé. Ce droit paraît être le seul que les *moultezim* devraient légitimement percevoir ; mais successivement ils ont exigé, sous divers prétextes, une plus forte rétribution des cultivateurs, et leur ont imposé de nouveaux droits : le premier, qui ne paraît être bien constaté que depuis environ cent ans, est le *moudâf*[1], qui signifie *sur-ajouté* : le second, qui n'était d'abord composé que des présens que les cultivateurs faisaient aux *moultezim*, s'est successivement affermi et augmenté, au point d'être, dans quelques endroits, plus considérable que le fâyz ; il n'est perçu régulièrement que depuis cinquante ans environ ; on le connaît sous le nom de *barrâny*[2], qui veut dire *extraordinaire*[3].

[1] مضاف
[2] برانی
[3] Littéralement, *étranger*.

Au reste, ces deux impôts, ayant la même origine, sont généralement confondus, et n'en forment qu'un seul, qui porte indifféremment, et suivant les pays, les noms de *moudâf* ou de *barrâny*.

C'est principalement au temps d'A'ly-bey [1], que ces nouveaux impôts ont été établis. Ce Mamlouk, ayant presque entièrement détruit le corps des *Ogâqlu*, dont la plupart étaient grands propriétaires, s'empara des villages qu'ils possédaient, et les distribua à ses partisans. Il augmenta beaucoup les charges des *fellâh*; et tous les *moultezim* qui avaient quelque crédit auprès de lui, l'imitèrent en exigeant aussi des droits excédans. Depuis lui, la maison de Mohammed-bey [2], et en dernier lieu Ibrâhym-bey [3], donna encore de nouveaux accroissemens aux revenus des *moultezim* : il n'y en a qu'un petit nombre qui, regardant ces impôts comme injustes, ou n'ayant pas le pouvoir de les exiger, se soient contentés du mâl el-hourr; à ces exceptions près, la cupidité des *moultezim*, et surtout des *moultezim* mamlouks, avait atteint sa dernière limite.

Je viens de faire connaître la manière dont les *fellâh* possèdent leurs terres, et comment la propriété est partagée entre eux et les *moultezim*; je vais actuellement parler d'une autre partie de la propriété de ces derniers. Elle consiste dans des terres qui leur appartiennent entièrement, et ne sont chargées d'aucune autre imposition que le myry. Ces terres, qui constituent le bien

[1] علي بيك

[2] محمّد بيك

[3] ابراهيم بيك

propre des *moultezim*, sont appelées *ard el-ousyeh* [1], ou terres seigneuriales. Cette espèce de propriété n'existe pas dans la haute Égypte, au-dessus de *Minyeh* [2]; mais on peut dire, en général, que, dans la basse Égypte, les terres d'ousyeh sont à peu près la dixième partie des terres de fellâh.

Les Turks, sans vouloir se donner la peine de remonter à l'origine de leur système de propriété, ont cherché à l'expliquer de la manière la plus simple. Plusieurs pensent que les *moultezim* sont les fermiers du grand-seigneur, que le prix du bail est le myry, et que leur profit est composé, 1°. du fâyz, et 2°. du revenu entier des terres d'ousyeh : par-là ils expliquent aussi la nécessité de payer au grand-seigneur un droit de succession. Mais cette version n'est pas la vraie : voici ce qui résulte de l'examen des registres des Qobtes, ce que les cheykhs instruits savent aussi, et qui servira de résumé à tout ce que je viens de dire.

Le droit appelé *mâl el-hourr* est réparti sur la totalité des terres d'un village : les *fellâh* ont entre les mains une partie de ces terres, et payent au moultezim du village le mâl el-hourr de leur portion ; l'autre partie est affermée ou cultivée par le moultezim lui-même, et tout le produit lui en appartient : c'est sur la somme de ces deux branches de revenus qu'il paye le myry imposé sur son village par le grand-seigneur. Quant au barrâny, c'est un impôt moderne ajouté par les *moultezim*.

Les propriétaires formant la troisième sorte que j'ai

[1] ارض الوصيه

[2] منيه

distinguée, sont les possesseurs d'ouaqf et les mosquées.

Toutes les propriétés des mosquées leur ont été données à diverses époques; la plupart de ces dons ont été faits long-temps avant la conquête de Selym, et dès les premiers temps de l'établissement de l'islamisme en Égypte. Lorsqu'on institua le myry, les terres des mosquées n'y furent point assujetties, et restèrent parfaitement libres, comme elles l'étaient auparavant, et comme elles le sont encore aujourd'hui.

Les fondations pieuses portent en arabe le nom général d'*ouaqf*, qui signifie *ce qui doit être laissé, ce qui doit rester à perpétuité*. Les donations de terres ont un nom particulier, celui de *rizqah*[1] ou de miséricorde. Celles-ci ne peuvent se faire avant d'en avoir reçu l'autorisation du pâchâ; autorisation qui est rarement refusée, parce que ces donations, et généralement tous les *ouaqf*, ont toujours des motifs pieux ou charitables. Les uns sont en faveur des deux villes saintes, des hôpitaux, des colléges, etc.; d'autres, pour faire réciter des prières sur les tombeaux à certains jours de la semaine; d'autres sont en faveur de certains esclaves ou de certaines familles, même de la famille du fondateur de l'ouaqf.

C'est surtout pour soustraire les propriétés aux usurpations des Mamlouks, que cette dernière sorte d'ouaqf a été mise en usage. Un propriétaire qui veut assurer à ses successeurs une partie de son bien, en forme un

[1] رزقه

ouaqf en leur faveur; par-là ils ont encore un autre avantage, celui de ne pas payer au grand-seigneur le droit de succession. On pourrait s'étonner, d'après cela, de ce que les propriétaires ne forment pas des *ouaqf* de leurs possessions; mais voici ce qui les en empêche. Les *ouaqf* ne pouvant être vendus, ils s'ôteraient par-là, ainsi qu'à leurs successeurs, la faculté de pouvoir jamais vendre leurs biens, dans le cas où cela leur deviendrait nécessaire; d'ailleurs il est probable que le gouvernement, qui permet quelques *ouaqf*, ne voudrait pas que l'on transformât ainsi toutes les propriétés. Aussi les *moultezim* qui veulent faire de ces espèces de donations, ont-ils le soin, afin que la permission leur en soit accordée, d'en assigner quelques parties à des établissemens pieux, et d'offrir le surplus à la religion après l'extinction de leurs races.

Le plus communément, lorsqu'un moultezim forme un rizqah, il prend les terres qu'il y affecte sur ses terres d'ousyeh, et rarement sur celles des *felláh* qui lui payent tribut : mais, dans l'un ou l'autre cas, il renonce à toutes les taxes qu'il y prélevait, et les dégage aussi de l'impôt du myry, en se chargeant de prendre ce qu'elles en payaient sur les revenus qui lui restent. Il arrive cependant, mais fort rarement, que si le moultezim donne à une mosquée une grande partie de son bien, ou un village entier, alors la mosquée devient moultezim et se trouve chargée de payer le myry imposé sur les terres de ce village. Voilà le seul cas où les terres des mosquées soient grevées de cet impôt dû au grand-seigneur. On peut donc dire en général que les biens territoriaux des mosquées et des autres fondations pieuses sont libres de toute espèce de taxe. Plusieurs propriétaires de ces fondations, afin d'être protégés par le pâchâ, dans le recouvrement de leurs revenus, lui payent un léger droit, appelé *mâl hemâyeh*[1], ou droit de protection.

Les mosquées ni les autres propriétaires d'*ouaqf* ne peuvent les vendre, ainsi que je l'ai dit; mais ils peuvent en faire une sorte de cession, appelée *el-meddeh el-taouyleh*[2], c'est-à-dire pour un long espace de temps : elle dure en effet quatre-vingt-dix ans. Les propriétaires reçoivent, pour cette vente temporaire, une certaine somme une fois payée, et un petit droit annuel, appelé *egr*[3], qui sert, en quelque sorte, à leur conserver le souvenir de leurs possessions. Si, après les quatre-vingt-dix ans écoulés, la terre ou la maison ainsi vendue est dans le même état qu'auparavant, le propriétaire a le droit de la reprendre; mais, si la terre a été plantée d'arbres, ou si l'on a fait des embellissemens à la maison, le bien reste à celui qui a fait les améliorations, pourvu toutefois qu'il continue de payer le droit annuel au premier possesseur. S'il s'élève entre eux quelques contestations, elles sont jugées par le *qâdy*[4].

Les mosquées ne peuvent disposer du produit d'une pareille vente que pour racheter d'autres biens; encore cette espèce d'aliénation n'est-elle tolérée que pour les propriétés qui sont en mauvais état. Cependant on con-

[1] مال حمايه
[2] المدّة الطويله
[3] اجر
[4] قاضى

vient que plusieurs propriétaires d'ouaqf vendent souvent de la sorte des biens qui sont en pleine valeur, et que ces ventes n'ont été imaginées que pour éviter la loi; car elles ne sont mises en usage que pour les *ouaqf*, qui, d'après leur nom et leur institution, ne devraient jamais être aliénés.

Chaque ouaqf a un *nâdir*[1] ou administrateur, qui est presque toujours l'un des descendans de celui qui a fait la fondation. Cet administrateur fait le recouvrement des revenus, et les répartit conformément aux volontés du fondateur, volontés qui sont consignées dans l'acte qui constitue l'ouaqf.

Tous les *rizqah* sont inscrits par un effendy spécialement chargé de cet objet. Cet effendy ne fait pas partie de la corporation des *effendy* du myry, dont je parlerai plus bas.

Avant de passer à un autre chapitre, je m'arrêterai un moment pour faire une remarque qui me paraît utile.

On conçoit que, dans un système d'oppression comme celui qui existe en Égypte depuis si long-temps, les divers propriétaires, maîtres chacun dans leur arrondissement, ne se sont pas consultés pour établir des impôts semblables et des usages uniformes dans toutes les parties de l'état : aussi existe-t-il plusieurs différences, à cet égard, d'un canton à un autre. Cependant la plupart des coutumes, quoique différentes, sont écrites, pour chaque village, dans des registres fort

[1] ناظر.

anciens, d'après lesquels on se conduit, et dont on s'écarte plus ou moins, selon les circonstances.

Dans le grand nombre de renseignemens que j'ai recueillis, j'ai choisi ce qu'il y avait de plus général, pour en former le système d'imposition et de propriété. Je continuerai de la sorte, pour ce qui va suivre, sans rejeter cependant les exceptions qui sont importantes et admises dans beaucoup de lieux; et comme il y a un assez grand nombre de ces exceptions dans la haute Égypte, j'en formerai un article particulier.

2°. *De l'administration des terres.*

Dans tous les villages, les terres des *felláh*, ainsi que celles d'ousyeh, sont divisées chacune en vingt-quatre parties appelées *qyrât*[1] : ces vingt-quatre parties appartiennent à un ou à plusieurs *moultezim;* il y en a quelquefois jusqu'à vingt pour un seul village. Un moultezim possède toujours autant de *qyrât* et fractions de qyrât de terres d'ousyeh que de *qyrât* et fractions de qyrât de terres des *felláh;* et cet usage est tellement établi, qu'un moultezim ne vend jamais une portion de terre des *felláh*, sans vendre en même temps une partie égale en *qyrât* de ses terres d'ousyeh.

Il est facile de trouver la raison de cet usage, et de voir comment les *moultezim* et les *felláh* sont également intéressés à le maintenir : voici comment je le conçois.

Les terres d'ousyeh étant celles dont le produit rela-

قيراط [1]

tif est le plus considérable pour le moultezim, tandis que la culture en est quelquefois onéreuse aux *fellâh*, puisqu'ils sont, dans quelques endroits, contraints de la faire par corvée, et les terres des *fellâh* étant, au contraire, celles dont la culture est la plus avantageuse pour eux, on voit que si les *moultezim* sont intéressés à posséder le plus possible de terres d'ousyeh, les *fellâh* le sont autant à ne leur en laisser posséder que la moindre partie. Il s'établit ainsi un équilibre qui maintient les droits de chacun. Cependant cet équilibre serait bientôt rompu, si les *moultezim* eux-mêmes n'étaient intéressés à le maintenir dans les marchés et les contrats qu'ils passent entre eux. En effet, si le vendeur ne désire donner que ses terres de fellâh, l'acheteur ne désire pareillement prendre que celles d'ousyeh; et de cette diversité d'intérêts résulte naturellement le parti moyen, celui de joindre toujours à un nombre de *qyrât* de terres d'ousyeh un nombre égal de *qyrât* de terres des *fellâh*.

On voit par ce que je viens d'exposer, qu'un moultezim ne doit jamais posséder des terres d'ousyeh seulement, et en effet cela est sans exemple; mais on trouve quelques villages dont le territoire ne renferme aucune terre d'ousyeh.

Je reviens à l'administration des terres, et je vais parler successivement des terres des *fellâh*, de celles d'ousyeh, et de celles des mosquées.

Chaque moultezim choisit parmi les *fellâh* qui possèdent les terres qui lui payent tribut, un principal cultivateur, qui est le chef des autres, et porte le nom de *cheykh-el-beled*[1]. Il arrive aussi que si les possessions d'un moultezim sont fort étendues dans un même village, il les divise à son gré en plusieurs portions, et les donne à commander à autant de cheykhs différens; en sorte qu'il y a des villages qui, soit que leurs terres appartiennent à un ou à plusieurs *moultezim*, ont un très-grand nombre de cheykhs. Le nombre moyen est huit ou dix; mais il n'est pas rare de le voir s'élever jusqu'à vingt et au-delà.

Le cheykh el-beled exerce la police sur les *fellâh* qui cultivent la portion de terre qu'il commande; c'est à lui seul que le moultezim demande le produit de l'imposition, et il lui laisse le soin de la recueillir des mains des divers *fellâh* : en conséquence, il a le droit de les faire bâtonner, ou de les faire emprisonner dans la maison de l'*ard el-ousyeh*[2] jusqu'à ce qu'ils se soient acquittés. Les cheykhs sont d'autant plus intéressés à ne rien négliger pour faire payer les *fellâh*, que si les *moultezim* éprouvent des retards dans la perception de leurs revenus, ce sont les cheykhs qu'ils en punissent.

Lorsqu'un cheykh el-beled vient à mourir, c'est ordinairement parmi ses enfans que le moultezim lui choisit un successeur; il le fait cheykh, en lui donnant un schâl et une béniche; et ce nouveau cheykh lui fait, en remerciement, un cadeau appelé *teqaddemeh*[3], qui consiste en grains ou en argent, quelquefois même en un cheval.

[1] شيخ البلد

[2] Maison seigneuriale, celle où habitent les Mamlouks qui commandent le village.

[3] تقدّمه

De plus, il y a des villages dont les cheykhs sont tenus de donner, chaque année, à leurs *moultezim*, un certain nombre de pataques¹ ; dans d'autres villages, ce don ne se fait que tous les trois ou quatre ans; et dans d'autres enfin, il n'est pas mis en usage.

Outre leurs cheykhs, les grands *moultezim*, comme les beys et les principaux Mamlouks, ont un *moubâchir*² ou intendant, qu'ils choisissent à leur gré parmi les Qobtes. Sa principale fonction est de correspondre avec les *serrâf* ³ qui sont dans son arrondissement, et de tenir compte des revenus à mesure que le recouvrement s'en fait; il est dépositaire du registre du myry, et de l'un des registres du mâl el-hourr et du barrâny de chaque village. Il y a, en outre, deux autres registres de ces deux derniers droits : l'un est entre les mains du serrâf; et l'autre, qui appartient aux cultivateurs, est déposé chez le *châhid*⁴.

Il n'y a communément qu'un seul serrâf par village; il est choisi par l'intendant qobte, et toujours qobte lui-même. Il est chargé de percevoir les revenus et de vérifier les espèces; il est responsable de leurs valeurs : l'intendant lui sert de caution, et paierait à sa place, dans le cas où il viendrait à se trouver quelque déficit dans la caisse.

L'intendant qobte a encore sous lui plusieurs écrivains, selon l'étendue de ses occupations.

---

¹ La pataque est de quatre-vingt-dix médins, et vingt-huit médins font un franc.

² مباشر

³ صرّاف

⁴ شاهد. Il n'y a pas de registre général du mâl el-hourr de l'Égypte.

Lorsque le moultezim n'a pas d'intendant, c'est lui-même qui nomme ses *serrâf*.

Le châhid, ou témoin, est toujours l'un des *fellâh* du village; il doit savoir écrire et compter : il est, en quelque façon, l'homme des cultivateurs; c'est lui qui veille à leurs intérêts. Il tient la liste des droits payés par les *fellâh* dans le cours de l'année, afin qu'ils soient comptés en déduction lors de l'acquittement de l'impôt. Il n'y a qu'un châhid par village; il est choisi par les *fellâh*, et accepté par les *moultezim*, ou seulement le plus puissant des *moultezim*.

Si quelques portions de terres n'ont pas été arrosées, le moultezim les fait mesurer, afin de ne faire payer aux *fellâh* qu'une imposition proportionnée à l'étendue des terres qui peuvent être cultivées. Quelquefois il envoie pour cela un qobte *messâh*[1], c'est-à-dire arpenteur; mais le plus souvent c'est un des hommes du village, employé pour diriger la culture des terres du moultezim, et nommé *khaouly*[2], qui fait l'arpentage, tandis que le serrâf écrit et calcule. Le cheykh dont cette terre dépend, sert de témoin dans cette opération; le *qâymmaqâm*[3] y assiste aussi, lorsque la quantité de terre non arrosée se trouve être considérable.

Dans un village où il y a plusieurs *moultezim*, et par conséquent plusieurs *khaouly*, le plus instruit ou le plus puissant est chargé de la distinction des propriétés particulières des cultivateurs, dans le cas où il vient à

[3] قائم مقام [1] مسّاح
 [2] خولي

s'élever entre eux quelques contestations à ce sujet. Ce khaouly ne sait le plus souvent ni lire ni écrire, et ses connaissances sont consignées dans sa mémoire seulement : aussi le fils succède-t-il ordinairement à son père dans les fonctions d'arpenteur. Cependant, s'il a fait à dessein quelque faux arpentage, les cheykhs le dénoncent au plus puissant moultezim, et lui présentent en même temps un homme capable de le remplacer. Alors le moultezim destitue le premier, et nomme celui-ci khaouly du village.

Les terres plantées de dattiers payent aux *moultezim*, dans certains pays, suivant l'étendue de la plantation; dans d'autres, l'impôt de ces terres est déterminé par le nombre des dattiers.

Les usages que l'on suit pour l'administration des terres d'ousyeh, sont sujets à un grand nombre de variations; non-seulement ils sont différens d'un village à un autre, mais ils varient encore au gré des *moultezim*. Voici pourtant ce qui a lieu en général : ou le moultezim afferme sa terre, ou il la fait cultiver par des *fellâh* qu'il paye, ou enfin il a dans quelques lieux le droit de la faire cultiver par corvées.

Dans le premier cas, le propriétaire afferme sa terre d'ousyeh au cheykh qui, dans le même village, dirige la culture de ses autres terres. Toujours le prix du bail est plus fort que la somme du mâl el-hourr et du barrâny que payent les terres des *fellâh* de ce village. Ce surplus va communément d'une à quatre pataques par feddân, selon la bonté des terres, ou suivant leur proximité des villes : ainsi celles des environs de *Bouláq*[1] sont affermées à un taux encore plus élevé.

Dans le second cas, le moultezim a, dans chacun de ses villages, deux hommes principaux chargés de la culture et de la récolte de ses terres d'ousych : l'un est khaouly, ou surveillant; l'autre est *oukyl*[2], ou procureur.

Le khaouly, de concert avec le cheykh, distribue la terre aux divers *felláh*, selon leurs besoins ou leurs demandes. C'est lui, ou tout autre homme de confiance, qui est dépositaire des fonds nécessaires au paiement des *felláh*.

L'oukyl entre en fonctions lorsque le temps de la récolte est arrivé. Il tient registre de la quantité de grains recueillis, et les fait déposer chez lui. Il est assisté du cheykh, comme témoin. Les *felláh* reçoivent de quarante-cinq à soixante medins par feddân pour la culture; et, pour la récolte, on leur donne par jour une gerbe de blé ou d'orge, ce qui peut faire tout au plus un quatre-vingt-seizième d'*ardeb*[3].

Dans le troisième cas enfin, celui où le travail se fait par corvées, le khaouly reste toujours distributeur des terres et surveillant de la culture. Les attributions de l'oukyl restent aussi les mêmes que précédemment.

Toutes les fois que les terres ne sont pas affermées, les animaux nécessaires au labourage, et les grains pour l'ensemencement, sont fournis par le moultezim. Les

أردب [3] بولاق [1]
وكيل [2]

animaux sont confiés aux soins d'un gardien appelé *kalláf*[1]. Dans les villages où la culture de l'ard el-ousyeh se fait par corvées, les hommes qui viennent y travailler avec la charrue, reçoivent un salaire : ainsi c'est sur la classe la plus misérable des *felláh* que cette charge appuie principalement.

Les *felláh* sont contraints de curer les canaux particuliers; mais le moultezim doit les payer suivant les prix accordés par l'usage. C'est encore le khaouly qui surveille ce travail.

Les terres des mosquées, et généralement toutes celles appelées *rizqah*, sont administrées comme celles d'ousyeh; c'est-à-dire que le nâdir ou administrateur les afferme, ou les fait cultiver par un khaouly et un oukyl. Les terres des mosquées, m'a-t-on dit, ne sont jamais cultivées par corvées.

Je ne quitterai pas ce qui regarde l'administration des villages sans dire quelque chose de leurs diverses classes d'habitans, et sans parler de la manière dont la police s'exerce parmi eux.

Indépendamment des cultivateurs subordonnés aux cheykhs, il y a encore, dans les villages, des *felláh* qui ne possèdent point de terres, et qui sont employés comme journaliers par ceux qui en possèdent : il arrive souvent que plusieurs de ceux-ci deviennent journaliers dans les années où leurs terres n'ont point été arrosées, et ils se rendent alors dans les villages où l'on peut leur offrir du travail. Il n'y a pas de village un peu con-

[1] كلّاف

sidérable où il n'y ait aussi quelques marchands de comestibles et d'étoffes les plus communes, quelques fabricans de poteries grossières, quelques ouvriers, comme des maçons, des marchands, etc.

Il y a dans chaque village un premier cheykh el-beled, qui est, à proprement parler, le syndic du pays : c'est lui qui fait plus particulièrement les fonctions de juge de paix, et devant qui les différens de quelque importance sont débattus. Son autorité s'étend non-seulement sur les *felláh* cultivateurs, mais encore sur tous les habitans de son village. Cette place n'est pas purement honorifique, elle lui procure aussi plusieurs avantages pécuniaires : par exemple, si les Mamlouks viennent à faire la demande d'une certaine somme d'argent, ou de denrées, à un village, le premier cheykh la fait fournir sans y rien faire entrer de son bien propre; et ce droit ne lui est pas contesté. Il est vrai que les Mamlouks ont le soin d'empêcher que les premiers cheykhs el-beled ne deviennent trop riches, en leur faisant, de temps en temps, des avanies qui ne portent que sur eux. Néanmoins la place du premier cheykh est presque toujours entre les mains du plus riche, et elle se transmet ordinairement du père au fils. Il n'est pas sans exemple cependant de la voir sortir de la famille où elle était, pour passer dans une autre, plus riche ou plus estimée.

L'autorité des cheykhs, et même celle du premier cheykh, est balancée, dans quelques villages, par celle d'un cultivateur plus riche que les autres, et qui sait se former un parti. Ce cultivateur se refuse quelquefois à payer les impositions, et force le serrâf à fuir du village : celui-ci se retire chez son moultezim, qui prend alors les moyens nécessaires pour obtenir ses revenus.

Le premier domestique du cheykh el-beled porte le nom de *mechhed*[1] : il est, en quelque sorte, le concierge du village; il connaît et indique la demeure de chaque habitant aux étrangers qui arrivent; il se charge de leur faire avoir les choses dont ils peuvent avoir besoin, comme des provisions de bouche, des animaux de transport, etc. Son droit constaté est de quelques centaines de medins qui lui sont donnés par les *moultezim*; mais il augmente beaucoup ses bénéfices par les cadeaux qu'il se fait accorder pour les services qu'il a rendus.

Voici la liste des rétributions accordées aux diverses personnes employées à l'administration des terres, et dont il a été question dans ce chapitre.

Le serrâf d'un village est payé par les cultivateurs : 1°. Il reçoit deux medins sur quatre-vingt-dix qu'il perçoit; 2°. ou il est nourri par les *fellâh*, et la répartition de cette charge est faite par les cheykhs, ou il reçoit à la fin de l'année une somme fixe, déterminée par l'usage; 3°. enfin il ne donne un reçu de quatre-vingt-dix medins que quand il en a reçu quatre-vingt-quinze. Cette dernière rétribution est au profit de l'intendant qobte, si le moultezim a un intendant; et, dans les autres cas, elle est ordinairement moins forte[2].

Le cheykh d'un propriétaire reçoit, pour le paiement

[1] مشهد
[2] On peut voir dans le §. IV du Mémoire de M. Girard sur l'agriculture et le commerce de la haute Égypte, quels moyens les Qobtes ont à leur disposition pour détourner à leur profit une grande partie des revenus de l'Égypte.

de ses soins, l'exemption du *barrâny* sur une portion des terres qu'il cultive, portion qui est déterminée dans chaque village; de plus, le propriétaire lui donne depuis trois cents jusqu'à mille *parats* de gratification : cette somme lui est accordée plutôt comme un témoignage de satisfaction que comme un paiement; elle est nommée *el-mesâha metâ' el-mechâykh* (dons pour les cheykhs).

Le châhed, ou témoin, est aussi exempt du *barrâny* sur une partie de ses terres, et il reçoit des cultivateurs un léger paiement proportionné à la quantité d'imposition payée par chacun d'eux, mais qui varie beaucoup suivant les divers villages.

Le mechhed reçoit du *moultezim* cent ou deux cents *medins*; et cette paye est appelée *â'det el-mechhed*[1] (usage pour le mechhed).

Les *moultezim* payent encore les deux droits suivans :

A'det el-sâqqâdâr el-ousyeh[2], usage pour le porteur d'eau de la maison seigneuriale, lorsqu'elle est habitée par le moultezim;

Et *â'det el-khaddâmyn el-ousyeh*[3], (usage pour les serviteurs attachés aux terres de l'ousyeh). Ces serviteurs sont le khaouly, l'oukyl, le kallâf et les cultivateurs.

Le khaouly reçoit du moultezim, pour les soins qu'il donne à la culture des terres de l'ousyeh et à l'entretien des canaux, 1°. l'exemption du *barrâny* sur quelques-uns de ses *feddân* de terre, et 2°. le tiers de la gratifi-

[1] عادة المشهد
[2] عادة الساقادار الوصيه
[3] عادة الخدامين الوصيه

cation accordée au cheykh. Les cultivateurs lui donnent aussi un quatre-vingt-seizième d'ardeb de grain chacun, comme arpenteur du village.

L'oukyl est ordinairement payé en nature; sa rétribution annuelle est de quatre à dix *ardeb* de grains.

Le kallâf, étant un simple domestique, est payé par le moultezim, suivant les conditions particulières qu'ils ont faites entre eux. Enfin, dans les lieux où la culture des terres d'ousyeh se fait par corvées, les *moultezim* qui ne sont pas trop injustes, accordent quelques petites quantités de grains aux cultivateurs les plus pauvres.

3°. *De quelques usages particuliers à la haute Égypte.*

Il existe beaucoup de différences, ainsi que je l'ai dit, entre les usages du *Sa'yd* [1] et ceux de l'Égypte inférieure. Ces différences tiennent en partie au Sa'yd même, et au mode d'agriculture que son sol nécessite : mais on doit surtout les attribuer à son éloignement de la capitale, et aux troubles continuels dont il a été le théâtre; car, depuis l'invasion des Arabes *Haouârâ* [2] jusqu'au moment où le cheykh Hammâm [3] devint leur chef, il paraît que le plus grand désordre avait régné dans toutes les parties de l'administration de cette contrée. Pendant tout le temps que ce cheykh Hammâm y fut puissant, il se fit beaucoup d'améliorations dans l'agriculture, et l'administration en fut réglée avec justice; mais, après sa mort, ce pays étant devenu l'asile

[1] صعيد
[2] هوارا
[3] حمّام

des Mamlouks réfugiés, le trouble reparut de toutes parts, et de nouveaux changemens s'ajoutèrent encore à ceux qui avaient eu lieu précédemment, et dont une partie s'était conservée.

Quoi qu'il en soit des raisons qui ont pu modifier les usages du Sa'yd, je vais exposer ici les principales différences qu'on y remarque, lorsqu'on les compare à ceux de tout le reste de l'Égypte.

Dans toute la partie de la haute Égypte comprise depuis *Girgeh*[1] jusqu'aux cataractes de Syène, les terres dépendantes de chaque village n'appartiennent pas par portions distinctes aux divers *fellâh*, comme dans l'Égypte inférieure : elles sont, en quelque sorte, le bien commun de tous, et sont distribuées à chacun selon ses moyens de culture; et comme le nombre des cultivateurs est presque toujours trop petit pour la quantité de terres cultivables, un fellâh, de quelque lieu qu'il soit, peut participer à la distribution. On appelle ces terres *b'el-mesâhah*[2], terres par la mesure.

Ce mode de propriété ne cesse pas brusquement à Girgeh; il s'étend dans toutes les provinces inférieures, où les propriétés distinctes sont aussi connues; et plus on approche du Kaire, plus celles-ci sont en grand nombre. Ces terres, dont les mêmes portions appartiennent toujours aux mêmes familles, sont nommées *atâr*[3], ou terres marquées.

La province du Fayoum et la partie basse de celle

[1] جرجه
[2] بالمساحه
[3] اثار

d'*Atfyeh*[1] sont divisées et administrées comme celles de l'Égypte inférieure, et payent aussi les mêmes impôts.

Dans la basse Égypte, les cultivateurs ont le droit de vendre leurs terres entre eux. Dans la moyenne Égypte, les *fellâh* ne vendent jamais leurs terres *atâr*, ou marquées, celles qui leur appartiennent par voie d'héritage; on ignore s'ils en ont le droit : mais, comme l'étendue des terres est trop grande pour le nombre des cultivateurs, les ventes sont, par cela seul, impossibles.

L'impôt, dans la haute Égypte, est divisé en deux parties principales : le *mâl*, c'est le droit en argent; et le *khargeh*[2], c'est le tribut en nature. L'un et l'autre sont payés aux *moultezim;* le premier sur les récoltes de dourah, le second sur celles d'orge, de blé, etc. Il faut donc, chaque année, que l'étendue respective de ces deux cultures soit mesurée, afin que, d'après la valeur fixe qu'elles ont dans chaque village, mais qui varie d'un village à un autre, on puisse faire le compte de ce que chaque cultivateur doit à son moultezim.

On voit par-là que les revenus des *moultezim* varient d'après la quantité de terres arrosées, et aussi d'après l'espèce de culture qui a été adoptée : mais, quelles que soient la quantité et la nature des impôts qu'ils ont recueillis, ils sont toujours tenus de fournir les mêmes sommes de myry en nature et en argent; en sorte que s'ils ont reçu plus de monnaie que de den-

[1] اطفيح [2] خرجه

490 MÉMOIRE SUR L'ADMINISTRATION

rées, ils sont obligés d'acheter des grains pour payer leur myry.

Les *moultezim* du Sa'yd sont propriétaires de la même manière que ceux de tout le reste de l'Égypte, et aux mêmes conditions que j'ai fait connaître au commencement de ce mémoire[1].

Dans tous les villages du haut Sa'yd, et dans ceux de la moyenne Égypte, où les terres appartiennent par indivis à tous les habitans, elles leur sont distribuées, chaque année, par les cheykhs. Le messâh, ou arpenteur, en fait mesurer l'étendue par son *qassâb*[2], ou porteur de la mesure; il en tient note, et fait connaître d'avance à chaque cultivateur ce qu'il aura à payer. Cet arpenteur et son qassâb reçoivent ensemble, des *fellâh*, depuis six jusqu'à dix medins par feddân de terre qu'ils ont mesuré. Le plus ordinairement le messâh est Qobte; il y en a cependant quelques-uns qui sont musulmans. Il n'y a pas de châhed, ou témoin, dans les villages dont les terres sont ainsi mesurées chaque année.

Les *moultezim* ont, dans presque tous les villages de la haute Égypte, un serrâf pour percevoir le droit en argent, et un autre Qobte, appelé tantôt *oukyl*, tantôt *â'mél*[3], pour recevoir les revenus en nature.

---

[1] Ceci n'est pas entièrement conforme aux conjectures publiées dans le *Mémoire sur l'agriculture et le commerce de la haute Égypte*. On avait pensé que la vente d'un fonds de terre n'était qu'un engagement temporaire, qui n'avait de durée que jusqu'à l'époque du remboursement; il est constant cependant que, dans toute l'étendue de l'Égypte, les *moultezim* font entre eux des ventes absolues.

[2] قصّاب

[3] عامل

Il y a dans la haute Égypte plusieurs villages dont tous les habitans sont qobtes, et alors les places de cheykh sont entre les mains des qobtes : mais, dans ceux où il y a à-la-fois des chrétiens et des musulmans, les places sont entre les mains de ceux-ci.

J'ai négligé de faire entrer dans l'énumération des diverses espèces de possessions de la basse Égypte, celles qui sont appelées *masmouheh*[1], parce qu'elles y sont en trop petit nombre. Elles sont un peu plus répandues dans la haute Égypte, et s'y nomment *hatyteh*. Ces possessions sont tantôt un revenu en argent ou en nature sur un fonds de terre; tantôt c'est le fonds de terre lui-même : dans tous les cas, elles ne payent aucune sorte d'imposition. Les habitans du pays leur donnent une origine qui me paraît assez naturelle; ils disent que ce sont des vols faits par des Arabes qui se sont établis par force dans divers villages, que ces vols se sont transmis par héritage, et que le temps les a maintenant légitimés. Ces biens, qui ne sont jamais très-considérables, sont le plus souvent entre les mains des cheykhs des villages.

Enfin, dans un grand nombre de villages du *Fayoum*[2], les impôts ne sont pas estimés par la quantité de *feddân* de terre; mais le village doit en total payer une certaine somme. Lorsqu'il y a une partie des terres qui n'a point été arrosée, les *fellâh* et les *moultezim* font un arrangement à l'amiable; et si les premiers se trouvent lésés, ils se refusent à la culture et s'enfuient.

Il y a dans la basse Égypte quelques exemples de villages qui ont des portions de terres qui se régissent ainsi ; on appelle ces terres *charoueh* [1].

[1] شروه. On trouve dans Hérodote (liv. II, §. 109) un passage relatif au revenu territorial des rois d'Égypte, à la distribution des terres et à la diminution des impositions dans certains cas. Je vais le rapporter, moins pour faire connaître ce qui se pratiquait anciennement, qu'à cause des traits de ressemblance qu'on y trouvera avec ce que j'ai dit touchant les mêmes points de l'administration actuelle, tant dans la haute que dans la basse Égypte.

« Les prêtres me dirent encore que le roi Sésostris fit le partage des terres, assignant à chacun une partie égale et carrée, qu'on tirait au sort, à la charge néanmoins de lui payer tous les ans une certaine redevance, qui composait son revenu. Si le fleuve enlevait à quelqu'un une partie de sa portion, il allait trouver le roi, et lui exposait ce qui était arrivé ; ce prince envoyait sur les lieux des arpenteurs pour voir de combien l'héritage était diminué, afin de ne faire payer la redevance qu'à proportion du fonds qui restait. Voilà, je crois, ajoute Hérodote, l'origine de la géométrie, qui a passé de ce pays en Grèce. »

Il me semble d'abord qu'il faut substituer à cette phrase, *enlevait une partie de sa portion*, celle-ci, *laissait sans être arrosée une partie de sa portion* : car au temps de Sésostris, comme aujourd'hui, sans doute, le fleuve n'enlevait, dans l'espace d'une année, qu'une trop petite portion de terre pour que cela pût être un sujet de réclamation ; et il devait aussi, comme à présent, laisser parfois de grands terrains sans arrosement.

Il me paraît ensuite qu'il ne faut pas entendre d'une manière trop générale le partage égal des terres entre tous les individus ; car Hérodote dit lui-même (§. 141 et 168) que les gens de guerre avaient chacun douze aroures de terre, ou environ cent toises en carré[*], exemptes de toutes charges et redevances. On sait d'ailleurs, par Diodore de Sicile, que l'ordre sacerdotal possédait aussi des terres en propre. D'un autre côté, comment les marchands, les artisans, auraient-ils pu avoir quelque part à cette distribution ? Il me semble donc qu'elle ne doit être entendue qu'entre les cultivateurs. Et si maintenant on fait attention que la culture des terres qui environnaient un village, ne pouvait être raisonnablement confiée qu'à ses propres habitans, on en conclura, 1°. que les villages possédaient une certaine quantité de terres, au moyen d'une redevance qu'ils payaient au prince ; 2°. que les terres d'un même

[*] Selon le calcul de d'Anville, qui suppose la coudée égyptienne de vingt pouces six lignes. Mais le côté de l'aroure ne s'élève pas à vingt-quatre toises, et les douze aroures n'équivalent point à un carré qui aurait quatre-vingt-trois toises de côté. D'Anville, et tous les savans avec lui, ont confondu la coudée hébraïque avec la coudée égyptienne, ainsi que je l'ai fait voir dans un Mémoire sur le système métrique des anciens Égyptiens. *E. J.*

4°. *Du mâl kouchoufyeh* [1], *ou droit des* kâchef [2].

Avant de faire connaître la nature de cet impôt, qui est perçu presque tout entier au profit des commandans de province, il convient peut-être de dire quelque chose de ces derniers.

Les beys ne gardent qu'une année le gouvernement d'une même province; leurs principaux devoirs sont d'y maintenir la police, de vider les différens qui peuvent s'élever de village à village, de défendre les cultivateurs contre les Arabes, et de protéger les *moultezim* dans le recouvrement de leurs revenus.

Un bey a quelquefois jusqu'à vingt *kâchef* : ce sont ses lieutenans; ils agissent d'après ses ordres. Le bey passe assez communément trois ou quatre mois dans sa province, et en habite le chef-lieu : mais il lui importe

---

village appartenaient par indivis à tous ses habitans, à qui elles étaient distribuées chaque année par parties égales et au moyen du sort.

Les villages possédaient donc autrefois des terres, à peu près comme ceux de la haute Égypte en possèdent encore aujourd'hui; seulement on a cessé de les répartir entre les cultivateurs avec la même équité.

Si l'on rapproche du passage d'Hérodote, que je viens de citer, celui de la Genèse, où Moïse, après avoir raconté la manière dont Joseph s'y prit pour rendre Pharaon maître de toutes les terres, ajoute (ch. XLVII, §. 3, v. 26) : « Depuis ce temps-là jusqu'aujourd'hui, on paye au roi, dans toute l'Égypte, la cinquième partie du revenu des terres; et ceci est comme passé en loi, excepté la terre des prêtres, qui est demeurée exempte de cette sujétion, » et si l'on se rappelle l'opinion que les Égyptiens modernes ont de la propriété territoriale, on verra que depuis bien long-temps on est habitué à regarder les possesseurs de terre, en Égypte, comme les fermiers du souverain.

On peut encore remarquer dans ce passage de la Genèse, que les terres de la religion sont, depuis bien des siècles, exemptes de toute espèce d'imposition.

[1] مال كشوفيه

[2] كاشف

de ne pas rester trop long-temps absent de la capitale, de crainte d'être renversé par quelque intrigue qu'il n'aurait pu prévenir assez à temps. Il a toujours quelques-uns de ses *káchef* qui parcourent sa province avec leurs Mamlouks; il y a aussi, dans beaucoup de villages, un, deux ou trois *qáymmaqám*, ou commandans de place. Ces *qáymmaqám* sont mamlouks ou *serrág* [1]; ils habitent dans la maison appelée *ard el-ousyeh*, ou maison seigneuriale; leurs fonctions, dans le village où ils commandent, sont les mêmes que celles du bey dans la province qu'il gouverne.

Outre la paye qui leur est accordée par les beys, ils forcent encore les *felláh* à leur donner la plupart des denrées dont ils ont besoin.

Le *khaznahdár* [2] ou trésorier du bey est un de ses Mamlouks; et en général, les personnes qui occupent les diverses charges relatives aux finances de l'intérieur de la maison d'un bey, occupent aussi les charges analogues touchant les finances de la province.

Le mâl kouchoufyeh est pris en partie sur les *moultezim* et en partie sur les *felláh*. Voici les portions de cet impôt qui sont acquittées par les *moultezim*.

Mâl el-gihât [3]. Son produit est destiné au convoi de rafraîchissement qui est envoyé chaque année au-devant de la caravane de la Mekke. Il est recueilli par les commandans des provinces, et versé entre les mains du cheykh el-beled du Kaire, qui le remet à l'*aslám báchy* [4]

1 سرّاج
2 خزنه دار
3 مال للجهات
4 اسلام باشى

chargé du soin d'en faire l'emploi. Le mâl el-gihât est payé par chacun des *moultezim*, dans la proportion des *qyrât* de terres qu'ils possèdent : il en est de même des droits suivans.

*Khedem el-a'skar*¹ (paye des soldats). Ce droit fut établi autrefois pour la solde des *ogâqlu*; mais les commandans des provinces se le sont approprié.

*A'det aourâq chetaouy ou seyfy*² (usage pour les lettres d'hiver et les lettres d'été). Ces lettres sont envoyées dans les divers villages, pour les prévenir que l'on va bientôt percevoir l'imposition.

Voici maintenant les droits composant le mâl kouchoufyeh, qui sont prélevés sur les *fellâh*.

*Rafa' el-mazâlem*³ (avanies remplacées). Ce droit fut établi par Mohammed-bey Aboudahab pour remplacer les avanies arbitraires. Il forma trois classes de villages : la première paya deux cent dix pataques; la seconde, cent cinquante; et la troisième, quatre-vingts. L'établissement de cet impôt n'empêcha pas les avanies arbitraires d'avoir lieu comme auparavant.

*Mâl el-tahryr*⁴ (droit de libération). Il fut établi par Ibrâhym-bey pour les mêmes motifs que le précédent, et il devint, comme lui, un surcroît de taxe pour les *fellâh*. Ibrâhym forma trois classes de villages, à l'imitation de Mohammed : la première dut cent cinquante pataques; la seconde, cent, et la troisième, cinquante.

رفع المظالم ٣ خدم العسكر ١

مال التحرير ٤ عادة اوراق شتوى وصيفى ٢

Matâlib hâkem el-ouylâyeh[1] (réquisitions du commandant de la province). Ces réquisitions sont toujours en nature, comme de l'orge, de la paille, etc.; ou bien elles sont pour la nourriture de la troupe qui accompagne le commandant quand il voyage. Lorsque cette troupe est trop nombreuse, on tient compte aux villages d'une partie des dépenses qu'ils sont obligés de faire. Cet impôt en nature n'est pas déterminé.

Masârif el-nâyeh el-lâzimeh[2]. Ce sont les dépenses que font les cheykhs des villages, lorsqu'ils donnent le *koulfeh*[3] ou repas aux *kâchef* et aux autres Mamlouks qui voyagent dans la province. Ces dépenses, qui, comme on le voit, ne peuvent pas être fixées, sont réparties par les cheykhs entre les *fellâh*.

Haqq el-taryq[4]. C'est une paye pour les *qaouâs*[5], ou même pour les Mamlouks inférieurs qui sont envoyés pour porter des ordres dans un village. Le montant de cette paye est fixé par celui même qui envoie l'ordre.

Toutes les taxes précédentes forment, avec les avanies arbitraires, le mâl kouchoufyeh, ou droit des *kâchef*. Ce qu'il y a de fixe dans cet impôt, est enregistré chez les *moubâchir* ou intendans qobtes.

La somme des revenus du mâl kouchoufyeh n'appartient pas entièrement aux commandans des provinces. Outre le mâl el-gihât, qui est destiné à la caravane de la Mekke, ils sont encore tenus de payer le myry de

1 مطالب حاكم الولايه   4 حقّ الطريق

2 مصارف النايه اللازمه   5 قواس

3 كلفه

leurs places; ce myry est de vingt, trente ou cinquante bourses[1] par province, selon leurs richesses. Ils sont aussi dans l'usage de faire une fois chaque année des cadeaux au pâchâ, à son *kyâhyah*[2], à son khaznahdâr, et enfin à toutes les principales personnes de sa maison.

Pour donner une idée des exactions des Mamlouks envers les *fellâh*, exactions qui leur ôtent le peu de profit qu'ils feraient, s'ils ne payaient que les impôts réguliers, je vais en faire connaître deux principales et qui se répètent assez souvent.

Les villages qui sont sur la lisière du désert, sont exposés à voir des Arabes s'emparer d'une partie de leurs terres pour les cultiver, du consentement du gouverneur de la province. Lorsque le temps de payer les impôts est venu, il arrive quelquefois qu'ils s'y refusent; et si les Mamlouks n'arrivent pas assez à temps pour les y contraindre, on répartit sur les terres qui sont restées aux *fellâh* une partie de l'imposition qu'auraient dû payer les terres envahies.

J'ai dit plus haut que les *moultezim* faisaient mesurer les terres non arrosées, afin de diminuer proportionnellement les taxes : mais, toutes les fois que les Mamlouks ou leurs intendans jugent que les cultivateurs peuvent payer tout l'impôt, ils ne leur accordent aucun dégrèvement.

Enfin la cupidité des Mamlouks ne trouve de bornes que lorsque les *fellâh* sont réduits à l'impuissance de payer; et ces malheureux n'ont d'autre recours contre

---

[1] La bourse est de vingt-cinq mille médins.
[2] كياهيه

ces oppressions que la fuite. Un fellâh qui se trouve dans l'impossibilité de satisfaire la cupidité de ses maîtres, quitte ses champs et sa maison; suivi de sa femme et de ses enfans, il va chercher dans un autre village quelques terres à cultiver et des maîtres moins avides.

Les vols des Mamlouks et des Qobtes ne sont pas les seuls que les cultivateurs aient à redouter : les Arabes viennent encore leur enlever leurs troupeaux et tout ce que les premiers ont négligé de leur prendre.

Je vais placer ici une liste de droits prélevés sur le mâl el-hourr, et qui sont presque tous pour les commandans des provinces, quoique dans l'origine ils aient eu des destinations différentes, ainsi qu'on va le voir.

A'ouâdeh tchâouych kâchef [1] (usage pour le tchâouch du kâchef). Ce tchâouch est celui qui conduit le kâchef dans les lieux où il veut aller : ainsi ce droit est destiné à la milice des *Ogâqlu*.

Tésouyf mouqarrar [2]. Ce droit est encore destiné pour les troupes.

A'det râs noubeh [3] (usage pour le râs noubeh).

A'det messaouâdeh [4] (usage pour le messaouâdeh). Ces deux droits sont destinés à certains *Ogâqlu* appelés *râs noubeh* et *messaouâdeh*, et dont les fonctions sont de protéger le recouvrement du mâl el-gihât.

A'det khedâm el-ramleh [5]. C'est la paye de la troupe

اعواده چاویش كاشف ۱

تسویف مقرّر ۲

عادة رأس نوبه ۳

عادة مسواده ٤

عادة خدام الرمله ٥

qui porte les sacs destinés à être remplis de terre pour former des retranchemens.

A'det mesallem[1] (usage pour le mesallem). Le mesallem est un des hommes de la milice des *Ogâqlu*.

A'det liâzgy[2] (usage pour l'écrivain de la troupe).

A'det tebn el-soultânyeh[3] (usage pour la fourniture de la paille nécessaire à la troupe du grand-seigneur).

A'det haouâlet el-haouâlât[4] (usage pour celui qui est envoyé dans un arrondissement de village pour y prendre les contributions).

A'det ghafar el-mâl[5] (usage pour l'escorte nécessaire au transport du produit de l'imposition).

A'det gesr el-soultânyeh[6] (usage pour les digues des canaux qui sont à la charge du grand-seigneur). Le produit en est confié aux cheykhs principaux chargés de diriger le travail : il en est de même des trois taxes suivantes.

A'det gourâfeh el-soultânyeh[7] (usage pour le paiement de ceux qui travaillent au curage des grands canaux avec le gourâfeh)[8].

[1] عادة مسلّم
[2] عادة لازمي
[3] عادة تبن السلطانية
[4] عادة حوالة الحوالات
[5] عادة غفر المال
[6] عادة جسر السلطانية
[7] عادة جرافه السلطانيه :

[8] Le *gourâfeh* est un instrument que l'on emploie dans quelques lieux de l'Égypte pour curer les canaux. C'est un triangle équilatéral, fait en planches, et de huit décimètres de côté environ; il a des rebords de deux décimètres de haut sur deux de ses côtés seulement.

Lorsque l'on veut en faire usage, on commence par labourer le fond du canal; ensuite on attelle deux bœufs avec des cordes au gourâfeh, le côté sans rebord étant tourné vers les bœufs. Un homme monte alors sur cet instrument pour lui donner plus de poids; on fait avancer les

A'det cheykh el-gourâfeh[1] (usage pour le chef de ceux qui travaillent au moyen du gourâfeh).

Soghâr el-gourâfeh[2] (usage pour les enfans qui travaillent avec le gourâfeh).

Ce droit n'est payé que par un très-petit nombre de villages.

Matamsyn el-gouçour[3] (usage pour les gardiens des digues).

Ce droit est destiné aux hommes qui travaillent à arranger les terres des digues, et qui les gardent pendant la nuit.

Les cinq derniers droits que je viens de nommer, sont destinés aux travaux des canaux qui sont à la charge du sultan, et ne sont payés que par les *moultezim* qui ont besoin de ces canaux pour que leurs terres soient arrosées; encore il est fort rare qu'un même village soit chargé de ces cinq impôts à-la-fois.

A'det taqryr effendy el-ouylâyeh[4] (usage pour le qâdy de la province)[5].

A'det nâyb reybeh[6] (usage pour celui qui est chargé de la police des filles publiques).

Peu de villages payent cette taxe, qui d'ailleurs n'est pas considérable.

Des dix-sept droits précédens, les uns sont établis

---

bœufs : la terre entre dans le gourâfeh par le côté sans rebord; et lorsqu'il est rempli, on le conduit hors des digues et on le vide.

[1] عادة شيخ الجرافه

[2] صغار الجرافه

[3] مطمسين الجسور

[4] عادة تقرير افندى الوِلايه

[5] Les *qâdy* ou juges sont aussi appelés *effendy*.

[6] عادة نايب ريبّة

depuis long-temps pour la milice des *Ogáqlu* : d'autres
sont des augmentations plus récentes exigées par la milice elle-même ; d'autres, comme celui qui est établi
pour les enfans qui travaillent à curer les canaux au
moyen du gouráfeh, paraissent avoir été originairement
des avanies que le temps aura consacrées comme des
impôts légitimes.

Toutes les impositions pour les canaux, et une partie
de celles pour la milice des *Ogáqlu*, sont prélevées
maintenant au profit des commandans de province ; ils
ne font quelques réparations qu'aux canaux qui sont
d'une nécessité absolue : tel est celui d'Alexandrie.

Chaque village ne paye pas toutes les taxes dont je
viens de faire l'énumération ; il y en a même qui sont
usitées dans certaines contrées, et qui sont totalement
ignorées dans d'autres.

Le recouvrement de ces divers droits, et celui du mâl
kouchoufyeh payé par les *moultezim*, sont faits à différentes époques dans les villages mêmes. Les *cháhid* et
les *serráf* en tiennent la note, afin de les déduire du mâl
el-hourr, lorsque les *moultezim* perçoivent cet impôt.

5°. *Du myry et des* effendy.

La perception et l'emploi du myry sont confiés à une
administration composée de musulmans appelés *effendy*,
qui résident toujours au Kaire. Le premier effendy est
connu sous le nom de *rouznámgy* [1] ; il est choisi parmi
les *effendy*, et nommé à vie par le grand-seigneur : il a

روزنامجی [1]

la dignité de *nousf-sangâq*¹ ou demi-bey. Les autres places d'effendy sont héréditaires et peuvent être vendues, pourvu toutefois que l'acheteur soit suffisamment instruit et reçoive l'agrément du rouznâmgy.

Les fonctions du rouznâmgy sont celles d'administrateur général et de receveur : nul autre que lui ne perçoit les fonds provenant du myry ; ils sont versés directement dans sa caisse. Le travail des autres *effendy* se borne à tenir les registres de toutes les mutations des propriétés et des emplois qui sont assujettis à payer le myry, et à faire les comptes, soit de ce que chaque propriétaire doit en acquitter, soit des dépenses qui doivent être prises sur le produit de cet impôt. Tout ceci va s'éclaircir par le dénombrement des *effendy* et par l'indication des fonctions que chacun d'eux remplit.

Le *rouznâmgy*. Je viens d'indiquer ses principales attributions. Il a sous ses ordres immédiats quatre *effendy* nommés *halfâ*², qui sont en quelque sorte ses commis, et que l'on désigne ainsi : le premier, *bâch halfâ*³ ; le second, *tâny halfâ*⁴ ; le troisième, *tâlet halfâ*⁵ ; et le quatrième, *râbe' halfâ*⁶.

Le bâch halfâ est chargé de faire les comptes du myry qui doit être payé par chacun des *moultezim* qui possèdent des terres dans la province de *Gyzeh*⁷, et par le gouverneur de cette province : de plus, il est chargé de

¹ نصف سنجاق
² حلفا
³ باش حلفا
⁴ ثاني حلفا
⁵ ثالث حلفا
⁶ رابع حلفا
⁷ جيزه

faire le même travail pour le gouverneur et pour trois villages seulement de la province de *Manfalout*[1]. Ces trois villages sont *Beny râfa*[2], *Beny hoseyn el-achrâf*[3], et *Heyt belâ gheyt*[4].

L'*effendy el-Charqyeh*[5]. Ses fonctions par rapport aux provinces de Charqyeh, *Mansourah*[6], *Qelyoub*[7], Atfyeh et Bahyreh, sont les mêmes que celles du bâch halfâ par rapport à celle de Gyzeh.

L'*effendy el-Gharbyeh*[8]. Ses fonctions sont encore les mêmes que précédemment, mais pour les deux provinces de Gharbyeh et de Menoufyeh.

L'*effendy el-chaher*. Les attributions de cet effendy sont de deux sortes : d'abord il est chargé, dans toutes les provinces de la haute Égypte, des mêmes soins dont sont chargés les trois *effendy* précédens dans leurs arrondissemens respectifs. Ces provinces de la haute Égypte sont *Bahnaseh*[9], Fayoum, *Achmouneyn*[10], Manfalout, et Girgeh, qui comprend les Oasis. Ensuite il fait les comptes du myry que doivent payer tous les fermiers et les douaniers de l'Égypte, tant ceux des ports de mer que ceux des ports intérieurs, comme Boulâq et le vieux Kaire.

L'*effeudy el-ghalâl*[11]. C'est l'effendy qui est chargé

قليوب ۷ منفلوط ۱

افندى الغريبه ۸ بنى رافع ۲

بهنسه ۹ بنى حسين الاشراف ۳

اشمونين ۱۰ حايط بلا غايط ٤

افندى الغلال ۱۱ افندى الشرقيه ۵

منصوره ٦

de faire les comptes de ce que chaque moultezim de la haute Égypte doit acquitter de myry en denrées. Outre ce travail, il tient aussi les comptes d'un droit en argent assez peu considérable, appelé *mâl moudâf el-ghalâl*, qui a été ajouté au myry en nature dans quelques villages.

L'*effendy masraf el-ghalâl*[1]. Il est subordonné au précédent; les comptes pour la distribution des grains provenant du myry lui sont confiés.

L'*effendy el-mohâsebeh*[2]. Toutes les dépenses qui sont à la charge du grand-seigneur, comme les blés qui sont envoyés chaque année aux deux villes saintes, la réparation des canaux principaux, des ponts, des forts, etc., toutes ces dépenses ne se font qu'après qu'il en a arrêté les comptes.

L'*effendy el-youmyeh*. Sa place est l'une des principales; il est le chef de dix autres *effendy* qui sont chargés de faire les comptes des dépenses suivantes : l'un pour les hommes pauvres et impotens (*kâchedy*)[3]; un autre pour les veuves et les orphelins (*aytâm*)[4]; un troisième pour les aveugles de la mosquée *el-Azhâr*[5], les grands cheykhs, etc. (*gaouâdy*)[6]; et enfin les sept autres pour les sept corps de la milice des *Ogâqlu*.

L'*effendy el-moqâbeleh*[7]. Il est l'examinateur et le vérificateur de tous les comptes de l'article précédent.

افندى مصرف الغلال ١	الازهار ٥
افندى المحاسبه ٢	جوادى ٦
كاشدى ٣	افندى المقابله ٧
ايتام ٤	

L'*effendy el-kourekgy*[1]. Il fait le compte de ce que chaque moultezim doit payer pour les frais de transport des décombres du Kaire aux *boghâz*[2] de Rosette et de Damiette. Cette taxe, qui est comprise dans la somme du myry, se nomme *mâl kourekgy* : elle est peu considérable, car elle ne s'élève pour toute l'Égypte qu'à vingt-huit bourses.

Les neuf *effendy* principaux que je viens de nommer, ont chacun, ainsi que le rouznâmgy, quatre *halfâ* : l'effendy el-moqâbeleh, dont le travail est très-considérable, en a cinq. Ces mêmes *effendy*, avec le rouznâmgy et son bâch halfâ, ont chacun un *kysehdâr*[3], ou porteur du sac qui contient les livres de comptes ; ils sont considérés commes gardiens de ces livres ; ils savent écrire et sont comptés parmi les *effendy*.

Le rouznâmgy a de plus avec lui quatre *châkird*[4] ou disciples, qui sont aussi compris parmi les *effendy*.

Ce ne sont pas encore là tous les membres de cette nombreuse administration : on y compte quatre *kouttâb khazyneh*[5], ou écrivains du trésor. Deux de ces écrivains sont turks, et supérieurs aux deux autres, qui sont de la nation juive. Autrefois ils étaient tous les quatre de cette dernière nation, et l'on raconte que cela n'a changé que depuis, que l'un des écrivains juifs a abandonné sa

---

[1] افندى الكوركجى. *Kourek* est un mot turk qui veut dire *rame*. L'effendy chargé de l'impôt affecté au transport des décombres est appelé *kourekgy*, parce que ce transport, qui a eu lieu autrefois, se faisait avec des barques.

[2] بغاز

[3] كيسهدار

[4] شاكرد

[5] كتاب خزينه

religion pour se faire musulman : deux de ses fils lui ayant succédé, il s'est trouvé deux écrivains turks.

Deux des écrivains du pâchà font partie de l'administration ; ils sont appelés *tezkerehgy*[1], d'un mot turk qui signifie *écrivain des ordres*. L'un écrit en langue turque ; il est considéré comme le premier : l'autre écrit en arabe.

Enfin trois *serrâf* sont attachés à l'administration du myry ; ils sont tous les trois juifs : l'un d'eux est serrâf-bâchy ou premier serrâf ; leurs fonctions sont de compter l'argent et de vérifier les espèces.

Les *kouttâb khazyneh* et les *serrâf* sont sous les ordres immédiats du rouznâmgy, mais payés, ainsi que tous les autres membres de l'administration, aux dépens du myry. Ils peuvent prendre, pour les aider, autant d'écrivains et de *serrâf* qu'ils en ont besoin ; mais ceux-ci sont payés par eux, et non par le myry.

On distingue le myry en deux parties principales : le *mâl chetaouy*, ou droit d'hiver ; et le *mâl seyfy*, ou droit d'été. Les revenus du premier sont pris sur les récoltes de fèves, d'orge et de blé : ils sont les plus considérables et les premiers recueillis ; aussi sont-ils affectés aux dépenses intérieures, qui sont toujours les plus urgentes. Les revenus du droit d'été, qui sont pris sur les rizières, sont plus tardifs et sont affectés aux dépenses extérieures.

Les comptes des *effendy* et les versemens du myry se font quatre fois dans l'année, à trois mois de distance

---

[1] تذكرهجى

les uns des autres; le premier a lieu vers le temps où le Nil est à son plus haut point d'élévation. Les trois premiers paiemens sont pris sur le droit d'hiver, et le quatrième sur le droit d'été. Voici comment se fait le versement : l'effendy envoie à un moultezim ou à tout autre redevable, par un domestique du *dyouân*[1], appelé *tchâouch*, la note du myry qu'il doit payer; le moultezim se transporte avec ce tchâouch chez le rouznâmgy, qui, après avoir perçu la somme, donne un reçu provisoire, d'après lequel l'effendy délivre un reçu définitif.

Les *effendy* ont une manière de tenir et d'écrire leurs comptes qui leur est particulière, et qu'ils disent être aussi en usage parmi les *effendy* de Constantinople. Leur écriture, qu'ils appellent *kermah*[2], paraît, au premier abord, ressembler assez peu à celle des Arabes; elle n'en diffère cependant qu'en ce que les caractères en sont beaucoup moins élevés, et plus étendus horizontalement. Cette manière d'écrire permet de serrer beaucoup les lignes les unes contre les autres, et c'est là aussi tout ce que les *effendy* y trouvent d'avantageux; toutefois il n'y a qu'eux qui puissent la lire facilement.

Les Qobtes tiennent leurs comptes en écriture arabe ordinaire, et écrivent les sommes au-dessous des indications; ce qui rend les sommes totales fort difficiles à former. Les *effendy*, qui tiennent probablement leur méthode de Constantinople, suivent la manière européenne; ils écrivent les sommes dans la même ligne que l'indication, en ayant soin de ranger toutes celles qui

[2] كرمه   [1] ديوان

doivent être additionnées ensemble, les unes au-dessous des autres. Ils paraissent fort satisfaits d'être en possession de cette méthode; et dans tout autre pays que l'Égypte, on aurait lieu d'être étonné de ne pas la voir adoptée généralement, surtout par des hommes comme les Qobtes, dont le plus grand travail consiste à faire des additions : mais en Égypte, où l'habitude prévaut par-dessus tout, cela n'a rien qui doive surprendre.

Le rouznâmgy présente les comptes de toute son administration au pâchâ, au *defterdâr*[1] ou chancelier, qui est toujours un bey[2], et au cheykh el-beled du Kaire. Quand ils sont approuvés, on les envoie à Constantinople, écrits en langue turque kermah. Quelquefois aussi le grand-seigneur les fait vérifier par un aghâ, qu'il dépêche à cet effet.

Lorsque toutes les dépenses qui doivent être légitimement prises sur le myry sont prélevées, il reste environ douze mille bourses. Cette somme, appelée *khâzneh* ou trésor, forme le revenu du grand-seigneur, et lui est apportée par un bey. C'est en l'année 1175 de l'hégyre que le dernier envoi a eu lieu.

Les dépenses publiques qui sont prises sur le myry, peuvent être divisées en quatre parties principales :

1°. *Gâmkyeh el-masr*[3]. Sous ce titre on comprend les pensions et les payes accordées dans toute l'étendue de l'Égypte : telles sont, la paye des troupes, celle

---

[1] دفتردار

[2] Le dernier defterdâr a été Ayoub-bey le petit, qui a péri à la bataille des Pyramides.

[3] جامكيه المصر

des *effendy*, etc., les pensions des veuves, des orphelins, des aveugles de la grande mosquée, des grands cheykhs, etc.

2°. *Masârif el-harameyn*[1]. Ce sont les dépenses qui se font pour les deux villes saintes, la Mekke et Médine.

3°. *Masârif emyr hâggy*[2]. Sous cette dénomination l'on comprend non-seulement ce qui est accordé à l'émyr hâggy, mais encore la paye des troupes qui protégent la caravane, et les cadeaux qui se font à diverses tribus d'Arabes qui sont sur la route, pour les engager à la respecter.

4°. *Masârif el-sa'rah*[3]. Ce qui signifie *dépenses accidentelles*, comme, par exemple, le sucre ou le riz qui sont quelquefois demandés par le grand-seigneur, les réparations des canaux, des forts, etc. On comprend encore dans cette quatrième division les donations faites à certaines mosquées ou à certains cheykhs, mais qui sont plutôt d'usage qu'obligées.

Ce qui reste après l'acquittement de toutes ces dépenses, forme, comme je l'ai déjà dit, le revenu du grand-seigneur: mais les beys, depuis plusieurs années, savent arranger leurs comptes de manière qu'il ne lui revient rien du tout; et comme ils disposent à leur gré du pâchâ, ils obtiennent de lui un firman pour toutes leurs dépenses feintes ou réelles, en sorte qu'en apparence ils sont toujours en règle vis-à-vis du grand-seigneur.

مصارف السعره [3]   مصارف الحرمين [1]
                       مصارف أمير حاجّي [2]

510 MÉMOIRE SUR L'ADMINISTRATION

Voilà ce qu'il y a de général sur l'emploi du myry en argent; je viens au myry en nature.

Il avait été institué pour la nourriture des sept corps d'*Ogâqlu*, et il leur en est effectivement distribué une partie; mais une foule d'établissemens pieux, les étudians de diverses écoles, un grand nombre de familles, comme celles *el-Sâdât*[1], *el-Bekry*[2], etc., y ont des droits. Les *effendy*, le pâchâ, le *qâdy a'skar*[3], etc., participent aussi à la distribution du myry en nature. Des dépenses d'un autre genre, comme la nourriture des fabricans de poudre du gouvernement, celle des bœufs qui font mouvoir les machines qui donnent de l'eau à la citadelle, sont encore prises sur le myry en nature. Enfin on peut évaluer à plus de cinquante mille le nombre des individus qui participent à la distribution des denrées provenant du myry de la haute Égypte.

Cette distribution est confiée à un ogâqlu du corps des *Tchâouch*, appelé *émyn el-chououn*; ce qui veut dire *fidèle dépositaire*. Il est chargé du soin de la perception, de l'emmagasinement au Kaire, et de la distribution. Les beys sont obligés de le protéger lors du recouvrement et du transport, et ils se sont fait accorder pour cela une quantité considérable d'orge et de blé.

Je ne crois pas devoir entrer dans plus de détails sur la nature des dépenses qui sont à la charge du myry, ni publier le tableau de toutes les personnes et de tous les établissemens qui ont des droits aux pensions en

[3] قاضى عسكر   [1] السادات
                    [2] البكرى

argent et aux distributions en nature : ce travail ne pourrait obtenir quelque intérêt, qu'autant qu'il serait joint à toutes les autres parties des finances de l'Égypte, afin de composer un état complet des revenus et des dépenses de ce pays avant sa conquête par les Français. D'ailleurs je me suis moins proposé de parler, dans ce mémoire, de l'imposition en elle-même, que du système d'imposition; encore me suis-je borné au système d'imposition territoriale.

J'ai dit que les *effendy* tiennent des registres exacts de toutes les mutations des propriétés territoriales, afin de pouvoir faire chaque année le compte du myry pour tous ceux qui y sont assujettis. Les *effendy*, ayant par-là une entière connaissance de toutes les propriétés, sont les hommes les plus propres à être employés à l'administration de l'enregistrement : aussi c'est à eux qu'elle est confiée.

Les mutations de propriétés peuvent être divisées en trois classes; celles par décès, celles par ventes absolues ou temporaires, et celles par donations.

Lorsqu'un moultezim est mort, ses enfans, ou ceux en faveur desquels il a testé, font leur déclaration à l'effendy dans le département duquel se trouve la succession. Celui-ci en avertit le pâchâ, afin qu'il donne son agrément aux héritiers; agrément qu'il leur accorde toujours moyennant le droit appelé *haloudn*[1] qu'ils lui payent. Ce droit, qui n'est pas toujours bien déterminé, n'excède jamais trois années de l'imposition appelée

[1] حلوان

fáyz, qui est, comme nous l'avons vu, le revenu net et légitime du moultezim. Les *effendy* délivrent ensuite aux héritiers un certificat de déclaration ou enregistrement, appelé *taqsyd*[1], en vertu duquel ils sont légitimes possesseurs; les *effendy* reçoivent un pour cent du myry payé par les terres.

Les sommes provenant du droit halouân sont reçues par un caissier du pâchâ : c'est le *kâtib el-mâl houll*[2], dont j'ai parlé au commencement de ce mémoire.

Pour les mutations de terres par vente et par donation, il n'est rien accordé au pâchâ lui-même; mais on paye à ses écrivains vingt-huit medins par qyrât de terres achetées ou reçues, comme droit de confirmation. Les *effendy* enregistrent ces mutations, et reçoivent un pour cent du prix de la vente pour les choses vendues, et un pour cent du montant du myry, pour les terres données. Pour ces deux espèces de mutations, le qâdy donne un *hoggeh*[3] ou sentence légale, et perçoit deux pour cent.

Les *ouaqf* de terre en faveur des familles sont regardés comme de simples donations et sujets aux mêmes formalités; ceux en faveur des lieux saints sont faits par-devant le qâdy a'skar et enregistrés par les *effendy*. Les ventes de terres, de fellâh à fellâh, et les *kharouqah*, sont du ressort des *qâdy* : enfin les successions, les ventes de maisons et de meubles, ne regardent que les *qâdy*, qui perçoivent un droit qu'ils

[3] حجّة

[1] تقصيد

[2] كاتب المال حلّ

règlent eux-mêmes avec équité d'après la richesse des cliens.

Les *felláh* font encore entre eux une autre espèce d'échange; ils louent leurs terres pour une année seulement : cet arrangement se conclut de gré à gré et sans l'intervention du qâdy. En général, toutes les fois que les *moultezim* ou les *felláh* ont entre eux quelque confiance réciproque, ils terminent leurs affaires par-devant témoins, sans appeler le qâdy; ou bien ils ne lui demandent une sentence que pour une faible partie des biens qu'ils viennent d'acquérir, afin de diminuer les frais.

J'ai eu occasion de dire, au commencement de ce mémoire, que les biens de ceux qui meurent sans héritiers appartiennent au fisc. J'ajouterai ici que le droit du fisc est connu sous le nom de *beyt el-mál*[1]; qu'il était autrefois destiné en grande partie pour les pauvres, et qu'Ibrâhym-bey, qui l'a affermé, en donne encore une portion, fort petite à la vérité, pour l'enterrement de ceux dont les familles sont trop indigentes pour en faire les frais.

Les *effendy* jouissent en Égypte de beaucoup de considération sous les rapports de la probité, des mœurs et de l'instruction. La plupart parlent et écrivent la langue turque, outre celle de leur pays, qu'ils connaissent très-bien. Ils ont tous une somme de richesses qui les place dans la classe des gens aisés; et ceux qui occupent les premières charges, sont regardés comme des hommes

[1] بيت المال

riches. Outre les émolumens qui leur sont accordés pour chaque enregistrement, ils ont une rétribution annuelle qui est prise sur le myry.; elle est de cent cinq bourses, ou 93750 francs, pour toute la corporation des *effendy*: la répartition en est faite entre eux, suivant l'importance de leurs charges respectives.

On a pensé que les Turks avaient laissé la gestion de leurs biens entre les mains des Qobtes, par l'espèce d'incapacité des musulmans pour un pareil emploi : cela n'est pas exact, et il suffit de l'administration du myry pour le démontrer. C'est plutôt par la répugnance des Turks pour les innovations, et surtout par l'intérêt que les Mamlouks avaient à conserver pour percepteurs des hommes qu'aucun motif ne portait à ménager le corps de la nation, qu'il faut expliquer pourquoi les Qobtes n'ont pas cessé d'administrer les propriétés particulières.

Je terminerai ce mémoire par quelques remarques sur l'hérédité des emplois publics, et même des métiers particuliers, chez les Égyptiens.

Il n'y a en Égypte aucune fonction publique qui doive, par son institution, être héréditaire, et cependant elles le sont presque toutes : cela tient au caractère de cette singulière nation, chez laquelle tout semble tendre vers la constance et l'uniformité. Peut-être le climat de l'Égypte, toujours si semblable à lui-même, et dont les saisons se succèdent chaque année précisément aux mêmes époques astronomiques, en présentant toujours la même série de phénomènes, doit être regardé comme l'une des causes de cette disposition, et comme ayant donné sa teinte d'uniformité au caractère des habitans : du moins ce caractère n'est pas l'effet de leurs nouvelles institutions; et tout ce que les anciens voyageurs nous ont appris touchant l'humeur tranquille et presque apathique des Égyptiens de leur temps, nous le retrouvons dans celle des Égyptiens d'aujourd'hui. Ainsi ils ont conservé leur peu de curiosité et leur éloignement pour les voyages; jamais on ne les voit s'expatrier, tandis qu'il se rend chez eux un grand nombre d'étrangers, et que beaucoup de Syriens et d'habitans de la côte septentrionale de l'Afrique viennent s'y établir [1].

Remarquons encore, au sujet de la tranquillité du caractère des Égyptiens, que toutes les révolutions arrivées dans leur pays, tous les changemens que leur gouvernement a éprouvés, sont dus à des étrangers, même dès les temps les plus reculés dont l'histoire ait gardé le souvenir, et que le plus grand calme a régné parmi eux tant qu'ils ont été gouvernés par des princes de leur nation.

Ce besoin de l'uniformité s'était tellement manifesté, qu'il avait donné naissance à de certaines lois; car il est évident, par exemple, que celle qui divisait les Égyptiens en sept classes, dans lesquelles les enfans devaient succéder à leurs pères et pratiquer le même métier, lui doit bien certainement son origine. Aujourd'hui les

---

[1] Il n'y a que les Alexandrins qui ne soient pas aussi sédentaires : les relations plus souvent répétées qu'ils ont avec les autres peuples, la variété des nations qui habitent parmi eux, et la nécessité de se livrer au commerce extérieur, toutes ces causes ont nécessairement un peu modifié leur humeur.

choses ne sont pas essentiellement différentes sur ce point : les divers métiers forment dans chaque ville autant de corporations, qui ont un cheykh particulier; et il est rare que les enfans sortent de celle de leurs pères et n'embrassent pas la même profession.

C'est par cet empire de l'habitude, par cette propension à laisser toutes choses dans le même état, que les places de cheykh, de châhid, de khaouly, etc., que j'ai dit être à la nomination des *moultezim* ou au choix des *felláh*, sont presque toujours héréditaires; on ne trouve que rarement la nécessité de les faire sortir des familles où elles sont, et jamais on ne le fait par pur caprice.

Mais cette puissance de l'habitude est encore plus marquée par rapport à la place de premier cheykh elbeled d'un village. Le plus communément elle est entre les mains du cheykh le plus riche, qui se trouve être aussi le plus estimé, parce que, ne tenant son pouvoir que de la considération qu'il inspire, il lui importe de bien vivre pour le conserver : aussi l'on voit rarement un premier cheykh perdre son autorité; et les *felláh* aiment mieux qu'elle soit confiée au jeune fils du cheykh qu'ils révéraient, que de la voir passer en d'autres mains qui peut-être seraient plus expertes.

Il arrivait cependant que les Mamlouks, toujours étrangers chez la nation qu'ils gouvernaient, et dont ils foulaient aux pieds les usages quand ils en étaient contrariés, enlevaient arbitrairement cette place de premier cheykh à celui qui la possédait, pour la donner à quelques-unes de leurs créatures ou à quelques-uns de leurs domestiques qu'ils voulaient récompenser.

DE L'ÉGYPTE.

Ceci me conduit à une dernière réflexion qui se présente naturellement : c'est le peu de conformité qu'il y avait entre le gouvernement essentiellement destructeur des Mamlouks et celui que le caractère des Égyptiens semble demander; c'est la perpétuelle opposition qui existait entre l'humeur de ce peuple, telle que je viens de l'esquisser, et celle de ses maîtres inquiets et ambitieux. Quelle étrange différence, en effet, entre ces Égyptiens craintifs, même pusillanimes et si faciles à soumettre au joug, et ces Mamlouks entreprenans et guerriers, toujours rivaux les uns des autres, ne connaissant aucun des liens du sang, redoutant ceux de l'amitié, n'agissant absolument et directement que pour eux seuls, et dont toutes les actions étaient arbitraires, capricieuses, et déterminées par les circonstances du moment[1] !

---

[1] Il n'est peut-être pas inutile de dire ici que les renseignemens d'après lesquels ce mémoire a été rédigé, m'ont été donnés, pour chaque partie, par les hommes qui y sont réputés les plus versés, et que je n'ai rien écrit sans avoir toujours eu plusieurs réponses semblables sur la même question. J'ai consulté les *qády*, les *effendy*, les cheykhs les plus instruits du Kaire, les principaux Qobtes, et surtout ceux dont la probité est la moins suspectée. Les cheykhs, les *serráf* de village ont été interrogés; je n'ai pas non plus négligé de questionner les *felláh*. J'ajouterai (ce qui n'est pas sans quelque importance) que j'ai toujours eu de très-bons interprètes. Enfin j'ai eu occasion de vérifier les réponses que j'ai obtenues, auprès des personnes qui se sont occupées de ces objets, et sur les notes qu'elles ont bien voulu me communiquer.

Quelques soins que j'aie mis à prendre ces renseignemens, quelque nombreuses qu'aient été mes informations, je n'ose pas me flatter d'avoir toujours rencontré la vérité; mais, s'il s'est glissé quelques inexactitudes dans ce mémoire, le temps et de nouvelles informations me les feront découvrir.

L'auteur de cet écrit se proposait de le revoir et d'y faire plusieurs additions; mais les soins qu'il donnait à la direction de l'ouvrage, et la fin prématurée qui l'a ravi à ses travaux, l'ayant empêché d'accomplir ce dessein, l'on a fait imprimer son mémoire, tel qu'il l'avait lu à l'Institut d'Égypte, le 1er frimaire an IX (22 novembre 1800).

E. J.

MÉMOIRE
SUR LE LAC MENZALEH,

D'APRÈS

LA RECONNAISSANCE FAITE EN VENDÉMIAIRE AN VII
(SEPTEMBRE ET OCTOBRE 1799)[1];

Par M. le Général ANDRÉOSSY.

L'Égypte a été le berceau des arts et des sciences. Leurs principes étaient recueillis par les colléges des prêtres, ou consignés dans ces hiéroglyphes dont la langue n'est plus connue. Les prêtres égyptiens, occupés spécialement de l'observation du ciel, faisaient moins d'attention aux faits naturels qui se passaient sous leurs yeux : aussi, lorsqu'Hérodote fut à Memphis, il s'aperçut, en conversant avec les prêtres, qu'ils ignoraient les causes des changemens qui avaient dû survenir dans la partie inférieure de leur pays comprise depuis l'entrée de la plaine jusqu'à la mer.

Une circonstance remarquable, c'est qu'à l'époque où ce père de l'histoire voyageait en Égypte, on sortait d'une longue guerre, pendant laquelle tout ce qui tient à l'économie publique avait été négligé; l'entretien des

---

[1] Ce mémoire a déjà été publié dans la Décade égyptienne, imprimée au Kaire.

canaux s'en était conséquemment ressenti. Cette contrée gémissait, en outre, sous un gouvernement militaire pareil à celui des Mamlouks, et les parties voisines du désert étaient infestées de brigands, comme elles le sont encore.

Hérodote trouva donc l'Égypte à peu près dans le même état où elle a été depuis, et il ne put pas voir et recueillir un très-grand nombre de faits : ceux que renferme son *Euterpe*, sont précieux; mais il nous laisse dans l'incertitude sur beaucoup d'autres. Strabon et Diodore de Sicile ont ajouté peu de chose aux récits d'Hérodote. Abou-l-fedâ, en nous faisant connaître la géographie de son temps, et les autres écrivains du treizième siècle, en proposant des conjectures, n'ont fait qu'augmenter les doutes. D'ailleurs l'Égypte, tant de fois asservie, après avoir changé de dominateurs, devait aussi changer de langage; et les diverses dénominations d'objets qui avaient subi des modifications, ou qui ne subsistaient plus, ne tendaient qu'à jeter de la confusion dans les idées.

Les auteurs de nos jours n'ont pu que compulser les anciens écrivains et les voyageurs modernes. Il était résulté de leurs recherches, principalement de celles de d'Anville, des dissertations savantes, d'après lesquelles ce célèbre géographe avait construit ses cartes de l'Égypte ancienne et moderne, qui étaient les seules détaillées qui existassent avant l'arrivée de l'armée dans ces contrées. On s'était aperçu d'abord, par l'usage qu'on avait fait de ces cartes, qu'elles contenaient beaucoup d'erreurs; et il était difficile, malgré la profonde critique qu'a employée d'Anville, que cela eût pu être autrement. Le séjour de l'armée en Égypte a donné les moyens de rectifier le plus grand nombre de ces erreurs, de lever bien des doutes, et de rétablir des faits tombés presque dans l'oubli par le laps de temps, et parce que la barbarie des gouvernemens avait éloigné toute recherche.

Le général en chef m'ayant ordonné de faire la reconnaissance du lac Menzaleh, les bases de l'instruction qu'il m'avait remise, et les secours en sujets intelligens qu'on m'avait procurés, m'avaient mis dans le cas de donner à mes opérations un peu plus d'étendue et de précision que n'en peuvent avoir ordinairement les reconnaissances militaires [1]. Je vais rendre compte de mes observations; je proposerai mes conjectures, je les appuierai des recherches qui se sont présentées. En m'aidant, sur quelques faits de géographie physique, de l'autorité des premiers écrivains, je ne les ai point adoptés exclusivement; mais j'ai consulté la nature, qui était plus ancienne que ces auteurs, et qui est, en même temps, notre contemporaine.

§. I. *Ancienne branche Tanitique retrouvée.*

L'opinion des anciens était que le Nil déchargeait ses eaux dans la mer par sept embouchures; il y avait donc sept branches [2], qui prenaient les eaux au sortir des montagnes, et les conduisaient à ces sept ouvertures.

---

[1] Depuis, la carte de ce lac a été levée avec beaucoup de soin et le plus grand détail par MM. Jacotin et le Gentil. (*Voyez* la carte topographique de l'Égypte.)

[2] Les poëtes ont appelé ces sept

L'ordre dans lequel les anciens les connaissaient, était, en allant d'orient en occident,

1°. La branche Pélusiaque ou Bubastique;

2°. La branche Tanitique ou Saïtique, qui porte aujourd'hui le nom d'*Omm-fáreg*;

3°. La branche Mendésienne ou de Dybeh;

4°. La branche Phatnitique, qui est celle de Damiette;

5°. La branche Sébennytique ou de Bourlos;

6°. La branche Bolbitine ou de Rosette;

7°. La branche Canopique ou d'Abouqyr.

Ces branches existent-elles en entier ou en partie, et peut-on en retrouver les traces? C'est ce que nous allons examiner pour les trois premières, qui sont comprises dans la reconnaissance que nous avons faite.

La branche Pélusiaque était navigable lorsqu'Alexandre pénétra en Égypte; il fit remonter par ce canal sa flottille, qu'il avait fait venir de Ghahza : mais aujourd'hui cette branche est comblée. On en voit encore, devant Péluse, l'extrémité qui aboutissait à la mer; elle est remplie de fange. J'avais été amené à indiquer que les traces de cette branche devaient se trouver et elles se trouvent réellement dans la province de Charqyeh, en

---

branches les *bouches* du Nil (*ora*) : cette dénomination était due à l'idée de grandeur qu'ils voulaient donner de ce fleuve. Mais, en traitant de la géographie physique de l'Égypte, nous sommes forcés d'établir une distinction : nous appellerons *branches*, les canaux qui, de la partie au-dessous de Memphis, se rendaient à la Méditerranée, et *bouches*, les ouvertures de ces mêmes branches dans la mer. Cette distinction est d'autant plus nécessaire, que quelques-unes des branches primitives sont supprimées en totalité ou en partie, et qu'on retrouve leurs bouches isolées, ou bien formant les communications des différens lacs de l'Égypte avec la mer.

se dirigeant vers Basta, ville ruinée, anciennement connue sous le nom de *Bubaste*, et qu'on aperçoit à quelque distance à gauche de Belbeys, en allant vers la Syrie.

Il règne une obscurité impénétrable sur les branches Tanitique et Mendésienne, qui venaient après la Pélusiaque, et qui se trouvaient dans l'emplacement qu'occupe le lac Menzaleh, appelé autrefois *lac Tennys*.

Lorsque j'ai pénétré dans le lac Menzaleh, par la bouche de Dybeh, le 12 vendémiaire (4 octobre), j'ai été frappé de la largeur et de la profondeur du canal qui est à droite, après avoir passé la bouche. J'ai commencé à soupçonner que ce pouvait être l'extrémité de l'ancienne branche Mendésienne, et j'ai cherché à en retrouver la direction par des sondes fréquentes. Les circonstances de mon entrée dans le lac ne m'ont point permis d'achever ce travail.

Ce que je n'ai pu exécuter pour la branche Mendésienne, je crois l'avoir fait pour la branche Tanitique, dont la bouche est celle d'Omm-fâreg. En allant de cette bouche à Samuah, on passe à droite des îles de Tounah et de Tennys, et l'on pénètre dans le canal de Moueys. L'entrée de la bouche a beaucoup d'eau, et le fond est de vase noire. On mouille à droite des îles de Tennys et de Tounah, par seize à vingt décimètres d'eau : la partie de gauche n'est praticable que pour de très-petites germes, et la ligne de la limite de la navigation du lac Menzaleh ne passe pas loin de leur direction. Les îlots, les bas-fonds, qui se rattachent au sud de ces îles, font soupçonner un continent submergé.

Le canal de Moueys, qui inonde la province de Charqyeh, pénètre dans le lac Menzaleh, au sud-ouest des îles de Mataryeh. Ce canal, depuis Samnah jusqu'au lac, a depuis cinquante jusqu'à cent vingt mètres de largeur, et depuis trois jusqu'à quatre mètres de profondeur; il communique avec le Nil, et il verse dans le lac, pendant l'inondation, un volume d'eau considérable, qui pénètre assez loin sans prendre de salure. Les rives de ce canal sont plates; ce qui annonce qu'il n'appartient point à des temps modernes, comme nous le verrons §. V.

Tous ces indices étaient plus que suffisans pour me faire soupçonner que le canal de Moueys n'est autre chose qu'une partie de la branche Tanitique, qui se prolongeait jusqu'à la bouche d'Omm-fâreg, et qui avait sur sa rive droite les villes de Samnah, de Tounah et de Tennys. Je fus confirmé dans mon idée, lorsque, de retour, et en construisant, d'après les notes des opérations qui avaient été faites, la carte du lac qui fut dressée alors, la direction du canal de Moueys, les îles de Tounah et de Tennys, et la bouche d'Omm-fâreg, sont venues se ranger non sur une ligne droite, mais ont pris cette courbure naturelle qu'affectent les cours d'eau.

J'indiquai de même que les traces de la branche Mendésienne, dont la bouche est celle de Dybeh, devaient se retrouver en se dirigeant vers le canal d'Achmoun.

§. II. *État actuel du lac Menzaleh.*

Le lac Menzaleh est compris entre deux grands golfes découpés chacun en d'autres petits golfes, et une longue bande de terre basse et peu large, qui le sépare de la mer. Les deux golfes, en se réunissant, rentrent sur eux-mêmes, et forment la presqu'île de Menzaleh, à la pointe de laquelle se trouvent les îles de Mataryeh, les seules du lac qui soient habitées. La plus grande dimension du lac, dans la direction ouest-nord-ouest, est d'environ 83850 mètres (43000 toises); elle s'étend de Damiette à Péluse : sa plus petite dimension, sur une direction perpendiculaire à la première, en partant de Mataryeh, est de 17000 mètres (8722 toises).

Les îles de Mataryeh sont très-populeuses. Les cahutes qui recèlent leurs habitans, bâties de boue, ou partie en briques et partie de boue, couvrent entièrement leur surface. Dans l'île de Myt el-Mataryeh, les cahutes sont pêle-mêle avec les tombeaux; elles paraissent plutôt des agglomérations de tanières que des habitations d'hommes. La population de ces îles comprend, outre les femmes et les enfans, onze cents hommes occupés à la pêche, et à la chasse des oiseaux aquatiques.

Ils sont sous l'autorité de quarante chefs; et ceux-ci dépendaient de Haçan-Toubâr, qui avait la pêche du lac Menzaleh sous la redevance qu'il faisait aux beys : il était en outre un des plus riches propriétaires de l'Égypte, et peut-être le seul qui eût osé accumuler des biens-fonds aussi considérables que ceux qu'il avait. Sa famille était de Menzaleh; elle comptait quatre à cinq générations de cheykhs. L'autorité de Haçan-Toubâr était très-considérable; elle était fondée sur son crédit, ses richesses, une nombreuse parenté, la grande quantité de salariés qui dépendaient de lui, et l'appui des Bédouins, auxquels il donnait des terres à cultiver, et dont il comblait les chefs de présens. Ces diverses populations d'Arabes pouvaient se rendre dans le canal de Moueys par le canal de Sâlehyeh, qui en est dérivé, et de là déboucher dans le lac, pour se joindre aux habitans de Menzaleh et de Mataryeh.

Ces derniers, avec de pareils voisins, et seuls propriétaires d'environ cinq à six cents barques qui naviguent sur le lac Menzaleh, étaient les tyrans du lac et des pays riverains. Leur commerce consiste en poisson frais, poisson salé, et boutargue. La pêche du mulet, dont les œufs donnent la boutargue, se fait près de la bouche de Dybeh : quarante à cinquante pêcheurs habitent pour lors, avec leurs familles, sous des cabanes en nattes, aux pointes des îles qui avoisinent cette bouche.

Les pêcheurs du lac Menzaleh et les Bédouins des villages sont très-cupides, et profondément ignorans. Ils ne connaissent point la division du temps en heures, ni, comme les Arabes du désert, par la mesure de leur ombre. Le lever, le coucher du soleil, et le milieu du jour, sont les seules parties qu'ils distinguent dans les vingt-quatre heures ; et c'est en les supposant placés chez eux, et en rapportant à ces divisions l'estime des distances, qu'on peut obtenir quelques renseignemens sur la position des lieux de leurs cantons.

Menzaleh, qui a donné son nom au lac, est une ville peu considérable, en partie ruinée, située sur la rive droite du canal d'Achmoun, à trois lieues de Mataryeh, et six de Damiette; sa population est à peu près de deux mille habitans : on y trouve des manufactures d'étoffes de soie, et de toiles à voiles, qui fournissent à Mataryeh; elle a des teintureries, et quelques autres fabriques de peu de conséquence.

On voit dans le lac Menzaleh des îles anciennement habitées, couvertes de décombres : elles présentent un relief assez considérable au-dessus de l'eau; ce qui leur fait donner par les habitans le nom de *montagnes*[1]. Nous ferons voir plus bas que ces îles étaient des villes qui appartenaient à un continent qui a été submergé.

Les îles de Tennys et de Tounah paraissent être les plus considérables. La première a conservé son ancien nom; celle de Tounah a pris celui de *Cheykh-A'bd-allah*, du nom d'un cheykh ou santon auquel on a élevé un tombeau dans cette île. D'après l'observation de M. de Volney, les dénominations de *cheykh, santon, fou, imbécile,* sont synonymes. Les santons, ces personnages qui fixent pendant leur vie l'étonnement des peuples de l'Asie par la sombre extravagance de leurs actions, ont après leur mort des tombeaux révérés, parce qu'ils excitent le zèle des fidèles, et que la piété y dépose quelques aumônes pour les pauvres. Nos chapelles, nos oratoires isolés dans les campagnes ou sur les routes, avec leurs troncs, leurs lampes solitaires, et les images tracées sur leurs murs par le pinceau de la superstition, n'avaient-ils pas le même objet?

Les îles du lac Menzaleh, qu'on voit à fleur d'eau,

---

[1] Ils disent la *montagne de Tennys*, la *montagne de Tounah*, la *montagne de Samnah*.

sont incultes, stériles, et l'on n'y trouve d'autres productions que des plantes marines. Quelques-unes ont des tombeaux de santons, qui, sur cette surface unie, sont les seuls points de repère que nous ayons pu trouver pour la construction de notre carte.

Les eaux du lac Menzaleh ont une saveur moins désagréable que celles de la mer. Elles sont potables pendant l'inondation du Nil, à une assez grande distance de l'embouchure des canaux qui, tels que celui de Moueys, se déchargent dans le lac. On les trouve légèrement saumâtres, ou d'un goût fade, sur les bords où pénètrent les eaux qui découlent des rizières.

Les eaux du lac sont phosphoriques.

L'air du lac est très-sain : il y a plus de trente ans que les habitans de Mataryeh n'ont point eu la peste dans leurs îles.

La profondeur générale du lac Menzaleh est d'un mètre : on trouve depuis deux jusqu'à cinq mètres d'eau dans la direction des anciennes branches Tanitique et Mendésienne.

Le fond du lac est d'argile mêlée de sable, aux embouchures; de boue noire, dans les canaux de Dybeh ou d'Omm-fâreg; de vase, ou de vase mêlée de coquillages, partout ailleurs : le fond, dans bien des endroits, est tapissé de mousse.

Le lac Menzaleh est très-poissonneux; l'entrée des bouches est fréquentée par des marsouins. Nous n'avons pas vu beaucoup d'oiseaux sur le lac, mais bien sur la plage, le long de la mer, dans les parties que les eaux venaient d'abandonner.

On navigue sur le lac à la voile, à la rame, et à la perche; le vent contraire double ou triple le temps d'un trajet, selon que le vent est fort. On mouille en s'amarrant à deux perches, qu'on enfonce très-aisément, l'une de l'avant et l'autre de l'arrière.

Les bateaux pêcheurs du lac Menzaleh ont à peu près la même forme que ceux du Nil, c'est-à-dire que leur proue est plus élevée d'environ sept décimètres que leur poupe. Dans la première, l'arrière trempe encore davantage dans l'eau; ce qui donne plus de facilité au pêcheur, debout sur le pont, d'assembler son filet, de le jeter et de le retirer. La quille est concave sur sa longueur, à cause de l'échouage, assez fréquent dans un lac qui se trouve avoir autant de bas-fonds.

Lorsque les habitans de Mataryeh vont faire la pêche loin de leurs îles, ils prennent de l'eau douce dans de grandes jarres qui sont amarrées au pied des mâts de leurs germes : chaque germe a une de ces jarres.

Les pêcheurs de Mataryeh paraissent former une classe particulière. Comme ils interdisaient la pêche du lac Menzaleh à leurs voisins, ils avaient avec eux peu de communication. Presque toujours nus, dans l'eau, et livrés à des travaux pénibles, ils sont forts, vigoureux et déterminés. Avec de belles formes, ils ont un air sauvage; leur peau brûlée par le soleil, leur barbe noire et dure, rendent cet air plus sauvage encore. Lorsqu'ils se trouvent en présence de leurs ennemis, ils poussent mille cris barbares avec l'accent de la fureur; ils frappent sur une sorte de tambourin, sur le pont de leurs bateaux, et sur tout ce qui peut faire du bruit; ils embouchent le buccin, et développent le fameux rouhh[1] dans la conque de ce coquillage. « Si nous étions des miliciens, disaient les volontaires, ce vacarme nous ferait peur, et nous nous jetterions à l'eau. » Ainsi le soldat français conserve partout sa gaieté, et sauve par un bon mot l'ennui, ou l'idée du danger des circonstances où il se trouve.

Le lac Menzaleh ne communique avec la mer que par deux bouches praticables, celles de Dybeh et d'Ommfâreg, qui sont les bouches Mendésienne et Tanitique des anciens.

Entre ces deux bouches, il en existe une troisième, qui aurait communication avec la mer sans une digue factice formée de deux rangs de pieux, dont l'intervalle est rempli de plantes marines entassées. On trouve une bouche semblable, mais comblée, au-delà de celle d'Omm-fâreg. Ces ouvertures étaient connues des anciens, et Strabon les désigne par le nom de $\psi \epsilon \upsilon \delta o \varsigma \acute{o} \mu \alpha \tau \alpha$ (*pseudostomata*), fausses bouches.

La langue de terre qui sépare la mer d'avec le lac, et qui s'étend depuis la bouche Phatnitique, ou de Damiette, jusqu'à la bouche Pélusiaque, n'a, sur un développement d'environ 92000 mètres, que quatre interruptions. Cette langue, assez large entre Damiette et Dybeh, entre Omm-fâreg et Péluse, n'a que très-peu de largeur entre Dybeh et Omm-fâreg; elle est trèsbasse, sans culture, et, comme les îles du lac, couverte en quelques endroits de plantes marines. La plage n'est point riche en coquillages; on n'y voit ni cailloux rou-

[1] *Rouhh a'nny y'à kelb!* Retire-toi de moi, chien!

lés ni d'autres pierres, mais seulement quelques ponces que la mer y amène. Les coquillages les plus communs sont les buccins et les bivalves de la petite espèce.

Chaque bouche est fermée, du côté de la mer, par une barre en portion de cercle, dont les extrémités se rattachent à la côte, à l'endroit des récifs. Ces barres diffèrent de celle qui se trouve à l'embouchure du Nil à Damiette, et qui d'ailleurs a la même figure et la même position, en ce qu'elles n'ont point de boghâz. Mais, comme le vent élève les eaux d'une passe de près de six décimètres, et quelquefois plus, on peut franchir ces barres avec des embarcations d'un tirant d'eau assez avantageux.

Pour que ces barres eussent des boghâz, il faudrait qu'il existât aux bouches des courans considérables; ceux qu'on y voit sont déterminés par une sorte de balancement des eaux du lac et de celles de la mer pendant et après le solstice, comme nous allons le faire voir.

Durant le solstice d'été, le vent du nord-ouest pousse les eaux de la mer sur une partie des côtes de l'Égypte, les y tient suspendues, et fait refluer les eaux du lac Menzaleh sur les îles basses et sur ses bords; le lac lui-même reçoit les eaux de l'inondation qui lui sont fournies par les canaux qui y aboutissent : c'est le moment de la plaine pour ce vaste bassin. Lorsque le vent du nord-ouest cesse, les eaux de la mer, en retombant par leur poids, laissent à découvert une plage d'environ deux cents mètres; l'inondation du Nil commence à baisser; les eaux du lac se retirent de dessus la partie des îles qu'elles recouvraient, comme les eaux de l'inondation abandonnent le sol de l'Égypte, et il se forme aux deux bouches de Dybeh et d'Omm-fâreg un courant du lac dans la mer, dont la vitesse est d'environ trois mille mètres à l'heure; ce qui doit occasioner, au bout d'un certain temps, une baisse sensible des eaux du lac.

L'Égypte demande donc à être considérée dans deux états : le premier, à l'époque où les eaux de l'inondation couvrent le pays; le second, lorsque les eaux sont entièrement écoulées.

§. III. *État actuel des terres qui avoisinent le lac Menzaleh.*

Les contours du lac Menzaleh sont en partie stériles et en partie cultivés. Depuis l'embouchure du Nil jusqu'à la bouche Pélusiaque, les langues de terre qui règnent le long de la mer sont stériles; la plaine de Péluse et les bords du lac, en remontant vers la province de Charqyeh, sont un désert. Cette province est inondée par le canal de Moueys; le même canal et celui d'Achmoun inondent une partie du canton de Menzaleh. Le canton de Fâreskour reçoit les eaux du canal de ce nom. Les presqu'îles de Damiette et de Menzaleh sont couvertes de belles rizières alimentées par des canaux d'irrigation qui ont dans leur voisinage des canaux d'écoulement.

Le rapprochement des canaux d'Eusab el-Kache (Qassâb el-Qach) et de Douâr-Selâmeh, à une lieue au-dessus de Damiette, m'a donné la clef du système d'irrigation suivi dans cette partie, et en même temps la facilité de connaître à peu près, sans nivellement, la différence de hauteur des eaux du Nil et de celles du lac.

Le premier canal tire ses eaux du Nil, se dirige vers le lac, et n'a point de communication avec lui : il est enfermé entre des déblais de terre, et fournit, au moyen de coupures, des rigoles pour l'arrosement.

Le second communique avec le lac seulement ; il est plus bas que le canal d'Eusab el-Kache (Qassâb el-Qach), sur le côté duquel il vient aboutir, et dont il n'est séparé que par une digue de peu d'épaisseur : ce canal est destiné à recevoir l'écoulement des eaux de ces rizières.

En rapportant la hauteur des eaux de ces deux canaux à la partie supérieure de la digue qui les sépare, on a trouvé, le 15 vendémiaire (7 octobre), trente-cinq centimètres pour la différence de hauteur des eaux du premier canal sur celles du second : ce qui a donné, pour ce jour, l'élévation du Nil sur la partie correspondante du lac Menzaleh ; car le rapport entre ces deux hauteurs doit varier suivant les quantités dont baissent les eaux du Nil et celles du lac. On voit au-dessous de Menzaleh deux canaux qui ont un pareil rapprochement, et il doit en exister de semblables dans le golfe de Fâreskour. Un *nilomenzalomètre* placé à chacun de ces points donnerait journellement le rapport de ces variations.

Le terrain pour les rizières est divisé en compartimens cernés de petites digues dans lesquelles existent des coupures qu'on ouvre et qu'on ferme à volonté, pour faire entrer les eaux et les laisser écouler.

Les champs pour ensemencer les terres, les carrés pour retirer le sel marin par évaporation, sont disposés de la même manière. Dans ce dernier procédé, l'eau subit seulement une première évaporation par son séjour dans un réservoir séparé : quand elle est ainsi concentrée, on l'introduit dans les compartimens, où elle se répand en surface, et conserve peu de profondeur. Les eaux mères se rendent dans un réservoir plus bas.

Lorsqu'on veut semer, on commence par donner une première façon; on inonde ensuite le champ qu'on a préparé : au bout de vingt-quatre heures, et après que la terre est bien humectée, plusieurs hommes y entrent, fouillent le terrain avec les mains, l'égalisent, et jettent en dehors les mottes trop dures. Cette opération terminée, on fait écouler les eaux : peu de temps après on jette la semence; et au bout de quelques jours le champ se couvre de verdure. Nous avons observé que la terre des déblais qui borde les canaux d'irrigation, est employée comme engrais : on la place par tas dans les champs, avant de tracer les sillons, de la même manière qu'on dispose les tas de fumier en Europe.

On voit que, dans ce système, il existe un canal supérieur, pour les eaux qui alimentent, et un canal inférieur, qui reçoit le déversement de ces mêmes eaux, après qu'elles ont été employées.

Lorsqu'on ne peut pas se procurer ce niveau supérieur, on élève les eaux par le moyen de roues à pots ou de roues à jantes creuses : ces dernières servent de préférence, lorsque le niveau du canal alimentaire n'est pas trop bas.

Telle est la manière de cultiver les terres aux environs de Damiette et de Menzaleh. Ce dernier endroit possède près du lac, et dans la partie comprise entre les deux branches dans lesquelles se divise le canal d'Achmoun, au-dessous de la ville, deux marais salans, qui fournissent une grande quantité de sel, qu'on obtient par les procédés ci-dessus, très-blanc, et cristallisé par couches de six à huit millimètres d'épaisseur.

Une des branches du canal d'Achmoun se dirige vers el-Safrah : ses eaux servent à alimenter les rizières, et à abreuver, pendant la durée de l'inondation, la population des îles de Mataryeh et celle des villages voisins. Les habitans profitent de ce moment favorable pour remplir les citernes publiques, qui sont de grands réservoirs à ciel ouvert, construits en maçonnerie, et revêtus, dans l'intérieur, d'un très-bon ciment : on y introduit jusqu'à cinq mètres d'eau. Quand ce secours est épuisé, on ouvre, dans la campagne, des puits d'environ trois mètres de profondeur, qui deviennent très-abondans. Il n'est pas extraordinaire que l'eau afflue dans ces citernes artificielles, creusées dans un terrain imbibé d'eau pendant quatre mois de l'année, et dont les couches inférieures d'argile tenace sont imperméables.

§. IV. *Formation du lac Menzaleh.*

D'après ce que nous avons dit sur l'ancienne direction des branches Tanitique et Mendésienne, il paraît que ces branches traversaient, pour se rendre à la mer, le terrain que recouvre aujourd'hui le lac Menzaleh. Ce lac n'est donc point un lac maritime, pareil à ceux que l'on voit sur les côtes des ci-devant Languedoc et Roussillon; il n'a donc pas toujours existé : mais quelle a pu être la cause de sa formation? c'est ce que nous allons tâcher d'expliquer.

Je dis d'abord que ce lac n'est point un lac maritime. La nature du fond du lac Menzaleh, où l'on trouve partout la vase du Nil, et la profondeur de ses eaux, qui est généralement d'un mètre, tandis qu'elle est beaucoup plus considérable dans les directions présumées des branches Tanitique et Mendésienne, annoncent évidemment que le bassin du lac Menzaleh est un terrain d'alluvion formé par les branches du Nil, et non par le mouvement des eaux de la mer.

Je dis, en second lieu, que ce lac n'a dû se former que par la rupture d'équilibre entre les eaux de la mer et les eaux des branches Tanitique et Mendésienne.

La branche Phatnitique ou de Damiette ayant été creusée de main d'homme, au rapport d'Hérodote, ne devait pas être, à beaucoup près, aussi considérable qu'on la voit aujourd'hui : il est probable que son volume s'est augmenté aux dépens des branches Pélusiaque, Tanitique et Mendésienne, et au point que les deux dernières, se trouvant appauvries, n'ont plus été en état de faire équilibre aux eaux de la mer; et dès-lors ces eaux y ont pénétré. Elles ont dû avoir d'autant moins de peine à le faire, que le vent de nord-ouest, qui est constant pendant plusieurs mois de l'année sur les côtes d'Égypte, en élevant le niveau de la mer, détermine, comme nous l'avons déjà fait voir, ses eaux à se porter sur les terres. L'action de ce vent est si marquée aux environs de Damiette (et il doit en être de même ailleurs), que les plus gros arbres, tels que les sycomores, sont inclinés vers le sud; leurs têtes, privées de branches du côté du nord, se trouvent dépouillées et arrondies, comme si elles avaient été taillées aux ciseaux.

Deux faits modernes en Égypte viennent à l'appui de nos conjectures.

Au commencement du dernier siècle, les eaux de la mer se portèrent, par irruption, sur la plage entre Rosette et Alexandrie, et elles y formaient des courans violens[1]. Lorsqu'à une époque plus rapprochée on a voulu rouvrir le canal Fara'ounyeh (canal des Pharaons), les eaux du Nil se sont précipitées dans cette nouvelle route, la branche de Damiette s'est trouvée diminuée, les eaux de la mer ont pénétré bien avant dans cette branche; et leurs ravages ont été si considérables, qu'on s'est vu forcé de refermer bien vite l'entrée de ce canal, qu'on avait ouvert sans aucune précaution. Il est probable que le lac Bourlos s'est formé de la même manière.

Quant aux déchiremens de terrains qui ont dû résulter de l'irruption des eaux de la mer, et de leurs mouvemens dans le bassin qu'occupe le lac Menzaleh, la rupture des digues de la Meuse, en 1421, n'a-t-elle point converti en une lagune couverte d'îles stériles et

[1] *Voyez* le Voyage de Paul Lucas au Levant, etc., tom. II, page 19 et suiv.

de bas-fonds à travers lesquels on navigue maintenant, une étendue immense de pays, qui renfermait plus de cent villages et des terrains propres à la culture? On sait que ce vaste marais porte le nom de *Bies-Bos* (forêt de joncs).

L'augmentation de la branche de Damiette n'est pas la seule cause du dépérissement des branches Tanitique, Pélusiaque et Mendésienne; la mauvaise administration des eaux, et le manque d'entretien des canaux, y ont contribué, et la disposition du terrain l'a favorisé.

Si l'on fait attention à l'isthme qui sépare la mer Rouge de la mer Méditerranée, on verra que les monts Moqattam et Casius (Lougâ) sont les promontoires de cette mer de sable; et l'arête presque insensible qui les unit, que l'œil n'aperçoit peut-être pas en entier, mais qui n'en existe pas moins dans la nature, prononce la séparation du golfe de Soueys d'avec celui de Gaza. Ainsi, topographiquement parlant, le Nil appartient plutôt à l'Afrique qu'à l'Asie[1].

Quoique la mauvaise administration des eaux ait contribué à la suppression des branches Pélusiaque, Tanitique et Mendésienne, les eaux du Nil n'ont pas moins conservé leur tendance à se porter dans ces branches; en sorte qu'il ne serait pas impossible de les rétablir. Une circonstance même, celle de l'élévation du fond du Nil, qui a dû produire une élévation dans la hauteur de ces eaux, rend cette opinion plus probable. En rétablissant les deux branches Tanitique et Mendé-

---

[1] On sait qu'anciennement le Nil séparait l'Afrique de l'Asie. *Voyez* Pline.

sienne, on parviendrait à dessécher le lac Menzaleh. Mais, afin de juger des moyens qu'on pourrait employer pour cela, il est bon d'examiner de quelle manière le Delta a dû être formé : ces deux questions ont une connexion immédiate.

§. V. *Desséchement du lac Menzaleh.*

La propriété des digues, pour régler le cours d'une rivière, est de resserrer le volume des eaux, et par conséquent d'augmenter leur hauteur; et, lorsque cette rivière charrie des troubles, la propriété de ces mêmes digues est d'élever le fond du canal, parce que les eaux déposent dans un espace beaucoup moindre les troubles qu'elles répandaient sur une surface plus étendue.

Avant que le Mincio et le Pô eussent été digués, les crues du Pô n'arrivaient pas jusqu'à Mantoue[1] : maintenant elles refluent dans le lac inférieur. Depuis 1607, elles ont élevé le fond de vingt-trois décimètres un tiers par les dépôts[2]; et comme, dans les grandes inondations, les eaux du Pô viennent à la hauteur du lac supérieur, et que la différence de niveau des deux lacs est de deux mètres, on voit que, depuis que le Pô et le Mincio ont été renfermés entre des digues, le Pô s'élève à une hauteur de quarante-trois décimètres, à laquelle il ne parvenait pas auparavant.

Il s'ensuit de là que, puisque les plaines basses qui

---

[1] Bertazzolo, *Del Sostegno di Governolo*, pag. 31.

[2] Abbate Mari, Mantov. *Idraulica pratica ragionata*.

avoisinent le cours de ce fleuve n'ont point participé à ses alluvions, et n'ont pas reçu des alluvions étrangères, le lit du Pô leur est resté supérieur; et ces campagnes desséchées par écoulement sont menacées à chaque instant, pendant les crues du fleuve, d'une submersion totale, par les ruptures des digues [1].

Il en est de même des campagnes que parcourent toutes les rivières diguées de l'Italie. La Hollande, la Zélande, la Flandre maritime, ces *delta* formés par les dépôts du Rhin, de la Meuse et de l'Escaut, mais non par des alluvions subséquentes, sont dans le même cas.

Je conclurai donc réciproquement que, *lorsqu'une plaine basse, voisine de la mer, et traversée par des rivières qui charrient des troubles, se trouve élevée à la hauteur des plus fortes inondations, cette plaine a dû être formée par alluvion.*

Maintenant appliquons au Nil ce que nous venons de dire du Pô : nous pouvons d'autant mieux établir la comparaison entre ces deux fleuves, qu'ils ont l'un et l'autre un long cours, qu'ils charrient des troubles, ont des crues périodiques, et se rendent à la même mer.

Avant que le cours du Nil eût été réglé, ses eaux, au sortir des montagnes, se répandaient, comme celles du Pô, sur une grande surface qu'elles inondaient pendant toute l'année. Sésostris réunit les eaux du Nil dans des canaux au-dessous de Memphis, les resserra entre des digues, et de cette manière forma plusieurs *delta*.

---

[1] M. Dolomieu a présenté des vues analogues dans son beau Mémoire sur l'Égypte, publié en 1794. Je suis très-flatté de m'être rencontré sur ce point avec cet habile naturaliste, dont j'aurais désiré connaître plus tôt le travail.

Mais si les anciens Égyptiens eussent interdit l'entrée des eaux du fleuve à ces *delta*, non-seulement, à raison de la nature du climat, ils les auraient privés de culture; mais, d'après les principes que nous avons énoncés, au lieu de voir le Nil couler entre des bords qu'il s'est formés, nous aurions un fleuve compris entre des digues factices qui domineraient le sol de l'Égypte.

Concluons donc que *les delta de l'Égypte ont été formés par des alluvions favorisées par les travaux des hommes.*

Le Delta, trop limité entre les deux branches du Nil existantes, doit être censé compris entre les montagnes qui fuient à l'ouest vers Alexandrie, et les collines par où se termine le mont Moqattam. La disposition des anciennes branches, dont la régularité indique le travail des hommes, annonce que c'était l'étendue désignée par la nature, que les anciens Égyptiens avaient attribuée au Delta.

D'après ce que nous venons de dire, le desséchement du lac Menzaleh se réduirait,

1°. A reconnaître et à diguer l'ancienne direction des branches Tanitique et Mendésienne;

2°. A introduire dans les *delta* partiels les eaux du Nil pendant la crue, pour avoir des troubles; ce qui peut avoir lieu sans danger, parce qu'il se fait une déperdition immense des eaux du Nil par la branche de Damiette et le canal de Moueys;

3°. A faire des coupures fermées de vannes dans les parties de la plage entre les branches qu'on voudrait rétablir;

4°. Enfin à ouvrir ces vannes lorsque les eaux de la mer se retirent de dessus les côtes, pour faire écouler les eaux du Nil après qu'elles auraient déposé leur limon.

Toutes ces opérations, quoique praticables, demanderaient à être faites avec beaucoup d'art et bien de la prudence, pour ne pas appauvrir trop promptement la branche de Damiette, dont il faudrait travailler de suite à resserrer le canal.

Hérodote est le premier qui ait avancé que le Delta est un don du fleuve. Cette opinion a été contestée par des modernes. Fréret (*Mémoires de l'Académie des inscriptions*, 1742), entraîné par l'esprit de système, est celui qui s'est le plus attaché à la combattre : il a été jusqu'à douter que les troubles que le Nil charrie dans les crues, pussent former des dépôts. Mais comment ont été comblés les canaux de l'Égypte, si ce n'est par le limon du Nil? et pourquoi les eaux qui se répandent en surface, et qui par conséquent diminuent de vitesse, seraient-elles privées de déposer leurs troubles, tandis que les eaux resserrées dans des canaux, et dont la vitesse s'altère moins, jouiraient de cet avantage?

Hérodote est aussi le premier qui ait entrevu la raison de la formation des sources, qui n'a été confirmée que dans le siècle dernier par les calculs de Mariotte, et dont Descartes avait donné une explication ingénieuse, mais peu vraisemblable. Ainsi l'on ne doute plus de ce beau mécanisme de la circulation des eaux de la mer vers les montagnes, et des montagnes vers la mer, déterminée par l'évaporation et par l'intermède des vents et des montagnes : on doit ajouter, et par celui de températures opposées; car je crois qu'on peut établir que, *dans une chaîne centrale et élevée, les nuages ne dépassent point la ligne du milieu des eaux pendantes, parce que cette ligne sépare deux températures.* Les cols sont les parties accessibles et pénétrables de cette ligne; et pour n'être pas si élevés, ils n'en sont pas moins placés au foyer des révolutions de l'atmosphère.

Le principe précédent, combiné avec l'explication des vents régnans pendant le solstice, rend raison des pluies périodiques qui produisent les crues du Nil, et après celles-ci les crues du Niger, fleuve qui coule sur le revers des montagnes de l'Éthiopie.

La manière dont nous avons envisagé l'explication de la formation du Delta, fait voir qu'en même temps que le Delta s'exhausse, le fond du Nil s'élève également : mais quel est le rapport de ces deux accroissemens, et quelle est la probabilité que, dans les moindres crues et dans les plus grandes, le Nil inonde suffisamment et n'inonde pas trop? C'est ce qu'il n'est pas aisé de déterminer.

Il est pourtant certain que, dans les crues ordinaires, les eaux de l'inondation ne dominent pas à beaucoup près tout le sol de l'Égypte; et il paraît qu'il en était de même dans des temps très-reculés.

Les anciens Égyptiens avaient senti dès long-temps qu'il fallait se rendre maître des eaux du Nil, si l'on ne voulait point s'exposer à avoir bien des portions de terrain privées d'un des principes de la végétation. Les historiens prétendent qu'ils creusèrent le lac Mœris pour être le régulateur des inondations du Nil. L'eau qui affluait dans cet immense réservoir, et qu'on recevait ou déversait à volonté, au moyen du canal de Yousef, suppléait, dit-on, aux inondations trop faibles, et, dans les crues extraordinaires, délivrait le sol de l'Égypte des eaux qui l'auraient couvert trop long-temps : ce serait peut-être l'idée la plus grande qu'on eût jamais eue, et en même temps la mieux appropriée à la véritable prospérité d'un pays [1].

Le canal qui conduisait les eaux du lac Mœris, ou plutôt du Nil, dans la haute Égypte, au lac Maréotis, subsiste encore, mais dégradé vers la fin de son cours; la partie de la province de Bahyreh, voisine du désert, que ses eaux fertilisaient, se trouve privée de culture.

§. VI. *Nature de la langue de terre qui sépare le lac Menzaleh de la mer.*

D'après ce que nous avons dit dans ce mémoire, on voit que la géologie de la basse Égypte est soumise à des principes très-simples : les grandes marées, les volcans, les tremblemens de terre, et ces orages violens dont les ravages sont marqués comme des désastres, et dont on garde le souvenir, n'étant point connus en Égypte, les formes du terrain ont dû conserver les affections générales de la matière, et les modifications de ces formes suivre l'action des élémens, toujours uni-

---

[1] On verra, dans le Mémoire sur la vallée des lacs de Natroun, et dans les Observations sur le lac Mœris, ce qu'on pense de ce lac, et du système primitif des eaux en Égypte.

SUR LE LAC MENZALEH. 545

forme dans ce pays, combinée avec les lois du mouvement et la résistance des obstacles.

Les pluies qui tombent régulièrement toutes les années, pendant le solstice d'été, sur les montagnes de l'Abyssinie, dépouillent ces sommités au profit de la vallée du Nil et du Delta.

Les troubles entraînés par le Nil sont déposés partout où la vitesse de l'eau est ralentie; ils élèvent le sol sur lequel les eaux séjournent; ils forment des bancs de sable, occasionent les changemens de direction du cours du fleuve, concourent à la formation des barres et à l'extension des plages.

Les vents, dans les tourmentes, soulèvent les sables du fond de la mer, et les poussent sur les côtes. Dans le temps des basses eaux, lorsque les sables sont séchés, les vents s'en emparent de nouveau, et les portent sur les plages. C'est ainsi que les plages et les dunes s'élèvent, et que les parties couvertes de récifs se convertissent en plages.

Le courant littoral qui suit les côtes de la Méditerranée de l'ouest à l'est, se combine avec le cours des branches du Nil, et produit, en vertu de la diminution de vitesse, à gauche, entre les deux forces composantes, un attérissement qui se prolonge en pointes plus ou moins aiguës, tandis que la plage à droite, comprise entre la direction du cours de la rivière et la résultante, prend une forme arrondie. Ces deux formes sont constantes; on les retrouve à l'embouchure de la branche de Damiette, à la bouche de Dybeh, et à celle d'Omm-fâreg.

Les sables et les vases entraînés dans ce mouvement composé contribuent à l'extension des plages, surtout de celle de droite, d'où naissent les caps que l'on voit entre Damiette et Péluse, ainsi que les récifs et ce long talus qui se prolonge au-dessous des eaux, et qui éloigne de la côte les mouillages profonds. La nature de ces mouillages est également subordonnée à la direction des sables et du limon. La baie de Damiette, à gauche de l'embouchure du Nil, a un fond dur de vase noire, tandis que le fond des rades de Boghâfeh et du cap Bouyau, qui sont situées à la droite, est de vase molle jaunâtre, sur laquelle les bâtimens chassent quelquefois, mais sans danger, jusqu'à deux ou trois lieues.

L'analogie nous porte à croire que les plages qui lient le lac Bourlos et celui de Bahyreh aux branches du Nil, ont dû leur formation aux mêmes causes.

Enfin le courant littoral, dans les mouvemens ordinaires, ou lorsqu'il est poussé par les vents tenant de l'ouest, en rencontrant le golfe de Gaza, forme des remous trop peu connus, trop peu étudiés, qui ont concouru à combler le fond du golfe du côté de Péluse, et qui continueront de faire prendre de l'extension à cette plage.

Maintenant, si l'on considère que, du Delta au sommet des montagnes de l'Abyssinie, le Nil coule entre deux chaînes de montagnes qui sont calcaires jusqu'à Açouân, et granitiques dans la partie au-dessus, on aura à peu près ce qui est relatif à la géologie de l'Égypte. Les collines qui bordent les déserts de la Libye dans la partie de l'Égypte inférieure, paraissent être sablonneuses; elles sont recouvertes de sables quartzeux : mais le noyau est de roche calcaire, comme on en est convaincu lorsqu'on descend dans le puits des momies d'oiseaux au-dessus de Saqqârah, qu'on entre dans les catacombes attenantes aux pyramides de Gyzeh, et que l'on considère le sphinx, et le sol même sur lequel sont élevées les pyramides.

§. VII. *Notice sur quelques villes qui ont des rapports avec le lac Menzaleh.*

Le pays de l'Égypte que j'ai visité, présente presque partout l'aspect d'une grande dépopulation. Les villes de ce canton, placées au débouché de la Syrie, se trouvaient sur les pas des conquérans, et devaient se ressentir de la présence des armées d'invasion, composées pour la plupart de peuples barbares, dirigés par des chefs intraitables, tels que Cambyse ou le farouche O'mar; mais la principale cause de leur entier dépérissement a sans doute été la suppression des branches Pélusiaque, Tanitique et Mendésienne.

Ces branches avaient sur leurs bords, ou dans leur voisinage, des villes considérables, Tennys[1]; Tounah, Samnah et Péluse, et d'autres moins importantes.

Les villes de Tennys et de Tounah, ruinées, sont maintenant au milieu des eaux; et elles appartiennent, ainsi que nous l'avons dit, au lac Menzaleh. Comme toutes les villes qu'atteignait l'inondation, elles étaient

[1] Tennys, ville romaine, bâtie sur les débris d'une ville égyptienne, florissait du temps d'Auguste.

placées sur des levées artificielles. La terre mêlée de décombres sur laquelle on marche à présent, est entièrement inculte, et sa surface est saisie par une sorte de cristallisation, en sorte que le terrain crie et cède sous les pieds, comme la neige qui commence à geler; ce qui rend ces îles très-pénibles à parcourir.

Tennys était une vaste cité; une enceinte de murailles, flanquée par des tours, avec un fossé plein d'eau, faisait sa défense. Elle ne présente aujourd'hui aucune habitation. Des vestiges de bains, quelques ruines de souterrains voûtés avec art, dont les murs sont recouverts d'un ciment très-dur et très-bien conservé, les fragmens d'une cuve rectangulaire de granit rouge; tels sont les seuls monumens que l'on distingue au milieu de débris immenses de briques, de porcelaines, de poteries et de verreries de toute couleur. Les habitans des pays circonvoisins font continuellement des fouilles dans cette île; ils y recueillent des matériaux propres à leurs habitations. C'est ainsi que se sont transportés les colonnes, les piédestaux, les chapiteaux et les autres monumens que l'on voit placés d'une manière si barbare dans les mosquées et les principaux édifices, ou bien jetés dans les constructions ordinaires. Le seuil des casernes de Damiette est un fragment d'un très-bel obélisque à hiéroglyphes. Nous avons trouvé dans cette ville, aux côtés d'une porte, deux piédestaux chargés d'inscriptions, l'une grecque, l'autre latine; enfin, dans une mosquée, une colonne de marbre gris veiné, portant une inscription grecque un peu altérée.

Tounah était moins considérable que Tennys. Un

heureux hasard nous a offert dans la première, à la surface du terrain, un camée antique sur agate, de trente-six sur vingt-neuf millimètres, représentant une tête d'homme; le profil a beaucoup de caractère : un œil perçant, un air froid, une lèvre dédaigneuse, et d'autres indices, font penser qu'on a voulu faire la tête de cet Auguste qui sut résister aux charmes de Cléopâtre, et surmonter tous les obstacles qui le séparaient du pouvoir.

Samnah[1] se trouve sur le bord du canal de Moueys. Il paraît que c'était une ville immense; elle s'étendait beaucoup le long du canal. On voit dans son intérieur une espèce de *forum* ou place publique, de la forme d'un carré long, ayant une grande entrée du côté du canal de Moueys, et des issues dans les parties latérales. Le grand axe de ce *forum* est dans la direction de l'est à l'ouest : on aperçoit sur ce grand axe plusieurs monumens détruits, et des obélisques brisés et renversés. Quand on considère des débris aussi énormes, on a presque autant de droit de s'étonner des efforts qu'il a fallu faire pour rompre ces obélisques près de leur base et les renverser dans la poussière, que des moyens qu'on avait dû mettre en usage pour les élever. Le temps a respecté les hiéroglyphes d'un de ces obélisques : on en a pris le dessin.

Samnah est maintenant l'entrepôt des dattes qu'on apporte de Sâlehyeh, et que les pêcheurs du lac vont prendre en échange de poisson salé.

---

[1] Samnah (Sân) était l'ancienne *Tanis*; elle prit dans la traduction des Septante, faite en Égypte, le nom de *Tzoan* (Zoay), d'où s'est formé *San*. (D'Anville.)

Péluse[1] est située à l'extrémité orientale du lac Menzaleh, entre la mer et les dunes, au milieu d'une plaine rase, nue et stérile. L'extrémité de la branche Pélusiaque, réduite presque entièrement à un grand canal de fange, traverse cette plaine en allant du lac à la mer. Le château de Tyneh, qui tombe en ruines, se trouve au bord de ce canal, mais assez loin de la plage; il paraît être du temps de la conquête par Selym. Les ruines de Faramâ sont à l'est de Péluse, vers la mer.

Après avoir franchi la barre qui est à l'entrée de la bouche Pélusiaque, on trouve assez de profondeur d'eau, dans une certaine étendue, pour y abriter une flottille de petites germes : c'est par ce point que les germes du lac Menzaleh faisaient la contrebande avec la Syrie.

Le chemin qui conduit de la bouche d'Omm-fâreg à Qatyeh[2], passe à l'ouest de Tyneh et à travers Péluse. Ce chemin est extrêmement boueux; il vaut mieux se rapprocher de la bouche Pélusiaque.

Nous observerons, en passant, que l'élévation des dunes qui sont à l'orient de Péluse, et qui se pro-

---

[1] Péluse vient du mot grec Πηλούσιον, qui veut dire *boue* : les Arabes lui ont conservé cette dénomination, en l'appelant *Tyneh*.

[2] Qatyeh paraît être ce que Quinte-Curce, liv. IV, chap. 7, appelle *le camp d'Alexandre*. Voici le texte : je me sers de la traduction de Beauzée..... «Sept jours après son départ de Gaza, il (Alexandre) arriva dans cette contrée de l'Égypte qu'on appelle aujourd'hui *le camp d'Alexandre*; de là il fit défiler son infanterie vers Péluse, et il s'embarqua sur le Nil avec une légère escorte d'élite.» Qatyeh est, à raison de quelques puits assez abondans qu'on y trouve, le seul campement que les Macédoniens aient pu trouver, le septième jour après leur départ de Gaza; et c'est aussi le point le plus rapproché pour faire filer des troupes sur Péluse. La marche de Gaza à Qatyeh, que les soldats d'Alexandre avaient faite en sept jours, les soldats de Bonaparte l'ont faite en six jours.

longent en remontant vers la province de Charqyeh, fait voir que le canal de jonction du golfe Arabique à la Méditerranée ne pouvait aboutir qu'à la branche Pélusiaque, et à une assez grande distance de l'embouchure de cette branche. Dès-lors ce canal était dérivé du Nil vers la mer Rouge; et la crainte d'une irruption de cette mer vers la Méditerranée, que je crois peu fondée, et dont on pouvait d'ailleurs se défendre par des écluses, devient par-là beaucoup moins probable.

On trouve sur la plaine de Péluse, en allant de la mer vers les dunes, et jusqu'à une petite distance de ces dernières, des coquillages d'abord répandus assez abondamment, puis devenant plus rares; le terrain est couvert en outre, dans presque toute son étendue, d'une croûte saline : ainsi tout annonce que la mer y reflue et y séjourne pendant une partie de l'année, vraisemblablement dans le temps du solstice d'été. Le mirage est si considérable dans la plaine de Péluse, que, demi-heure après le lever du soleil, les objets paraissaient défigurés au point qu'on ne pouvait plus les reconnaître[1].

Strabon dit que Péluse avait vingt stades de circuit, et était à la même distance de la mer.

Le développement de l'enceinte murée qui existe à Péluse, a effectivement vingt stades; mais la mer est

---

[1] Le phénomène du mirage avait été remarqué des anciens. Voici ce que dit Quinte-Curce, liv. vii, c. 5: « Dans les déserts de la Sogdiane.... l'ardeur du soleil, pendant l'été, brûle les sables.... D'ailleurs, un brouillard qui sort des entrailles trop ardentes de la terre, offusque la lumière, et les campagnes ne paraissent autre chose qu'une vaste et profonde mer. »

quatre fois plus éloignée de Péluse qu'elle ne l'était du temps de Strabon : en sorte qu'en faisant passer à soixante stades de Péluse une ligne courbe qui vienne se raccorder au point le plus avancé de la plage, à gauche de l'entrée du canal d'Omm-fâreg, on aura l'étendue du terrain formé par les dépôts qu'abandonne sur sa droite le courant littoral, qui longe les côtes de la Méditerranée dans la direction de l'ouest à l'est; on fera disparaître ce long canal d'Omm-fâreg, qui est visiblement de formation nouvelle ; et l'île de Tennys sera rapprochée de deux lieues de la mer, ce qui fera coïncider davantage sa position avec celle que les anciens auteurs lui avaient assignée.

Il n'y a pas la moindre trace de végétation sur la plaine où se trouve située Péluse. On voit dans son enceinte un mamelon isolé, couronné d'arbustes ; quelques oiseaux sont les seuls hôtes de ce bosquet et de la triste solitude qui le renferme. Le voyageur étonné n'aperçoit d'ailleurs, où existaient une ville et une population immense, que quelques colonnes couchées dans la poussière, et de misérables décombres : il cherche en vain dans les environs les restes d'un guerrier longtemps heureux, et qui dut céder enfin à la fortune de César ; il ne trouve que le souvenir de cet homme célèbre, victime du sort, de l'ingratitude et du plus lâche assassinat.

Un monument sur ce rivage désert où sont ensevelis les restes de Pompée, réveillerait mille souvenirs[1]. Il

---

[1] On pourrait graver sur ce monument cette inscription très-simple :
BONAPARTE A LA MÉMOIRE DE POMPÉE.

déterminerait en outre l'époque où les descendans de ces mêmes Français qui portèrent les derniers coups à Péluse[1], au sortir d'une lutte immortelle contre l'Europe coalisée, après avoir franchi la Méditerranée, et pénétré par Alexandrie, sont venus, au bout de six siècles, non comme des paladins fanatiques, mais en guerriers amis des hommes et des arts, marquer l'autre extrémité de la base de l'Égypte, et les deux routes qui conduisent en Asie et dans l'Inde; ils ont atteint le sol brûlant de la Nubie, et ils chercheront à signaler leur séjour dans ces contrées par un monument plus respectable encore, la civilisation des peuples d'Orient.

[1] Les croisés.

APPENDICE.

Voici, à peu près, la population des villes et des villages qui avoisinent le lac Menzaleh. Je dis à peu près, parce qu'à raison du préjugé contre le dénombrement il n'y a rien de déterminé à cet égard, et que les renseignemens qu'on obtient sont extrêmement vagues.

El-E'zbeh............................	250.
E'zbet et Keta [1].....................	150.
E'zbet Inamora......................	150.
E'zbet Karnounyeh..................	200.
Damiette............................	18000.
Senânyeh...........................	300.
Minyeh.............................	150.
El-Cho'urah........................	1000.
Qassàb el-Qach.....................	120.
El-Halàouch	100.
Assakaryeh.........................	100.
Rahamyeh..........................	150.
Menzaleh...........................	8000.
Canton de Menzaleh................	500.
Nassymy............................	200.
Oboa et Lam.......................	100.
Mataryeh...........................	3000.
El-Malakaimé......................	80.
Total............	32550 habitans.

[1] L'orthographe du nom de ce village et de la plupart des suivans n'a pu être corrigée, faute des renseignemens nécessaires.

OBSERVATIONS

SUR LA FONTAINE DE MOÏSE,

Par M. MONGE.

Sur la rive occidentale du golfe de Soueys, à quatre lieues au sud de la ville, et presque en face de la vallée de l'Égarement, se trouvent des sources qui sont indiquées sur toutes les cartes, et qui sont connues sous le nom de *fontaine de Moïse*. On serait dans l'erreur, si l'on pensait que le nom de ces sources tire son origine des temps fabuleux de l'Égypte, et se fût conservé jusqu'à nos jours par une tradition non interrompue. Il est bien probable que, comme celui de la fontaine de la Vierge à Mataryeh (l'ancienne Héliopolis), et comme quelques autres, il ne remonte pas au-delà du temps de l'établissement du christianisme en Égypte, où d'anciens noms relatifs à une religion discréditée, auront été changés en d'autres noms analogues aux opinions nouvelles.

Quoique l'eau de la fontaine de Moïse soit moins salée que celle de beaucoup de puits creusés dans d'autres parties du désert, elle est néanmoins saumâtre, et par conséquent elle n'a pas la faculté de désaltérer autant que l'eau douce : mais elle peut entretenir la vie des végétaux et des animaux.. Nous nous en sommes abreuvés pendant vingt-quatre heures, dans une marche pénible, sans en être incommodés. D'ailleurs, comme cette eau s'écoule et se renouvelle continuellement, elle est toujours transparente, et elle n'a ni odeur ni saveur désagréables, tandis que celle de la plupart des puits se trouble d'ordinaire par l'agitation qu'on y excite en la puisant, et a presque toujours une odeur fétide. Par exemple, le puits d'Ageroud, situé à quatre lieues au nord de Souèys, et qui est destiné à abreuver la caravane de la Mekke à la troisième journée du Kaire, est creusé à deux cents pieds de profondeur; les matières animales et végétales qui y tombent par une suite d'accidens presque inévitables, s'y putréfient; et l'eau, indépendamment de sa salure naturelle, a une odeur d'hydrogène sulfuré à peine supportable.

De tout temps, la fontaine de Moïse a dû être d'un grand intérêt pour les Arabes de Tor qui habitent les environs du mont Sinaï. Les Arabes, obligés de tirer d'Égypte une partie de leurs subsistances et les objets d'industrie étrangère, ont toujours dû porter en échange les produits des maigres forêts qui couvrent leurs montagnes; ce transport n'a jamais pu se faire que par caravanes, et la fontaine de Moïse a toujours dû être une de leurs stations. D'ailleurs, dès qu'il y a eu des établissemens maritimes dans le fond du golfe, soit à Soueys même, soit à l'entrée de la vallée de l'Égarement, sur la route de la mer Rouge à Memphis, la fontaine de Moïse a dû être fréquentée, parce qu'elle était une ressource indispensable, quand, après de longues sécheresses, les citernes remplies d'eau pluviale étaient épuisées.

Mais l'époque à laquelle la fontaine de Moïse nous paraît avoir excité le plus d'intérêt, est celle de la guerre des Vénitiens unis aux Égyptiens contre les Portugais, après la découverte du passage aux Indes par le cap de Bonne-Espérance. On sait que ces républicains, pour défendre le sceptre du commerce qu'ils avaient conservé jusqu'alors, et qui allait leur échapper, firent construire et armer des flottes à Soueys. Il n'est pas probable qu'ils aient jamais établi des chantiers de construction à la fontaine de Moïse, dont le local ne présente aucun avantage pour cet objet; mais il paraît qu'ils y formèrent un grand établissement d'aiguade. De tout ce qui existait au-dessus du sol dans cet établissement, il ne reste absolument rien; tout a été dispersé ou consommé par les Arabes, et l'on ne trouve d'autres vestiges que des fondations et quelques parties souterraines. Ces vestiges, qui sont encore considérables, et dont, dans le peu de temps que nous avons pu y consacrer, nous n'avons pu reconnaître qu'une partie, consistent principalement en ruines de grands réservoirs construits avec soin, dans lesquels l'eau des sources était amenée par des canaux souterrains, et d'où elle était conduite par un grand canal jusqu'au rivage de la mer. C'est le général Bonaparte qui a découvert ce dernier canal, et qui l'a fait reconnaître dans toute son étendue, qui est de sept à huit cents toises. Il est construit en bonne maçonnerie, et recouvert dans toute sa longueur; il n'a d'autre pente que celle de la plage dans laquelle il est enterré. Les sables que les eaux y ont entraînés depuis qu'il a été abandonné, l'ont obstrué dans les cinquante premières toises : tout le reste est en bon état; en sorte qu'avec une dépense médiocre on pourra le rétablir et le rendre propre au service. Sur le rivage, le canal se termine entre deux mamelons produits par les décombres, et qui nous ont paru être les vestiges de l'aiguade proprement dite. Cette aiguade devait être disposée d'une manière convenable à la forme et à la nature des vases dans lesquels on avait coutume d'embarquer l'eau.

A deux cents toises environ, et au nord de la dernière source, on trouve un monticule assez considérable, et qui, comme le mont Testaccio de Rome, est uniquement formé par des débris de jarres et d'autres vases de terre mal venus à la cuisson ; nous y avons reconnu des restes incontestables de fourneaux : il y a donc eu en cet endroit un grand établissement de poterie. L'objet de cet établissement ne pouvait pas être de fabriquer des pots de terre qui composent les chapelets au moyen desquels on tire l'eau des puits, pour arroser les terres non inondées dans toute l'Égypte. A la vérité, lorsque la fontaine de Moïse était habitée, toute la plage qui s'étend depuis les sources jusqu'au rivage, était cultivée; on y voit encore un assez grand nombre de jeunes dattiers, distribués avec un ordre qui n'est point l'effet du hasard. Ces dattiers, qui vraisemblablement ne sont que les rejetons d'anciens arbres morts de vétusté, sont au moins un indice d'une ancienne culture abandonnée; mais cette culture n'exigeait aucun puisement d'eau pour l'irrigation, parce que l'eau des fontaines pouvait facilement être conduite par des canaux à ciel ouvert dans toutes les parties cultivées, et les chapelets n'étaient pas nécessaires. Aussi, parmi le grand nombre des fragmens qui forment le monticule, nous n'en avons pas trouvé qui aient dû appartenir à des pots de chapelets, dont la forme n'a pas varié depuis des temps très-reculés. Tous ceux que nous avons vus avaient fait partie de vases d'une capacité beaucoup plus grande; et nous sommes portés à croire que l'objet de ce grand établissement de poterie était la fabrique de grandes jarres propres à embarquer l'eau, dans un pays où la rareté du bois, et peut-être même le défaut d'industrie, rendaient la confection des tonneaux impraticable. Ainsi ceux qui venaient faire de l'eau à la fontaine de Moïse, étaient assurés d'y trouver les jarres propres à la contenir, et vraisemblablement aussi les autres vases de terre propres à leurs usages.

La fontaine de Moïse présente un phénomène remarquable d'hydrostatique. Les différentes sources qui la composent, et qui sont au nombre de huit, sont toutes placées au sommet d'autant de petits monticules coniques, terminés chacun, dans la partie supérieure, par un cratère qui sert de bassin particulier à la source, et d'où l'eau s'écoule sur la surface conique par des rigoles naturelles. Les hauteurs de ces monticules sont différentes entre elles : le plus haut de tous est élevé de quarante pieds au-dessus du sol environnant. La source de ce dernier est tarie depuis long-temps; son cratère est rempli par le sable que le vent y a déposé; et l'on y voit encore le tronc d'un dattier qui, après y avoir acquis une assez grande élévation, a été abattu par les Arabes.

Il a été facile de nous rendre raison de la manière dont ont pu se former les monticules au sommet desquels se trouvent les sources. L'humidité que l'eau d'une source répand dans le sol environnant, entretient autour du bassin une végétation continuelle; les *gramen* qui sont le produit de cette végétation, diminuent la vitesse du vent qui les agite, et lui font abandonner les gros grains de sable qu'il entraîne : ce sable, abrité par les tiges au bas desquelles il est déposé, et retenu par l'humidité qui lui fait contracter un commencement d'adhérence, résiste à des bouffées de vent plus violentes; le carbonate ou le sulfate de chaux que l'eau de la source tient en dissolution, et qui est mis à nu par l'évaporation, se cristallise entre les grains de sable, et forme un gluten qui complète leur adhérence. Par-là, les bords du bassin se trouvent un peu exhaussés, et l'eau est forcée d'élever son niveau de toute la hauteur de cet accroissement, pour sortir du bassin et se répandre au dehors. Les circonstances qui donnent lieu à cette opération étant de nature à se reproduire souvent, ses progrès, quoique lents, sont, pour ainsi dire, continuels; et après un long temps, la source qui s'est toujours exhaussée, se trouve au sommet d'un monticule conique dont la matière est un tuf sablonneux, étincelant sous l'outil, et salé comme l'eau de la fontaine.

La source dont le cratère est le plus élevé étant tarie, il est naturel de penser que la hauteur de quarante pieds, à laquelle elle est parvenue, est un *maximum* déterminé, moins par la grandeur de la pression qu'elle éprouve au bas du monticule, que par la résistance dont sont capables les parois des conduits souterrains et naturels qui l'amènent; en sorte que l'eau, étant parvenue à cette hauteur, a pu rompre ses parois, se faire d'autres issues, et produire de nouvelles sources qui auront été la cause du tarissement de la première, et qui par la suite auront formé les monticules au sommet desquels elles sont aujourd'hui toutes placées.

Quoi qu'il en soit, il est très-probable qu'à une époque assez reculée la fontaine de Moïse n'avait d'autre source que celle qui depuis long-temps est tarie, et que les huit sources qui maintenant donnent de l'eau et dont les cratères sont moins élevés, ont été reproduites postérieurement, ou par la rupture des parois trop faibles, ou par des fouilles qu'on aura faites pour diverses constructions, dans le temps où la fontaine était fréquentée et où ses environs étaient habités.

Il eût été intéressant de reconnaître la forme et la nature des canaux naturels qui amènent l'eau à la fontaine de Moïse au travers d'une grande plaine de sable, et dans lesquels elle éprouve une pression capable de la faire monter de plus de quarante pieds au-dessus de son niveau, et de nous assurer si cette eau vient de la chaîne de montagnes qui de la Syrie va se terminer au mont Sinaï, et qu'on aperçoit à environ quatre lieues à l'est de la fontaine : mais nous n'avions pas le temps de nous occuper de ces recherches, qui n'avaient aucune utilité prochaine.

FIN DU TOME ONZIÈME.

TABLE

DES MATIÈRES DU TOME XI.

ÉTAT MODERNE.

	Pages.
OBSERVATIONS *astronomiques faites en Égypte pendant les années* VI, VII *et* VIII (1798, 1799, 1800), par M. Nouet, astronome de la Commission des sciences et arts d'Égypte......	1
Exposé des résultats des observations astronomiques faites en Égypte depuis le 13 messidor an VI (1ᵉʳ juillet 1798) jusqu'au 10 fructidor an VIII (28 août 1800)...............................	*Ibid.*
Observations qui peuvent concourir à fixer la position géographique d'Alexandrie............................	2
Observations de la boussole de déclinaison..................	5
Observations de la boussole d'inclinaison...................	6
Observations astronomiques pour déterminer la position du Kaire.	*Ibid.*
Éclipses des satellites de Jupiter..........................	7
Observations des éclipses des satellites de Jupiter, corrigées.....	8
Détermination de plusieurs points de la basse Égypte...........	11
Observations astronomiques faites dans un voyage de la haute Égypte, pour fixer la position de plusieurs points qui doivent déterminer la direction du cours du Nil, depuis le Kaire jusqu'à Syène..	18
Tableau du retard de la montre n°. 34 sur le méridien du Kaire, et ensuite sur celui de Syène................................	20
Table, par ordre alphabétique, de plusieurs points de l'Égypte déterminés par des observations astronomiques............	34
MÉMOIRE *sur la communication de la mer des Indes à la Méditerranée, par la mer Rouge et l'isthme de Soueys;* par Mʳ. J. M. Le Père, ingénieur en chef, inspecteur divisionnaire au corps royal des ponts et chaussées, membre de l'Institut d'Égypte...	37
INTRODUCTION...	*Ibid.*
Examen des différentes voies qu'a suivies le commerce des Indes; avantages généraux et particuliers de celle de l'Égypte, par l'ancien canal de communication de la Méditerranée à la mer Rouge..	*Ibid.*

TABLE DES MATIÈRES.

	Pages.
Division de l'ouvrage..	54
Appendice...	55
Planches annexées au mémoire...	57

Section première. De l'ancien canal de la mer Rouge au Nil. — De son rétablissement. — De l'isthme et du port de Soueys. — De la mer Rouge, et de sa navigation aux Indes, comparée avec celle du grand Océan.................. 58

Chapitre premier. Précis historique des reconnaissances de l'ancien canal. — Opérations de topographie et de nivellement. — Rapport au premier consul. — Analyse des opérations. — Table des ordonnées comparatives des principaux points de l'isthme........................... *Ibid.*

§. Ier. Première reconnaissance des vestiges du canal....... *Ibid.*
§. II. Première opération de topographie et de nivellement.. 64
§. III. Deuxième opération de topographie et de nivellement. 72
§. IV. Troisième opération de topographie et de nivellement. 76
§. V. Reconnaissance de l'étendue de l'inondation......... 82
§. VI. Rapport de l'ingénieur en chef, directeur général des ponts et chaussées, au premier consul de la république française............................ 93
§. VII. Analyse des opérations de topographie et de nivellement.. 97

Table des ordonnées comparatives du nivellement des principaux points de l'isthme, de Soueys et du Kaire à la Méditerranée.... 104
1re partie.... De la mer Rouge à la Méditerranée.......... *Ibid.*
2e partie.... Du Mouqfàr au meqyàs de l'île de Roudah.... 106
3e partie.... Du meqyàs de Roudah au rocher taillé formant la première assise (angle nord-est) de la grande pyramide. 108
§. VIII. Examen des résultats du nivellement, rapportés aux crues du Nil, sur le meqyàs de Roudah........... 109

Chapitre deuxième. De l'état ancien du canal. — De son état moderne. — De sa navigation dans les temps anciens. — De son rétablissement par les musulmans. — Des causes de son dépérissement et de son abandon. — Examen géologique de l'isthme................................ 112

§. Ier. De l'état ancien du canal........................ *Ibid.*
§. II. De l'état moderne du canal....................... 116
§. III. Navigation du canal dans les temps anciens.......... 125
§. IV. Projet du rétablissement du canal par les princes musulmans... 129

TABLE DES MATIÈRES.

Pages.

§. V. Des causes du dépérissement et de l'abandon du canal. 131
§. VI. Examen géologique et géographique de l'isthme de Soueys.. 136

Chapitre troisième. Projet du rétablissement du canal des deux mers. — *Direction du nouveau canal.* — *Indications de ses biefs.* — *Avantages de ce projet.* — *Dérivation du canal par l'isthme, vers la Méditerranée.* — *Canal du Kaire, ou du Prince des Fidèles*............... 149
§. Ier. Considérations sur la direction à donner au nouveau canal................................ Ibid.
§. II. Indications des biefs du canal.................... 153
§. III. Avantages des dispositions de ce projet........ 159
§. IV. Dérivation du canal par l'isthme, vers la Méditerranée. 161
§. V. Canal du Kaire, ou du Prince des Fidèles......... 163

Chapitre quatrième. Des ville et port de Soueys. — *Description de Soueys.* — *Port.* — *Marées.* — *Vents régnans.* — *Chenal.* — *Rade et mouillage.* — *Aiguades.* — *Établissemens maritimes.* — *Industrie et commerce.* — *Vues générales sur ce port*..................... 169
§. Ier. Description de Soueys........................ Ibid.
§. II. Port, et heure du port........................ 175
§. III. Marées..................................... Ibid.
§. IV. Vents régnans............................... 178
§. V. Chenal..................................... Ibid.
§. VI. Rade et mouillage........................... 179
§. VII. Aiguades................................... 180
§. VIII. Établissemens maritimes et défense............. 188
§. IX. Industrie et commerce........................ 190
§. X. Vues générales sur le port de Soueys............. 193

Chapitre cinquième. De la mer Rouge. — *Description des ports, rades et stations de cette mer.* — *De sa navigation.* — *De son commerce.* — *Parallèle de la navigation de France dans les Indes par le grand Océan, avec celle qui se faisait par l'Égypte et la mer Rouge*........... 195
§. Ier. De la mer Rouge............................ Ibid.
§. II. Description des ports et mouillages de la mer Rouge.. 200
§. III. Navigation de la mer Rouge................... 208
§. IV. Parallèle de la navigation dans l'Inde par le grand Océan, avec celle par la Méditerranée, l'Égypte et la mer Rouge................................. 218

566

TABLE DES MATIÈRES.

Pages.

SECTION DEUXIÈME. *De la rivière de Moueys. — Du canal et de la digue de Fara'ounyeh. — Canal de Chybyn-el-Koum. — Des branches du Nil. — Des boghâz ou bouches de Damiette, de Rosette et de Bourlos. — De la navigation du Nil. — Tableau des bâtimens qui naviguent sur le fleuve et sur les côtes maritimes de l'Égypte.* 222

§. I⁰ʳ. Du Tera't-el-Moueys, ou rivière de Moueys. .... *Ibid.*
§. II. Canal de Fara'ounyeh. 223
Ordre du jour, du quartier général de Menouf, le 5 fructidor an VII (22 août 1799). 225
§. III. Canal de Chybyn el-Koum. 232
§. IV. Branches du Nil. .... *Ibid.*
§. V. Des boghâz. 236
§. VI. De la navigation du Nil. 240
Tableau des bâtimens naviguant sur le Nil, les canaux, les lacs, les côtes maritimes de l'Égypte, et sur la mer Rouge. 242

SECTION TROISIÈME. Canal d'Alexandrie, ou dernière partie du canal des deux mers, du Nil à Alexandrie. — *Avantages du canal d'Alexandrie. — Description historique de ce canal. — Son état actuel. — De son rétablissement. — Vues générales sur les ports et villes d'Alexandrie. — Résumé général.* 244

§. I⁰ʳ. Avantages du canal d'Alexandrie. .... *Ibid.*
§. II. Description historique du canal d'Alexandrie. ... 250
§. III. État actuel du canal d'Alexandrie. 255
§. IV. Rétablissement du canal d'Alexandrie. 266
§. V. Vues générales sur les ports et villes d'Alexandrie. 272
Résumé général. 278
APPENDICE. 281
§. I⁰ʳ. *Exposé des moyens généraux d'exécution du canal des deux mers.* 282
Aperçu de la dépense générale des travaux. 284
Évaluation du temps nécessaire à l'exécution des travaux. 289
§. II. *Essai historique et critique sur la géographie de l'isthme de Soueys.* 291
Parallèle des différences des positions. 300
§. III. *Extrait du Journal historique et géologique du nivellement de l'isthme de Soueys, par le canal des deux mers; — De Soueys sur la mer Rouge, à Tyneh sur*

TABLE DES MATIÈRES.

Pages.

la Méditerranée, au Kaire, et aux pyramides de Gyzeh.................................... 318

§. IV. *Traductions des textes des auteurs anciens et modernes, sur le canal de la mer Rouge au Nil et à la Méditerranée*.................................... 352
   I. Hérodote (*Euterpe*, liv. II).................... *Ibid.*
   II. Diodore de Sicile (liv. I, §. 1)................ 353
   III. Strabon (liv. XVII)........................ *Ibid.*
   IV. Pline (liv. VI, chap. 29).................... 355
   V. M. Le Beau (*Histoire du Bas-Empire*, t. XII, liv. LIX, pag. 490).................................... 356
   VI. M. de Tott (*Mémoires sur les Turcs*, part. III et IV)... 357
   VII. Canal de Trajan.... *Extrait d'Alfergan*, pag. 151-6.. 358
   VIII. Canal du Prince des Fidèles....... *Extrait de Schemseddin*...................................... 359
   IX. Canal du Prince des Fidèles.... *Extrait d'el-Maqryzy*. 360
   X. Histoire du creusement du canal................. 361
   XI. El-Qolzoum.... *Extrait de divers auteurs arabes*.... 366
   XII. El-Faramâ................................ 369

MÉMOIRE *sur les anciennes limites de la mer Rouge*, par M. Du Bois-Aymé, membre de la Commission des sciences et arts d'Égypte.................................... 371

MÉMOIRE *sur la ville de Qoçeyr et ses environs, et sur les peuples nomades qui habitent cette partie de l'ancienne Troglodytique*; par M. Du Bois-Aymé, membre de la Commission des sciences et arts d'Égypte.................... 383

MÉMOIRE *sur l'art de faire éclore les poulets en Égypte par le moyen des fours*, par MM. Rozière, ingénieur des mines, et Rouyer, pharmacien............................ 401
   I. Notice historique sur l'incubation artificielle.......... *Ibid.*
   II. Description des fours........................ 408
   III. Conduite de l'opération...................... 410
Description particulière de plusieurs fours à poulets observés au Kaire, et des procédés que l'on y met en usage............ 416
Tableau des degrés de chaleur observés dans les fours à poulets de l'Égypte. — Première suite d'expériences faites au Kaire, dans un four situé dans le quartier dit *Setty-Zeynab*. (Thermomètre de Réaumur, degrés au-dessus de o.)............ 423
Deuxième suite d'expériences faites au Kaire, dans un four à poulets situé dans le quartier dit *Bâb el Nasr*............ 424

NOTICE *sur les médicamens usuels des Égyptiens*, par M. Rouyer, membre de la Commission des sciences et des arts d'Égypte.... 429

TABLE DES MATIÈRES.

Pages.

CATALOGUE *des drogues simples dont les Égyptiens font habituellement usage comme médicamens, et de celles qui entrent dans la composition des électuaires vulgairement appelés* Berch...... 442

MÉMOIRE *sur le système d'imposition territoriale et sur l'administration des provinces de l'Égypte, dans les dernières années du gouvernement des Mamlouks;* par feu Michel-Ange Lancret. 461

    1°. Des différentes manières dont les terres sont possédées; des titres de propriété, et des impositions principales.... 466
    2°. De l'administration des terres...................... 476
    3°. De quelques usages particuliers à la haute Égypte...... 487
    4°. Du mâl kouchoufyeh, ou droit des *káchef*............ 493
    5°. Du myry et des *effendy*........................... 501

MÉMOIRE *sur le lac Menzaleh, d'après la reconnaissance faite en vendémiaire an* VII *(septembre et octobre 1799);* par M. le général Andréossy.................................... 519

    §. Ier. Ancienne branche Tanitique retrouvée............. 521
    §. II. État actuel du lac Menzaleh..................... 524
    §. III. État actuel des terres qui avoisinent le lac Menzaleh.. 532
    §. IV. Formation du lac Menzaleh..................... 535
    §. V. Dessechement du lac Menzaleh.................. 539
    §. VI. Nature de la langue de terre qui sépare le lac Menzaleh de la mer.. 544
    §. VII. Notice sur quelques villes qui ont des rapports avec le lac Menzaleh..................................... 547

APPENDICE... 554

OBSERVATIONS *sur la fontaine de Moïse,* par M. Monge.... 555

FIN DE LA TABLE.

PUBLICATIONS

Par M. C. L. F. Panckoucke, au mois de décembre 1822.

Dictionaire des sciences médicales, soixante volumes avec beaucoup de planches : ouvrage terminé. Prix : 9 fr. chaque volume, pour les Souscripteurs, 6 fr.

Flore médicale, cent sept livraisons, quatre cent vingt-huit planches coloriées : ouvrage terminé. Prix : 214 fr.

Journal complémentaire du Dictionaire des sciences médicales, quarante-huit cahiers et quarante-huit portraits de médecins, à 30 fr. l'année, quatre années complettes.

Biographie médicale, tomes 1, 2, 3, 4 : l'ouvrage sera complet en huit volumes. Le prix de chaque volume est de 6 fr.

Victoires et Conquêtes des Français, vingt-sept volumes, avec plans et une grande carte : ouvrage terminé. Prix 175 fr. 50 cent.

Victoires des Français, des Gaulois à 1792, tomes 1, 2, 3, 4. Introduction à l'ouvrage ci-dessus, ce recueil se composera seulement de six volumes. Prix de chaque volume : 6 fr. 50 c.

Portraits des généraux français (première collection), douze livraisons, contenant quarante-huit portraits : collection terminée. Chaque livraison se paie 2 fr. 50 c.

Portraits des généraux français (deuxième collection), vingt-six livraisons, contenant cent quatre portraits : collection terminée ; même prix de 2 fr. 50 c. par livraison.

Monumens des Victoires et Conquêtes, vingt-cinq livraisons, cent planches : ouvrage complet. Prix : 62 fr. 50 c.

Correspondance inédite de Napoléon, sept volumes in-8°. : ouvrage terminé. Le prix de chaque volume est de 6 fr.

Seize portraits pour la Correspondance, quatre livraisons complettes. Prix : 10 fr.

Leçons de Flore, dix-sept livraisons, soixante-huit planches coloriées : ouvrage complet. Prix : 34 fr.

Abrégé du Dictionaire des sciences médicales, tomes 1 à 7. Prix de chaque volume, 6 fr. Il n'y aura que douze volumes, et l'éditeur s'engage à livrer *gratis* le seizième et les suivans.

Barreau français, livraisons 1 à 8, l'ouvrage se composera de seize volumes. Prix de chaque volume, 6 fr.

Œuvres de Napoléon, cinq volumes : collection complette. Prix : 30 fr.

Abrégé de la Flore médicale, livraisons 1 à 10. Cet ouvrage n'aura que vingt-cinq livraisons, contenant cent planches coloriées. Chaque livraison coûte 2 fr.